The Father:
Historical, Psychological and Cultural Perspectives

아버지란 무엇인가

The Father:
Historical, Psychological and Cultural Perspectives

아버지란 무엇인가

루이지 조야 지음 이은정 옮김

르네상스

조르조(Giorgio)와 마리넬라(Marinella)를 위해 전 세계의 수없이 많은 아이들이 아버지 없이 성장하고 있다. 『아버지란 무엇인가』는 이에 대한 이유를 탐구하고 그러한 현상이 사회적인 문제와 심리학적인 문제에 미치는 영향을 분석한다.

루이지 조야는 고대 문명에서부터 현대에 이르기까지 형성되어 온 부성의 이미지들을 살펴보면서 융 심리학의 관점에서 부성의 기원과 진화과정을 고찰하고 있다. 그는 어린이들의 성장발달에 영향을 미치는 아버지의 역할이 역사 속에서 변화해 온 사회적인 구성물이라고 주장한다. 저자는 이런 결과물들을 검토하면서 오늘날 부성이 직면하고 있는 위기를 고찰하고 있다.

역사적, 사회적 그리고 심리학적 관점들을 아우르면서 이러한 주제들을 망라하고 있다는 점에서, 『아버지란 무엇인가』는 심리학과 사회학 그리고 인류학을 공부하는 학생들과 교육자들을 비롯해 다양한 분야의 사람들과 교양 있는 일반 독자들에게 환영받을 것이다. 부성이라는 주제를 이토록 넓고 다양한 시각에서 다룬 저서가 없다는 점에서 이 책은 하나의 중요한 공백을 메우고 있다.

루이지 조야는 1943년 이탈리아 태생의 정신분석학자이자 저술가이다. 취리히의 칼 구스타프 융 연구소에서 학위를 취득했으며 국제 분석심리학회의 회장을 역임했다. 현재는 국제 분석심리학회의 국제 윤리위원분과 회장직을 맡고 있으며, 뉴욕에서 심리상담가로 활발한 활동과 강의를 펼치고 있다. 주요 저서로는 〈마약, 중독, 입문식 : 현대적인 제의를 찾아서〉(1990), 〈성장과 죄의식 : 성장발달의 경계들과 심리학〉(1995), 〈영혼을 양육하기〉(2005), 〈윤리학과 심리분석 : 철학적 관점들과 상담치료의 적용〉(2007) 등이 있다.

차례

도판 목록

감사의 글

우선 제게 도움을 주신 분들께 고마움을 전합니다. 동물학에 관한 조언을 해준 안드레아 캄페리오 치아니(Andrea Camperio Ciani)와 고전시대에 대한 자문을 해준 니니 부케리(Nini Buccheri)와 마리아 그라치아 치아니(Maria Grazia Ciani), 멕시코에 대한 정보를 제공해준 파트리시아 미칸(Patricia Michan), 아랍지역 국가들에 대한 안내를 해준 헤크미 다우이(Hechmi Dhaoui), 그리고 다양한 분야의 관점에서 이 글을 읽어준 지오바나 카를로(Giovanna Carlo), 프랑코 리보르시(Franco Livorsi), 귀디타 로루소(Giuditta Lo Russo), 스타니스라오 니에보(Stanislao Nievo), 루이자 파세리니(Luisa Passerini), 그리고 도판들의 배열과 편집을 도와준 마리아 트레솔디(Maria Tresoldi)에게 감사의 뜻을 전합니다. 모국어가 아님에도 이탈리아어로 쓰인 초고를 읽어주고 지엽성에 빠지지 않도록 다른 나라들이 가진 문화적 경험에 관해 조언을 아끼지 않았던 캐럴 베베(Carole Beebe)와 헨리 마틴(Henry Martin, 미국), 크리스티안 가이야르(Christian Gaillard, 프랑스와 스위스), 로베르토 감비니(Roberto Gambini, 브라질), 만프레드 쿠더(Manfred Kuder, 독일), 마틴 무멜터(Martin Mumelter, 오스트리아)에게 특별한 감사를 전합니다. 마지막으로 부성에 관한 연구뿐만 아니라 한 아버지로서의 나의 인생에 커다란 배려를 해주고 있는 에바 파티스(Eva Pattis)에게도 깊은 감사를 보내고 싶습니다.

들어가는 말 – 부성의 패러독스

> 프로이트가 발견한 일반원칙은 그의 무의식적인 반종교적 정서에서 나온 것이긴 하지만 서구 남성들이 지닌 부성이미지(가장의 지위)에 대한 심리학적 중요성을 갖고 있다. … 유대교의 전형적인 아버지상과 프로이트의 대담한 싸움은 프로이트 개인의 싸움도 아니고 단순히 유대인들만의 문제도 아니다. 왜냐하면 서구 문명(종교, 사회 그리고 도덕)은 바로 이러한 부성이미지에 의해 형성되었고 개인의 정신구조는 다소간 이것에 의해 상처를 입었기 때문이다.
>
> — 노이만, 『프로이트와 부성이미지』

직물상인 야콥 프로이트(Jakob Freud)에 대해 역사는 지그문트 프로이트(Sigmund Freud)의 아버지로 기억하고 있다. 어느 토요일, 한껏 멋을 낸 그는 새로 산 모피모자까지 쓰고 프라이부르크 시내의 한 거리를 걷고 있었다. 모퉁이를 막 돌아섰을 때 그는 자신의 길을 막아서는 한 남자를 발견하고 무척 당혹스러웠다. 왜냐하면 당시 보도는 그저 보행자들이 길거리의 흙탕물을 피해 가는 좁은 통로가 아니었기 때문이다. 야콥 프로이트는 상대방에게 먼저 지나가는 것에 대해 동의를 구하거나 실례의 말도 건네지 않고 아주 조심스럽게 앞으로 걷기 시작했다. 하지만 불행히도 맞은편 남자의 동작이 더 빨랐고 게다가 그는 우월감을 드러내고 싶어 안달이 난 사람 같았다. 그는 야콥 프로이트의 머리에서 모자를 거칠게 잡아채 길바닥의 진창에 내팽개치면서 다음과 같이 소리를 질렀다. "보도에서 내려가지 못해! 유태인 주제에!"

아들에게 이 사건을 말해주면서 그는 여기에서 말을 멈췄다. 하지만 꼬마 지그문트에게는 이제부터가 바로 흥미진진한 이야기가 전개될 시점이었다. 그래서 아이는 궁금함을 참지 못하고 아버지에게 물었다. "그래서요 아버지, 어떻게 하셨어요?"

그러자 아버지는 아주 조용히 다음과 같이 대답했다. "보도를 내려 와서 모자를 집었단다."[1]

지그문트 프로이트의 첫 번째 전기작가인 에른스트 존스(Ernest Jones)에 따르면 이 이야기는 정신분석학의 창시자인 프로이트의 성격을 형성하는 중요한 사건들 중 하나였다. 절대적이고 완벽한 이상형이 었던 남자에 대한 실망(영웅자질의 결핍)은 그의 마음에 강한 타격을 가했고 앞으로 펼쳐질 정신분석학의 진로를 결정하게 되었다.

만약 이런 에피소드가 없었다면 정신분석학은 아마도 다른 방향으로 전개되었을지도 모른다. 프로이트는 아들을 아버지의 숙명적인 적대자로 생각하지 않았을지도 모르고, 유일신으로서의 하나님 아버지를 비판하지 않았을지도 모른다.

한참이 지난 후에야 프로이트는 『아이네이스Aeneid』를 읽게 되었고, 아이네아스가 트로이에서 도망치기 위해 적과 협상할 수밖에 없었던 그런 상황에 자신의 아버지가 처해 있었다는 것을 이해할 수 있었다. 적과의 충돌은 결단을 요구한다. 명예를 위해 죽음을 무릅쓰고 싸울 것인가, 아니면 가족과 시민들의 생명을 부지해 미래를 기약할 것인가? 프로이트는 『꿈의 해석The Interpretation of Dreams』에 다음과 같은 『아이네이스』의 시구를 인용할 정도로 이 책에 감사를 표하였다. "천상의 힘들을 내 편으로 만들 수 없다면, 저승을 움직이련다."[2] 우리는 이 책의 다른 부분에서 아이네아스에 대해 살펴볼 것이다. 그리고 프로이트의 환영 상실이라는 부분도 지금은 잠시 묻어두기로 하자.

그럼에도 이 이야기는 다음과 같은 핵심적인 문제를 제시하고 있다. 아이들은 자신의 아버지에게 무엇을 기대하는 것일까? 가부장적인 전통 속에서 이 이야기가 상징적으로 보여주는 자식들의 아버지에 대한 기대는 어머니에 대한 기대와는 확연히 다르다.

일반적인 환경이라면, 대부분의 아이들은 자신의 어머니를 사랑한다. 그런데 어머니가 좋지 않은 대접을 받거나 모욕을 당하게 됐다면 상황은 어떻게 될까? 아이들은 그래도 계속해서 어머니를 사랑할 것이며 그녀에 대해 연민의 감정을 느낄 것이다.

그러면 아이들은 아버지도 일반적으로 사랑하고 있을까? 물론 그렇다. 하지만 아버지가 부당 행위의 희생자가 되었다면 상황은 어머니의 경우보다 복잡해진다. 왜냐하면 아버지와 자식의 관계는 주변환경에 속해 있는 다른 관계들에 더욱 밀접하게 연관되어 있기 때문이다. 어머니와 자식의 관계는 인성을 형성시켜주는 최초의 관계이며 외부 세계와는 거의 동떨어진 독점적인 특성을 지니고 있다. 반면 아버지와 자식의 관계는 그 시작부터 적어도 세 사람 이상이라는 집단적인 환경 속에 놓여 있다. 첫 출발부터 부자 관계는 이미 사회의 일부분인 것이다. 그래서 사실상 어머니는 자식들에게 각자의 신체를 통제할 수 있는 방법을 가르치는 데 반해, 아버지는 사회와 관계하는 기술을 교육시켜줄 것으로 기대되는 사람이다.

만일 어머니가 수치스러운 행동에 굴복했다면, 이에 대한 자식들의 반응은 아마도 상당히 부정적일 것이다. 하지만 어떤 문학작품도 프로이트가 자신의 아버지를 거부했던 방식으로 어머니를 비난하는 내용을 보여주지는 않는다. 아이가 "엄마는 진짜 내 엄마가 아니야"라고 원망할 가능성도 그다지 빈번한 경우는 아니다. 그에 반해 위법 행위를 아주 쉽게 용인하는 아버지는 아버지답지 않다는 자식들의 비난을 들을 위험성이 높다. 자식들의 이런 생각은 그들이 아버지에게 원하는 것이 단순한 사랑이나 청렴함이 아니라는 것을 보여준다. 자식들은 아버지가 강한 사람이어야 한다고 생각한다. 자식들의 이런 인식은 사회적인 관계가 단지 사랑이나 정직함에만 기초해 있는 것이 아니라 강력하고 노골적인 권력에 기초해서 작용하고 있다는 것을 보여주는 일례이다.

자식들은 자신의 아버지가 강한 사람이고 승리한 사람이기를 원한다. 착하고 올바르며 사랑으로 충만해 있으면서도 아버지가 승리자일 수 있다면 더 이상 좋을 수는 없을 것이다. 하지만 일반적으로 가장 중시되는 점은 아버지가 승리하는 방법을 아는 남자였으면 좋겠다는 것이지, 착하거나 정직한 것이 아니다. 우리의 문화적인 전통은, 정당한 행동을 했지만 바깥세상에서는 성공을 거두지 못한 아버지보다 승리의 왕관을 거머쥔 부정한 아버지를 훨씬 더 선호해 왔다. 한 예로 셰익스피어는 이런 부성의 패러독스를 알고 있었고, 『리어왕King Lear』을 통해 권력과 명예를 상실한 아버지가 어떻게 자식들로부터 버림받는지를 우리에게 보여주었다.

그러나 전통적인 관습이 선호하는 이런 유형의 아버지는 느슨한 윤리적 가치관을 허용하는 위험성만을 가진 것이 아니다. 권력을 유지하기 위해 필요한 것들 중에는 개인의 감정을 억제하는 생활도 포함된다.

이런 감정 억제는 곧바로 대인관계의 특징이 되어버리고, 이는 다른 이들도 그에게 되갚음하는 악순환을 만들어낸다. 그래서 아마도 어린 지그문트 프로이트는 아버지의 연약함을 이해하지 못했을 것이다.

두 번의 세계대전과 이후 베트남전쟁에서 드러난 파괴력은 부성이 지닌 공격성과 관련되어 있으며, 이에 대한 인식은 비공격적인 아버지들을 꾸준히 양성해 왔다. 하지만 오늘날 이런 성숙의 과정은 뒤엉킨 교착상태에 빠져 있다. 가령 수많은 청소년들이 오늘날은 아버지보다 동료를 더 신뢰하고 '짱'으로 통하는 아이가 아버지를 대신하고 있기 때문이다. 부성이 지닌 공격성의 감소가 아이들에게는 더할 나위 없이 긍정적인 것임에도 불구하고 많은 청소년들은 아직도 온화한 아버지를 나약한 사람으로 여기면서 멀리한다. 그리고 주변사람들을 위협하는 몇몇 폭력적인 비행청소년들에게 자신들의 존경심을 헌납하면서 그들을 양아버지로 선택하려 한다.

물론 이런 선택은 성숙기로 들어서는 과정의 과도기에서 보이는 작은 방황일 수도 있다. 그럼에도 이와 유사한 상황들이 점점 더 두드러지게 전 세계에 확산되고 있다는 점은 오늘날 청소년들이 성장기의 이행과정에서 성인의 단계로 옮겨가는 것이 점점 더 어려워지고 있다는 것을 알려준다. 이런 젊은이들은 자신의 아버지 제페토를 나약한 사람으로 여기고 무시하는 피노키오의 행동패턴을 되밟고 있다고 할 수 있다. 피노키오의 아버지 제페토는 정직하고 존경받을 만한 사람이지만 지나치게 착한 성격을 지니고 있다. 이 때문에 피노키오는 무모하고 반항적인 학급친구 루치뇰로를 따라가기 위해 아버지를 속인다. 시골냄

새 나는 이탈리아의 이 옛날 우화가 지금도 여전히 시대에 뒤처지지 않는 소재처럼 보이는데, 그것이 아마도 지금까지 전 세계에서 인기를 얻고 있는 이유일 것이다.[3]

물론 분명히 아이들은 어머니로부터 받는 애정과 비슷한 호의를 아버지에게도 기대한다. 하지만 이와 함께 다른 것도 받기를 원한다. 즉 아이들은 다음과 같이 요구한다. "나와 함께 있을 때는 친절하고 공평하고 또 정의로워야 해. 그리고 나를 사랑해야 해. 하지만 다른 사람들하고 같이 있을 때에는 제일 강한 사람이어야 해. 폭력이나 나쁜 방식을 사용해서라도."

어떤 이는 우리의 출발점이 서양의 가부장적 전통과 19세기의 사례들에 편중되어 있으며, 오늘날의 어머니와 아버지는 옛날과 달리 별 차이 없는 유사한 역할을 맡고 있다고 반박할 수도 있을 것이다. 실제로 최근의 심리학적 연구들[4]은 아버지와 자식의 양자 관계를 어머니와 아버지와 자식이라는 삼자 관계와 구별해서 보고 있다. 그리고 아버지와 자식이 생후 첫 몇 달 안에 이미 자신들만의 고유한 관계를 형성한다고 주장한다. 하지만 우리는 아버지를 가족과 사회 그리고 주변문화로부터 따로 분리해서 고립시키는 이런 관점을 피하고자 한다. 우리의 기본 전제는 부모로서의 아버지의 고유성이 사회적인 기능들의 복합성에 놓여 있다는 것이다. 이런 전제는 개인적인 차원을 집단적인 차원과 분리시키지 않는 융학파의 심리학에 기초한 것이기도 하다. 아버지의 권위는 민주주의의 원칙들에 굴복했고 그의 권력은 다양한 방식들을 통해 감소되어 왔다. 하지만 우리의 무의식은 천 년이 넘게 지배해온 것들을 단 몇 세대 만에 소멸시키지는 못한다. 부성이 희박해지고 있음에도 불구하고, 오늘날 부성이 전혀 다른 모습으로 새롭게 변화되고 있다 할지라도 서구 사회는 적어도 무의식적으로는 여전히 가부장제에 머물러 있다.

모순적인 명령이나 교육방식으로 자식을 키운 부모들은 이들을 연약하고 불안정한 성격으로 만들거나 심각한 경우에는 정신분열증 같은 정신병에 쉽게 노출시킨다고 한다. 하지만 자식 역시 부모에게 품고 있는 기대감을 통해서 부모들에게 상당한 영향을 미친다. (물론 일차적인 영향력이 아니라는 점에서 부모들이 자식에게 미치는 영향과는 다르다. 하지만 자식들이 부모에게 미치는 영향은 일상생활 속에서 발휘되고 그 효력이 상당히 깊다.) 기대와 투사(投射) 심리는 우리가 어떻게 해주기를 바라는 타인의 희망대로 우리 자신을 형성하는 데 기여한다. 어린아이들은 자신의 부모가 착하고 성숙하며 절대적으로 믿을 수 있는 사람이기를 바란다. 그리고 부모가 자신들을 더욱 안전하게 지켜주고 관용을 베풀어주며, 그리하여 좀더 성숙해지도록 도와주기를 바란다.

하지만 부권사회에서 이런 기대는 주로 어머니에게 해당되는 것들이다. 아버지에 대해서는 상황이 훨씬 복잡한데, 왜냐하면 자식의 기대감이 훨씬 모순적이기 때문이다. 이런 모순적인 기대감은 특수한 경우에만 그런 것이 아니다. 오히려 이 기대감은 아주 일상적인 것이고, 특별한 순간에만 나타나는 것이 아니라 항상 나타난다. 가족 안에서 아버지는 윤리적인 올바름의 신봉자여야 한다. 하지만 사회에서는 무엇보다도 먼저 권력의 법칙들에 부합되어야 하고, 다윈의 진화법칙에 적합한 사람이 되어야 한다. 다시 말해, 가족과 후손들의 생존을 지켜줄 수 있는 뛰어난 능력을 보여주어야 한다.

그러나 아버지는 자신을 둘로 분열시킬 수도 없지만 그렇게 해서도 안 되는 한 사람의 개인이다. 그래서 분열을 부추기는 상황에 서 있는 자신을 발견하게 된 아버지는 이 두 가지의 법칙 사이에서 방황하면서 점차 위태로워진다. 한때 아버지들은 자신의 역할과 모순되는 이런 불안정성을 숨길 수 있었다. 자식들은 아버지의 도덕성과 사회적인 성공을 평가할 만한 권리를 가지지 못했고, 비교할 만한 훌륭한 기준도 없었다. 하지만 오늘날은 이러한 잣대들이 이미 도처에 깔려 있고 심지어는 훨씬 높은 수준으로 올라가고 있다.

오늘날의 이런 분위기는 기억해 둘 필요가 있다. 왜냐하면 이것이 우리가 부성의 패러독스라고 부르게 될 것을 구성하는 요소들이기 때문이다. 부성의 패러독스는 다음과 같이 간략하게 설명될 수 있다. 어머니가 자신의 역할을 얼마나 잘 수행하는가 하는 것은 일반적으로 자식들과의 상호작용을 기초로 평가된다. 물론 중요한 과제이지만 그것은 명백하고 공감할 수 있는 영역이다. 반면 아버지의 사정은 전혀 다르다. 아버지로서의 성공은 그가 자식들과 얼마나 긴밀하게 상호작용을 하는가에 달려 있기도 하지만 여기에 덧붙여 사회와 얼마나 상호작용을 잘 하고 있는가에도 달려 있다. 중요한 것은 이 두 영역에 포함된 법칙들이 전혀 동일한 것이 아니라는 점이다.

개인적이고 심리적이면서도 한 시대의 사회적인 관습과는 독립적인 '부성의 패러독스'는 대중적이고 역사적이라고 할 수 있다. 처음에는 식민지화 과정에 의해, 그리고 오늘날은 세계화 과정에 의해 전 세계로 확산되고 있는 가부장적인 유럽 문명의 중심 속에는 '부성 패러독스'

의 집합체 그 이상도 이하도 아닌 이차적인 패러독스가 자리 잡고 있다. 유럽 문명이라는 것은 기독교 신앙 속에 기초하고 있으며, 동시에 '다원적인' 조건이라는 무력 사용을 통해서 확산되었다. 전쟁이라는 방식을 통해, 자연의 약탈과 파괴를 통해, 약한 자들이나 평화롭게 살던 사람들을 정복하고 착취함으로써 말이다. 또한 다음과 같은 지상적인 범주의 계율들을 조직적으로 펼쳐내기도 했다. "살인하지 말지니," "도둑질하지 말지니," "네 이웃의 집이나 …… 네 이웃의 소유는 무엇이든 탐내지 말지니." 이런 점에서 보자면, 지구 곳곳에 합리성이라는 복음을 확산시켜왔던 유럽 문명의 가장 중요한 핵심은 아주 비합리적인 것이라고 할 수 있다. 한 사람의 아버지처럼 유럽의 부권사회 역시 사랑의 법칙과 권력의 법칙 사이에서 갈팡질팡하고 있으며, 이 둘의 조화와 타협으로부터 아주 멀리 떨어져 있다.

1960년대 후반부터 1970년대 초반까지 대학생활을 했고 좌익 정치집단에서 일을 하고 있는 한 젊은 여성이 있었다. 당시는 대학생들의 항의시위 열기가 아주 고조되어 있었다. 그리고 그녀의 아버지는 사업가였는데, 그가 운영하고 있는 사업과 관련된 직종 전체가 위기에 처해 있을 때였다. 특히 아버지의 계열사들은 아주 심각한 위기상황에 처해 있어서 그녀의 아버지는 그 상황을 극복할 의지와 적극성을 상실하고 말았다.

딸은 똑똑하고 토론을 능숙하게 했다. 그녀의 이런 재능은 대학에서 철학을 전공하고 정치적인 논쟁에 참여함으로써 점점 더 예리해졌다. 그녀는 아버지를 상대로 토론을 자주 벌였고, 마치 상대편 논객을 대하는 것처럼 비판적으로 질문을 퍼부었다. 반면 아버지는 딸이 대화 이상의 기대를 갖고 있다는 것을 알지 못했고, 그녀가 끌어들이는 토론에 서투르게나마 응대했다. 토론에서 그가 펼친 주장들은 어떤 때는 보잘 것이 없었다. 딸은 지식을 과시하면서 항상 승리를 거두었다. 하지만 그녀의 만족은 언제나 잠깐뿐이었다. 아버지는 그녀보다 약했고, 지적인 통찰력뿐만 아니라 그녀가 한창 습득 중인 감정의 절제도 없어서 그녀의 승리를 씁쓸하게 만들었다.

아버지는 그녀를 무척 사랑했고 가정의 폭군도 아니었으며 사업과 관련해서는 파렴치한 사기꾼도 아니었다. 딸이 아버지를 낯선 사람처럼 대한 것은 이성적인 정신에서 도출된 것이 아니었다. 문제는 훨씬 깊고 보다 비합리적인 어떤 감정에서 나온 것이었다. 이 감정 속에서 아버지는 벗겨낼 수 없는 네수스(Nessus)의 옷처럼 실패자라는 외투를 걸치고 있는 남자였다. 하지만 괴로움과 참을 수 없는 미움의 감정이 아직 다 드러난 것은 아니었다.

딸은 집안의 경제 상황이 점점 더 심각해지고 있으며, 이 상황이 자기 가족만의 특수한 상황이라는 것을 점차 알게 되었다. 친구들 역시 사업가의 딸들이지만 모두가 안정적인 생활을 유지하고 있었기 때문이다. 그래서 아버지에 대한 그녀의 경멸은 점점 더 커져만 갔다. 아버지는 이전보다 더욱 좌절했고 모욕을 당했으며 신체적인 건강도 나빠지고 있었다. 마침내 그는 심각한 질병에 걸렸고 살 수 있는 기간이 얼마 남지 않았다는 병원의 선고를 받았다.

딸은 아버지에 대해 미안한 감정을 가지려고 노력했지만 반항심이 마음속에서 그녀를 충동질했다. 사업상의 실패는 아버지의 마음만 폐허로 만든 게 아니라 육체도 망가뜨리고 있었다. 딸은 아버지가 집 안에 있는 것이 이전보다 더욱 참을 수 없었다. 심지어는 함께 있는 것이 육체적으로도 견디기 힘들었다. 이불 속에서 징그러운 벌레를 발견했을 때처럼 아버지는 육체적으로도 정서적으로도 설명할 수 없는 증오를, 떨쳐낼 수 없는 증오를 불러일으켰다.

아버지는 딸과 대화를 나누려고 시도해 보기도 하고, 친구들에게 가는 것을 금지하면서 집에 있으라고 명령을 내리기도 하면서 그녀를 곁에 두고 싶어 했다. 하지만 그가 하는 모든 일들은 그를 더욱 조롱거리로 만들었다. 그때를 회상하면서 딸은 화가 나 있는 아버지를 뒤로 한 채 문을 세게 닫고 나갔던 일이 제일 기억이 난다고 얘기했다. 몸과 영혼 모두가 고통에 시달리면서 아버지는 얼마 후 돌아가셨다. 그리고 한동안 딸은 홀가분함을 느꼈다.

하지만 몇 년이 지난 후, 그녀는 아버지라는 인물과 화해하기 위해 그리고 아버지가 유산으로 물려준 회피할 수 없는 죄책감으로부터 벗어나기 위해 심리치료를 받게 되었다. 시간이 흘러도 아버지에 대한 그녀의 감정은 생생한 혐오감으로 꽉 차 있었다. 이를 극복하기 위해 그녀는 수없이 아버지에 대해 이야기하고 그의 모습을 기억해야 했다. 아주 조금씩 그녀는 자신과 반항적으로 연결되어 있던 아버지를 느끼지 않게 되었다. 그리고 그것과 거의 반대적인 것을, 향수 같은 것을 느끼게 되었고 아버지에 대한 연민과 애정을 다시 느끼게 되었다. 이 과정은 결코 완결되지 않을 것처럼 아주 느리게 진행되다. 하지만 결국 그녀는 아버지가 살아계실 때 그녀가 이미 알고 있었던 몇 가지의 진실들을 이해할 수 있게 되었다. 이전에는 이성으로만 알고 있어서 영혼의 가장 중요한 핵심, 즉 진심 어린 확신으로 바꾸어 놓지 못했던 것들을 말이다.

"사업 실패는 아버지를 나약하게 만들었지만 그의 본성이라든가 사랑 받을 자격까지 그렇게 만든 것은 아니었어요. 저의 가치관은 신체적인 강인함이나 경제적인 성공을 중요시하지는 않았어요. 오히려 야비한 사람들에게는 이득을 주고 약한 자들은 짓밟는 과도한 이 경쟁 사회를 혐오했지요. 저는 약자 편에 서 있고 싶어 했구요. 하지만 그 약자가 나와 너무나 끔찍이 가까이 있다면, 그리고 전염병처럼 나약함이 나에게까지 전염된다고 느끼게 되면, 이성적으로 그걸 극복한다는 건 쉽지 않은 일이에요. 저는 이런 부당한 감정들을 혐오했지만 패배한 사람이 저의 가족이고, 게다가 이 패배감이 자존심까지 무너뜨리고 있을 때, 거기에 대해 느끼는 반감을 극복하기가 무척 힘들어요."

"마음속으로 저는 아버지를 향해 소리를 지르고 있었어요. '창피스러운 그 직업을 선택한 건 아버지니까, 최소한 아버지가 해야 할 일은 돈을 벌어오는 거라고요! 그렇게 창백한 얼굴로 침대에 누워있지 말아요! 얼른 일어나 사무실로 가시라고요! 왜 암과 싸우지 않는 거예요? 나한테 복수하기 위해서라도 그걸 이겨내시라구고요!'"

1940년대 이탈리아에서 조부모와 삼촌들, 숙모들 등 친척들이 함께 모여 사는 대가족에서 성장한 소년이 있었다. 당시 이탈리아는 2차 세계대전의 쓰라린 패배와 뒤이어 일어난 파시즘과 반파시즘 운동 사이의 내전이 벌어지고 있을 때였다. 그리고 전후 이탈리아가 군주제가 되어야 하는지 아니면 공화제가 되어야 하는지에 대한 국민투표를 놓고 또 다른 엄청난 갈등이 예상되고 있을 때였다. 지식인 중상류층인 이 대가족도 마찬가지로 여러 견해와 다양한 관점들이 공존하고 있었다. 하지만 정치 논쟁으로 언성을 높이는 일은 결코 없었다. 소년의 기억에 어른들은 정치에 대한 이야기가 나올 때면, 모두 항상 정중한 어조를 유지하고 있었지만 열기로 가득 차서 금방이라도 불꽃이 일어날 것 같았다.

소년의 아버지는 공화국을 지지했고, 가족 중 몇 명도 아버지를 지지했다. 반면 다른 이들은 군주제가 부활되기를 희망했는데, 공화국은 잘못하면 공산주의로 이어지는 발판이 될지도 모른다는 두려움 때문이었다. 하지만 가족 중 유일하게 삼촌만은 진짜 열성적인 왕당파였다. 가족들은 삼촌의 생각을 대수롭게 여기지 않았지만, 소년에게는 뜻밖의 신선한 충격이기에 충분한 것이었다. 한 예로 그의 어릴 적 기억들 중 하나는—유치원 시절이거나 혹은 초등학교 초반기였을 것이다—열렬한 왕정주의자가 되고 싶어 했던 것이다.

성년이 되어 심리상담가를 찾아온 이 사내는 왕당파에 대한 자신의 감정이 아버지에 대한 배반 행위처럼 느껴진다고 말했다.

분석가는 이에 대해 다음과 같이 말했다. "하지만 아주 어린 아이였을 때도 당신은 죄책감을 느꼈을까요?"

"그렇지는 않았을 거라고 생각됩니다. 하지만 올바른 판단을 할 수 있을 만큼은 이미 알고 있었습니다. 저희 아버지는 말씀을 아끼고 직업에 헌신했던 분인 반면 삼촌은 거만하고 허풍만 늘어놓는 건달이었으니까요. 삼촌의 유일한 관심은 편안하고 안락한 생활이었습니다."

"이런 판단은 한참이 지난 후에 생긴 거라고 말씀하지 않으셨나요?

당신과 삼촌은 어떤 이야기들을 했었죠?"

"저는 전쟁에 대해 묻곤 했습니다. 사실 삼촌은 보급부대에 있었기 때문에 실제 전투를 경험한 것은 아니었어요. 하지만 제가 여러 번 묻고 또 묻는 이야기가 하나 있었습니다. 한번은 삼촌이 보급품을 싣고 가는데 도로 폐색에 걸려 트럭에 불이 붙은 적이 있습니다. 삼촌은 급히 본부에 연락해 총알을 피할 차단막과 뒤에서 총을 쏘아대는 적군을 박살낼 탱크를 지원해 달라고 요청을 했지요. 조국을 수호하고 있던 사람들을 박살낼 탱크를 말입니다."

"그 일화를 기억할 때마다 저는 아찔해지곤 합니다. 그건 마치 아주 높은 곳에서 그때의 장면을 다시 보면서도 그곳에서 벗어나려고 애쓰는 것 같은 느낌입니다. 하지만 그 당시 삼촌은 저를 감동시켰습니다. 그런 감정들을 느꼈던 것은 어쨌든 바로 저였으니까요."

"당신은 아버지하고도 전쟁에 대해 이야기를 나눈 적이 있었나요?"

"한 번도 없습니다. 아버지는 거기에 대해 아는 것이 없었어요. 아버지는 예비군 장교였지만 기술자인 당신의 전문분야가 훨씬 중요하다고 여겼기 때문에 전투에 대해 이야기해준 적이 한 번도 없습니다. 아버지의 군대 임무는 방공호를 구축하는 것이었지요. 아마도 아버지는 그 일을 분명히 만족스러워했을 겁니다. 위험을 피할 수도 있고, 게다가 혐오하는 전투보다 훨씬 유용한 일이니까요. 하지만 저는 아버지가 숨으려고만 한다고 느꼈습니다. 방공호가 사실상 숨기 위한 장소니까 이중으로 자신을 숨기고 있다고요. 아버지는 삼촌보다 늙고 힘도 약하고 등등 모든 것이 아버지는 전투에 적합한 사람이 아니라는 생각을 증명해 주는 것만 같았습니다. 아침이면 두 사람이 면도하는 모습을 보곤 했는데, 아버지는 전기면도기를 썼고 삼촌은 날카로운 면도칼을 사용했습니다. 전기면도기는 부엌에서 여자들이 사용하는 전기 제품들을 연상시켰지요. 남자라면 부끄럽게 여겨야 할 물건처럼 생각됐습니다. 하지만 이 두 사람의 차이를 가장 극명하게 보여준 계기는 군주제냐 공화제냐를 결정하는 국민투표였습니다."

"당신은 아버님과 국민투표에 대해 논의해 본 적이 있습니까?"

"아버지는 핵심만을 짚어내는 사람이었습니다. 아버지는 이렇게 말하곤 했죠. '이탈리아의 사정이 독일과는 다르다는 것을 알아야 한다. 무솔리니를 정부의 수장으로 임명했던 것은 바로 왕이었어. 그러니 독재정권을 제거하는 것만으로는 충분하지 않아. 왕권도 폐지를 해야 해.' 그런 다음 제가 기억하기로 아버지는 혼잣말을 덧붙였던 것 같습니다. '설사 공화제가 무능력한 대통령을 선출할 위험을 안고 있더라도, 다음번에는 또다시 무능력한 사람을 뽑지 않도록 우리가 얼마든지 변화시킬 수 있지.'"

"터무니없는 건 아버지의 말이 옳다는 걸 알고 있으면서도 제가 동의하고 싶지 않았다는 겁니다."

"삼촌과도 이런 것들을 얘기해 본 적이 있습니까?"

"바로 그 점이었죠. 삼촌은 전혀 생각이 없었습니다. 그저 고함만 지를 뿐이었죠. '공화제라고?! 그게 뭐가 중요하다는 거야? 공화제 대통령은 기껏해야 늙어빠진 노인네나 한다는 걸 넌 모르니?' 삼촌은 심지어 신문에 나와 있는 늙은 남자의 사진을 보여주기도 했습니다. 이 일은 어쩌면 공화정이 확립된 후의 일일 수도 있겠네요. 하지만 중요한 건, 제가 기억하는 이미지들이 하나의 순간과 모두 연결되어 있다는 겁니다. 그러고 나서 삼촌은, '하지만 왕은 젊고 강하고 매력적이야. 여기 한번 이 사람을 보라구' 하며 화려한 의복을 차려입고 기마장교들이 주위를 둘러싸고 있는 사진 속의 어떤 남자를 가리켰습니다. 어리고 미숙한 저의 사고능력은 그때 그만 마비되고 말았습니다. 외모만이 전부이고 지성은 별것 아닌 것처럼 여겨졌습니다. 저는 왕을 삼촌과, 그리고 진부하고 늙은 대통령을 아버지와 동일시했습니다. 저는 훨씬 강해 보이고 화려한 인물을, 엄청난 확신으로 가득 차 있는 인물을, 아무에 의해서나 선택되어질 수 없는 사람을 흠모했습니다. 왕은 어찌되었든 왕으로 태어났으니까요."

"할머니와 할아버지가 제게 『피노키오』를 읽어주셨던 것도 아마 그때였던 것 같습니다. 저는 아버지 제페토가 옳다는 걸 알면서도 제멋대로인 루치뇰로와 함께 도망치는 피노키오 같았습니다. 이 어수룩한 아들은 루치뇰로만이 자기에게 새로운 경험과 흥미로운 놀이방법을 줄 수 있을 것이라고 여겼습니다. 그토록 예의바른 가족들 속에서 삼촌만이 아마 제게 단순하고 본능적인 남성적 인격이라는 것을 어렴풋이 보여준 사람인 것 같습니다. 직접 거쳐 가지 않고는 생략할 수 없는 과정 같은 것이라고 할까요."

"아무리 그렇다 해도 아버지는 저의 비난을 면할 수 없어요. 왜 아버지는 자신의 생각을 저에게 나누어 주지 않은 걸까요? 총이나 포탄으로부터 사람들을 보호해주는 방공호가 총을 사용하는 것보다 훨씬 값진 일이라는 것을 왜 제게 설명해주지 않은 걸까요? 방공호를 짓는 것도 다른 형태의 힘이라는 생각이 지금은 듭니다. 이런 점에서 본다면 그때 저는 정말로 아버지가 필요했지만 거기에 아버지는 없었습니다.

얼마나 이성적으로 판단을 하고 행동한 것인지에 대해 저를 설득하지 못했기 때문이 아니라 아버지가 전쟁에 대해 전혀 말조차 꺼내본 적이 없었기 때문입니다."

우리는 정말로 아버지가 부재하는 시대에 살고 있는 것일까? 수많은 연구들이 이미 아버지의 실종을 전례가 없는 사회적 병폐로 선언하면서 여기에 대해 경종을 울리고 있다.

하지만 서구가 겪고 있는 현대사회의 불안정성이 아버지의 권위가 감소되었기 때문이라는 결론으로 치닫는 것에는 오류가 있다. 왜냐하면 권위의 감소는 단지 사회적인 불안정성이 발현되는 징후들 중 하나이기 때문이다. 또한 마찬가지로 부성의 위기를 마치 전적으로 최근 세대들에게 나타나는 현상 또는 21세기의 현상인 것처럼 생각을 한정하는 것도 오류라고 할 수 있다. 서구 문명의 밑바닥에 숨어 있는 부성 이미지는 가장 근본적으로 그리스 신화와 로마의 법전으로부터 형성된 것이다. 그리고 이후에는 기독교의 출현과 프랑스 혁명, 산업혁명 등에 의해 변화되어 왔다. 1970년대와 80년대, 그리고 90년대에 일어난 변화들도 물론 중요하다. 하지만 이런 변화들은 역사라는 거대한 파도의 맨 위에 놓여 있는 거품이라고 할 수 있다.

그래서 현 시대와 현 상황에만 몰두하는 분석은 결과적으로 대중매체의 문화에 경의를 표하는 것 이상을 벗어나지 못할 수도 있다. 대중매체라는 문화는 장시간에 걸친 계획적인 생각보다 순간적인 취향을 훨씬 중요하게 여기는 즉각적이고 폭식적인 만족감의 문화이다. 이와 관련한 많은 연구들이 지니는 비밀스러운 한계가 있다면, 이 연구들이 최종적으로는 자기 자신과 일치하지 않는다는 것이다. 다시 말하면, 이런 연구의 어조는 착한 아버지의 부재를 비통해하지만, 실제로는 착한 아버지의 특징이라고 할 수 있는 건전함이나 안정감, 책임감과는 정반대에 있는 것들을 부추긴다. 현재 진행되고 있는 일련의 현상들을 분석하는 데 시간을 낭비하는 것은 그래서 칼로리는 높지만 영양가는 낮은 패스트푸드를 집단적인 규모의 소비자들에게 판매하는 것과 같다. 그리고 만약 이런 사태들이 현 추세라면, 정말로 우리가 걱정하는 것이 이것인데, 최근의 잘 알려진 현상들에만 주제를 한정하는 연구들은 바로 그러한 연구들을 펼쳐놓는 공간인 서적들을 TV 드라마들이 서서히 잠식해 가고 있는 상황과 동일한 죄악을 저지를 수 있다.

우리가 살고 있는 현 시대는 누구도 의심할 수 없을 만큼 대중들의 집단적인 심리까지 변화시키면서 현기증이 날 정도로 변화의 가속도를 올리고 있다. 그럼에도 우리는 여기에서 일어난 직접적인 변화들이 과대평가의 위험에 언제나 노출될 수 있다는 것을 기억해야 한다. 그리고 파도의 최정상에서 맨 밑을 내려다보면 이 정도 높이의 차이는 기껏해야 바다의 깊이에는 미치지 못한다는 사실을 명심해야 한다. 예를 하나 들자면, 미국에서 가장 일반적으로 사용되었던 부성 이미지가 겨우 이삼십 년 사이에 '가정의 대표'에서 '공동 부모'(어머니의 역할을 분담하는 아버지)로 바뀌었다는 신뢰할 만한 연구들[5]이 발표된 적이 있었다. 하지만 이런 결과에도 불구하고 미국의 아버지들과 자식들 사이의 관계는 실제로 변화된 것이 거의 없었다. 아버지들의 가정참여도가 실제로는 상당히 저조하고[6] 어머니들과 비교했을 때는 극히 미미한 수준에 지나지 않았던 것이다.

그래서 어떻게 보면 통계조사의 결과들은 종종 우리가 실제 행동하고 있는 것보다 의식적으로 품고 있는 확신과 더 긴밀한 관계를 가지고 있다. 이런 조사들은 우리가 품고 있는 부성 이미지나 혹은 이래야 된다고 희망하고 있는 부성 이미지를 드러내고 있다. 문제는 이런 의식적인 확신들이 마음속 깊은 곳에서 오랜 시간 연마된 무거운 비극적 원형들과 달리 새로운 가치들을 생산하고 소비하는 오늘날의 의사소통 시대를 통해 신속하게 변화하고 있다는 것이다. 이런 가치들의 판매과정은 게다가 대중매체를 촉진시키고 인위적인 변화들을 가속화시킨다. 새로움은 패션산업의 교묘한 방식들처럼 상품들을 매년 변화시키고 구매 욕구를 창출하면서 엄청난 속도로 팔려나간다. 하지만 분명히 이것은 인간 정신의 깊숙한 곳에 있는 근원적인 의식이 변화하고 있다는 것을 알려주는 지표가 아니다. 심리상담가들의 사례는 이를 분명하게 보여주는데, 한 예로 최근의 쾌락산업의 유행과 여기에 대한 공개적인 논의들이 이탈리아 사람들의 성에 대한 의식을 이전의 어느 때보다 최근 세대 안에서 훨씬 크게 변화시켰다는 연구결과가 있었다. 하지만 실제로 많은 사람들을 상담해 보면, 사람들이 품고 있는 일반적인 무의식적 금기들은 이와 비슷한 수준만큼 관대해지지 않았고 성문제와 관련된 전체적인 양상들도 크게 변화된 것이 없다는 것을 알게 된다. 오늘날 우리는 두 발을 확고하게 황금시대의 기독교에 딛고 서 있으면서 두뇌만 현대화되고 있는 것이다.

우리는 부성에 대한 논의가 절대적인 진실에 자리를 마련해주지는 못하리라는 것을 알고 있다. 역사적인 사실은, 특히 남성과 여성의 역할의 간극이 급속하게 축소되고 있는 오늘날 무한한 변화를 보여주고 있다. 가장의 역할을 맡고 있고, 직업도 가지고 있으며, 그래서 자식들이 아버지와 어머니에게 품었던 복합적인 기대를 한꺼번에 받고 있는 어머니들도 물론 존재한다. 하지만 이들은 전통적인 어머니의 모성과 애정과 헌신을 바라는 자식들의 기대를 저버릴 수 없으며, 동시에 아버지의 역할도 맡아야 한다는 점에서 '부성의 패러독스'에 사로잡혀 있다고 할 수 있다.

이런 사례들은 자신의 여성적인 인격에다 부성적인 특징까지 덧붙인 근대화된 '통합된 어버이'이기 때문에 일어날 수 있는 일이다. 부성을 심리적인 구조로서뿐만 아니라 하나의 인격으로 다루기 위해서는 이런 사례들에 대해서 관심을 기울일 필요가 있다. 우리는 아버지의 본질적인 특징이라고 할 수 있는 부성의 원형과 그것의 변형들, 그리고 우리 모두가 공통적으로 가지고 있는 무의식적인 기대감들에 대해서도 관심을 가지려고 한다. 다시 말해 어떤 나라든 어떤 시대든 그리고 '성별이 무엇이든' 우리는 아버지로 여겨지는 모든 것들에 관심을 두려고 한다.[7]

그리고 또한 여기에서의 관점이 심리학적인 것이기 때문에 우리는 현재 우리가 깊이 빠져 있는 문화 못지않게 무의식에서 발견되는 집단적인 부성의 이미지에 대해서도 논의를 해보고자 한다. 실제 역사상에 존재했던 사람들을 언급하게 되더라도 우리는 그들이 가진 개별적인 특징들보다는 일반적인 이미지의 특징들을 통해 그들을 다루어 보려 한다. 이런 일반적인 이미지의 인물상은 남성들뿐만 아니라 여성들에서도, 개인들뿐만 아니라 집단에서도 구체적 형태를 띠게 될 것이다. 그리고 논의의 관점이 정신적인 원리에 초점을 맞추고 있으므로 이러한 일반적인 이미지를 '부성'이라고 부르고자 한다.

그리하여 부성에 대한 연구는 우리가 최대한 찾아낼 수 있는 가장 먼 인류의 기원에서부터 시작하려고 한다. 부성의 역사에 관심을 기울여 온 훌륭한 저서들은 셀 수 없이 많다. 하지만 시대의 흐름을 통해 부성의 심리적인 진화에 관심을 기울여 온 저서들은 그다지 많지 않다. 여기에서 '심리적'이라는 용어는 정신분석가들이 관심을 두고 있는 심리적인 사실들을 지칭한다. 부성을 둘러싼 지적인 확신들과 사회적인 규범들은 그것들보다 훨씬 깊은 곳에 놓여 있는 이미지 및 원형보다 중요성면에서는 부차적인 것일 뿐이다. 이런 이미지와 원형들은 오늘날 자주 간과되고 망각되고 있지만 그럼에도 우리 내면에 남아서 강력한 힘을 발휘하고 있으며 놀랄 만큼 현재적이다.

이런 관점들은 이 책의 구성방식에서도 드러날 것이다.

우리는 역사적인 단계들을 좇아 부성의 역사를 추적하기보다는 중요한 심리적인 단계들에 따라 그 변화를 추적할 것이다. 그래서 처음에는 선사시대의 아버지를, 다음에는 그리스 · 로마시대와 기독교의 출현, 이어서 프랑스 혁명 및 산업혁명과 관련된 부성의 흔적을, 마지막으로는 아버지와 자식 사이의 단절을 폭로하게 될 1 · 2차 세계대전과 '가족 혁명'을 다루어 볼 것이다.

우리는 오늘날까지 잔존하고 있지만 종교나 관습들에 비해서는 뚜렷한 역사적 자취를 남겨놓지 못한 그리스의 신화들과 교훈들에 대해 중요한 관심을 기울이려 한다. 종교나 관습들 역시 오늘날의 아버지를 이해하는 데 있어서는 무척 중요한 것들이다. 하지만 프로이트가 베르길리우스로부터 저승을 빌려온 것처럼, 사태의 원인은 나타난 현상보다 심리적인 기원과 보다 긴밀한 관련성을 가지고 있다. 그래서 심층심리학은 오디세우스와 아이네아스의 갑옷들이 왜 여전히 현대 아버지들의 셔츠와 넥타이 속에서도 발견되는지를 이해하고 싶어 한다.

물론 이러한 방식은 불확실한 추측들에 의존하는 것을 피할 수 없다. 우리의 연구는 이러한 약점을 염두에 두면서 부성 이미지에 대한 역사적 장벽들을 통과해 갈 것이다. 그리하여 이 책의 1부에서는 선사시대와 인간 아버지로 나아가는 동물학적인 발전과정을 다루어 보려한다.

부성의 기원은 사실상 자연과 문명이 만나는 접합지점에 놓여 있는 것이라고 할 수 있다. 이런 주장이 신빙성이 있는 것은 일부일처제와 가부장제도가 역사상의 모든 사회들에서 지배적인 형태였다는 사실에서 발견된다. 사람의 모습을 닮은 어떤 유인원들에게서도 찾아볼 수 없다는 점에서 일부일처제와 가부장제는 자연 안에서는 관찰되지 않는 문명의 산물이다. 또한 다음과 같은 보다 명백한 관점에서도 이러한 진실은 확인된다. 즉 자식들에게 생명과 양식을 제공해주는 어머니와 달리, 남자는 출산에 대한 책임을 인식하고 아버지가 되기 위해 무엇보다 먼저 일정한 논리능력을 습득해야 했다. 문명이 우리에게 아버지를 제공해 주었다는 점 외에도 아버지의 출현은 기술혁명 같은 새로운 진보와 더불어 문화의 탄생에도 기여했으며, 동물적인 수준과 원시적인 상태로부터 인류를 결정적으로 이끌어내었다.

그러므로 아버지는 하나의 문화적인 구성물이고 고안물이라고 할 수 있다. 아버지는 어머니와 다르게 생존을 위한 일차적인 전제들이었던 동물적인 삶을 인간적인 삶의 세계로 데려온 사람이다.

그래서 아버지는 하나의 작품, 어쩌면 가장 최초의 작품이라고 할 수 있다. 부성은 정신적인 의지와 의도의 세계에 속해 있으며 (아버지의 출현은 어쩌면 의지의 발견이 아닐까?) 아버지라는 신분은 자신이 스스로에게 부과한 것이다. 자연발생이 아니라 인위적인 창조물이라는 점, 그리고 비교적 '최근'의 탄생물이라는 점에서 그의 경험미숙은 벌레 먹은 사과나 가시를 품고 있는 장미처럼 불가피한 약점들이다. 가부장제라는 사회적 체제가 그것의 외양을 만들어주었음에도 아버지는 어머니들보다 훨씬 불안정한 조건들을 경험할 수밖에 없다.

가장 최근까지 진화해 온 포유류를 살펴보더라도 동물학의 범위 내에서 여성과 어머니는 같은 것이고 동일한 것이다. 암컷 동물들은 어떻게 어머니로 행동하는지 본능적으로 이미 알고 있다. 반면 수컷들은 거의가 대개 단순한 수컷들일 뿐이지 결코 아버지가 되지 않는다. 수백만 년의 동물 진화의 역사 속에서 부성이라는 특성을 발견해 낼 수 있는 것은 겨우 몇십만 년을 살아 온 인간들뿐이다. 따라서 부성이라는 것은 본능을 통해 형성된 것이 아니다.

남자는 동물적인 진화과정과 전혀 상관없는 전적으로 외적인 원인들을 통해 부성이라는 지위를 맡아왔다. 그것들은 선사시대를 포함한 넓은 의미의 역사와 정신적인 삶 속에 놓여 있는 것이다. 남자는 여자들이 모성으로 다가가는 자발성보다 덜하지만 그보다는 훨씬 더 강하고, 주저하면서도 공격적으로 아버지의 역할을 끌어안는다. 오직 역사만이 남자에게 이것을 부여해 왔기 때문에 역사는 이것을 변화시킬 수 있다. 그리고 이것은 자연에서 습득되는 것이 아니라 삶 속에서 배워야 하는 어떤 것이기 때문에 인생의 행로에서 남자는 이것을 망각할 위험성을 언제나 지니고 있다.[8] 그래서 망각의 가능성은 역사 속에서 모든 남자들이 대면해야 하는 것이다.

일반적으로 아버지가 어머니보다 자식들에게 공격적이고 완고하다면, 이는 특정한 몇몇 아버지들에게 보이는 개인적인 실패 때문도 아니고 부르주아 가부장제가 출현할 수 있었던 특정 시대들의 퇴행적인 진보 때문도 아니다. 이런 특징들은 그의 본래적인 조건들이 구조화된 것이며 그의 본질의 일부라고 할 수 있다. 부성의 본질은 우리가 일반적으로 생각하는 범주들을 넘어서 있는 것이 아니다.

호메로스의 서사시들을 읽거나 그리스 신화를 접하게 되면, 여기서 아버지는 언제나 공격과 방어의 기능을 동시에 가진 한 벌의 갑옷을 차려입고 있다. 자식을 끌어안고 있을 때조차 그의 포옹은 차가운 인상을 주며, 그래서 자식들은 두려움과 감탄의 반응을 보인다.

여기서 우리는 아버지의 내면에 있는 양가감정(ambivalence, 兩價感情)을, 고백할 수 없는 불확실한 감정을 발견할 수 있다. 이 감정은 자식들이 아버지에게 품고 있는 모순적인 기대감에 상응하는 투사물이며 우리가 '부성의 패러독스'라고 부르는 것이다.

이 책의 2부에서는 이런 양가감정의 출현을 보여주는 고대 그리스와 로마의 아버지를 살펴볼 것이다. 그리스인들은 양가감정의 출현을 뒤집음으로써 부성이 가진 근본적인 불안정성에 반항하였다. 그들은 어머니보다 아버지가 우월하다는 관념을 만들어냈으며, 이를 신화뿐만 아니라 과학적인 사고의 첫 번째 시도의 기초로 삼았다. 그리하여 그리스인들에게는 아버지만이 자식을 생산할 수 있는 권리를 가지고 있었다. 어머니의 역할은, 설사 그녀가 임신 중이라 하더라도, 자식에게 음식물을 제공하는 것뿐이었다. 게다가 이런 잘못된 학문적 관념들은 근대까지 꾸준하게 고수되었다. 서구 문명의 기원을 세운 그리스인들은 아버지를 가장 높이 격상시킨 사회를 창조한 자들이었다.

로마인들은 이런 체제를 더욱 진전시켰다. 그들은 어머니뿐만 아니라 자식과 비교해서도 아버지의 지위를 더욱 높게 만들었다. 대표적인 예로 로마법은 이후 모든 시대의 아버지들에게 효력을 발휘하게 될 하나의 인식을 포함하고 있었다. 즉 적자로 태어난 자식이라도 아버지가 아들로 인정하겠다는 공식적인 의사표현을 해야만 정식 아들로 인정되었다. 이 법은 적출과 서출을 구분하기 위해 제정되었음에도 불구하고 모든 아버지들의 지위를 나타내는 무의식적인 메타포가 되었다. 반복해서 강조하지만 어머니의 경우와 달리, 아버지가 되는 것은 자식을 출산하는 것만으로는 충분하지 않고 특별한 의지적 행위를 요구하는 것이다. 합법적이고 생물학적인 자손이라 할지라도 부성은 언제나 하나의 결단이었으며 결연(結緣)을 수용하는 행위였다.

이런 사례들은 부성이 심리적이고 문화적인 행위에 기반을 두고 있으며, 생물학적인 친자 관계는 근본적인 것이 아니라는 우리의 기본적인 확신을 증명해준다. 오늘날은 로마법이 요청했던 부성의식(儀式)도 사라지고 자식에 대한 부권의 인수도 당연하게 받아들여지고 있지만, 그럼에도 불구하고 이와 유사한 과정이 완전하게 박탈된 것은 아니다. 즉 부성은 자식이 탄생하는 순간부터 자연적으로 생기는 것이 아니라 주장되고 구성되어야 하는 것이다. 그리고 부자관계가 형성되는 과정 속에서 착실하게 실행되어야 하는 것이다.

이런 관점을 분명하게 보여주는 이야기를 우리는 찰리 채플린의 고전 영화에서 발견할 수 있다. 영화 〈키드The Kid〉는 창문에서 쓰레기들이 쏟아지고 있는 어두운 골목을 걷고 있는 주인공의 모습으로 시작된다. 채플린은 이 골목에서 처음 보는 한 소년을 만나게 되고, 이 소년에게 마음이 끌리게 된다. 하지만 이 소년이 어디에서 왔는지 알 수가 없어 쓰레기들처럼 하늘에서 떨어진 것이 아닌가 싶어서 하늘을 올려다본다.

사실 소년은 두 명의 악당이 실수로 유괴했다가 내다버린 아이였다. 하지만 양아버지가 된 채플린은 이런 사연을 모를 뿐더러 이전의 사건들에는 별로 개의치 않는다. 아버지에게 생물학적인 부자 관계는 별로 중요한 것이 아니라는 점에서 자식은 버려졌던 순간에 그리고 채플린을 만난 순간에 비로소 존재하기 시작한다는 것을 알 수 있다. 그리고 악당들과 음침한 골목길, 문명의 어두운 이면인 쓰레기들의 낙하는 아버지와 부성이 출현하기 이전인 전(前)문명적인 상태를 요약적으로 보여준다. 한 남자를 아버지로 만들어주는 것은 혈연과는 관계가 없다. 부성이라는 것은 출산행위와 다르기 때문에 생물학적 자손과는 다른 만남에 기반을 두고 있다. 이 만남은 야만적인 상태에서 벗어나 자발적으로 다른 존재에 대한 책임을 떠맡는 사회적인 행위와 관계의 수용에 놓여 있는 것이다.

서로를 새롭게 발견하도록 해주는 남자와 아이, 그리고 이들의 관계가 깊어져 가는 것을 보여주면서 영화는 한 개인의 부성의 탄생과 함께 집단적인 부성의 상황을 알려주고 있다.

영화에서 채플린은 유목민 생활을 하면서도 가족을 형성했던 선사시대의 사냥꾼처럼 집도 없이 떠도는 방랑자로 등장한다. 갑작스러운 소년의 출현을 이해하기 위해 그는 소년이 물질세계인 지상으로부터 솟아나온 것이 아니라 정신과 이념, 의지의 세계라고 할 수 있는 하늘로부터 내려온 것이라고 상상한다. 아이는 자신을 보호해줄 것을 어른에게 요구하고, 그에 대한 답례로 무엇인가를 되돌려 준다. 즉 소년은 남자가 전혀 새롭게 다른 눈으로 세상을 볼 수 있도록 해줌으로써 이전까지 남자들이 소유하지 못했던 지성으로 나아가는 길을 열어준다. 왜냐하면 동물들의 세계에서는 - 이에 대해서는 뒤에서 더욱 충분히 논의될 것이다 - 오직 암컷들만이 자식들로부터 무엇인가를 배울 수 있기 때문이다. 따라서 아이를 만난 이후 채플린이 보여주는 행위들은 부성이 가진 고유한 심리상태를 상징적으로 묘사하고 있는 것이라고 할 수 있다.

이런 만남의 비중과 관련해 볼 때, 아버지는 양아버지이든 친아버지이든 전혀 차이가 없다고 할 수 있다. 후자의 경우에서도 아버지는 자식의 잉태를 순전히 어머니에게 위임해야 하기 때문에 그가 만나게 되는 생명체는 그에게 전적으로 새로운 것이다. 어머니는 자신의 자궁 속에 아이를 임신함으로써 새로 태어나는 아이를 몸으로 경험하는 데 반해 아버지는 자신의 정자와 자식을 두 가지의 다른 것으로, 즉 서로 다른 삶을 요청하는 것으로 여길 수밖에 없다. 한 예로 페터 한트케(Peter Handke)는 자신이 처음으로 신생아실에서 딸을 보았을 때의 순간을 다음과 같이 묘사하고 있다. "그들이 유리창 너머에서 나에게 보여주었던 것은 '딸'이 아니라 '방금 태어난 아기'였습니다."[9]

우리의 목적은 아버지의 관점에서 아버지를 바라보는 것이다. 오늘날까지도 이런 시도는 제대로 이루어진 적이 없었다. 어머니에 대한 연구는 헤아릴 수도 없이 많이 있었고, 게다가 어머니의 관점과 아이의 관점에 따라 균등하게 배분되어 왔다. 하지만 아버지에 대한 연구는 아직도 많은 부분을 모호하게 남겨놓고 있다.

어떤 이는 우리의 주제가 그리스와 로마, 유럽을 주로 다루고 있어 이 연구가 기본적으로 유럽중심적이며, 유럽 문명의 기원들만을 중요하게 여기는 것이 아니냐고 비판을 할 수도 있을 것이다. 그 이유는 나 자신이 개인적으로 경험했던 장소들이 그곳이기도 하거니와 전 세계를 연구할 수 없는 본인의 한계 때문이다. 오늘날의 아버지를 재구성하면서 이런 노정을 따르는 것은 그래서 나에게는 어쩔 수 없는 한계로 여겨진다. 한 가지 변명을 늘어놓자면, 지중해 문명은 유럽 전역으로 확산되었으며 오늘날은 유럽의 문명이 세계 곳곳으로 영향력을 미치고 있다. 게다가 로마를 중심으로 하는 남부유럽은 오늘날 우리가 유럽 전역에서 보고 있는 아버지를 만들어내는 데 근본적인 기여를 하였다. 이 책의 3부에서는 그래서 기독교의 출현과 종교개혁, 프랑스 혁명과 미국의 독립운동, 그리고 두 번의 세계대전으로 영향을 받게 된 부성을 다양한 방식으로 논의해 보려고 한다. 여기에서도 본인이 이탈리아 사람이라는 특수한 관점을 피할 수는 없을 것이다.

끝으로, 문제의 아버지, 파괴적인 아버지에 대해 살펴볼 것이다. 사실상 아버지는 여자들이 어머니로 변화해 가는 것보다 훨씬 더 다른 이들을 침해하고 또 자신이 침해받는다는 점에서 병리적이라고 할 수 있다. 반(反)부성적인 아버지에 대한 현상이 반(反)모성적인 어머니에 대한 현상보다 훨씬 많이 그리고 쉽게 관찰되는 것도 이런 이유라고 할 수 있다.

사악한 어머니를 다루는 이야기들은 거의 예외적인 것이며 기괴한 주제라고 할 수 있는 반면, 사악한 아버지에 대한 이야기들은 상당히 일반화되어 있다. 하지만 이런 길만을 따르는 것은 진정한 부성에 대한 이해를 시야에서 놓칠 위험성을 지니고 있다.

그래서 우리의 출발점은 병리적인 현상들로부터 시작하지는 않을 것이다. 우리의 주된 관심은 정상적인 아버지들이다. 정상적인 아버지들의 비율이 정상적인 어머니들의 비율보다 현저히 낮다고 할지라도 우리는 그런 아버지들이 현실에 존재하며, 결국에는 그들이 꾸준히 대다수를 차지하게 되리라는 믿음을 가지고 있다.

정상적이고 직업에 충실하며 건전하다는 것을 측정할 수 있는 진정한 기준은 없다는 견해도 물론 있을 것이다. 우리는 이런 비판들에 대해, 사실상 부성이라는 것은 인위적인 것이며, 양가감정과 자기 고뇌가 들어있는 역할이라고 대답할 것이다. 정상적인 아버지는 이미 어떤 연구에서도 정당화될 만큼 충분히 고통이라는 원래의 어원적 의미에서의 병리적 상태(pathology)를 경험하고 겪었다고 말할 수 있다. 마지막 4부는 그래서 일상생활 속의 아버지에 대한 현재의 상황들을 살펴볼 것이다.

문제의 아버지와 순수하고 단순한 아버지라는 부성의 모순적인 특징들은 철학적이고 종교적인 관용과 군사적이고 경제적인 약탈 사이에서 지속적인 동요를 겪어왔다. 또한 부성의 이런 모순은 가부장적인 지배권을 세계 곳곳에 확산시켜온 유럽 문명을 대표하는 공식적인 모순이 되었다. 따라서 이 두 가지의 모순 사이에는 친밀한 연관관계가 있다. 이를 통해 우리는 역사의 특정한 시기들이 잘못된 길로 들어설 수밖에 없었던 사실에서가 아니라, 역사와 문명이 오늘날까지 온전히 존재할 수 있었다는 사실에 훨씬 더 놀라게 될 것이다.

따라서 이에 대한 인식은 폭로의 힘을 가지고 있지만, 그럼에도 낙관적인 폭로가 될 것이다. 왜냐하면 이 연구는 구조적인 불안정성에도 불구하고 신뢰할 만한 아버지, 즉 '충분히 만족스러운' 아버지들이 이전부터 존재해 왔으며 상당히 많았다는 것을 확인시켜줄 것이기 때문이다. 좋은 시절이건 궂은 시절이건 이런 아버지들은 말없이 인류의 역사를 구성하는 주요한 힘이 되어왔다. 그들은 무거운 짐을 짊어진 역사의 당나귀들이었던 것이다.

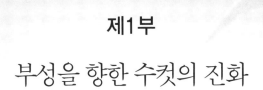

제1부

부성을 향한 수컷의 진화

1장
수컷에게 부성이 있을까?

본래 창조는 문명의 한 부분이다.
― A. 겔렌

  언제 어디에서 부성이 시작된 것일까? 그리고 아버지들은 언제 어디에서 처음으로 출현한 것일까?

  시간의 강을 부지런히 거슬러 올라가 부성의 기원을 발견하고자 하는 소망이 있다면 우선 자연과 문명이 한데 엉켜 있는 늪지에서부터 길을 개척해야만 한다. 이러한 연구는 대답을 마련하기보다는 질문을 먼저 찾아내야 한다. 가령 부성적인 행동의 어떤 부분들이 본능적인 것인가, 그리고 교육이나 훈육의 필요 없이 선천적으로 나타나는 것인가? 또 한편으로 그 행동들 중 어떤 부분들이 사회적인 발전이나 규범들로부터 파생된 것인가? 그리고 남자들이 가장 처음으로 아버지 같은 행동을 하기 시작한 것은 언제인가?

  자연이 전통적으로 여성적인 것으로 여겨져 왔던 반면, 오래된 상투적인 표현들에 의하면 문명은 남성적인 것으로 생각되어 왔다. 물론 언제나 그렇듯이 여기에서도 고정관념은 정신적 태만의 표출이다. 그럼에도 불구하고 이런 생각들은 일정 부분 진실을 함축하고 있다.

부성은 모성과 마찬가지로 지속적인 하나의 활동으로 여겨져 왔다. 그래서 부성이라는 것을 명확하게 규정할 수 있는 특정한 순간이라는 것은 없다. 부성은 단순한 출산 행위를 넘어서는 어떤 것에 속해 있는 것이다. 한 남자를 아버지로 만드는 것은 자식의 성장에 필요한 지속적인 어떤 역할을 맡는 것과 관련되어 있다. 하지만 부성과 모성 사이에는 근본적인 차이가 있는데, 모성은 자기 몸속에서 수태를 하고 임신을 하는 것과 같은 어미의 조건을 자식을 출산한 이후에도 계속해서 연장하기 때문이다. 그래서 자식의 출산과 출산 이후의 돌봄이라는 두 가지 큰 일은 한 어머니의 일생에 있어서나 종들의 진화과정 속에서도 따로 구분되지 않고 서로 연결되어 있다. 반면 남자들과 관련해서는 사정이 매우 다르다. 먼 태곳적부터 육체적인 출산 행위와 아버지가 되는 과정은 항상 구별되어 왔으며 서로가 다른 것이었다.

모성과 달리 부성은 신체적인 행동 양식들과 관계된 것도 아니고, 생물학적인 특징들을 실현하거나 연장함으로써 구성되는 것도 아니다. 부성은 사회적으로 받아들여지고 있는 형식들을 남자들에게 덧입힌 것이다. 이런 점에서 부성은 순수한 동물적인 삶의 규칙으로부터 근본적이고도 영구적으로 이탈한 것이라는 의미를 함축하고 있다. 게다가 자식의 일생에서 볼 때 아버지의 역할은 교육과 함께 시작되는 것이어서 어머니의 역할보다 한참 후에나 시작되고 있으며, 인류 전체의 역사적 흐름에서도 부성이라는 제도는 상당히 늦은 시기에 등장하고 있다. 따라서 부성은 문명의 출현과 관련된 중요한 특징들을 함축하고 있다. 그리고 어쩌면 문명의 출현을 가능하게 한 가장 중요하고도 일차적인 원인—이것이 우리가 탐구해 보고자 하는 주제들 중 하나이다—이 부성일 수도 있다.

문명과 관련해 생각해 보자면, 자연이 진화해 온 시간의 폭은 엄청나게 광대한 반면, 문명의 출현은 너무나 불균형적으로 작고 미미해서 우리는 이 둘을 마치 전혀 새로울 게 없는 하나의 이미지처럼 생각할 수도 있을 것이다. 자연과 문명의 이러한 불균형은 우리의 고정관념에도 반영되고 있는데 모성과 부성에 대한 인식이 그렇다. 즉 모성은 일반적으로 따뜻하고 조화로운 행동 양태로 특징지어져 왔던 데 반해, 부성은 훨씬 예측불가능하고 보다 덜 자발적인 행동으로 표현되어 온 것이다.

지구의 나이는 대략 45억 년이라고 추정된다. 이런 장구한 영원의 시간을 1년이라는 단위로 환산해 본다면, 포유류라는 동물은 거의 12월 중순까지도 태어날 수 없었다. 또한 이 시간표에서 최초의 유인원이 처음으로 무대에 등장하게 된 것은 12월 31일 저녁 9시경이며, 호모 사피엔스는 자정에 이르기 10분 전쯤이다. 또한 우리와 신체적인 특징이 거의 유사한 사피엔스 사피엔스는 거의 한 해가 끝나가기 3분 전쯤이라고 할 수 있고, 신석기 문명은 마지막 1분 전쯤부터 시작됐다고 할 수 있다. 그리고 우리가 고대인이라고 부르는 소크라테스나 예수, 그 밖의 다른 사람들은 모두 자정이 되기 마지막 몇 초 전에 등장했다고 할 수 있다.

이런 점에서 본다면, 지구의 시간은 인간 존재뿐만 아니라 생식활동이라는 것조차 거의 알지 못했다고 할 수 있다. 우리가 유기체의 출현을 볼 수 있는 것은 겨우 지구 나이의 봄쯤에 다가가서이다. 그리고 단

세포 유기체가 단순 다세포 유기체와 지구상에 공존하게 되기까지는 더욱 많은 시간이 흘러야 했고, 그런 이후에야 비로소 자가 분열을 통한 생식이 불가능할 정도로 복잡한 다세포 유기체가 출현하게 된다. 유성생식을 하는 다세포 유기체는 서로 다른 성(性)을 가진 개체들이 짝을 맺어 번식을 하는 것이다. 무성생식은 단일 부모와 유전적으로 동일한 자손만을 만들어낼 수 있기 때문에 종의 다양화를 꾀할 수 없었고 환경의 변화에도 적응하지 못하기 때문에 종의 진화를 촉진할 수도 없었다. 반면 유성생식은 두 가지 성별 간의 결합을 통해 자손을 출산함으로써 새로우면서도 고유한 유전적 결합을 발생시킬 수 있었다. 또한 이런 생명체들은 자기 방어와 생존의 확률을 엄청나게 증가시킬 수 있었으며, 우리 인류의 종까지 직접적으로 이어지는 진화를 이끌어 나갔다. 유성생식의 출현 이후 생명체는 남성이라는 형태와 여성이라는 형태로 영구적으로 나누어진 것이다.

암수 결합을 통한 생명체가 처음으로 발생한 이후, 진화의 사다리는 점차로 인간이라는 존재를 향해 올라갔으며, 남성에 비해 여성의 역할은 훨씬 더 안정적이고 확고한 것으로 자리를 잡아갔다. "어머니는 언제나 확실한 반면 아버지는 그렇지 않다"는 일반적인 농담은 자신의 생물학적 부모가 누구인지를 알고 싶어하는 자식의 불안한 심정을 반영하는 것에서 그치지 않고 그 이상의 것을 알려준다. 이 속담 속에 등장하는 어머니와 아버지는 정서적인 측면에서 자식과 맺고 있는 관계도 알려주기 때문이다. 한 예로 침팬지와 같은 고등 동물들에게 있어 어미 암컷은 자기가 낳은 자식이 누구인지를 안다는 점에서 언제나 확실한 존재이다. 하지만 이런 어미에 비해 아비는 그런 지식을 결여하고 있는 경우가 대부분이다.

우리는 진화의 과정이 광대하고 느린 우회로를 따라 수많은 변화들을 겪어가면서 전개되어 왔다는 것을 알고 있다. 이런 진화의 가장 최근 단계는 이후 생물학 분야에 대해서뿐만 아니라 인간사회와 문명의 전개에 있어서도 커다란 영향을 미치게 될 성별의 분화라고 할 수 있다.

이제 성별의 분화에서 부성의 위치를 살펴보면, 생명체를 완성시켜가는 동안 진화의 과정은 아버지들이 맡아야 할 역할들을 제한해 왔다.

물론 이와 반대로 여겨지는 현상들도 있는데, 대다수의 어류들에게 있어 수정된 난자를 돌보는 임무는 수컷에게 부여되어 왔다. 그럼에도 어류의 생태계 안에서 수컷의 이러한 역할은 단순한 교미 행위의 연장으로 보아야 한다. 암컷은 난자들을 방출함과 동시에 모성이라는 역할을 완수하고 무대를 떠나는 첫 번째 존재이다. 그 다음에는 수컷이 역할을 이어받아 정액을 난자들에게 발산하는데, 이후로 수컷이 자손들을 돌보는 임무를 맡는 것은 이런 생식과정에서 연장된 '본능적인' 것이라고 할 수 있다.

특이한 것은 자연의 '본능적인' 이런 방식이 생명체가 바다에서 나와 마른 대지에 거주하기 시작하면서부터는 역전된다는 사실이다. 육지에 정착한 새로운 생명체는 난자와 정자를 함께 위탁할 수 있는 매개체로 더 이상 물을 이용할 수 없었다. 그리하여 이들은 체내 수정을 시작하게 되었고, 이런 교배의 형태에서 암컷과 수컷의 역할은 뒤바뀌게 된다. 즉 이제 수컷은 먼저 생식 행위를 종결짓는 첫 번째 존재가 되면서 자손을 번식하는 공동의 무대를 암컷에게 넘겨준다. 그리고 암컷은

출산과 그 이후의 양육 과정을 완수해야 하는 역할을 새로이 떠맡는다.[10]

그러나 생리학상의 이 위대한 새로운 전환은 수컷의 행동을 조건 짓게 될 비밀스럽고도 실존적인 마찰을 함축하고 있다. 체외 수정과 달리 체내 수정은 자식의 탄생과 관련된 모든 결정적인 일들을 어둡고 신비스러운 안식처 속으로 옮겨놓음으로써 수컷의 시야에서 사라졌기 때문이다. 암컷의 신체는 수컷이 관여할 수 있는 개입 가능성을 완전히 차단시키면서 난자와 정자를 모두 품속으로 감싸 안는다. 이는 교미라는 행위와 자식 출산이라는 행위를 갈라놓는 것으로, 이 사이의 단절로 인해 수컷은 자식과 관련해서 낯선 불확실성을 품게 된다. 수컷은 새로 잉태된 생명과 맺을 수 있는 모든 상호적인 인식작용을 빼앗기게 된 것이다.

이런 상호작용의 단절로 인해 동물들은 자신의 유전자를 가능한 한 많은 수의 종자를 통해 퍼뜨리고자 하는 본능적인 충동을 갖게 된다. 이 충동은 동물적이라고 할 수 있는 모든 충동들 중에서도 가장 강렬한 것으로, 수컷이 가능한 한 많은 수의 암컷들에게 구애를 하도록 자극한다. 다른 암컷에 의해서도 출산이 가능하기 때문에 새끼가 태어날 때까지 한 마리의 암컷 주변을 맴돌 이유가 없어진 것이다. 이는 수컷의 관점에서 볼 때, 다른 암컷들에게도 수태를 시키는 것이 자신의 유전자를 전파시킬 가능성을 높이고 시간을 절약할 수 있는 최선의 방법이기 때문이다.

자연이 부여한 생식과정의 역할에서 본다면, 이처럼 대다수 종들에서 수컷은 순전히 양적인 역할만을 맡고 있다. 또한 이들은 각 개체가 계속적으로 수백만 개의 징자 세포들을 생산해 낸다. 이론적으로만 본다면 지구상에서 하나의 종을 유지하고 이어가는 데는 아주 적은 수의 수컷들만으로도 충분히 가능한 것이다. 그래서 실제에 있어 자연선택이라는 진화의 역동성은 이들 수컷들 사이의 경쟁을 부추겨왔다. 그리고 보다 매력적이고 성적으로 '문란한' 수컷이, 즉 동반자 관계에서 본다면 불성실한 수컷들이 좀더 유리하게 살아남을 수 있도록 배려해 왔다. 이런 자연의 진화법칙 속에서 승자들은 자신의 유전자를 보다 많은 수의 자손들에게 전파할 수 있었고, 이렇게 물려받은 유전자 덕분에 자손들은 좀더 매력적이고 경쟁적이며 육체적으로 강해지는 경향을 띨 수 있었다. 보다 효과적으로 자신의 종을 영속시킬 수 있는 하나의 패턴을 정립해 가기 시작한 것이다.

이에 반해 암컷은 질적인 기능을 가지고 있다. 암컷이 수태할 수 있는 새끼의 숫자는 수컷에 비해 상당히 제한적이다. 그리고 어린 새끼를 방관하고 매력적인 수컷에게 이끌려 유혹당한 암컷은 자연선택의 과정에서 처벌을 받게 된다. 이런 암컷이 낳은 새끼들은 생존 가망성이 희박하기 때문에 종의 유지에 있어서 점차 멸종으로 치달았던 것이다. 난자를 만드는 시간 또한 수컷이 정자를 만드는 시간보다 훨씬 긴 시간을 요구했고, 수태의 과정 또한 길고 지속적인 시간을 요구했다. 그래서 암컷은 수컷과 달리 즉각적으로 다른 새끼를 낳아 그 손실을 보충할 수가 없었다. 설사 어미의 특징을 물려받은 새끼들이 가까스로 살아남았다 하더라도, 이들 역시 어미와 비슷한 행동 패턴을 가지고 있기 때문에 위험에서 벗어날 가망성은 낮았으며, 악순환의 고리는 멈추지 않았다.

정리하자면, 이상의 동물들에게 있어 어미는 좋은 어미가 되는 것 이상의 그 어떤 가능성도 허용되지 않는다. 반면 수컷들은 아비가 될 만한 어떤 자질도 요구되지 않는다. 동물들의 세계에서는 이런 윤리 이전의 생존법칙이 암컷들에게 안정감을 주었으며, 문명사회에서도 여성들이 남성들보다 안정적인 가족윤리를 맡을 수 있도록 이끄는 기반이 되었다.

하지만 진화의 과정을 살펴보면서 우리의 논의를 한 번 더 되짚어 보기로 하자.

파충류들은 일반적으로 부성적인 역할을 전혀 수행하지 않으며 새끼들을 그대로 방치해 버린다. 그에 반해 대부분의 조류들은 수컷과 암컷이 함께 둥지를 짓고 새끼를 양육하는 역할을 분담하면서 안정적인 결합을 보인다. 타조들과 펭귄들의 수컷은 심지어 알의 부화를 전적으로 책임지기도 한다. 새끼와 관련된 조류들의 행동들 중 어떤 것은 놀라울 정도인데, 그래서 이런 행동들은 본능적이라기보다는 문명의 원형적인 형태처럼 여겨질 수도 있다. 이런 특성의 한 가지 예는 새들의 지저귐이다. 이 지저귐은 태어날 때부터 본능적으로 주어진 능력이 아니라 수컷에 의해 교육된 것으로, 수컷만이 할 수 있는 고유한 특권이다.[11] 지저귐의 습득을 통해 새들은 약간씩 서로 다른 자신들만의 음역을 가지게 되며, 특정 집단의 새들은 지역적인 자신들만의 음색을 가진 '방언'을 사용한다. 이들의 지저귐은 본능에 따르는 것이 아니라 부친의 목청을 모방함으로써 혈족이 지니고 있는 특정한 습관과 규칙을 따르고 있는 것이다.

또한 진화가 전개될수록 자연은 보다 복잡한 과정의 임신과 성숙을 요구하는 생명체들을 산출해 내었다. 새끼는 출산 전까지 어미의 몸속에 머무는 기간이 늘어났고, 한 번 출산을 하고 나면 어미는 다음 번 출산을 하기까지 이전보다 긴 시간의 회복 기간이 요구되었다. 어미와 새끼가 공생관계를 맺고 있는 기간이 점차적으로 늘어난 것이다.

이런 진화과정에서 포유동물들은 대략 2억에서 2억 5천만 년 전에 등장했다. 포유류의 등장과 함께 어미의 중요성은 보다 높은 차원으로 올라서게 됐는데, 이전보다 훨씬 더 긴 시간 동안 새끼의 성장을 책임져야 했기 때문이다.[12] 그리하여 이제 새끼들은 어미에게 거의 전적으로 의존하게 되었고, 어미는 상당히 긴 시간 동안 자식에게 음식을 공급해주는 유일한 원천이 되었다.

포유류 다음으로 영장류는 대략 7천만 년 전에 등장했으며,[13] 이들의 새끼들은 자발성을 거의 지니지 못했다. 그래서 어미와 자식 간의 관계는 이들이 외부세계를 거부할 수 있을 정도까지 긴밀한 상호보완성을 형성했다. 게다가 유인원들의 군집 생활은 완전히 생리학적이라고만은 할 수 없는 사회적인 역할들도 수반하고 있었다. 이들의 생활은 이미 문명의 싹을 간직하고 있었던 것이다. 모성은 여기서 이들을 묶어주는 하나의 유일한 매개체였다.[14] 유인원들은 어린 새끼의 성장을 책임질 뿐만 아니라 장시간의 양육 기간을 가졌다는 점에서 원시문명적인 특징을 보여준다. 어린 유인원은 어미의 등 뒤에 상당 기간을 업혀 있어야 했고, 어미의 눈을 통해 바라본 세상을 자신의 것으로 바라보았다. 자율성을 얻게 된 다음에는 어미의 등 뒤에서 보았던 기억을 통해 제한적으로나마 도구사용 방법을 터득하고 일정한 행동 양식을 습득했다. 어미를 통해 습득된 교육이 자신의 생활을 유지하는 상당히 중요

한 역할을 맡게 된 것이다.[15)]

모든 유인원들은 이렇게 관찰을 통해 일정한 지식을 습득할 수 있었다. 하지만 이러한 습득 능력은 성장한 유인원이 아닌 어린 새끼들에게서만 관찰되는 능력이다. 또한 암컷들은 수컷들보다 상대적으로 학습 능력이 높은데, 이는 암컷들이 선천적으로 뛰어난 지능을 지니고 있어서가 아니라 새끼들과의 반복적인 공생관계를 통해 얻게 된 것으로 여겨진다.[16)] 새끼들을 학습시키면서 어미 스스로도 새끼들로부터 배우기 때문이다. 암컷 유인원과 새끼들과의 이런 관계는 본성에서 출현한 것이 아닌 최초의 인위적인 행동양식들을 드러내 준다. 문명이라는 옷감이 짜여지게 될 첫 번째 실이자 씨줄과 날줄을 동시에 이어주는 실로서 말이다.

그러나 수컷과 관련해서는 상황이 전혀 다르게 진행된다. 진화의 사다리를 올라가면 갈수록 가족에 대한 수컷들의 기여도는 점점 더 적어진다는 것이 이러한 사실을 증명해준다.[17)] 보다 고등한 수컷 유인원들일수록 가족과의 관계에 있어서 정자 제공이라는 역할 이외에는 거의 아무런 개입을 하지 않는다.

사람과 닮은 수컷 유인원들은 동물적인 진화의 사다리에서 가장 높은 자리를 차지하고 있다. 이놈들은 IQ가 거의 80 이상으로 측정된다는 점에서 거의 인간만큼이나 총명하며 일부다처의 배우자들을 가지고 있다. 동물들 중에서도 엄청난 힘과 공격에 적합한 팔을 가지고 있는 수컷 고릴라와 침팬지는 자신의 어린 새끼들에게 세심함과 자상함을 보이기도 한다. 그들은 심지어 새끼들과 장난을 즐기기도 한다. 또한 자신들의 영역을 다른 녀석들로부터 지키려고 하고, 이를 통해 간접적으로는 암컷들과 어린 새끼들을 보호해 주기도 한다. 하지만 그럼에도 결정적으로 그들은 자신의 새끼들에 대한 인식을 지니고 있지 않다. 그들은 새끼들이 보호받을 수 있는 은신처를 마련해 주지도 않고 이들에게 먹이를 제공해 주지도 않는다.[18] 그들이 공유하는 유일한 먹이는 자신들보다 몸집이 큰 짐승의 고기이기 때문에 이 먹잇감을 얻기 위해 집단으로 행동할 뿐이다. 또한 먹잇감이 빨리 상하기도 하고 혼자서는 다 먹어치울 수 없기 때문에 함께 나누어 먹을 뿐이다.[19]

아직까지 우리는 부성의 심리학에 접근하지 않았다. 하지만 다음 장에서는 심리학의 생물학적인 토대가 형성되는 과정을 추적해 볼 것이다. 진화과정에 대한 고찰은 이제 거의 인간에게로 접근해 가고 있다. 하지만 이 과정에서 부성은 어류들에서 관찰되었던 것보다 더 낮은 수준으로 퇴행하고 있다.

2장
암수 유인원의 짝짓기 룰

문명은 무에서 시작된 것이 아니다.
그보다 선행했던 영장류 사회의
전(前)문명적인 복합성에 기초를 둔 것이다.
E. 모랭, 『잃어버린 패러다임』

인간이라는 존재가 다른 네발짐승들로부터 멀어지면서 자기 고유의
종으로 완성되기 시작할 때까지 세상은 오늘날 우리가 알고 있는 그런
종류의 유인원들을 전혀 알지 못했다. 그렇다면 어떻게 자연의 진화는
인간으로 진화되어 가는 일정한 방향 속에서 그토록 많은 곁가지들, 그
러니까 침팬지나 고릴라뿐만 아니라 말(馬)이나 방울뱀과 같은 것들을
만들 수 있었던 것일까? 우리와 밀접한 관계에 있는 유인원들은 오늘
날 우리가 보는 모습과는 매우 다른 형태를 띠고 있었던 것으로 여겨진
다. 그럼에도 먼 인류의 과거를 연구하는 사람이라면 누구도 화석인류
를 가장 가능성 있는 인류의 기원으로 보고자 하는 유혹을 뿌리칠 수
없을 것이다.

대부분의 유인원들(성성이과의 유인원들인 오랑우탄, 침팬지, 보노보와 고

릴라)은 20세기로 들어오면서 점차로 멸종되어 가고 있고, 이들의 개체 소멸은 이제 새삼스럽게 놀랄 일도 아니다. 얼마 안 되는 그들의 생존율은 그나마 인간 존재의 기원에 대한 우리의 맹렬한 호기심 덕분이라고 할 수 있다. 선인류의 살아 있는 화석들인 그들이 우리에게는 동물의 후세대인 우리 자신을 바라보게 해주는 거울과 같은 자극을 부여하기 때문에 인위적으로 이들의 수명을 보호해 주고 있는 것이다.

신체적으로만 따져볼 때, 커다란 몸집의 이런 유인원들은 우리와 매우 닮은 형태를 띠고 있다. 하지만 수컷과 암컷으로서의 그들의 역할은 우리와 거의 유사한 점이 없으며, 심지어 이들보다 단순한 포유류들보다도 유사한 점이 적다. 이러한 사실은 그들이 지금의 형태로 진화되어 오기까지 광대한 시간의 흐름 속에서 이 역할들이 상당히 안정적으로 유지되어 왔다는 것을 알려준다. 또한 오늘날 유인원들이 보여주는 수컷과 암컷의 역할들이 어쩌면 우리의 먼 인류 조상들이 가지고 있던 역할들과 크게 다르지 않았을 것이라는 추론을 끌어낸다. 이 추론을 통해 우리는 인간 남성과 여성의 행동 패턴에서 보이는 특징들이 상당히 최근에 형성된 것이며, 특이하게 인간적인 진화과정 속에서만 이루어졌다는 것을 예상할 수 있다. 물론 오늘날 관찰되는 유인원을 동물적인 성 역할에서 인간적인 성 역할로의 변화를 규명하는 실마리로 삼으려는 시도는 많은 위험을 내포하고 있다. 그럼에도 이런 위험 수위는 허용될 만한 것이라고 할 수 있다. 지금까지 발견된 화석들은 이미 오래전에 멸종된 동물들의 성 역할이나 선사시대 인간들의 성행동에 대해 전혀 알려주지 못한다. 하지만 유인원들은 살아 있는 생명체의 행동 패턴을 관찰할 수 있는 장점을 가지고 있다.

모든 유인원들은 암컷과 수컷을 비슷한 비율로 출산한다. 이런 암수의 균형은 일부일처제가 그들에게 자연스러운 것이며 일반적인 형태일 것이라는 예상을 하게 만들거나, 어쩔 수 없는 본능에 의해 한 마리의 수컷이 여러 마리의 암컷을, 혹은 한 마리의 암컷이 여러 마리의 수컷을 상대할 것이라고 상상하도록 만든다. 하지만 이런 환상은 동물 세계의 규칙(생물학)을 문명세계의 규칙(일부일처제라는 규칙)에 전가하려는 무의식적 시도라고 할 수 있다. 왜냐하면 일부일처제는 엄청난 시간이 흐른 뒤에야 뒤늦게 나타난 것이기 때문이다.[20] 또한 포유류들 중에서 일부일처제를 유지하는 종들은 기껏해야 겨우 3퍼센트 정도에 지나지 않는다.[21]

인간에게 있어 모든 일부일처제 부부들의 당면 과제는 자식을 출산하는 것이다. 하지만 유인원에게 있어서는 사정이 다르다. 물론 거의 모든 암컷들은 새끼를 출산한다. 하지만 수컷들에게 있어 생식의 특권은 거의 대개가 좀 더 힘이 센 녀석들에게, 더욱 정확히 말하자면 그 녀석들의 생식기에 집중되어 있다. 다양한 종류의 수컷 유인원들은 서로 싸움을 벌이는 것에 익숙하며, 항상 승자들로부터만 혈통을 이어받기 때문에 새로 태어난 각각의 세대들은 신체적인 힘이나 생존능력을 보장받는다.

물론 그렇다고 수컷들의 이런 경쟁만이 자연선택 과정의 유일하고도 두드러진 특징이라고는 할 수 없다. 진화과정이라는 것이 전적으로 수컷의 특징에 의해서만 이끌려지는 것도 아니고 신체적인 힘이 항상 결정적 요인이 되는 것도 아니다. 유인원들에게는 육체적인 힘을 상쇄할 만한 여러 가지 요소들도 주어져 있다. 제일 강한 수컷이라 하더라도 일정한 크기 이상의 자기 영역을 통제하지는 못하며 일정한 숫자 이상의 암컷 무리를 소유하지는 못한다. 또한 암컷 역시 자신들이 선호하는 성적 파트너를 선택할 수 있다. 이런 특징들은 그래서 성성이과 유인원들과 인간사회를 보다 밀접하게 연관시키는 출발점이 된다.[22) 게다가 유인원들 중에서 알려진 바가 거의 없는 보노보들은 서로에 대한 경쟁이 무척 낮은 편이다.[23)

하지만 이런 모든 특징들을 일반화시켜 보면, 수컷들 사이의 경쟁이 결국은 유인원 사회의 가장 지배적인 힘이라고 할 수 있다. 우리는 여러 마리의 수컷들을 포함하고 있는 집단에서 수컷들이 서로 경쟁을 벌이는 것을 지속적으로 관찰할 수 있다. 또한 한 마리의 수컷과 여러 마리의 암컷으로 구성된 집단도 간간이 발견되곤 한다. 집단 형성이 수컷들 간의 싸움이 완결된 이후에야 안정되는 것으로 봐서, 이런 싸움은 사실상 수많은 수컷들 중에서 어떤 녀석이 가정을 꾸릴 권리가 있는지를 결정해준다고 할 수 있다.[24) 싸움에서 패하고 창피를 당한 수컷들은 집단으로부터 추방된다. 이런 녀석들은 그래서 무리를 이루어 암컷들의 주변을 맴돌기도 하고 늙은 대장이 이끄는 집단을 찾아다니기도 한다. 가끔씩 어떤 암컷들은 대장이 너무 늙었을 경우, 보다 젊은 대장을 맞이하기 때문이다.[25) 하지만 수컷들의 이런 교체는 잘 이루어지지 않는데, 이는 자신만의 가정을 꾸리기 위해 치러야 하는 경쟁에서 이런 녀석들이 패배하곤 하기 때문이다. 또한 수컷과 암컷이 섞여 있는 무리에 속해 있다 하더라도, 자신보다 힘이 센 형제에 가로막혀 전혀 짝짓기를 할 수 없는 수컷들도 있다.[26) 자연의 위대한 법칙은 개체로서의 수컷의 불필요성을 이렇게 선언해 왔다. 인간만큼 지적 능력을 갖추고 있지만, 이러한 사실에는 전혀 변화를 찾아볼 수 없다. 수컷들은 나무에 붙어 있는 잎사귀처럼 언젠가는 떨어져 나갈 존재들인 것이다.

우리는 때때로 문명에서 나온 감정들을 가지고 동물들의 삶을 평가하면서 유인원들이 불공평한 대접을 받고 있다고 평가하는 경향이 있다. 자연선택의 힘이 엄청난 숫자의 쓸모없는 수컷들의 생존을 허용해 왔다면, 그들도 나름의 사회적 기능을 가지고 있음에 틀림이 없으며, 집단 내에서 특정한 종류의 유용성을 가지고 있을 것이라고 추측하는 것이다. 하지만 수컷 유인원들이 발휘할 수 있는 사회적 역할이 무엇이건 간에 앞의 사실을 과소평가할 수는 없다. 그들은 극히 제한된 범위에서만 먹이를 공유하며, 새끼 유인원의 보호와 관련해서는 거의 아무런 역할도 하지 않는다. 또한 유인원들은 수컷과 암컷 모두 엄청난 힘과 민첩성을 가지고 있고 천적도 그다지 많은 편이 아니다. 여기서 더 나아가, 설사 집단의 암컷들이 상당히 적은 수의 수컷들에게만 의지하고 있다 하더라도 암컷들은 자신들만으로도 완벽하게 집단을 방어할 수 있다.

이상의 간략한 고찰은 인간과 가장 가까운 수준에 있다고 할 수 있는 포유류 수컷의 조건에 대해 중요하면서도 비극적인 하나의 인식을 이끌어낸다. 암컷들은 새끼를 낳고 키운다는 점에서 개체로서의 기능을 인정받으며, 그들의 모성이 단순한 본능 이상이라는 것을 보여줌으로써 최종적으로는 인간적인 심리학의 근원을 내포하고 있다고 여겨진다. 하지만 그에 반해 수컷들은 집단 안에서의 역할과 관련해서만 의미를 가지기 때문에, 기껏해야 다음 세대를 위한 유전자 저장고 정도로 여겨진다.

정액에 포함된 정자들이 대부분 무용지물로 끝나고 마는 것처럼 대다수 수컷들의 생식은 그 이상의 중요성을 전혀 갖지 못한 하나의 사건일 뿐이다. 그들이 유지하고 있는 삶은 간단하게 폐기될 수 있는 것들이고 인생 행로의 가장 막다른 골목처럼 여겨진다. 수컷들은 기껏해야 자신보다 강한 녀석들이 번식이라는 결승점에 다다르기 위해 싸움을 걸고 올라서려는 사다리의 가로대일 뿐이다. 소수의 승리자를 제외하면 대부분의 수컷들은 자신들의 넘치는 정액처럼 쓸모없는 존재로 생을 마감한다.

여기서 잠시 생식과 관련해 살펴보자면, 암컷 영장류들의 발정기는 일반적으로 상당히 짧은 기간 동안만 지속된다. 이 짧은 며칠 동안이 그들에게는 성관계가 가능한 유일한 기간이다. 발정기일 때 암컷은 여러 수컷들과 돌아가면서, 혹은 한 수컷과만 반복적으로 짝짓기를 하면서 최절정기에 수태할 가능성을 높인다. 그런 다음 그들은 새끼를 낳고 이 새끼의 이유기가 끝날 때까지 교미를 하지 않는다. 이런 엄격한 리듬 때문에 우리와 가장 가까운 종이라고 할 수 있는 암컷 침팬지만 하더라도 녀석들의 짝짓기 기간은 전체 수명과 비례해 단 1퍼센트에 지나지 않는다.[27] 다른 출처들에서 나온 통계들은 간혹 이보다 덜 극단적인 결과를 제시하기도 하지만, 그럼에도 성관계 기간과 금욕 기간 사이의 엄청난 불균형을 보여준다는 점에서는 모두 일치한다.[28] 알려진 바가 거의 없는 보노보 유인원만 이런 모델에서 예외적이다.[29]

이런 암컷들에 비해 수컷들은 사정이 전혀 다르다. 거의 모든 수컷 유인원들은 언제라도 성관계를 할 수 있으며, 또한 성관계를 추구한다. 그래서 적어도 이론상으로는 백 마리에 가까운 수컷들이 도처에서 짝짓기가 가능한 한 마리의 암컷을 위해서 대기하고 준비하고 있다고 말할 수 있다. 수컷들이 흠뻑 빠져 있는 성적 열광의 이런 어두운 측면 때문에 우리는 암컷들이 비추고 있는 원시문명적인 불꽃의 바깥쪽에 녀석들을 놓아둘 수밖에 없다. 그리고 자연법칙이 결코 '선'한 것이 아니며 그렇다고 '악'한 것도 아니라는 사실을 우리가 알지 못했다면, 짝짓기를 열망하는 수컷들과 발정기에 있는 암컷들 사이의 엄청난 수적 차이를 불공평한 것으로 여겼을 것이다. 하지만 자연의 법칙들은 언제나 오로지 기능적이다. 생식활동은 경제활동처럼 수요와 공급이라는 법칙에 따라 작용한다. 어찌 되었든 수컷과 암컷의 이런 성적 불균형은 그들이 인간으로 진화되어 가면서 수정된다. 그리고 이러한 수정은 상당히 성공적으로 이루어진다.

3장
오스트랄로피테쿠스,
부부의 연을 맺다

기록이 남아 있는 저 앞쪽에 있는 인간역사의 희미한 시기들—몇천 년 전—과 약간의 흔적만을 찾아낼 수 있는 있는 시기들—1만에서 2만 년 전—사이에서 우리는 최초의 인간들이 삶의 형태를 구축하기까지 상당한 기간이 걸렸다는 것을 추측할 수 있다. 이 기간에 대해서는 거의 알려진 바가 없지만 그럼에도 가능한 한 모든 것들을 한번 살펴보기로 하자.

이 시기는 지구에서 발생한 생명체의 광대한 흐름에 비추어 볼 때 극히 미미한 부분에 불과하다. 그럼에도 이 시기는 동물적인 존재에서 우리가 점차로 분리돼 나와 인간 존재가 되도록 만들어준 중요한 진화의 시기라고 할 수 있다. 하지만 우리는 저 먼 태곳적의 부모가 누구인지 알려진 것이 극히 적다는 점에서 고아와 같다. 자신의 기원이 어떻게 되는지를 알기 위해 역사 이전을 역사 안으로 끌어 넣으려는 우리의 필사적인 노력은 그래서 우리 자신을 알기 위한 시도라고 할 수 있다.

그러나 우리의 혈통에 대한 이런 굶주림과 시도는 우선은 충분히 만족될 수 없는 것처럼 보인다. 기원을 향해 시간을 거슬러 가도록 우리를 이끄는 것은 지식에 대한 요구 그 이상을 필요로 하기 때문이다. 이것이 바로 설화에 대한 요구라고 할 수 있다. 모든 문명은—특히 부계 사회는—자신들만의 신화를 가지고 있다. 이런 신화들은 만물의 기원을 알려주는 궁극적인 설화인 우주창조론에 기반을 두고 있다. 지식이 아니라 영혼이 만들어낸 이런 작품들은 그러나 신을 과학적인 차원으로 해명하려는 우리의 지식보다 우월하며 비합리성 이상의 의미를 담고 있다. 지식이 더 이상 가능하지 않을 때 위대한 신비가 끼어들 수 있는 것은 이런 점에서이다. 우리가 어린 시절 잠자리에 들기 위해 부모님에게 동화책을 읽어달라고 했던 것처럼, 설화나 신화는 합리적으로 해명되지 않는 무한한 공간을 채워낼 수 있는 것이다.

만약 학문적인 연구가 창세기의 성서 신화에서 어떤 역할들을 발견하려 한다면, 그 연구는 이야기의 엄숙함이 지니는 의미를 전수 받아야 할 것이다. 연구의 결과가 학문적인 것이 될 수 있는가 그렇지 못한가는 사실 어떤 중요성도 없다. 중요한 것은 성서에서 얻어내려 하는 과학적 사실이 성서가 우리 삶에 전해주는 의미들보다 훨씬 덜 중요하다는 것을 이해하는 것이다. 신들이 처음으로 탄생했던 태초의 밤을 헤시오도스가 묘사했던 것처럼 우리는 인간의 혈통 저 뒤쪽에 놓여 있는 밤을 계속해서 기록해왔다. 시간적인 것이든 형이상학적인 것이든 상관없이 자신들의 기원에 대한 문제를 숙고하게 되었을 때, 우리는 우리가 누구인지를 알게 된다.

원숭이가 진화라는 강물로 뛰어들어 수백만 년의 세월 동안 그 수면을 헤엄친 다음 고생물학에서 보이는 무의식의 강물을 가로질러 인간으로 출현하게 되기까지는 불확실한 점들이 많이 놓여 있다. 더군다나 이러한 변화의 과정은 새로운 신체 구조 이상의 훨씬 더 중대한 어떤 것들을 형성해 내었다. 원시 인류를 말하면서 현대적인 용어라고 할 수 있는 '문화'라는 용어를 사용하는 것이 우리에게 허용된다면, 이 생명체는 가장 위대한 문화적 변화를 경험했다고 할 수 있다. 오늘날 우리가 사용하는 문화라는 용어는 태어나자마자 접하게 되는 본능의 바깥에 주어져 있는 인간적인 행동 방식들이나 인간적인 도구들을 지칭하는 용어이다. 최초의 인간은 자신의 손 안에 들려 있는 돌을 갈아서 최초의 석기를 만들어내었고, 기나긴 숙고의 과정 속에서 사회를 건설하게 될 최초의 돌들을 다듬어 내었다. 인간은 생물학적인 기반뿐만 아니라 정신적인 삶이라고 할 수 있는 사회적 기반 또한 구축해 왔던 것이다.

기술의 진보로 인한 우리의 발전 속도는 최근에는 엄청난 속도로 증가해 가고 있다. 그럼에도 문명의 발전 속도는 우리의 기원이 시작되었던 시대만큼 빠르지는 않다. 인류는 약 2백만 년 전에야 겨우 돌도끼를 고안해 내면서 구석기시대로 진입했다. 그 후로 기원전 3천 년 이전까지만 해도 인류는 철을 사용할 줄 몰랐다. 신체 노동을 대신하는 기계를 사용하기 시작한 것 또한 겨우 200년 전부터의 일이며, 기계 문명 이후로는 무한하게 이 힘을 증가시킬 수 있었다. 하지만 문명의 진보와 비교해 볼 때, 일부일처제 가족과 부성을 발전시켜 가면서 인류가 동물적인 사회질서로부터 떨어져 나온 것은 구석기시대부터이다. 기원후 세 번의 밀레니엄을 맞은 우리 문명은 아직까지도 그들이 남겨놓은 동일한 사회제도에 의존하고 있다.

가족의 탄생에 대한 앞의 언급은 어쩌면 일부의 주장일 수도 있다. 사실 우리는 얼마 되지 않는 원시 인간들의 뼈조각만을 가지고 있을 뿐이고, 회화나 조각, 문자를 사용하기 이전이었던 그들의 사회나 가족 형태에 대해서는 알고 있는 것이 거의 없다. 또한 선사시대의 벽화들은 남자들과 여자들을 따로 나누어서 무리로 표현하고 있어서 부부간의 관계에 대해서는 알려주는 바가 전혀 없다. 그래서 가족생활이 어떻게 시작되었으며 언제부터 시작되었는지에 관한 연구는 원시인들의 거주지나 성별의 진화를 밝혀줄 선사 인류의 뼈에 대한 연구를 통해 재구성될 필요가 있다. 하지만 문제는 그들의 거주지가 돌무더기처럼 보존 가능한 재료들도 아니고 남녀의 성기 역시 뼈조각처럼 세월을 견디어 낼 수 있는 것이 아니라는 점이다. 우리는 선사시대 남자들이 어떻게 거대한 메머드를 죽였는지는 알 수 있지만 그들이 어떻게 여자들을 포옹했는지는 알 수가 없다. 삶에서 특별했던 순간들이 일상적으로 경험하는 하루하루의 일과보다 우리에게는 훨씬 더 분명하게 이해되며, 폭력을 사용할 때가 사랑을 할 때보다 더욱 분명하게 드러나는 것이다.

최근까지만 해도 우리는 가족이라는 것이 창조신화나 그 밖의 신화들에서처럼 역사의 시초부터 존재해 왔던 것으로 여겨왔다. 아주 오래된 초창기의 역사 자료들은 가족이 탄생하게 된 계기나 인간사회의 원시적인 단계들에 대해 아무런 단서를 제공해주지 않는다. 그래서 가족이 등장하게 된 것은 종교나 언어처럼 아주 복잡하면서도 오래전의 일인 것처럼 여겨진다. 게다가 종교나 언어처럼 가족은 무한한 조절과 적응의 소산이어서 이제 우리가 재구성할 수 없는 게 되어버렸다.

바로 100년 전만 해도 우리는 약 35,000년에서 80,000년 전에 살았던 네안데르탈인이 인류와 원숭이 사이의 생략된 연결고리라고 생각했다. 하지만 오늘날에는 그보다 200만 년 전에 존재했던 오스트랄로피테쿠스(영장류로 분류)가 오스트랄인류(Australanthropos, 인간 종으로 분류)라고 명명되면서 인간으로 분류되었다. 인간이라는 종은 우리가 그것에 접근하면 할수록 이렇게 한 걸음씩 뒤로 물러나고 있다.

또한 우리가 정신적인 것이라고 말하는 개인적인 삶의 모습들도 급작스럽게 출현한 것이 아니다. 동물적인 것에서 인간적인 정신으로의 변화는 아주 점진적인 과정을 거쳐 형성된 것이고, 수백만 년의 세월에 걸쳐 발생한 가장 중요한 변화라고 여겨질 만한 것이다. 하지만 신체의 변화와 달리 정신의 변화는 거의 결론부에 가까운 최근 시대가 아니면 그 흔적을 찾기가 힘들다. 정신의 변화는 최근의 몇천 년간 언어와 문자를 취하고 예술을 통해 발휘된 것이 확인할 수 있는 전부이다.

가족의 구성과 부성 제도의 기원을 찾아가다 보면, 선사시대의 지평에서 우리는 오스트랄로피테쿠스(오스트랄인류)를 만나게 된다. 그들의 시초는 많든 적든 간에 직립보행과 도구사용 기술의 습득, 그리고 공격을 위한 것에서 의사소통 기관으로의 구강의 변화와 함께 진행된다. 우리는 오스트랄로피테쿠스를 인간적인 삶의 형태가 만들어지기 시작하는 지점으로 볼 수 있는데, 이는 그들의 진화과정이 육체적인 것에만 전적으로 의존하지 않는 정신적인 변화들과 관련되어 있기 때문이다. 생물학적인 진화라고 할 수 있는 턱뼈와 척추의 변화는 물론 의미심장한 진화이긴 하지만 온전히 물리적인 환경에 적응하기 위한 변화라고 하기에는 충분치 못한 점들이 있다. 오히려 이 선인류적 존재는 어떤 의지를 실현하고자 하는 지점에 도달해 있는 것이 아닌가 하는 추측이 생긴다. 직립보행을 통해 시선은 더 먼 곳을 뚫어지게 응시하려 하고, 손은 물체를 잡기 위해 자유로워지기를 열망한다. 또한 입은 동물적인 외침 이상의 의사소통을 갈망한다. 비록 이런 시도들이 오늘날의 심리학 용어로 의식적인 수준에는 못 미친다 할지라도, 본능이라고 치부할 만큼 완전히 무분별한 것은 아니다. 또한 이런 다양한 시도들은 각각이 다른 것들과 함께 어떤 하나의 프로젝트에 참여하기 위한 협동으로 여겨진다. 우리가 정신이라고 부르는 것으로의 전환을 유발하게 될 협동으로서 말이다.[30]

이와 같이 불분명하고 아득히 먼 시기에도 우리는 정신과 연관된 변화들이 일어나고 있으며, 생물학적인 변화가 사회적인 변화들과 서로 얽혀 있는 전체라는 것을 알 수 있다. 게다가 이 시기는 인간적인 것과 동물적인 것이 서로에게서 멀어진 본격적인 시기이며, 여성과 남성의 정체성이 나눠지고 형성된 시기이다.

동물 사회에서 인간사회로의 이행은 무질서한 짝짓기 방식에서 최초의 부부 형태로의 전환이 특징이라고 할 수 있다. 이런 전환을 통해 자연선택의 법칙은 최초의 문명적 규칙으로 역전된다.

하나의 종이 짝짓기를 하는 방식은 일부일처이건 일부다처이건, 혹은 일처다부이건 간에, 또 지속적인 것이든 일시적인 것이든 상관없이 언제나 앞 세대로부터 계승되고 유전적으로 결정된 것이다.[31] 가족의 형태가 유전적인 특질의 횡포로부터 자유로운 것은 오직 인간들뿐이다. 인간은 환경의 제약으로부터 자신들을 지켜온 것처럼 수없이 많은 형태의 교제방식—일부일처, 일부다처, 혹은 일처다부 그리고 지속적인 결혼생활, 이혼에 의한 새출발 등—에서 선택을 할 수 있었다.

부부라는 형태의 이점을 통해 남성은 여성들처럼 출산을 보편적인 것으로 받아들였다. 앞서의 예들처럼 모든 남성들에게 있어 부부의 목적은 자식을 낳는 것이었다. 이런 점에서 볼 때 인간사회의 출현은 남성들의 지위와 삶의 방식에 하나의 혁명을 제공해 주었고, 사회는 남성들이 개체로서의 기능을 성취해 낸 것을 특징으로 한다고 할 수 있다. 또한 남성들 모두가 자신의 자식을 갖게 되었기 때문에, 자연선택의 법칙에서 가장 생존율이 높은 것은 자식에게 가장 우선적으로 물려주어야 할 것들이 되었다. 우리는 동물들의 가족 관계를 살펴보면서 자식에게 가장 적극적인 수컷들은 일부일처제를 가진 종이라는 점을 살펴보았다.[32] 하지만 그렇다고 하더라도 부성의 이런 태도가 본능이 아닌 다른 어떤 것에 의해 결정된 것은 인간이 처음이라고 할 수 있다.

프로이트[33]가 주장하는 것처럼, 원시 인류는 여성들을 독점하고 있는 족장을 없애기 위해서가 아니라 서로에 대한 공격을 포기하기 위해서 하나의 합의에 도달하게 된다. 새로운 사회에서는 그로 인해 여성들을 분배하는 규칙이 적용되었고, 실제로 수많은 인류학은 원시사회가 간직한 가장 기본적인 규칙들이 여성들의 분배와 공유에 관한 것임을 알려준다.[34]

남자들의 행동이 이전과 다른 규칙들의 지배를 받게 된 것은 이 시점부터라고 할 수 있다. 규칙들은 더 이상 남자들이 생식을 위해 경쟁하는 것을 요구하지 않았고, 그 대신 임신을 책임지고 양식을 제공해주는 보다 완전한 의미에서의 삶의 풍요를 요구했다. 그로 인해 남자들은 여자들이 이전부터 순종해왔던 규칙들을 따르게 되었다. 하지만 남자들의 신체적 본능은 이런 새로운 과제들과 조화를 이룰 만큼 생물학적인 진화를 겪지는 못했다. 어떻게 자연이 여자들로 하여금 모유도 주지 않으면서 자식을 돌보라고 할 수 있겠는가? 남자들의 문제는 이와 같은 것이었다. 남자들은 미래의 세대들에게 자신의 일부를 전해주는 능력을 통해 개체로서의 의미를 얻어냈지만 이는 심리학적인 의지와 생물학적인 성향 사이의 갈등을 경험하는 대가를 치러야만 얻어지는 것이었다. 남자들이 자신을 감싸고 있는 갑옷들과 무기들에도 불구하고 내면에서는 여자들이 한 번도 경험해 본 적이 없는 어떤 불안한 감정에 시달리고 있는 것은 아마도 이런 이유에서일 것이다.

4장
부성혁명,
아버지들이 집으로 돌아오다

인간 존재의 출현을 예비하고
호모 사피엔스가 그 주인공을 맡았던
가장 위대한 사건은 '부친 살해'가 아니라
'부성의 탄생'이었다.
E. 모랭, 『잃어버린 패러다임』

4백만 년 전에 선인류는 풍부한 초원지대인 아프리카에서 살았다. 우리는 그들을 원인(猿人)이라고 부르기도 하는데, 이는 그들의 많은 특징이 현대적인 인원(人猿)과 상당히 유사하기 때문이다.[35]

그들의 짝짓기는 오늘날 우리가 동물들에게서 관찰하는 것처럼 암컷의 발정기에만 주기적으로 이루어졌다. 수컷들과 암컷들은 안정된 관계를 형성하고 있는 것도 아니었다. 그들은 상당 기간의 노력도 필요 없고 무리를 이루어 협동할 필요도 없는 채집생활을 하면서 나뭇잎과 과일을 먹고 살았다. 그들의 사회생활 형태는 고등 유인원들에게서 전형적으로 보이는 소규모나 중간 정도의 규모를 취했다.

그들은 사지를 모두 이용해서 걸었다. 하지만 물론 두 다리로 직립할 수도 있었다. 그러던 어느 날부터 그들은 숲의 가장자리를 벗어나

확 트인 대초원으로 나가는 모험을 감행하기 시작했다. 그리고 그런 곳에서는 똑바로 서 있는 자세가 유용했다. 왜냐하면 이런 자세는 더욱 멀리까지 내다보면서 장소를 이동하는 데 도움을 주었기 때문이다. 이에 따라 자연선택의 과정은 조금씩 하체의 길이가 길어지도록 진화의 방향을 이끌어 나갔다.

더 나아가 직립보행은 양손을 자유롭게 만들어주면서 식량을 수집하고 도구를 사용하는 데 많은 이점을 주었다. 도구의 사용이 습관처럼 굳어지고 유용한 물건들을 수집하고 저장하는 것이 많은 이로움이 된다는 것을 알게 되었을 때, 그들은 양손으로 사물을 운반하는 새로운 기능을 깨닫게 되었다. 어린 자식들은 특히 우리의 먼 선조들이 운반할 수 있는 가장 중요한 대상이었다.

직립 자세로의 전환은 인간의 골반 뼈에도 점진적인 변화를 가져왔고, 이를 통해 임신 기간은 짧아질 수밖에 없었다. 반면 자식들의 입장에서는 좀더 긴 회임 기간이 요구되었는데, 이는 그들의 뇌와 머리가 더 커져야 했기 때문이다. 보다 복잡한 활동들을 조정하는 데 더 큰 뇌가 필수적이었다. 서로 상충되는 두 상황의 결과는 결국 조산아의 출산이었다. 자궁을 떠나기 전까지 충분한 기간 성장하면서 머무는 태아는 어머니와 그 자신 모두에게 죽음을 가져올 위험이 있었다. 반면 조산아로 태어난 아이들은 생존 확률이 더 높았다.

이에 따라 아이의 성장 기간과 어른에 대한 의존 기간이 증가하게 되었고, 이는 임신 기간을 미완성으로 남겨놓는 발달 현상을 이끌어내게 되었다. (인간은 걷는 데 일 년 이상이 걸리는 데 반해, 다른 포유류들은 거의가 태어나자마자 일어서고 걸을 수 있다.) 게다가 이후의 발달 과정 역시 더 많은 시간을 필요로 하게 됨에 따라 출생 이후의 성장 기간은 계속해서 점차 길어지게 되었다. 오늘날 인간은 성장의 단계가 끝이 없는 유일한 종이라고 할 수 있다. 다른 동물들과 달리 인간은 성적인 성숙이 완결된 후에도 계속해서 전형적인 유아기적 특징들(커다란 머리와 털이 없는 것 등등)을 간직하고 있다. 이러한 현상은 처음에는 동물학적 관점[36]에서 연구되었지만, 이후에는 행동특성[37]과 관련해 연구되고 있는 주제로 유형성숙(幼形成熟, neoteny)이라고 불리는 것이다. 우리의 주된 관심은 유형성숙의 심리적인 특징들인데, 그것은 불안정성과 호기심, 신경증과 성취감 같은 것을 예고한다. 그리고 이 특징들은 다른 신체적인 특징들보다도 우리를 동물들과 더 잘 구별되게 해 주기도 한다.

하지만 우선은 전혀 자율성을 지니지 못한 선인류의 유아기로 다시 돌아가 보자. 어미는 아기를 돌보고 이동시키기 위해 양손을 자유롭고 효율적으로 사용해야 했다. 새끼를 등에 업고 네 다리를 모두 사용해서 걷는 암컷 원숭이의 습관에만 의지할 수는 없었다. 또한 신체의 털이 현격히 줄어들었기 때문에 아기가 어미의 피부가죽에 꼭 붙어 있을 수도 없었다. 원시인류가 직립을 하면서 주어진 양손의 자유는 일어날 수 있는 우연한 행운이 아니라 반드시 필요한 조건이었다. 이 양손의 자유가 없었다면 어미들은 자식의 생존을 확신할 수 없었다. 또한 원숭이들의 손과 달리 인간의 손은 중요한 성애적인 기능도 가지고 있다. 우리의 손은 다른 사람의 신체를 섬세하게 어루만지는 목적을 위해 탄생한 것이라고도 할 수 있다. 과장된 상투적 표현은 최초의 손이 남성의 것이며, 오직 최초의 도구를 만들었던 이미지만 제시한다. 하지만 그런 남성들의 손은 그들을 어루만졌던 어머니들의 손이 있은 다음이었다.

우리는 여기서 성별에 따른 역할이 분명하게 구분되는 인간학적인 특징들의 진원지를 찾아볼 수 있다. 어미의 손이 자식들을 돌보느라 바빴다면, 남자들의 손은 음식을 제공하고 그들을 지켜주어야 했을 것이다. 남자들이 스스로를 아버지라고 부르게 된 것은 아마도 분명히 이러한 이유에서였을 것이며, 또한 분명히 이런 시대에 그러했을 것이다.

목초지와 같은 열린 공간에서의 삶은 수많은 위험들을 직면하게 만들었고 또한 그만큼 많은 가능성들도 제공했다. 이에 따라 사고력은 이전보다 엄청난 수준으로 성장할 만큼 자극을 받았다. 숲에서 내려와 평지로 진출하게 되면서 그들은 몸집도 크고 위험한 동물들과 마주쳐야 했고, 이는 협동방어뿐만 아니라 사물들을 무기로 사용하는 능력까지 계발하게 되는 새로운 도전을 가져왔다. 사회적인 협동체제와 지식을 통한 지속적인 능력의 계발은 짐승들을 사냥하도록 이끌었고, 사냥한 짐승 고기는 새로운 고단백 식품으로 주식의 기본이 되었다. 이때부터 우리 조상들은 채식주의자이기를 멈추고 수렵생활로 접어들었다. 또한 사냥이라는 새로운 기술을 가장 잘 습득한 자만이 자신의 여자들과 자식들을 가장 확실하게 지켜줄 수 있었다.

2백만 년 전의 이런 선인류들은 부분적으로나마 약간의 뼈조각들로 확인해 볼 수 있다. 이것들을 살펴보면 이들의 뇌의 크기는 인간보다는 원숭이에 가까웠던 것으로 여겨진다. 그럼에도 그들은 도구를 사용했고 초보적인 형태의 사회 조직을 형성하고 있었다. 자신들의 운명을 자유로운 양손에 의지하면서 공격을 위해 사용했던 크고 날카로운 이빨들은 퇴화되어 갔고, 입은 이런 목적들로부터 자유로워졌다.

양식을 획득할 수 있게 된 신체의 변화와 사회생활은 남자와 여자

사이의 관계에도 큰 변화를 동반했다. 이를 통해 그들은 지적 영역을 확장시키고 진화의 속도에 박차를 가할 수 있었다. 하지만 앞서도 언급했던 것처럼 이런 변화들이 정확하게 언제부터 시작되었는지는 알아낼 방법이 없다. 그렇다고 정신적인 이미지들이 세분화되기 시작한 이 시기의 사람들을 떠올려 보는 우리의 시도까지 불가능한 것은 아니다. 화석으로 우리에게 전해지고 있는 가장 최초의 인류 발자국들로 거슬러 올라가 생각해 보기로 하자. 분명하게 직립해 있는 두 명의 원시인류 발자국 주변에는 이보다 작은 세 번째 사람이 동행하고 있다. 명확한 윤곽선과 함께 이 세 명의 발자국들은 다 같이 상당한 거리를 걸어가고 있다. 이것들은 오늘날 탄자니아의 라에톨리에서 발견된 것으로 적어도 약 350만 년 전의 것으로 추정된다. 하지만 안타깝게도 우리는 이 발자국들이 우연히 만나서 이루어진 것인지, 아니면 아버지와 어머니 그리고 자식으로 이루어진 진짜 가족이 함께 이동했던 것인지 알 수가 없다.

오늘날 원숭이들이 고도로 진화된 동물이라는 점은 그들이 암컷과 수컷의 역할을 구분하는 초기적 단계에 있기 때문이다. 사냥과 자기 영역의 방어 그리고 이웃 무리들과의 싸움은 여기에서 주로 수컷들의 몫이 되고 있다.[38] 그들의 이런 사회가 우리 선인류의 사회와 비슷했을 것이라고 가정한다면, 그리고 남성 노동과 여성 노동의 구분이 오늘날 모든 인간사회가 가지고 있는 공통된 특징이라고 가정한다면, 성별에 따른 역할의 분할은 진화가 진행되어 감에 따라 지속적으로 분화된 것이라고 추측할 수 있다. 남성은 사냥을 맡고, 여성은 자식들의 요구를 충족시키면서 집과 가까운 곳에서 채소를 채집하는 역할을 맡았을 것이라고 말이다. (이러한 분화는 오늘날까지도 대부분의 원시 유목민들에게 잔존하고 있으며, 여전히 고수되고 있다.)

이러한 분화는 규칙과 규제가 포함된 사회형태로 나아가는 발판이 되었으며, 그런 점에서 최초의 교환 양태 또한 포함하고 있다. 음식물은 일반적으로 남성의 것과 여성의 것으로 구분되는 경향이 있었지만 그럼에도 불구하고 남성과 여성이 생산하는 음식들은 서로 교환됨으로써 영양의 균형을 이룰 수 있었다. 물론 균형 잡힌 식이생활과 관련한 연구는 이러한 교환이 사회생활과는 무관하며, 본능적인 것에 속해 있다고 주장한다. 구달(Goodhall)이 관찰한 바에 따르면 원숭이들은 육식을 섭취하면서도 이와 함께 나무 잎사귀를 먹는 습관이 있다고 한다. 하지만 원숭이와 달리 인간들에게 있어 성별에 따른 노동의 분화는 개인에 국한된 것이 아니라는 점에서 이제 막 형성되기 시작한 사회의 균형을 이루는 요소가 되고 있다. 분화된 노동은 개인과 개인 사이의 관계를 형성시키고 서로에 대한 의사소통도 촉발시킬 수 있다. 식생활의 습관 역시 가족을 엮어내는 그물망의 일부분이 되었을 것이며, 아이들은 어머니로부터 야채를, 아버지로부터 고기를 제공받을 수 있었을 것이다.

집단이 모여 함께 작업을 함으로써 그들은 엄청난 기동력을 발휘할 수 있었으며, 무기들을 제작하고 활용함으로써 남자들은 보다 큰 먹잇감을 사냥하고 이전보다 훨씬 더 먼 곳으로 사냥여행을 떠나기도 했을 것이다. 당연히 남자들이 여자들보다 훨씬 더 많은 육식을 했겠지만[39]—오늘날에도 여전히 육식을 훨씬 더 많이 하는 것은 남자들이며, 채식을 선호하는 빈도수는 여자들이 훨씬 높다—사냥감을 한 번에 다 소비할 수는 없었을 것이고, 아프리카의 더운 기후는 고기를 금방 상하게 만들었을 것이다. 그래서 남자들은 음식물 일부를 여자들과 자식들에게 가져오기 시작했을 것이다. 이런 운반이 처음에는 단지 소수만이 행했던 습관이라는 것은 여기서 중요한 것이 아니다. 중요한 것은 그들의 이런 습관이 자식들의 건강을 증진시키고 또한 자식들의 생존기회를 훨씬 높여주었을 것이라는 점이다. 그리하여 자연선택의 법칙과 함께 이런 행동을 취했던 아버지들은 그렇지 않은 아버지들에 비해 많은 수의 자손들을 남길 수 있었을 것이다. 동물의 습관을 고수하는 아버지들과 그 자식들의 수는 자연히 감소할 수밖에 없기 때문이다.

정확하게 어떻게 해서 발생하게 되었는지 알 수는 없지만, 분명한 것은 이런 음식물의 공유가 새로운 사고방식의 출현을 의미한다는 것이다. 포획한 짐승을 그 자리에서 소비해버리는 수컷 유인원들과 달리, 선인류의 남자들은 사냥감을 집으로 가져오는 방법을 택했다. 이로 인해 삶에 대해 남자가 기여하는 바가 정액에 한정되던 것은 끝났다. 가족에게 그의 사냥이 필요한 한, 그는 지속적인 존재가 되었다.

더 나아가 이전보다 새로운 사냥 형태를 추구하려는 남자들의 호기심은 보다 높은 수준의 정신적인 복합성으로 그들을 이끌어 갔다. 일반적으로 동물들은 사냥감이 자신의 감각을 자극할 때에만 사냥을 하고, 이 사냥감이 자신의 귀와 눈과 코가 미칠 수 있는 범위를 넘어서면 관심을 철회한다. 하지만 원시 인류는 신체적인 감각들에 의존하기보다는 정신적인 방법을 따르기 시작했다. 장시간의 끈질긴 접근을 통해서 그들은 감각에 의존하기보다는 사냥감에 관한 이미지를 머릿속에 간직했다. 기억력의 연장은 더 나아가 보다 많은 수의 사냥꾼들이 함께 사냥을 하면 성공할 가능성이 높다는 생각으로 발전했다. 그렇게 해서 사냥은 훨씬 더 긴 시간 동안, 최종적인 승리가 얻어질 때까지 계속되었고, 끈기와 기억력, 동료들과의 효과적인 의사소통 능력을 가진 사냥꾼들에게는 보상이 주어졌다.

여기서 사고력을 요구하는 활동은 사냥감을 뒤쫓는 것만이 아니었다. 무리를 이룬 사람들은 이전보다 훨씬 더 먼 곳으로 사냥을 나가야 했다. 그리고 긴 시간의 여행 끝에는 더 이상 시야에서 보이지 않는 자신들의 출발지로 되돌아가야 하는 문제가 남아 있었다. 기억력의 발달 —눈이 머리에 전달하는 일상적인 메시지와는 관계없이 저장되어 있는 이미지, 즉 더 이상 눈에 보이지 않는 어떤 것을 회상할 수 있는 능력—은 전체 과제의 나머지 절반이라고 할 수 있는 출발지로 돌아가는 일에도 커다란 도움이 되었다. 기억하는 능력은 성서의 창조신화에 나오는 것처럼 인간이 지구를 다스릴 능력이 있는지 그렇지 않은지를 결정하는 사안이었다. 이 과제에 실패하게 되면 그들은 공룡 같은 감당할 수 없는 짐승들과 맞닥뜨릴 수도 있었고 결과적으로는 멸종할 수밖에 없었다. 그래서 기억력을 습득하는 능력은 인류 역사의 전 시대를 통틀어 가장 위대한 도전이었다. 진화생물학과 심리학을 통해 재구성한 원시인들의 생활은 그 당시 남자들의 귀환이 일상적인 것이었고, 이들을 돌아오게 만든 것이 단순한 공동체 생활 이상의 이유 때문이라는 것을 알려준다. 부부와 핵가족이 이제 막 형성되기 시작한 것이다.

남자와 여자의 역할이 점차 구분되어 가는 상황에서 귀가에 실패한 사람들은 자식들에게 양식이나 남자로서 해줄 수 있는 보호를 제공하지 못함으로써 가족을 유지할 수 없게 된다. 개방된 대초원에 장시간

노출된 아이들은 안전뿐만 아니라 식량의 공급도 먼 곳에서 사냥감을 잡기 위해 헤매 다니는 남자들의 상황과 연결되어 있었기 때문에, 남자들은 자신이 출발했던 장소에 대한 강한 유대를 형성하게 되었다. 대다수의 유목민 남성들이 일정한 장소에 대한 소속감을 가지게 된 것이다. 유목생활은 대개 채집과 수렵 활동 모두를 필요로 했기 때문에 이들에게 있어 안전하고 안정된 장소는 지리적인 장소가 아닌 다른 어떤 것이었다. 즉 심리적인 장소였던 것이다. 그들이 돌아갈 장소는 가족이었고, 가족은 동료들이 다른 곳에 있을 때 느끼는 고통과 허전함을 채워주면서 함께 있고 싶은 욕구 같은 향수를 경험하게 해주었다. 이는 다른 말로 표현한다면 '사랑'을 발견한 것이다. 물론 이런 사랑에 대한 요구는 오늘날 찾아볼 수 있는 것처럼 순수한 것도 아니고 권력과 통제의 문제와도 명확히 구분되는 것이 아니다. 하지만 사랑은 남자들로 하여금 전에는 알지 못했던 일종의 유대감을 만들어주었으며, 정신적인 삶의 길을 열어주었다.

가족에게로의 귀환은 어떤 의미에서 가족보다 먼저 발견되었다고 할 수 있다. 집의 발명이 집으로의 귀가 이후에야 만들어졌다는 것이다. 이런 시대가 구체적으로 언제이며, 과연 의식적인 행위라고 할 수 있는지 하는 것과는 별도로 원시남성의 이 단순한 행동은 정신적인 삶과 사회적인 삶 모두에 기초를 마련해 주었다. 아버지의 출현은 계획을 세우는 능력과 연장할 수 있는 능력의 발생과 동시에 시작되었다. 이런 점에서 부성은 사회를 발명한 행위인 것만큼 사회 안에서 발생한 구성물이다.

우리는 신체적인 진화로부터 발생한 것이 아닌 이 새로운 행동이 한

종의 영구적인 특성이 되기까지 얼마나 많은 세대를 필요로 했는지 알지 못한다. 분석심리학이 성공한 요인은 보편적인 정신세계 같은 원형들의 개념에서 나온 것이지만 그것들의 기원을 찾아낸 경우는 드물었다.[40] 그래서 결국 우리는 부성적인 행동이 어느 날인가 출현했고, 그런 다음에는 발전하다가 항구적인 것이 되었다고 말할 수 있을 뿐이다. 한 가지 아주 드문 예외를 제외하면 부성은 모든 인간사회에서 발견되고 있다.[41]

정신의 빛은 출발과 귀환이라는 완전한 구조의 여행을 고안해 내었고, 이는 발견에 대한 갈망뿐만 아니라 안전함에 대한 갈망 또한 만족시켜주었다. 더 나아가 이 빛은 보다 큰 짐승들을 잡기 위한 대초원의 탐험과 지식으로 인한 흥분감, 그리고 허기를 채우는 것 이상의 어떤 것에 대한 정복을 가져다 준 여명이었다.

이 새로운 충동이 탐험하고 정복하려는 욕망에 대한 호기심으로만 이루어져 있었다면, 그들은 결코 인간이라는 종을 유지하지 못했을 것이다. 탐험과 정복만을 추구하는 호기심은 탐험가라고 하는 새로운 종을 매우 높은 수치의 사망률로 이끌었을 것이고, 그들의 후손 역시 훨씬 높은 수치로 소멸되게 했을 것이다. 또한 그들은 정신적인 파국을 맞이할 수밖에 없었을 것인데, 이는 탐험의 목적에 대응할 만한 적절한 견제가 없기 때문이다. 탐험에 대한 일방적인 관심은 성격의 혼란과 정신적인 불안감을 초래하기 때문이다. 물론 어느 것도 우리가 진화과정의 끝없는 뒤틀림과 전환, 다양성에 대해 상상하는 것을 막을 수는 없다. 하지만 이와 동시에 우리는 새로움에 대한 무조건적인 열광이 광기와 정신의 폭발이라는 결과를 이끌어낼 수 있다는 것을 염두에 두어야 한다. 진화라는 난폭한 강물은 자연을 연장시키고 효과적으로 모방할 수 있는 정신에 의해서만 극복될 수 있다. 강물을 따르기도 하지만 둑을 세워 강물을 가두기도 하는 정신에 의해서 말이다.

자연선택의 과정에서 암컷 동물들은 본능에 따라 발정기를 드러냈고, 가능한 한 많은 수의 수컷들을 유인함으로써 임신 가능성을 높였다. 또한 수컷들에게 자연선택은 서로간의 경쟁을 부추김으로써 힘이 센 놈만이 암컷들에게 접근할 수 있는 기회를 주었다.

하지만 인간의 경우 남자는 수렵을 하고 여자는 채집을 하는 성별의 분화가 이루어지면서 모든 것이 변하게 되었다. 발정기가 감춰지고 성 관계 기간이 길어지면서 월경주기가 감지되었다. 하지만 이런 변화는 임신 가능성을 높이기 위한 생리적 변화가 아니었다. 월경주기 안에서 가임 기간은 전과 거의 동일하게 유지되었기 때문에 임신보다는 성행위가 새로운 기능을 획득하게 된 것이라고 할 수 있다. 성행위는 새로 태어날 세대를 만들어주는 수직적인 기능 외에도 안정적인 부부 관계와 가족을 만들어주는 수평적인 기능을 가지게 되었다. 유인원들에서는 전혀 찾아볼 수 없는 이러한 관계는 성행위에 대한 근본적인 재인식을 통해 촉발된 혁명적인 사건이라고 할 수 있다. 성행위가 지속적인 것이 되면서 이는 의사소통의 한 형식이 되었고, 부부 관계의 깊이를 증가시켰다. 성행위는 본능적인 에너지의 분출에서 벗어나 무한히 복합적인 어떤 것이 되었고,[42] 정신적 삶을 형성할 수 있는 저장고가 되었다.

개인들의 성관계 시간도 이와 함께 오래 지속되기 시작했다. 남자들의 사정 시간도 늦춰지기 시작하면서, 인간의 성행위는 다른 동물들에 비해 상당히 오래 진행되는 특징을 가지게 되었다. 이러한 변화는 아마도 개인적으로는 성관계 상대이면서 가족의 입장에서는 부양을 책임진 남자에게 상당한 중요성을 부여한 여자들에 의해 유도되었을 것이다. 여자가 아이를 돌보는 것처럼 부인은 남편을 돌보고, 어머니는 아버지를 돌본다. 어머니가 없으면 자식도 있을 수 없고, 마찬가지로 아버지도 있을 수 없다. 그렇다면 아버지는 어머니에 의해 창조된 것이라고 말할 수 있을까? 아버지라는 존재의 발명이 갖고 있는 혁명적인 중요성을 깨닫는다면, 확실히 어머니는 이전까지 누구도 발명하지 못했던 환대의 태도를 발명해 내었다. 오늘날도 여전히 '여성성'이라고 불리는 그런 태도를 말이다. 그런 다음 그녀는 오직 그녀에게만 향했던 자식의 시선을 아버지의 얼굴로 향하게 해주었다.

여기서 잠시 인간생활의 일부분이지만 우리와 가장 가까운 유인원들에게는 전혀 발견되지 않는 몇 가지 특징들을 살펴보도록 하자. 이 특징들은 인간 특유의 성행위로 진화하는 과정에서 나타난 것들이다.

첫째로, 임신 중의 성생활은 동물들에게서는 발견할 수 없는 인간만의 행동이다. 우리는 이를 통해 원시인류를 다른 동물들과 구별할 수 있는데, 이들의 성생활은 사실상 연속적이고 출산의 필요를 넘어서 있다. 출산 목적을 벗어난 과잉적인 성행위는 도덕주의자들이 주장하는 것처럼 오늘날의 퇴폐적인 풍습에서 발생한 것이 아니라 수백만 년 전의 진화과정 속에서 형성된 것이다. 이런 성행위의 기능은 출산의 목적과 함께 관계를 돈독히 하는 정신적인 임무 또한 지니고 있다. 또한 이런 역할을 지원이라도 하듯 자연은 여성들에게 수유기간 동안은 임신이 억제되는 호르몬을 분비시켜주었다. 이로 인해 여성은 잦은 임신을 하게 될 부담 없이 성관계를 지속할 수 있었다. 행복한 성생활은 보다 친밀한 상호관계의 징후라고 할 수 있다. 오늘날에도 이런 표현이 들어맞는다면, 이는 의사소통이 언어보다는 몸짓을 통해 더 많이 이루어졌던 선인류의 시대에서부터 그래왔기 때문일 것이다.

두 번째는 남자들만의 특징이라고 할 수 있는 오르가슴이 여성들에게도 나타난 것이다. 몇몇 종의 암컷 동물들도 짝짓기에 대한 향유라고 할 만한 태도를 보여주긴 하지만, 인간 여성이 느끼는 현상적인 강렬함이나 빈도와는 비교할 수 없다. 여성은 신경증이 아니면 누를 수 없는 천부적인 소질을 자연에게 부여받았다. 게다가 오르가슴은 임신능력과 관계없이 성관계의 빈도와 감정의 강도를 증가시키는 것에 관련되어 있다. 즉 남성과 여성의 상호적인 정신적 일체감을 증가시키기 위한 것이다. 여성의 오르가슴과 관련된 남성과의 관계는 이후에 다시 살펴보기로 하고, 지금은 우선 성적 쾌락이 동물적인 특징이 아니라 오히려 그 정반대의 진실을 담고 있다는 것만을 주목하기로 하자. 우리의 선조격인 원숭이와 관련해 볼 때, 남성의 오르가슴은 거의 변화하지 않았다는 점에서 동물적인 것이라고 할 수 있다. 그에 반해 여성의 오르가슴은 인간만이 획득한 진화상의 비약이라고 할 수 있다. 오르가슴의 경험이 그녀들을 동물적인 성생활과 구분시켜주는 가장 근본적인 특징이기 때문이다.

동성애 또한 인간만의 주목할 만한 특징이라고 할 수 있는데, 이는 동물들에게 있어서는 자손을 생산하지 못한다는 점에서 퇴화되어 왔다. 하지만 인간들 사이에서는 출산보다 유대감이 훨씬 중요한 우위를 차지하면서, 동성애는 보다 안정적으로 자리를 잡게 된다.[43]

지금까지 우리는 성행동이 육체의 변화들을 동반하면서 자발적으로 변화되어 왔다는 것을 살펴보았다. 성행위의 기능은 출산활동에만 국한되기를 멈추었고 인간관계와 관련한 중요성을 맡게 되었다. 게다가 유인원에서 인간으로 진화하는 과정 속에 자연은 인간에게 성적 특징들을 부여하였다. 예를 들면 남자의 성기와 여자의 유방은 유인원들에게서 관찰되는 것보다 상당히 큰 편이다. 동물학적으로 볼 때 이러한 육체적 변화는 출산에 이점을 주기보다는 그 반대라고 할 수 있다. 커다란 유방이라고 해서 모유를 만드는 능력이 더 탁월한 것이 아닌 것처럼, 남성 성기가 크다고 해서 임신에 더 유리한 것은 아니다. 심지어 어떤 변화들은 인간의 생식능력을 감소시키기까지 한다. 예를 들어 발정기의 소멸은 임신 가능성을 현저히 낮추었다. 가임 기간 동안 암컷 침팬지들은 접근 가능한 모든 구애자들을 유인하며, 모든 짝짓기는 임신이 가능한 기간에만 벌어진다. 반면 인간 여성의 행동 패턴은 이와 전혀 다르다.

유인원에서 인간으로의 변화에는 가족을 함께 묶어주는 유대감이 가장 주요한 수혜자가 되고 있다. 이런 새로운 조건 속에서 자식의 양육은 전혀 새로운 관계에 맡겨지게 되었고, 이에 따라 영아 사망률도 급격히 감소되었다. 하지만 자연의 진화는 이후세대의 자손들이 부모보다 강해지는 혜택을 인간에게 주지 않았다. 우리가 이미 알고 있는 것처럼 인간으로 진화되는 과정 속에서 아이들은 이전보다 방어능력도 떨어지고 훨씬 더 의존적이다.

그리고 성행위는 육체적인 의사소통일 뿐만 아니라 정신적인 의사소통의 역할도 맡게 되었다. 모든 수컷들을 유인하던 발정기의 소멸과 함께 출현한 신뢰와 자제심은 인류가 발전하게 된 씨앗이 되었다. 유인원 사회에서 암컷의 발정기는 임신할 가능성을 높이기 위해서였다. 하지만 보다 복잡해진 선인류는 자신들만의 특수한 사회 형태를 만들어가기 시작했고, 그에 따라 동물적인 본성을 노출하는 여성들을 배제하기 시작했다. 그런 여성들이 남자들 사이의 경쟁과 무질서를 촉발시키기 때문이었다. 고대에서부터 시작된 이런 금기는 그래서 오늘날까지도 깨지지 않는 깊은 흔적을 남겨 놓았다. 선사시대부터 예수의 탄생에 이르기까지, 기독교시대와 세 번째 밀레니엄에 접어든 21세기까지도 간통을 하거나 혼음을 하는 여성들은 사회적인 비난과 처벌을 받아야 했다. 물론 이들 중 몇 명은 안타깝게도 이런 금기의 희생양이었을 것이다.

이런 성생활의 변화는 남자들로 하여금 새로운 행동을 하게 만들었는데, 그것은 성행동을 한 사람에게 집중하는 것이다. 한 명의 동반자에게 성실한 남자들이 혼음을 하는 이들보다 점차로 많아졌다. 적어도 강제가 아니라 스스로의 선택에서 시작된 일부일처제는 보다 덜 불안정하고 연속적인, 즉 훨씬 더 편안한 성행위를 제공해 주었다. 개인들은 이제 성행위에 포섭되기보다 성행위를 포섭하게 된 것이다. 안정의 발판으로 여겨지는 이런 생활은 집단을 이루고 살던 남자들에게 있어서는 하나의 근본적인 전환점이었다. 물론 문명의 깊은 불안 중 하나는 이런 전환이 완전하게 이루어진 것도 아니고 그렇다고 철회가 가능한 것도 아니라는 사실에 놓여 있다. 이는 이러한 변화가 자연의 법칙에 따라 자연스럽게 발생한 것이 아니라 인간들이 인위적으로 선택한 것이기 때문이다. 그래서 때때로 우리는 동물적인 속성인 난잡한 성적 충동을 제어하지 못하는 사람들을 발견하기도 한다. 게다가 이런 특징들은 현재까지도 '문명'이라는 어휘로 포장된 소비산업을 통해 부추겨지고 있다.

이제 생물학적인 변화들이 주로 여성들에게 일어났다는 점은 어느 정도 분명해진 것 같다. 여성들에게 있어 가장 커다란 변화는 지속적인 성생활을 하게 되었다는 것이다. 하지만 이런 여자들의 변화는 남자들과는 관계가 없는데, 남자들은 이미 지속적인 성행위를 할 수 있도록 자연으로부터 부여받았기 때문이다. 남자들의 삶에서 중요한 변화는 그래서 신체가 아니라 행동에서 일어났다고 할 수 있으며, 이는 원문화(proto-culture)라고 불릴 만한 것이다. 문명의 진화가 시작된 이후 이것은 자연의 진화와 나란히 병행했고, 자연적인 진화를 앞지르기도 하고 그것의 공간을 빼앗기도 했다.[44) 어찌 되었든 두 가지 형태의 진화가 가족을 형성하기까지 혹독한 시련을 거치면서 상당 기간 공존하였다. 자연과 문명이 함께 밀착되어 있던 선사시대는 그래서 처음으로 한 쌍의 남자와 여자가 결합된 시기이기도 하다.

자연선택의 법칙은 일반적으로 진화에 부합되지 않는 자연의 다양성들을 탈락시켜 가면서 한편으로는 보다 효율적으로 자연의 다양성들을 촉진시키는 것이라고 할 수 있다. 하지만 가족제도와 관련해서는 사정이 달라지기 때문에 진화의 방향을 벗어난 것이라고 할 수 있다. 자연 속에서는 '아버지'의 역할을 하는 다양성들이 존재하지 않는다. 이런 점에서 부성은 한 존재의 의지와 관련된 것이며 정신과 연결되어 있다.

특히 여성들을 분배하는 방식인 일부일처제의 고안은 남자들을 짝짓기에 대한 끊임없는 강박관념으로부터 자유롭게 만들어주었고, 문명이 요구하는 규칙과 도구들을 발전시키도록 이끌었다. 이러한 점에서 볼 때 일정한 여성들에게 돌아가는 남성들의 귀환은 문명화된 사회를 특징짓는 첫 번째 규칙 이상의 의미를 지닌다. 즉 이들의 귀환은 문명 건설에 필요한 정신적인 여건들도 만들어낸 것이다. 그리고 이와 함께 자연이 간과해온 부자 관계도 만들어내기 시작했다.

동물 수컷들은 새끼들이 공격을 당하지 않도록 보호하긴 하지만 그 이상의 것들에 대해서는 전혀 관여하지 않는다.[45] 하지만 정신의 진보와 함께, 자식들은 단순한 대상이기를 멈추고 특별한 존재가 된다. 생물학적인 부성이 자각되기 훨씬 이전부터 아버지는 어린 자식들이 성장하고 학습하는 과정을 지켜보면서 이들을 자신과 동등한 존재로 인식하기 시작했다. 어린 자식은 자신의 미래적인 이미지를 간직한 혈육이면서 현실 너머에 있는 영원성을 인식하게 해주는 어린 정신이었다. 아버지에게 자식은 정신을 통해 모든 가능성들을 계산해 볼 수 있는 칠판이었다. 자식을 통해 남자는 이전보다 복잡한 사고들을 전개시킬 수 있었고, 그로 인해 생존에 있어 높은 위치를 차지할 수 있었다.

이런 남자들의 유전적인 특징들이 동물적인 성정체성을 지닌 아버지들보다 다음 세대로 전수될 확률이 높은 것은 당연한 일일 것이다. 무기가 발명되면서 여자들을 차지하기 위해 싸움이 벌어질 때마다 구식 아버지들은 싸움에서 끝장을 보려는 경향이 훨씬 높았다. 로렌츠(Lorenz)가 제시하는 것처럼[46] 날카로운 이빨과 뿔, 위협적인 발톱을 가진 동물들이라 하더라도 이놈들은 같은 종과의 경쟁에서 죽음까지 이르지는 않는 금기의 메커니즘을 가지고 있다. 반면 신체상으로 공격할 만한 수단을 전혀 갖고 있지 못한 인간들은 공격성을 표출하는 것에 대한 본능적인 억제력이 없다. 그래서 어떤 남성들은 공동체에서 배제될 위험까지 무릅쓰면서 과도한 폭력을 발산하기도 한다.

하지만 이들과 달리 한 공동체의 우두머리가 되는 남자들은 본능을 억제할 수 있는 자들 중에서 선택된다. 이런 자들은 계획을 세우고, 충동을 자제하며 보다 충만하고 안정적인 삶을 선호하는 자들이다. 그리고 이후로 살펴보겠지만 이런 특징들은 부성의 토대를 이루는 전형적인 특징들이 된다.

5장
부성을 향한 수컷의 진화

　하나의 성을 다른 성과 비교하는 것은 여러 가지 면에서 우리의 연구와 관련이 있다. 성별에서의 동종이형(同種異形, dimorphism)은 동물학뿐만 아니라 심리학과도 연결되어 있기 때문이다.

　동종이형이라는 것은 같은 종 내에서 암컷과 수컷의 차이를 연구하는 것이다. 일반적으로 암컷과 수컷의 가장 두드러진 차이는 크기라고할 수 있는데, 특정 종류의 어류들은 암컷들이 수컷들보다 현저하게 크다는 것을 우리는 알고 있다. 또한 하이에나와 같은 포유동물들에 있어서도 암컷들이 약간씩 큰데, 이런 점에서 우리 인간들은 어딘지 모르게불안정하다는 느낌이 든다. 그래서 우리의 관찰은 수컷들이 상대적으로 큰 편인 유인원들(침팬지나 고릴라 등)을 살펴보는 것이 훨씬 설득력이 있어 보인다.

　일부다처제인 유인원들의 암컷들은 일반적으로 수컷들보다 작다. 이는 수컷들이 짝짓기의 특권을 얻어내기 위해 서로 경쟁해야 하기 때문이다. 또한 수컷 바다코끼리(바다표범의 일종) 역시 암컷보다 약 4배

정도 몸집이 큰데, 이들은 짝짓기 계절이 오면 서로 맹렬한 전투를 벌인다. 그리고 싸움의 승자는 그에 대한 포상으로 12마리에서 40마리가량의 암컷 무리들과 즐거운 시간을 보낸다.[47]

이런 점에서 동종이형의 특징들은 상당히 자명한 이유들을 통해 전개되었다고 할 수 있다. 수컷들끼리의 싸움에서 승리는 보다 강하고 몸집이 큰 녀석에게 돌아갔고, 승자만이 거의 독점적으로 출산에 대한 책임을 질 수 있었다. 통계에 따르면 4퍼센트 가량의 수컷 바다코끼리들만이 전체 종의 80퍼센트에 달하는 성관계를 책임지고 있다고 한다.[48] 후속 세대는 그래서 보다 강한 녀석의 유전적 특징들을 물려받게 되고, 이는 다음 세대에게 그대로 전수된다. 하지만 이와 유사한 상황이 암컷들에게는 관찰되지 않는다.

인간과 가장 가까운 유인원들은 아주 분명한 일부다처제를 유지하며, 그에 따라 암컷과 수컷의 차이가 매우 분명하다. 그 예로 수컷들은 암컷들보다 무게가 훨씬 많이 나가는데, 침팬지들에게 있어서는 약 30퍼센트 가량, 오랑우탄의 경우에는 50~100퍼센트, 그리고 고릴라들은 100퍼센트 이상의 무게 차이가 난다.

인간의 일부일처제가 대략적으로 언제부터 시작되었는지를 밝히는 일은 이런 점에서 남성과 여성의 신체적 차이를 비교하는 것에 어느 정도 의존해 볼 수 있다.

지금까지 발견된 오스트랄로피테쿠스(오스트랄인류)의 두개골 잔해들 중 그나마 가장 완전한 것은 루시(Lucy)라는 이름으로 불린다. 일반인들에게도 많이 알려진 이 이름의 주인공은 대략 20세가량이었을 것으로 추정되는 여성으로, 그녀가 살았던 시대는 약 320만 년 전으로 거슬러 올라간다. 두개골의 구조가 지금의 우리와 많이 다르긴 하지만 그럼에도 그녀는 두 다리로 걸었으며 1미터 가량의 키에 25~30kg 정도의 몸무게를 지녔을 것으로 추정된다. 루시가 발견된 아프리카 남동쪽은 또한 같은 시대의 것으로 추정되는 남자와 여자의 뼈들이 많이 출토된 지역이다. 이 뼈조각들이 모두 같은 유형의 원시인류에 속하는지는 아직 확실하지 않지만, 그럼에도 다음과 같은 추론은 분명히 가능하다. 즉 당시의 남자들은 오늘날의 남자들과 거의 비슷한 몸무게를 지녔으며, 루시나 그 외의 다른 여자들과 비교해 거의 두 배 정도 컸을 것이라고 말이다. 만약 이러한 추론이 사실이라면, 그들의 암수분화는 우리와 가까운 혈족관계로 여겨지는 고릴라들의 암수분화와 유사한 형태를 가지고 있다. 그렇다면 이들에게는 남자들 사이의 경쟁이 출산행위를 위한 가장 중요한 요소들 중 하나였을 것이다. 그리고 일부일처제를 형성하지 못했을 확률이 높다는 점에서, 일부일처제라는 습관은 그 이후에 출현한 것이거나 산발적으로만 행해진 것일지도 모른다.

루시의 시대에서 우리 시대까지 수백만 년의 세월 동안 여자들과 남자들이 일련의 신체변화를 겪어왔다는 것은 분명한 사실이다.[49] 하지만 중요한 것은 이런 변화가 성별의 차이를 축소시키는 방향으로 진행되어 왔다는 점이다. 특히 최근 수십만 년 동안 남자와 여자는 가장 확실하게 서로 비슷해져 온 것으로 여겨진다.

오늘날 일반적으로 남자들은 여자들보다 대략 15~20퍼센트 정도 더 몸무게가 나간다. 이런 사실은 인간의 진화가 분명하게 남자들의 경쟁을 감소시키는 방향으로 진행돼 왔으며, 우리 인류가 상당 기간을 일부일처제로 지내왔음을 의미한다. 게다가 여자보다 작은 체구의 남자들도 자손을 가질 수 있었다는 점에서 남자와 여자의 크기는 그다지 중요한 요소가 되지 못했다.

위의 자료들이 설령 간접적인 사실[50]이라 할지라도 우리는 여기에서 많은 흥미로운 사실들을 찾아낼 수 있다.

우선 첫 번째로 가족의 출현과 그것을 둘러싸고 있는 정신적인 생활이 신체의 변화와 함께 나란히 진행되었을 것이라는 점이다.

두 번째로 우리는 남자의 신체가 여자의 신체보다 변화를 적게 겪었다는 가정에 대한 화석적인 증거들을 찾을 수 있다. 남자들이 신체 변화를 적게 겪었다는 사실은 남자들의 경쟁이 훨씬 줄어들었음을 의미한다. 하지만 생활방식의 변화가 급격하게 진행되었기 때문에 이 시대의 남자들이 겪었던 변화는 주로 심리학적인 것이라고 할 수 있다. 유인원들 중에서 여자의 행동은 이미 본능을 따르지 않는 방향으로 변화된 것처럼, 이런 사실은 어떤 점에서 보면 여자들이 남자들보다 훨씬 높은 수준으로 진화되었음을 알려준다. 이에 반해 남자들의 신체 변화는 거의 미미하기 때문에 부부 관계나 난교(亂交)와 관련해서 모순적인 본능 충동을 지니고 있다고 할 수 있다.

그리고 마지막으로 이 시기는 인간을 동물들과 구별시켜주는 중요한 새로움을 이끌어내었다. 남자들 사이에서 반려자를 얻기 위한 경쟁이 종식되면서 여자들 또한 그렇게 되기 시작한 것이다.[51] 이것은 남자들을 아버지로 만들어준 혁명이라고 할 수 있는 것으로, 즉각적인 성과를 얻어내기 힘들다는 점에서 아주 느리고 힘든 과정이었을 것이다. 이를 증명하듯 오늘날까지도 부성을 향한 진화는 아직까지 완결되지 않았다고 할 수 있다.

일부일처제는 남자들에게 사회적 행동과 본능 사이의 조절이라는 문제를 건네주었다. 또한 일부일처제는 남자들이 사회적인 변화와 심리적 변화를 겪을 수 있는 길을 마련해 주었다. 일부일처제의 관습에서 남자들은 홀로 지내야 했기 때문에 점차 도태되어 갔다. 고독과 관련한 그들의 삶은 정말 '돌연히'—이 단어가 광대한 시간의 범위를 요구하는 진화 과정을 논의하는 데 사용될 수 있는 단어라면—변화하게 되었다. 게다가 독거(獨居, solitude)와 관련한 문제는 여자들에게도 영향을 미쳤다. 배우자 없이 지내야 하는 여자들은 오늘날처럼 수백만 년 전에도 큰 불이익을 당했다. 그녀의 자식들은 항상 위험에 노출되었고 생존 가능성도 현저하게 낮았다.

동종이형과 관련된 특징들은 비단 생리학에만 국한된 것이 아니다. 그것은 심리학적인 문제를 내포하고 있으며 동시에 우리가 살고 있는 현재의 삶과도 긴밀하게 관련되어 있다.

한 예로, 아주 최근까지만 해도 남자들의 이상은 주로 신체적인 힘에 집중되어 있었다. 오디세우스라는 인물이 엄청난 대중성을 얻게 된 것은 고대 그리스에서 자신들의 기원을 찾는 서구 세계에서는 어쩌면 당연한 현상일지도 모른다. 하지만 이런 현상은 오디세우스라는 인물이 얼마나 특별한 사람인가 하는 것 외에도 시인이자 예언가였던 호메로스가 왜 그런 인물을 만들었는지 생각해 봐야 할 문제들을 함축하고 있다. 어찌 됐든 간에 오디세우스는 비범한 정신을 가진 남자들의 위대한 모델들 중 한 명으로, 근대를 싹틔운 계몽주의 시대까지 가장 이상적인 남자 영웅이었다.

오늘날 남자들은 지식을 자신의 주요한 힘의 원천으로 삼고 있고, 지식의 활용도 이전에 비해 훨씬 복잡해지고 있다. 그럼에도 우리는 여전히 신체 단련에 몰두하는 남자들을 찾아볼 수 있는데, 이는 체육관의 운동선수들뿐만 아니라 이런 단순화를 통해 새로운 남성 영웅을 만들어내려고 하는 상업만화에서도 발견할 수 있다. 특히 이런 상업만화에서는 강한 신체적 힘을 소유한 남자가 여자들을 소유할 권리가 있는 것처럼 묘사되곤 하는데, 이는 그런 남자들이 다른 남자들보다 강하다고 보기 때문이다.

남자들을 향한 이런 두 가지의 시선은 오디세우스와 폴리페모스의 싸움에서뿐만 아니라 킹콩과 현대 일반남성들 사이에서 벌어진 전투에서도 일반화된 공식으로 찾아볼 수 있다. 이러한 양가감정(ambivalence)은 남성 내면의 갈등을 드러낸다기보다는 사회적인 이분법을, 그러니까 지식과 힘 사이의, 그리고 부성적인 인격과 전(前)문명적인 인격 사이의 이분법을 노출시키는 것이라고 할 수 있다. 고생물학은 이런 고전적인 남성의 인격에 근육질의 몸을 가진 전(前)부성적 특징들이 잔존하고 있음을 우리에게 알려준다. 다시 말해 대중적인 상상력과 집단적인 무의식을 통해 킹콩은 섹스 외에는 관심이 없는 남성적 인격의 전형을 보여주고 있으며, 이 주인공이 가진 성격의 단순함은 어느 정도 나름의 진실을 가지고 있다. 남성들의 영혼 저 깊은 곳에는 선사시대적인 갈등이 아직 풀리지 않은 채 남아 있으며, 이를 극복하지 못한 내면적 무능력은 바깥세계에 대해서도 마찬가지다. 더 나아가 이런 이중적인 감정은 도덕적 가치관을 가지고 있으면서도 동시에 적을 대항해서는 불가항력적인 힘으로 제압할 수 있는 능력을 갖출 것을 요구하는 '부성 패러독스'의 원천이 되고 있다.

오디세우스로 대표되는 힘과 권력, 공격성과 일종의 지적 활동들까지 자신의 전문 분야로 가지게 된 남성은 오늘날 모든 인간사회에서 발견되는 남성적 활동과 여성적 활동의 선명한 구분으로 우리를 다시 돌려놓는다.[52] 이런 구분은 매우 최근에 와서 경제적인 부를 성취한 나라들을 중심으로 겨우 약화되기 시작하고 있다.

우리는 흔히 성별에 기반을 둔 노동의 분화가 남녀의 생물학적 차이에서 파생된 것이며,[53] 선인류들이 처해 있던 조건들에 의해 구조화되었다고 추측한다. 하지만 인간들이 이런 구분을 절대적인 것으로 받아들인 데 반해, 동물들은 상당히 한정된 수준으로만 이런 구분을 따른다. 가령 육식동물들의 경우, 이 녀석들은 무리를 지어 사냥할 때 암컷과 수컷의 역할을 구분하고 있다. 수컷 사자들이 사냥감을 쫓아가면서 놀라게 만들면, 암컷들이 기다리고 있다가 죽이는 것이다. 하지만 사실상 암컷과 수컷은 모두 사냥감을 죽일 수 있는 충분한 기술을 갖추고 있고 역할의 구분도 모호할 때가 많다. 반면 인간사회에서 남성들은 독점적으로 무기를 다룰 수 있는 자격을 할당받고 있다. 남녀의 역할구분은 그래서 문화적인 측면에 기반하고 있거나 혹은 문명이 의도하고 있는 방향을 개괄하고 있는 것처럼 여겨진다.

수만 년 전인 구석기시대 후반부에 살았던 호모 사피엔스는 현재의 우리와 거의 비슷한 외양을 지니고 있지만 성별에 기초한 역할들이 아주 두드러지게 구분되지는 않았다.[54] 그래서 역할의 분화는 문명이 본격적으로 출현하면서 심화되었다고 할 수 있는데, 정신적인 활동이나 사제직 등은 특히 남자들에게만 할당되었다. 성별에 따른 노동의 분화는 선사시대에서 시작해 역사문명이 진행되는 과정에서 발생한 부산물로 보는 것이 타당할 것이다. 남녀의 신체적인 차이가 소멸되어가는 동안, 그들의 정신적인 차이는 점차 중요해져 갔던 것이다. 그렇다면 이렇게 전개된 이유는 무엇 때문일까?

정신이 작용하는 방식인 균형을 취하려는 경향을 한번 살펴보도록 하자. 정신은 외부 세계를 탐구하고 지속적으로 이를 전개시키도록 허용해 주면서도, 이와 동시에 언제든 휴식의 상태로 다시 돌아가려고 하는 본능적인 균형 조건을 갖추고 있다. 예를 들어 낮 동안은 여행을 하지만 밤에는 집으로 귀가를 하고, 보물을 발견하기 위해 외지로 떠나지만 자신을 죽음으로 내몰 수 있는 위험한 여행은 포기하는 것 같은 일종의 순환이다.

우리는 사냥의 대담성을 통해 점차 영역을 확장해 갔던 선인류들의 탐험이 전적으로 남성의 활동영역이었다는 것을 살펴보았다. 또한 이러한 탐험이 일부일처제의 시작과 함께 전개되었을 것이라는 점을 추론해 보았다. 이런 변화들은 가정 내부와 외부의 세계에 대해 심리학적이면서도 사회적인 변화를 이끌어내었는데, 사회적인 변화는 탐험을 통해 그들이 보다 먼 곳까지 진출하게 되면서 익숙했던 습관들과 단절할 수 있었다는 점이다. 또한 심리적인 변화는 여자에 대한 의존이 성행위 이외의 영역까지 연장되었다는 점이다.

여자를 통해 남자들은 자신이 낳은 자식들과 조금씩 친숙해질 수 있었고, 자식들이 존재한다는 단순한 사실로만 축소될 수 없는 '가정'이라는 영역과도 친해지게 되었다. 하지만 탐험에서 길을 잃거나 잘못된 길로 빠질 수 있는 두려움처럼 이 새로운 사적인 영역의 발견은 타자와의 공동생활을 위해 자신의 유아기적인 자아가 사라져야만 하고, 이제 막 자신의 삶으로 들어온 신비스러운 너(thou)와의 모든 구분을 지워야 하는 실존적 고뇌로 남자들을 밀어 넣었다. 대개 남자들은 양육을 담당했던 여자들과 달리 공동생활에 대해 매우 한정된 지식만을 가지고 있었고, 이런 지식들도 대부분 자신이 보살핌을 받았던 시기에 대한 희미한 기억 이상은 아니었다. 그래서 남자들에게 있어 공동생활은 자신의 정체성을 찾아내서 발전시켜 가면서도 자신과는 완전히 별개인 다른 존재와 섞여 있어야 하는 모순적인 상황이었다.[55]

이와 같은 추론들은 물론 현대인 고유의 감정을 미지의 존재들에게 귀속시키는 위험성을 안고 있다. 하지만 현재 광범위하게 확산되고 있는 수많은 이혼과 청소년 비행은 공동생활과 관련된 개인의 정체성 동요와 관련이 있으며, 처음으로 부부 관계가 형성되면서 경험하게 된 심적 상태와 연관되어 있다. 우리는 이 심적 상태 안에서 고통스러운 양가감정으로 꽉 차 있는 모순적인 감정들을 예상할 수 있는데, 한편에는 새로운 의사소통의 발견이 있을 것이다. 의사소통을 통해 남자와 여자는 보다 깊고 확장된 관계를 갖게 되었을 것이고 자아에 대한 인식을 확장시켜주었을 것이다. 그리고 다른 한편에는 타인과의 공동생활에 대한 공포가 있었을 것이다.

여자들에게 돌아간 남자들은—분명히 섹스를 위해서였겠지만 꼭 섹스만을 위해서는 아니었을 것인데—그녀가 돌보고 있는 어린 자식들과 그녀의 부양에 대한 기대감을 발견했을 것이다. 이 새로운 요구들 속에서 그는 자신과 타협해야 했고, 또한 이들에게 함몰되지 않으면서도 자신의 개체성을 유지해야 했을 것이다. 또한 이제 막 발견된 대화라는 수단을 통해 사회적인 관계를 유지하면서도 그 안에서 자기 자신을 찾아야 했을 것이다.

수많은 문명의 초기 표현방식들이 남성적인 형태를 띠고 있고, 여성적인 것과 구별되는 것은 아마도 이런 이유 때문일 것이다. 오늘날까지도 여전히 남자들은 '여자 같다'는 표현을 비난으로 생각하고, 자신이 다른 성의 특징을 보이는 것에 대해 극도의 두려움을 지니고 있다. 문명의 최초 형태들이 어쩌면 여성혐오증과 신경증, 미신들에 대한 표현들이라고 과장적으로 말할 수 있을지도 모르겠다. 현대문명 속에서도 이런 두려움은 여전히 지속되고 있는데, 그런 점에서 여성혐오증은 단순한 우연적 요인이 아니라 구조적인 것일 수도 있다. 한 예로 돈 주앙 컴플렉스(Don Juanism)와 색정증(nymphomania)을 한번 살펴보면, 우리는 성적인 매력을 노골적으로 드러내는 것 이면에는 다른 성에 대한 경멸이 숨어 있고 잠재적인 동성애가 들어 있음을 알아차릴 수 있다.

부부의 결합이 동반자 관계를 형성시켰음에도 불구하고 남자들에게 자신감 상실 같은 감정의 토대를 부여한 데에는 이유가 있다. 최초의 사회 집단은 상호적인 편익을 위해 발생한 것이었기 때문에 이 속에서 남자들의 경쟁은 엄격하게 금지되었다. 이를 통해 원시인류는 내적으로 어려운 과제와 직면하게 되는데, 이는 자신들의 공격성을 억제하는 것이었다.

공격성은 차차로 사냥 같은 활동으로 방향을 틀었고, 싸움이나 전쟁은 남자들의 욕구를 충족시키는 역할을 하였다. 같은 인간을 죽이는 일이 남자들만의 고유한 영역이 되었으며, 이런 과제를 수행하는 동안 남자들은 자의식의 최초 형태들에 접근해갔다.[56] 붉은 피와 관련된 남자들의 깊은 인상은 또 예상 밖의 사건을 동반하게 되었다. 동일한 그 시대에 여자의 생리혈이 다른 동물들보다 풍부하고 뚜렷한 현상으로 진화된 것이다.

피는 혐오되면서 동시에 사랑 받아야 될 액체였다. 사냥감이 피를 흘리는 것은 생명을 가져다주지만 자신이 피를 흘리면 죽음을 가져왔다. 이 때문에 붉은 피와 거리를 두려는 신비적인 요구가 발생하게 됐고 이는 초기의 여성혐오적인 미신들과 남녀 노동의 분화를 촉진시켰다. 또한 생리혈에 대한 남자들의 인상은 여자를 자신이 포획한 사냥감과 비슷한 어떤 속성, 즉 상처 입은 피해자이자 패배자, 공포와 존경을 동시에 불러일으키는 다양성으로 가득 차 있는 사람으로 여기게끔 만들었다. 오늘날 우리는 이런 양가감정들이 타부의 상보적인 부분들이라는 것을 알고 있다. 하지만 여성의 이질성이 점차 선명하게 인식됨에 따라, 그리고 성별의 분화에 따른 각종 제의들이 발생하게 됨에 따라, 남자들은 이질성에 대한 관념을 열등함과 동등한 것으로 여기기 시작했음에 틀림없다. 이후 그리스 시대의 철학자 아리스토텔레스는 여성적인 특징이 열등하다는 관념을 정식화했고, 이는 서구세계의 역사 전체를 구성하는 일부분이 되었다. 또한 이런 구실을 통해 남자들은 자신들이 이해할 수 없는 여자들의 특징을 해석하고 자신들의 불안감을 우월감으로 변화시킬 수 있었다.

앞서 우리는 여성의 오르가슴이 인간만의 고유한 진화의 산물이라는 것을 살펴보았다. 이런 변화는 신체적인 현상들이지만 동시에 문명의 상황들[57]에 따른 종속적이고 가변적인 현상으로 심리적인 상태에 의존하는 것이다. 더 나아가 여성의 오르가슴은 그 근원을 우리의 먼 동물적 과거에서 찾을 수 있는 것이 아니라—영장류 동물들에게서는 이것이 관찰되지 않는다[58]—훨씬 가까이 있는 주변 환경에서 찾아야 하는 것이다. 안정된 부부 관계 속에서 여성이 경험하게 된 공동생활은 그녀로 하여금 남자들의 성적 특징들을 이어받아 그것에 동화되도록 이끌었다. 배우자에게 보다 가까이 다가가려는 이런 방법은 부부 사이의 유대감을 정신적으로 공고히 하였고, 이는 인류가 얻게 된 새로운 혁신들 중 하나였다.

한 종의 남자와 여자가 급격하게 서로 유사한 형태를 띠는 것은 진화의 흐름에서 전적으로 예외적인 것은 아니다. 하지만 그럼에도 분명히 이것은 심리학적 기반을 통해 전개된 첫 번째 사례이며, 보다 진전될 가능성을 안고 있기 때문에 부부 사이의 관계를 순환적으로 작용하게 해주는 사례이다. 암컷 유인원에서는 오르가슴을 찾아볼 수 없지만 인간 여성에게는 이것이 하나의 가능성으로 주어짐으로써, 그녀의 심리적인 상황에 따라 발현될 수도 있고 그렇지 않을 수도 있었다.

하지만 그에 반해 인간 남성의 오르가슴은 여전히 동물들의 그것처럼 기능적인 측면을 가지고 있다. 남자는 오르가슴 없이는 정자를 전달할 수가 없고 출산을 할 수가 없다. 그래서 남자는 아버지가 되기 위해 먼저 오르가슴을 경험해야 한다. 반면 여자들에게는 전혀 다른 조건들이 주어져 있기 때문에 오르가슴은 순전히 심리학적인 상태에 의존하고 있다. 물론 몇몇 학자들은 여성 오르가슴의 출현이 남자가 전해주는 희열 때문이라고 주장하기도 한다.[59] 하지만 이것이 의미하는 것이 과연 무엇일까? 남자의 생리적인 만족감은 자신의 오르가슴에 의존하기 때문에 여성 오르가슴의 출현으로 변화되지는 않았다. 오히려 남자에게 있어 심리학적인 희열은 부가적인 차원의 것으로 공격성의 발산과 관계가 있다. 남자는 자신의 공격적인 충동들을 단념하거나 다른 방향으로 전환할 것을 강요당해 왔기 때문에 점차 깊어져가는 여자와의 유대감은 그를 점점 더 내면적인 양가감정 속으로 몰아넣었고 통제력을 상실할 수 있다는 공포심으로 몰아넣었다. 이런 상황 속에서 여성이 자신에게 몸을 내맡기고 자제력을 상실하는 것 같은 여성 오르가슴은 남자에게 있어 공격성을 승화시켜 얻어낸 만족감의 성취와 동일한 것으로 여겨졌다. 이는 남자가 자신의 지배권을 확신할 수 있는 강렬한 상징적 경험이었다. 우리는 오늘날에도 여전히 남자의 이런 공격성의 우회형태를 찾아볼 수 있는데, 여자의 성정체성과도 다르고 수컷 동물들과도 다른 남성적인 성정체성의 특징들 중 하나는 사디즘적 요소이다. 이런 사디즘의 요소는 남자들에게 빈번히 나타나는 것이지만 사람들은 이것이 시시각각으로 변하는 환경에서 출현한 병리적이고 기형적인 산물이라고 생각한다. 하지만 이는 분명히 남자의 성정체성 속에 깊숙이 자리한 심리학적 구조의 한 부분이다.

선사시대의 부계사회에 대한 연구들은 대부분 성별 간의 신체적인 차이에 너무나 많은 주의를 기울이고 있어서 동물적인 성생활의 단순성에 종지부를 찍은 여성 오르가슴 출현에 대해서는 충분한 관심을 기울이지 않는다. 하지만 여성 오르가슴의 출현은 인간의 성생활이 단순한 생리적 방출과 같은 자연적 본능을 넘어서 심리적인 수준을 획득했음을 의미한다. 성교는 더 이상 출산행위라는 목적에 종속되기보다는 두 정신적 존재들 사이의 의사소통 행위가 된 것이다. 그래서 성행위는 사실상 한 존재와 다른 존재의 유대를 의미하는 것이며, 역사 속에서 오늘날까지 이를 표현해 내려는 언어라고 할 수 있다. 성행위의 이런 복합성은 육체적인 소모나 성취감에서 찾아질 수 있는 것이 아니라 정신적인 차원에 놓여 있으며, 존재의 연속성에 속한 것이다. 성행위는 육체적인 감각에 이끌려서가 아니라 상대에 대한 기대감과 유대감을 통해 인도된 것이다. 이를 통해 우리는 인간의 성생활에서 동물적인 성행동의 본능이 완전히 사라지는 것을 볼 수 있다.

이제 다시 두 성별의 진화과정에서 보이는 핵심적인 측면으로 돌아가 보기로 하자. 신체적인 암수분화가 축소되는 과정에서 여성의 신체는 남성의 신체를 닮아가기 시작했고, 여성의 성행동도 남자의 성행동과 점차 유사해지는 경향이 있었다. 이 과정에서 남자들은 자신의 지배권을 비물질적인 차원으로 이동시킴으로써 여성과의 거리를 재설정하였다. 그는 보다 가까이 다가갈 수 있게 된 이 생명체에 대해 매력을 느꼈다. 하지만 여성이 가지고 있는 깊이를 알 수 없는 고유성을 인식하기 시작함에 따라 이 생명체는 점점 더 불가사의한 존재가 되었다. 이로 인해 그는 이 생명체가 자신을 타락시킬 수 있으며, 자신과 대등해져 가는 이 생명체의 희생물이 될 수도 있다는 두려움을 갖게 되었다. 이와 함께 남자는 자신의 본능적인 공격성을 억누르면서 본능과 대립해서 행동을 해야 했다. 이런 모든 점들 때문에 남자는 여자와 다른 자신의 특징을 우월한 것으로 강조하기 시작했고 또한 동시에 여자에게 끌리는 유혹을 물리치지 않으면서 그녀와 결합할 수 있는 상호보완성을 수용했다.

원시사회가 농경기술을 개발하기 전까지 남자는 주로 사냥을 하고 여자는 식용 풀들을 채집했다. (농경기술은 기술적인 진보와 사회·종교적 변혁들과 함께 겨우 몇천 년 전에야 탄생했다.) 수백만 년 동안 계속된 선인류의 주요 직업이라고 할 수 있는 이 두 가지 기본활동은 모든 점들에서 상호보완적으로 구분되고 있었고, 의례적인 것이기도 했다.[60]

하지만 남자들은 사냥감을 잡고 난 후 얻게 된 여가 시간이나 일손이 많이 필요한 수확기라 할지라도 여자들이 맡고 있는 가사나 자식의 양육 등을 거의 도와주지 않았다. 남자들의 이런 태도는 물질적인 상황들만으로는 충분한 해명이 불가능하다. 그래서 우리는 이에 대한 답변을 상징적인 영역에서 찾아볼 필요가 있을 것이다. 여자들이 자연을 대하는 방식은 연속적인 것이며, 그 안에서 무엇인가를 얻어내는 친숙한 것이다. 이는 공격하고 빼앗는 남자들의 방식과는 대립적인 것이어서 남자들은 여자들의 이런 방식에 낯설었던 것이다. 남자는 자기가 가진 힘을 이용해 자연을 정복하려고 하고, 자신만의 규칙을 자연에 주입시키려고 한다. 남자에게 있어 동물의 피와 생명의 찬탈은 광적인 흥분을 선사하면서 자의식을 고취시켰다. 그에 반해 여자들은 아무 대가 없이 스스로의 몸에서 피를 흘려 내보내고, 또 빼앗거나 탈취하는 시도도 없이 생명체를 잉태했다. 그래서 남자들에게 있어 대지에 깊숙이 몸을 기울이는 그녀의 방식은 혼란 그 자체였고, 식물과 여자의 교감은 신비스러운 것이지만 결코 본받고 싶은 것이 아니었다.

남자와 여자의 이런 차이는 지식이 늘어나면서 점점 더 복잡하게 얽히게 되었다. 먼 태곳적부터 모든 문화에서 남자와 여자는 서로 사랑하는 사이이면서 동시에 적이었다. 다른 장르들도 마찬가지지만 문학 역시 이런 패러독스를 빈번하게 보여준다. 연인들은 끊임없이 서로를 탐구하고 발견하려고 한다. 그럼에도 이와 동시에 그들은 서로를 이미 오래전부터 알고 있다는 느낌을 가지고 있다. 두 성별의 극단적인 대립과 또 한편으로 원형적인 합일상태에 대한 신화는 모두 동일한 무의식적 환상에 뿌리를 두고 있으며, 대개가 남성적인 상징들이라고 할 수 있다. 한 예로 고대 그리스의 가장 위대한 사상가 플라톤 역시 남자의 입장에서 사랑을 얘기한다. 그의 저서인『향연Symposium』은 남녀 관계의 원형적인 형태를 일종의 신화처럼 전해주고 있는데, 글에 따르면 인간들은 모두 원래가 남녀동체(androgynous)였다고 한다. 하지만 부성적인 권력의 원형이라고 할 수 있는 제우스가 이들을 갈라놓았고, 그 이후로 반쪽 인간들은 잃어버린 자신의 반쪽을 찾아 헤매게 된다. 인간은 모두가 필사적으로 서로의 반쪽을 찾으려고 하며 상실한 이 반쪽에 대한 그리움을 간직하게 된 것이다.

유인원에서 인간으로의 진화는 단순한 신체적 진화에만 그치는 것이 아니라 두 성별의 관계에 대한 변화가 주요한 원인이라고 할 수 있다. 우리의 선조들이 동물들에서 벗어나 인간이 될 수 있었던 것은 이들이 부부 관계라는 것을 형성했기 때문이다. 따라서 '유인원에서 인간으로'의 이행을 이해하기 위해서는 인간과 고릴라의 두개골 비교 같은 것이 도움이 되지 않는다. 인간과 동물을 구분하는 가장 의미심장한 차이는 족외혼이나 배우자의 선택 요건 같은, 집단이 가지고 있는 어떤 보편적인 규칙들의 형성에서 나온다고 할 수 있다.[61] 가령 족외혼은 배우자를 집단 밖에서 구함으로써 집단 내에서 짝짓기 대상을 구하는 동물들의 습성과 단절된 것이라고 볼 수 있다.

족외혼 규범은 한 개인의 유전적인 특질을 가지고 있지 않은 집단의 새롭고 다른 유전자와 결합시킴으로써 우생학의 과정을 촉진시켰다. 족외혼은 또한 우생학적 차원뿐만 아니라 그 이상의 것들도 동반하게 되었는데, 이는 정신적인 다양성에 대한 요구이다. 탐구와 발견, 그리고 새로운 것에 대한 추구는 정신이 발전할 수 있는 위대한 혁신이었고, 이 정신이 활용되는 영역은 사냥과 같은 생계유지나 경제활동을 넘어서까지 확장되었다. 또한 이 정신은 성행위를 에로스로 변화시키는 힘도 포함하고 있었다. 우리는 오늘날까지도 가장 정열적인 사랑의 사례를 로미오와 줄리엣 같은 형태에서 발견하곤 하는데, 이는 서로 다른 집단이나 문화, 다른 인종의 사람들이 만나는 것을 의미한다. 문화적인 차이를 이어주는 이런 가교의 구축은 자신을 다른 것들과 결합함으로써 자신을 완성하고자 하는 요구의 연장이라고 할 수 있다. 또한 이것은 반대편 성을 추구함으로써 사실상 자신을 표현하고자 하는 요구라고도 할 수 있다.

동족(同族)혼과 비교해 볼 때 족외혼은 훨씬 더 많은 육체적이고 정신적인 이점들을 제공해 주었다. 원시사회에서도 타 부족 사람과의 결혼은 다른 세계의 문을 열어볼 수 있다는 점에서 커다란 이점이었다. 족외혼은 유전적인 특징들을 우생학적으로 새롭게 변화시키는 효과 외에도 외부에 대한 지식을 확장해주었고, 도구의 개발이나 기술의 습득을 늘려주었다. 오늘날에도 우리는 이와 관련한 다양한 연구들을 찾아볼 수 있다. 한 통계 자료는 같은 학교에서 성장했거나 한 농촌을 배경으로 함께 성장한 사람들이 서로를 결혼 배우자로 삼는 것을 꺼려한다는 결과를 제시해 주었다.[62] 그리고 공동의 과거를 갖고 있는 사람들이 결혼했을 경우에는 이혼의 확률이 훨씬 높다는 보고도 있다. 이런 통계 결과들은 상대방에 대해 갖는 매력이 서로의 차이와 상호보완적인 요소의 영향을 받는다는 것을 알려준다. 하지만 이 매력은 그 차이가 너무 벌어질 경우에는 두려움이나 혐오감으로 뒤바뀔 수 있다는 점에서 적절한 차이 안에서만 유효하다.[63]

심지어 동물들에게 있어서도 성적 매력은 다름과 새로움에서 어느 정도 영향을 받는다. 무엇보다 동물들에게 있어 호기심은 학습을 촉진시킨다. 성행동의 영역에서 동물들은 보다 광범위한 유전자들의 공유를 추구하며 이는 특히 소규모의 무리생활을 하거나 멸종 위기에 처한 동물들에게 있어서는 중요한 일이다.[64] 하지만 이런 경향도 한계가 정해져 있어서 지나친 차이가 있을 경우에는 불임으로 끝을 맺는다. 가령 당나귀와 말 사이에서 태어난 노새의 경우는 생존이 가능하지만 종자를 생산할 수는 없는 대표적인 경우이다. 노새는 자연이 더 이상의 종족 번식을 허락하지 않는 대표적인 족외혼의 실험이라고 할 수 있다.[65] 또한 동물들 내에도 족외혼의 금기적 측면 ─ '근친상간 금기' ─ 같은 것이 있다. 이는 상당 기간 함께 신체적인 친밀감을 경험했던 개체들끼리는 성적 관심을 가지지 않는 것에서 찾아볼 수 있다. 원숭이들은 자신의 어미와 짝짓기를 하려 들지 않으며, 자신과 함께 어미의 젖을 먹고 자란 누이들과도 짝짓기를 하지 않는다.[66] 따라서 어미와 관련된 족외혼은 동물들에게도 존재하고 있는 것이며 본능에 대한 억제나 금기 때문에 출현한 것은 아니다. 족외혼은 인간사회만의 독특한 규범이 아니라 단지 몸에 익숙한 습관 같은 것이다.

하지만 수컷의 경우는 이와 전혀 다르다. 동물들은 수태라는 행위를 통해서만 아버지가 될 수 있는데, 여기서 수컷들은 자신과 자식의 관계에 대해 어떤 '인식'도 가지고 있지 않다.[67] 때문에 수컷들은 성관계를 포함해서 자식들과 모든 종류의 관계로 엮일 수 있으며 이들 사이에는 어떤 내면적인 친밀함도 찾아볼 수 없다.

이런 점에서 자식과 아버지의 성관계 금기는 전적으로 인간적인 규칙이라고 할 수 있다.[68] 동물들의 세계에는 이런 사례를 찾아볼 수 없으며, 오직 인간사회에서만 완전한 형태를 갖춘 금기를 발견할 수 있다. 하지만 안타깝게도 우리는 이런 금기의 기원과 그 발달과정을 알지 못한다. 또한 어머니와 관련한 금기에 비해 아버지와 관련한 금기는 현대 사회에서도 빈번하게 어겨지는 경우들을 찾아볼 수 있다. 이런 점에서 우리는 아버지와 관련한 금기가 본능에서 자연스럽게 발전된 것이 아니라 본능의 진로를 억누르면서 사회적으로 '선택'된 결과라는 것을 추측할 수 있다. 어미 동물에서 어머니로의 이행은 본능의 연장선상에서 발생한 것인 데 반해, 수컷에서 아버지로의 이행은 오늘날까지도 미완성으로 남아 있으며, 아직도 어려운 과제를 짊어지고 있다.

여자의 진화과정과 남자의 진화과정의 차이는 자연의 연속성이냐 단절이냐의 차이로 정리할 수 있을 것이다. 자연은 어머니와 관련해서 '어떤 도약도 만들지 않았다.' 하지만 아버지를 만들어내기 위해서는 도약이 필요했고, 이런 점에서 부성은 문명의 시작과 동등한 것으로 여겨질 수 있다. 게다가 부성이 필요로 하는 도약은 자연을 거슬러야 하는 것이기 때문에 오늘날까지도 아버지들은 이에 대한 대가를 치르고 있다. 자연에서는 아버지와 관련한 금기가 없기 때문에 자연을 따르는 아버지는 근친상간적인 아버지의 길을 걸을 수밖에 없다. 매우 복잡하고도 혼란스러운 이런 결과는 그래서 부성에 대한 연구가 자연과의 단절을 의미하는 것임을 알려준다. 문명이라는 것은 어쩌면 남자들이 동물적인 본성에서 시선을 돌려 인간이 되기 위해 선택한 하나의 수단일지도 모른다.

부성과 문명의 이런 관계는 그래서 다음과 같은 이율배반에 기반하고 있다. '나는 욕망한다.' '하지만 나는 욕망을 따르는 것을 금지한다.' 지금까지도 해결되지 못한 이런 이율배반의 감정은 인간의 정신 작용과 창조 작업을 구성하는 모델이 되어왔다. 이율배반의 한쪽은 앞으로 나아가려는 함선이고, 다른 한쪽은 이 길을 가로막는 닻이 되고 있는 것이다.

제2부

그리스·로마의 부성 신화

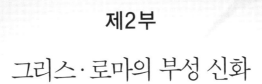

6장
선사시대는
부권사회인가 모권사회인가?

> 아버지가 될 수 있는 자는 아들도 될 수 있다.
> — 헤라클리투스
> 아버지에게 복종하라. 이것이 세상에서 가장 아름다운 법이다.
> — 아이스킬로스
> 아버지가 없는 자는 스스로라도 아버지를 만들어야 한다.
> — 니체

아버지들이 언제나 동일한 지배권을 누려왔는지에 대한 논쟁은 거의 한 세기하고도 반 세기를 걸쳐서 진행되어 왔다. 그리고 최근의 대다수 사람들은 서구의 역사를 지배하고 있는 부권중심적인 사회형태들이 선사시대의 모권사회에서 시작된 것이라고 주장한다.

하지만 어떤 주장이라도 중립적인 것이란 없다. 인간사회의 최초의 형태가 모권중심 사회였을 것이라는 견해는 이를 주장하는 사람들의 열렬한 이상주의와 관계가 있다. 예를 들어 바코펜(J. J. Bachofen, 1861)은 이런 주장을 통해 법률의 역사적 토대에 대한 새로운 해석을 내놓으려 하고 있으며, 모건(H. L. Morgan, 『이로쿼이 연맹The League of Iroquois』, 1851 ; 『인류 가족의 혈족과 인척 체계Systems of Consanguinity and Affinity of the Human Family』, 1871 ; 『고대사회Ancient Society』, 1877)은 토착 원주민들의 권리를 옹호하려는 초기 대변자들 중 한 사람이다. 특히 모건의 지대한 영향을 받은 엥겔스(Frederick Engels)는 프롤레타리아트의 해방을 주장하는 마르크스(Marx)와 힘을 합쳤으며, 노이만(E. Neumann)은 분석심리학을 통해 선사시대에 대한 재해석을 시도했다. 그리고 짐부타스(M. Gimbutas)는 유럽 문명에 깃들어 있는 여성 자궁의 상징적 의미와 가치에 대한 재평가에 공헌했다.[69] 위의 학자들은 모두 자신들의 전문영역 바깥에 있는 관심사들에서 자극을 받아 부권문화가 지닌 공격성에 확고한 반대를 표명하는 사람들이다.

그래서 모권중심 사회를 지지하는 학자들은 이 사회가 불러일으키는 강렬한 이상에 매료되어 있으며, 이들의 저서를 읽는 독자들은 강렬한 인상을 받곤 한다. 가령, 인간사회의 뿌리가 수메르인들에게 기초하고 있는지 아카디아인들에게 기초하고 있는지에 관한 토론은 우리에게 어떤 특별한 기억을 건드리는 것도 아니고 강렬한 감정을 불러일으키는 것도 아니다. 하지만 이에 반해 부권사회와 모권사회라는 추상적 이미지들은 우리에게 실제 남자와 여자라는 현실적인 기억을 떠올리게 한다. 추상적인 이미지와 현실적인 상황을 이어주는 기억들은 게다가 마음 깊은 곳에 자리 잡고 있는 것이어서 이성적인 판단을 내리는 것이 어렵다. 부모들에 대한 우리의 관심은 지식적인 것이라기보다 감정적인 것이기 때문에, 우리는 이미 여기에 대해 전혀 아는 바가 없음에도 가슴이 뜨거워지는 감정을 느끼는 것이다.

하지만 그렇다고 해서 모권제에 대한 가설이 꼭 최전방에 있는 여성 페미니스트들의 견해와 일치하는 것만은 아니다. 짐부타스와 마이어 세탈러(C. Meier-Seethaler)[70] 같은 페미니스트들은 고대 사회가 어머니들에 의해 지배되었다고 주장하는 데 반해, 시몬느 드 보봐르(Simone de Beauvoir),[71] 베딘터(E. Badinter),[72] 이다 마글리(Ida Magli)[73]와 로 루소(Giuditta Lo Russo)[74] 같은 페미니스트들과 몇몇 이탈리아 인류학자들은 그런 사회가 전혀 존재한 적이 없었다고 주장한다.

그렇다면 그토록 많은 학자들이 인간사회가 근본적으로는 모권제였다는 주장을 하는 근거는 무엇일까? 수많은 객관적 자료들이 이런 가설을 옹호하고 있는 것 같지만, 그 이면에는 사실 이 가설을 옹호하고자 하는 강렬한 심리적인 동기들이 큰 부분을 차지한다. 우리는 무의식적으로 우리 자신의 경험이나 관점을 세계의 중심으로 여기며, 그래서 역사와 사회를 시간과 공간이 확장된 개인적인 경험의 보다 높은 차원으로 생각하는 경향이 있다. 예를 들어 최고의 권력을 손에 쥐고 있는 사람이라 할지라도 처음에는 어머니의 품에 안겨 있던 어린아이에 불과했을 것이라는 생각 같은 것이 문명화 과정에서도 비슷하게 적용되었을 것이라고 추측하도록 유혹하는 것이다.

그렇다면 다른 한편으로 인간문명이 그 시초에서부터 항상 부권제였다고 말하는 사람들의 주장은 어떤 근거에서 나오게 된 것일까? 이에 대한 대답은 좀 복잡한 면이 있다. 이런 추론도 물론 아버지를 중심에 놓고 어머니를 육체적인 관계로만 국한시키려는 심리적인 동기들을 가지고 있다. 하지만 인간사회의 원시적 형태가 가부장제였다고 주장하는 이들은 모권제를 주장하는 사람들처럼 감정적인 방식으로 접근하지 않는다. 모권제를 선호하는 이론가들은 확고한 열정을 담아 주장하는 데 반해, 부권제를 선호하는 이들은 역사적 사료들에 대한 신뢰를 가지고 논리적으로 주장을 펼친다. 하지만 논리적 결론으로 이끄는 이런 능력 역시 아버지가 가진 본래적인 특징이며, 아버지가 자식들에게 교육시켜준 부분이라는 점을 여기에 추가해야 할 것이다. 부권제를 옹호하는 사람들이 자신들의 주장에 대한 감정적인 애착을 드러내지 않는다 할지라도 이들은 이미 부성적인 이미지와 자신을 동일시하고 있기 때문이다. 아버지는 정신 능력의 명료함이라는 특징을 자신의 방식으로 가지고 있는 것이다.

아버지의 우선성을 주장하는 이론과 어머니의 우선성을 주장하는 이론에 대한 선호도의 차이가 개인의 경험과 관련된 심리적인 연관성에 기반하고 있다면, 이는 현대인들의 정신에만 해당하는 것이라고 할 수 없을 것이다. 그리고 현대보다는 원시시대에 더 큰 힘을 발휘했을 것이라는 추측도 가능할 것이다. 왜냐하면 원시시대 사람들은 지금보다 훨씬 더 무의식적이고 마술적인 영향력들에 노출되어 있었기 때문이다. 또한 문명의 원시적인 단계들은 인간의 자기표상 능력과 자신을 인식하는 방식들의 초기적인 수준을 지니고 있었을 것이다. 그래서 인간적인 조건이 시작된 선사시대의 행동양식은 일차적인 이미지들—개인의 발달과 관계된 초기적 이미지들—의 지배를 받았을 가능성이 크다. 그리고 인간의 삶은 그것이 남자이건 여자이건 간에 자신보다 힘이 세고 압도적인 여성, 자식의 신체에 대해 완전한 통치권을 쥐고 있는 여왕이라고 할 수 있는 어머니의 그림자 안에서 시작된다. 이런 점에서 본다면 최초의 사회가 막 형성되기 시작했을 때, 어머니들이 이 사회에서 여왕의 역할을 맡았을 것이라는 추측은 일견 자연스러운 해석으로 보인다.

하지만 인간사회의 초기 형태가 부권제를 취했는지 아니면 모권제를 취했는지에 대해 우리는 너무나 적은 자료들을 가지고 있는 데 반해 너무나 많은 추론들을 하고 있다. 우리가 알고 있는 것은 단지 복잡하고 고도로 발달된 사회들이 일반적으로 아버지의 권위에 대한 신화를 가지고 있으며, 사회를 안정적으로 유지하고 효율적으로 관리하기 위해 아버지를 중심으로 운영되었다는 정도뿐이다. 불행히도 이런 흐름의 추세를 역전시킬 수 있는 증거들은 거의 없으며, 최초의 원시적인 사회 권력이 어머니들에게 주어져 있었다고 판단할 만한 현상들도 찾기가 쉽지 않다. 우리가 알 수 있는 것은 오늘날까지 존속되고 있는 원시적 형태의 사회들에서 아버지들이 자식들을 기르고 보호하는 데 있어 아주 적극적인 역할을 맡고 있다는 것 정도이다.[75]

과거의 사회 형태들을 연구하고[76] 오늘날까지 잔존하고 있는 원시 문명들을 조사하는[77] 저술가들 중 대다수는 원시 모계사회의 흔적을 찾아내는 데 확신을 갖지 못하고 있다. 서양 언어의 기원들을 다루는 연구 또한 이와 비슷한 결론을 내리고 있는데, 역사적인 사회형태를 재구성하는 방식에 따르면 모계제 사회에 대한 흔적은 발견되지 않는다. 한 예로 인도유럽어에 대한 비교 연구를 살펴보면, 혈족과 관계된 용어들은 공통적인 기원을 드러내고 있다. 뿐만 아니라 가족 공동의 모델을 언급하고 있는데, 이 모델은 부거제(夫居制)와 가부장제 가족으로 표출된다.[78] 그래서 모권제 사회라는 것이 만약 존재했다면 이는 인도유럽어가 생겨나기 이전의 문명으로, 아주 먼 과거의 시대로 거슬러 올라가야 한다.

앞서 살펴본 것처럼 원시 모권제 사회와 관련된 이론들은 문자가 생겨나기 이전의 시대에 관심을 기울이고 있다. 이 추론들에 따르면 서구 유럽의 구석기시대 후반부를 장식하고 있는 오리냐크 문화와 그라베트와 솔뤼트레 문화[79) 유물들과, 특히 신석기시대의 것으로 밝혀진 중동지역과 지중해 연안에서[80) 발견된 벽화나 인간 형태의 조각상들은 대부분이 여성의 형태를 취하고 있다. 이 여성 형상들은 허벅지와 유방 등 다산성과 관련된 신체 부분들이 크게 과장되어 있는 데 반해 머리나 손, 그리고 다리 등은 완전히 삭제되거나 아주 작게 축소되어 있다. 모권제를 주장하는 이론가들은 이런 특징들이 여성의 사회적 지위를 보여주는 것으로 여성의 생식력이 특정한 시기에 아주 중요한 역할을 맡고 있었으며, 여성의 형태를 띤 조각상들은 여신을 표현한 것임에 틀림없다는 주장을 편다.

더 나아가 모권제를 주장하는 이론가들은 농경제의 발전이 여성들의 지위를 승격시켜주었을 것이며, 이는 여성이 수렵생활이 발전하기 이전에 이미 식물들과 긴밀한 관련성을 지니고 있기 때문이라고 추측한다. 어머니들의 황금시대(혹은 남자와 여자가 근본적으로 평등한 사회)는 농경에 기반을 둔 새로운 경제 성장과 확산 속에서 이루어졌을 것이며, 체계적인 형태의 모권사회는 구석기시대에서 신석기시대로 이행하는 시기 사이에 자리매김할 수 있을 것이라고 주장한다. 게다가 고든 차일드(Gordon Childe)와 헤르만 뮐러 카프(Hermann Müller-Karpe)는 이 시기가 인류의 역사에서 가장 위대하고 가장 완전한 혁명들을 이룬 시기였다고 주장한다.

또 다른 이들은 가부장제 사회의 시초가 본격적인 사회형태가 구성된 초창기에, 그러니까 아주 최근의 시대에서 연원한 것이며, 이 시대

에 비로소 자식의 출산과 관련된 아버지의 역할이 처음으로 발견된다고 주장한다.[81]

우리에게 흥미로운 것은 선사시대의 여성 인물상들을 여신이라는 성스러운 이미지로 해석하게끔 이끈 근거가 무엇일까 하는 점이다. 이런 해석에 반박하는 몇몇 학자들은 의인화된 신성들이 그 이후시대까지도 전혀 등장한 바가 없었다고 주장한다.[82] 이런 주장을 인정한다면 선사시대 인물상들은 아마도 이들이 거주했거나 죽었던 장소를 추억하기 위한 것이거나 단순한 여성들의 초상화였을지도 모른다. 또한 많은 수의 여성 인물상에 비해 현저하게 남자들의 인물상이 적은 것은 이 두 성별이 주로 거주하던 장소가 달랐기 때문일 수도 있다. 이 논의를 뒷받침할 수 있는 것은 여자들이 주로 동굴과 같이 상당히 안정된 장소에 거주하다 나중에는 농경지의 촌락에 거주했다는 사실이다. 그에 반해 남자들은 사냥감을 뒤쫓으면서 거주지를 계속 이동하거나 빈번하게 먼 곳으로 떠나가곤 했다. 그래서 남자들의 경우에는 주요한 일상 장소가 따로 없었고 죽음을 맞게 된 장소도 매우 가변적이어서 아주 드물게만 매장의식을 치를 수 있었다. 이런 해석은 오늘날 우리가 목격하곤 하는 '얼굴을 볼 수 없는 아버지'라는 현상을 아주 먼 과거 시대에도 적용해볼 수 있다는 장점이 있다. 아버지가 하는 일들을 자식들이 지켜볼 수 없는 이런 현상은 아버지들이 담당했던 역할의 복잡성과 연관되어 있기 때문이다. (현대의 한 연구는 아버지와 자식들 간의 유대감 결핍 문제가 후속 연구들에 의해 수정되어야 한다고 주장하는데, 이 후속 연구에 따르면 조사를 담당하는 사회복지사들이 업무를 마치고 집으로 돌아가는 시간에 조사대상인 아버지들도 집으로 귀가하며, 가족 간의 유대는 이런 저녁에 이루어지기

때문에 유대감 결핍이라는 결과는 이런 한계에 기인하고 있다고 한다.[83])

　　원시 모권사회의 존재를 주장하는 학자들도 흥미로운 자료들[84])을 많이 제시하지만, 사실 대부분의 유용한 정보들은 부권사회가 문명의 초기에서부터 지배적인 사회형태였다는 것이다. 물론 특정 시대에는 남성적인 이미지들보다 여성적인 이미지들이 대다수를 차지하며, 이런 사실들은 반박하기가 쉽지 않다. 이와 함께 현대인들의 사고력은 심리학적인 방식에 능숙하지 못하기 때문에 통계적인 방식에서 나온 결과를 마치 고정된 사실처럼 받아들이곤 한다. 구석기시대나 신석기시대의 여성 형상들이 그 당시 여성들의 권위를 입증하는 것이라는 추측은 이런 추론에서 나온 것이라고 할 수 있다. 하지만 특정한 사회에서 빈번하게 발견된 이미지들이라고 해서 이것들이 꼭 상당한 역할이나 중요성을 지니고 있었음을 증명하는 것이라고는 할 수 없다. 엘리아데 (Eliade)는 자신이 속해 있는 주변정황에 대한 정보를 전혀 동반하지 않는 이미지들이 '의미론적 불투명성'을 가지고 있다고 말한다.

　　가령, 선사시대의 예술작품들에는 특정 동물들에 대한 형상들도 여성 이미지들만큼이나 풍부하다. 하지만 이 동물들이 그 당시 사회에 대해 어떤 권위를 가지고 있었다고 결론을 내리는 사람은 많지 않다. 게다가 어떤 이미지에 대한 존재 여부가 그것의 사회적인 역할을 결정하는 중요한 증거라면, 앞으로 수천 년의 세월이 흐른 후에 미래의 고고학자들은 아마도 현재의 문명에 대해 모계적인 사회였다고 주장하게 될 것이다. 왜냐하면 신석기 문명처럼 문자 기록을 제외한 우리 시대 대부분의 이미지들은 섹시함을 강조하고 있는 여성적 형상들뿐이기 때문이다. 강조된 가슴과 엉덩이 그리고 잘록한 허리 등을 가진 여성 이미지들이 광고와 다양한 잡지들에 등장하고 있으며 심지어는 한 사회나 국가를 대표하는 공식적인 이미지들로도 사용되고 있는 것을 우리는 알고 있다. 일례로 미국과 프랑스의 대표적인 조형물인 자유의 여신상과 유럽의 국가들을 대표하는 성령들은 모두 이런 여성 인물들이며, 브리타니아(Britannia), 마리안나(Marianna)와 헬베티아(Helvetia) 같은 각국의 동전에 새겨진 인물들 역시 아테나 여신의 현대적인 변형인물이다. 게다가 아테나 여신은 고대 그리스에서 가장 위대한 도시국가였던 아테네의 이름에서 탄생한 것이기 때문에 그리스 시대에서부터 현대까지 이어져온 대표 이미지들은 모두 모성적이라고 할 수 있으며, 이는 분명히 미래 고고학자들의 눈을 사로잡을 것이다. 따라서 여성적인 형상들이 많이 관찰된다고 해서 그 시대가 모권제 사회였다고 말하는 것은 적합하지 않다. 풍부한 여성 이미지를 창조해 냈음에도 불구하고 이 이미지들이 그리스 시대와 우리 현대문명이 보장한 부권사회라는 제도를 능가할 수는 없는 것이다.

우리 학자들은 신화에 근거를 둔 조각이나 회화들을 중요한 사회적 기능으로 확장시키려고 하는 반면, 당시의 사회적인 활동들을 주도했던 실제 역사적 인물들은 간과해 버리는 경향이 있다. 그리고 사실상 이런 한계들 때문에 우리는 연구범위를 전혀 다른 방향으로 우회하기도 한다. 하지만 고고학적인 예술품들을 역사에 대한 지배권을 지니고 있거나 역사의 흐름을 주도했던 어떤 인물로 이끌려는 목적은 정당한 연구태도가 아니다. 오히려 우리는 이러한 상상력으로 이끌게 된 힘들을 이해해야 하며 역사 그 자체를 연구해야 한다. 이러한 것이 우리의 목표가 될 때 비로소 모든 것들은 우리로 하여금 '사실을 통해 환상을 들여다보도록 허용해줄 것이고 역사는 상상계로 들어서는 입구를 제공해줄 수 있을 것이다.'[85]

서구 역사의 기원을 이루는 사회들이 만약 부권사회였다면 이는 아주 많은 수의 여성 이미지들을 동반할 필요가 있었던 가부장제였을 것이라고 추측할 수 있다. 그리고 앞서 우리는 모권사회의 존재여부가 사회학적으로 사실이었는지 의심스럽다는 주장을 하긴 했지만, 여성 이미지들의 과잉은 분명히 강력한 심리학적 현실이었다는 것을 인정해야 한다. 이런 여성 이미지의 풍부함은 아버지들이 전체 사회에 대해서뿐만 아니라 가족에 대해서도 강력한 통제권을 지니지 못했으며, 그래서 어머니들을 미신적인 관심의 대상으로 만듦으로써 체제를 유지해나가려 했다고 추측할 수 있다. 여성 신체에 대한 물신숭배적인 시선은 연약하지만 뭐라고 규정할 수 없는 여성적 힘−정치적 힘이 아닌 자연의 힘−을 사회적인 영역 밖으로 몰아내는 것(가령 액막이, 엑소시즘 같은 것)이라고 할 수 있다. 그래서 여성적 세계는 두려움과 동경을 동시에 주는 주요 대상으로 계속해서 등장하는 것이다.

우리는 놀랄 만큼 풍만한 여성적 신체들이 간직하고 있을 사회의 역사에 대해서는 전혀 아는 바가 없다. 하지만 이 신체들이 말해주는 이야기들은 정신의 역사에서는 분명히 핵심적인 것들이다. 그것들은 임신에 대한 환상들을 말해주고 있기 때문이다. 또한 그것들은 출산과 성행위, 그리고 보살핌이라는 주제들 주변을 맴돌고 있는 정신의 고착상태를 말해주기도 한다. 이런 강력한 환상들은 사냥과 채집에서 농경생활로 이행해 가는 과정이 길고 부단한 노력을 필요로 했으며, 흙을 경작한다는 관념을 '잉태' 시켰으며 자연의 생산적인 힘들에 운명을 걸어보려는 충동을 이끌었을 것이라는 추측을 가능하게 한다. 그렇다면 여성적인 다산성에 대한 미신적인 찬양이 자연을 활용하려는 생활방식에서 나온 '공감적인' 사고방식인 것일까?

우리가 시도하는 부성의 심리학은 세부적인 고고학적 사실들에 매몰되지 않고 오히려 원시 모권사회가 존재했을 것이라는 가능성을 정신이 요구하는 하나의 환상으로 다루면서, 그 심리적 원인을 파헤치고자 한다. 모권제 사회에 대한 정신적인 환상은 동일한 시대를 연구주제로 삼으면서도 어떤 학자는 친모성적이고, 또 어떤 학자는 친부성적인 연구 성향을 보이는 오늘날까지 살아 있는 환상이다. 그리고 선사시대 여성 조각상들이 어쩌면 그 당시 남자들이 마음속에 품고 있던 환상이라 할지라도 이는 동일하게 남성들 역시 임신에 대한 환상을 품고 있었다는 것을 뜻한다. 이는 그 시대의 사유방식이 출산이미지에 커다란 영향을 받고 있었으며, 인간이라는 존재, 인간적인 조건, 그리고 인간의 심리작용이 모두 재생산과 재탄생, 즉 출산을 욕망했다는 것을 뜻한다. 땅을 경작해 무엇인가를 성장시키는 것 역시 이런 욕망의 반영이라고 할 수 있다. 이 환상은 그래서 당시 시대가 모계사회라고 불릴 수는 없지만 심리상태에 있어서만큼은 분명히 모성 중심적이었음을 보여준다.

인간과 주변 환경과의 교감적인 관계의 결과로, 그리고 결실에 대한 내면적인 이해를 외부세계로 투사한 결과로 나온 첫 번째 진일보는 농경의 발명이다. 사람들은 생산(농경이라는 '여성적' 활동)이 살해(사냥이라는 '남성적' 활동)의 대안이 될 수 있다는 생각을 구체화하기 시작한다. 좋은 혈색을 가진 풍만한 '여신'의 형상은 단지 농업기술을 습득했다는 의미의 상징물이 아니다. 오히려 그 반대로 성스러운 출산의 비유를 통해 농경문화가 촉발되고 발생될 수 있었다고 하는 편이 옳다. 농경기술의 탄생은 스스로 산출하고 양육하며 번식하는 운명을 가진 상상력이 만들어낸 위대한 결과였다. 여성적 이미지의 조각상들이 여성을 신격화한 재현물인지 그렇지 않은지는 알 수 없지만, 신비한 창조능력이 중요시되었다는 것만큼은 분명하다.

이 시대의 두 번째 진일보는 신석기시대의 완전한 개화와 함께 발생한다. 신석기시대는 문명화 과정이 본격적으로 촉발되고 무한한 성장에 대한 열망이 시작된 때이며, 세계가 지금까지 겪어온 것들 중 가장 위대한 부흥이 일어난 때이다.[86] 이 시대에 인간의 사고는 농업기술의 습득에만 만족하지 않았으며, 미래를 향한 삶의 성장과 확장을 향해 달려갔다. 신석기시대로 들어서면서 인간이라는 존재는 다시는 수동적인 존재로 퇴보하지 않았다.

사람들의 정신은 생식력에 대한 신화로 가득 차 있었고, 풍부함은 이미지에만 국한되지 않고 생산하는 행위 속에도 놓여 있었다. 산출의 힘은 더 이상 자연에게만 주어진 것이 아니라 정신에서도 가능한 것이 되었다. 정신에서 발견한 인간의 영성과 초월성-보다 높고 추상적인 활동에 대한 정신능력-은 죽은 자들에게 경의를 표하기 위한 의식(儀式)을 발전시키는 것으로 이어졌다. 하지만 정신적인 삶의 출발은 죽음이 아니라 탄생을 본격적인 대상으로 대하기 시작한 순간이라고 할 수 있다. 죽은 다음 우리는 어떻게 될 것인가에 대한 질문이 아니라 세상에 나오기 전에 우리는 무엇이었는가가 가장 핵심적인 질문이었던 것이다.

죽은 자들에 대한 제의는 사실상 이전 시기로 거슬러 올라가 후기 구석기시대에 살았던 네안데르탈인에게서도 발견되는 의식이다. 하지만 구석기시대에는 죽은 자들에 대한 제의가 고안되었음에도 불구하고 인간적인 삶의 조건들은 수만 년 동안이나 변하지 않았다. 반면 비옥함에 대한 제의, 즉 탄생과 출산, 기원들, 산출과 성장에 대한 제의는 확연히 다른 양상을 보인다. 비옥함에 대한 제의는 자신의 흔적을 인간적인 활동의 모든 영역에 새겨놓고자 하는 창조에 대한 갈망과 동시대의 것이라고 할 수 있다. 비옥함의 시대는 그래서 동물적인 것이 아니라 인간적인 것이 창조되기 시작한 특징을 갖는다. 신석기시대 사람들은 비옥함에 대한 갈망을 간직하고 있었고 정신을 통해 이 비옥함을 밖으로 표출하고자 했다. 이들은 들판을 비옥하게 만들었고 이와 함께 삶도 비옥해져 갔다. 문자 언어는 여전히 발명되지 못했지만 풍만한 여성 신체를 표현할 수 있을 만큼의 표의문자는 만들기 시작했다. 그리고 이것을 만들었던 손은 아마도 남자들이었을 것이다.

우리는 정확히 언제부터 가부장적인 사회형태가 형성되었는지 말할 수 없다. 그리고 농경사회의 출현이 모계 혈통을 통해서였는지 그렇지 않은지도 알 수 없다. 게다가 우리가 시도하려는 것은 인간사회의 발달과정이나 기술이나 경제의 발달사를 밝혀내려는 것이 아니다. 우리의 관심은 인간 심리학의 역사이다. 이런 관점에서 볼 때, 남자들은 자신을 아버지로 변모시키는 과정에서 아마도 자신이 가진 새로운 힘을 자각하기 시작했을 것이다. 그리고 모종의 삶을 만들어내는 것에 대한 자신들의 역할을 감지해 내면서부터는 다소간 의식적으로 이를 위한 행동을 하였을 것이다. 이 행동이라는 것이 출산에 참여하는 정자의 역할을 깨닫게 되었다는 것을 의미하지는 않는다. 임신에 대한 전문 지식은 한참의 세월이 지난 이후에나 밝혀지게 된다. 그보다 이 행동은 가족을 부양하고 한 세대에서 다음 세대로 이어지는 연속성을 구축하기 위해 요구되는 남자들의 역할과 관련된 것이다. 특히 세대 간의 연속성은 결정적으로 하루하루 발생하는 사건들에 따라 살고 있던 한 존재가 다른 방향의 삶을 시도하도록 만들어주었다. 즉 이것이 우리가 우연성의 세계에서 기획과 계획의 세계로 들어서도록 만들어준 사건이다.

그럼에도 아버지들이 맡기 시작한 이 역할은 아직 전적으로 새로운 것은 아니었다. 이 역할은 단지 아버지들을 어머니들과 동등한 선상에 서도록 해주는 것에 불과했다. 어머니들의 삶은 이전부터 항상 자식들의 삶에 헌신적이었다. 반면 원시시대 남자들은 오로지 자신만을 위해서 살았다. 삶은 공유될 필요가 있는 것이라는 점을 남자들이 발견하게 된 것은 자신을 아버지로 전환시키면서부터였다. 이런 변화는 더 나아가 어머니는 남자들이 자신을 바라볼 수 있는 비교의 대상이라는 것도 발견하게 해주었다. 남자들의 이런 변화 역시 풍만한 여성 이미지에서 나온 또 다른 산물인 것이다.

타자 이미지의 재생산과 타자와의 동일시를 통한 타인의 사회적 수용은 현대 심리학의 전형적인 연구대상이다. 하지만 이런 현상은 전혀 새로운 것이 아니라 인간생활의 일부분으로 항상 내재해 있는 것이다. 원시 부족사회는 정신적인 체험을 사회적으로 확장하는 이런 과정을 분명하게 드러내준다. 이들은 광활한 초원에서 버펄로를 사냥하고 죽이면서 생계를 유지하지만 정신적인 삶에서는 버펄로를 죽이지 않는다. 오히려 반대로 이들은 집단적인 상상력을 통해 그림을 그리고 노래와 춤을 이용해 버펄로와 함께 생활한다. 사냥꾼들은 자신들의 사냥감이 가진 힘과 생명력을 인정한 것이다. 이와 마찬가지로 선사시대의 우리 아버지들은 생명을 창조해 내는 어머니들의 능력을 인정하려 하였다.

이런 추측이 만약 사실이라면, 두 가지의 해명이 모두 가능하다.

첫 번째 가능성은 이 사회가 선사시대 내내 부권사회였을지도 모른다는 것이다. 이 경우, 이 시대의 남자들은 사회적으로는 여자들을 종속시켰지만 아마도 정신적인 면에서는 계속해서 여자들의 영향을 받았을 것으로 여겨진다. 설명해야 할 것은 남자들의 여성 이미지에 대한 집착이 왜 단순히 광범위한 것을 넘어 거의 절대적인 것이 되었는가 하는 것이다.

두 번째 가능성은 여성 이미지들이 지배적이었던 시대가 정말로 모권제 사회였을지도 모른다는 것이다. 이런 가능성은 모권제 사회가 가부장제 사회보다 훨씬 자기충족적이라는 것을 알려준다. 왜냐하면 여자들의 입장에서는 타인을 수용하거나 자신을 변화시켜야 할 그 어떤 필요성도 없기 때문이다. 절대적으로 다수인 여성 이미지들이나 신격화된 여성 형상에 대한 제의는 이런 점에서 여자들이 자신들의 성별만을 찬양하고 있다는 것을 알려준다.

이 두 가지의 가능성을 통해 우리는 타자에 대한 필요성을 느끼고 있는 것은 오로지 남자들뿐이라는 것을 알 수 있다. 첫 번째 경우에서 남자들은 심리적으로 여성의 지배를 받고 있지만 제도적인 측면에서는 여성을 지배하고 있다. 두 번째 경우에서 남자들은 심리적인 차원과 제도적인 차원 모두 여성들과의 관계 맺기에 실패하고 있다. 그리고 두 경우 모두 남자들은 다른 쪽 성이 가진 힘을 자각하고 있는 데 반해, 여자들은 자기충족적이기 때문에 그런 것을 느끼지 않는다. 여기서 우리는 남자들의 이런 고전적인 자기충족감 결핍을 기억해 둘 필요가 있다. 자기충족감 결핍은 분명 정신적인 결함이지만 사회적인 측면에도 영향을 미치는 치명적인 해악이기 때문이다. 근대를 다루면서 우리는 이런 태도가 지닌 허약함을 다루어 보게 될 것이다. 다시 논의로 돌아가 보면, 선사시대에는 어떤 성별이 사회에서 지배적인 성별이었는지 우리는 알 수 없다. 하지만 사회의 정신적인 측면에서는 여성적인 힘이 지배적이었다. 심리적 근거들을 살펴볼 때, 남성적인 힘은 상대적인 데 반해서 여성적인 힘은 절대적이었다. 인류의 삶에서 남자에게는 여성이 필수적인 데 반해 여성들에게 남자는 우연적인 존재일 뿐이다.

남자의 이런 우연적 존재감은 시간이 한참 흐른 뒤에도 쓸모없는 수컷 유인원 같은 흔적으로 계속해서 잔존해 왔다. 더군다나 오늘날까지도 부성에 거의 관심을 기울이지 않는 사람들은 대부분 이런 '원시적'인 상태에 머물러 있는 사람들이라고 할 수 있다.[87] 부계적인 역사의 체계를 만들기 위해서는 그래서 무엇보다 우선 부성이라는 관습을 만드는 것이 필요했다.

그리고 우리는 다시 한 번 아버지와 어머니의 대등성이라는 허위를 강조하는 것이 얼마나 순진한 일인가 하는 것을 확인할 수 있다. 아버지들의 세계는 그들의 지위—평등한, 종속적인 또는 우월한 지위—가 어떤 것이었든지 간에 어머니들의 세계를 포함해야만 했다. 반면 어머니들의 세계는 동물적인 근원으로 돌아가 본다 하더라도 남자들을 대체할 수 있는 힘을 가지고 있었다. 그리스 사회보다 선행했던 것으로 역사학자들이 거론하곤 하는 아마존 사회가 전해주는 메시지도 이것이다. 여성전사들로 이루어진 고대의 이 부족은 남자들을 정복함으로써 번영했던 것이 아니라 이들 없이 번영했던 것이다.

유럽 역사의 기원들에 대한 분석은 언제나 사회적인 것과는 거리가 먼 상상적인 재구성으로 이끌어지곤 했다. 우리는 사회라는 것이 존재했고, 가족이라는 것도 존재했다는 것을 알고 있지만 그것들의 구체적인 특징들은 알지 못한다. 하지만 그럼에도 불구하고 그들의 정신적인 삶을 이끌었던 이미지가 무엇이었는지는 분명하게 인식할 수 있다. 신석기시대의 지배적인 인물상은 어머니의 형상이다. 반면 아버지의 형상은 거의 등장하지 않는다. 우리 역사는 부성이 가진 이런 모호하고 힘들었던 출발을 항상 잊지 말아야 한다.

최초의 사회가 부권제 사회였는지 아니면 모권제 사회였는지에 대한 논의는 이제 그만하고, 남자와 여자에 대한 논의로 돌아가 보기로 하자. 이는 가급적이면 최소한으로만 언급하고 싶은 주제라고 할 수 있다. 어머니들은 서구 가부장제 사회가 낳은 유일한 희생자들이 아니다. 설령 역사가 어머니들이 가진 정신의 중요성을 깎아내리고 제도적인 관계만을 중시하면서 물질적인 측면만을 강조하도록 이끌어 왔다 하더라도, 이는 역시 어머니들뿐만 아니라 아버지들의 가치도 무효화시키는 방향으로 진행되어 왔다. 역사의 흐름 속에서 가부장제 사회는 아버지들의 가치 또한 무력화시켰다.

가부장제의 승리는 비단 어머니뿐만 아니라 진정한 아버지들조차도 모습을 드러내지 못하도록 이끌어 왔다. 어머니들은 조화로운 방식을 통해 자신을 제도 속에 상실하지 않으면서 자식들과의 개인적인 유대를 변화시킬 필요 없이 어머니로 머물러왔다. 반면 아버지들은 그런 가능성에 있어서는 훨씬 불리하다. 그를 둘러싼 사회적인 제도들은 훨씬 엄격하며 자식들과의 유대감 형성은 더욱 불안정하다. 아버지들이 겪어야 하는 갈등은 가족 속에서 타협될 수 있는 것이 아니라, 사회가 요구하는 한계들에 부딪혀 제한을 받는다. 사회는 아버지들에게 부권사회가 요구하는 방식으로 침묵할 것을 강요하고, 우울증의 흔적을 남겨온 역사의 길을 계속 걷도록 요구한다.

7장
부권사회,
그리스에서 역사적 지평을 열다

지평선이라는 것은 저 높은 하늘 아래 살고 있는 우리의 시선이 끝없이 도달하려는 하나의 경계선이다. 인도와 중국 그리고 이집트와 그밖의 위대한 문명국들이 세운 과거의 도시들은 우리의 유럽적인 지평선을 벗어나 있는 것들로 지리적인 거리 이상의 상이함을 함축하고 있다. 그래서 이 도시들은 서구 문명과 동일한 연장선상에 있다고 할 수 없다. 하지만 최근 들어 세계화의 흐름 속에서 서구 문명이 부권사회를 세계 구석구석으로 전달해 왔다는 점에서 부권제는 더 이상 특정한 지역만의 문제가 아니다.

그리스는 서구적인 부권사회의 기원이다. 또한 그리스는 비역사적이라고 할 수 있는 신화 세계의 위대한 모국으로 표현되곤 한다. 우리는 현대의 부성을 이해하기 위해 고대 그리스를 살펴보려 하는데, 여기에는 두 가지의 중요한 이유가 있다. 첫 번째는 현대의 아버지들이 자신들의 기원을 발견할 수 있는 곳이 고대 그리스라는 점이다. 두 번째로 그리스는 오늘날 우리 시대에도 발견되는 부성의 위기를 고대의 아버지들이 경험했던 장소라는 점이다.[88] 그러므로 서구세계에서 부성에 대한 역사적 고찰은 그리스를 첫 시작점으로 한다.

하지만 유럽과 미국의 현대세계는 그리스에서와 마찬가지로 고대 로마에도 그 기원을 두고 있다. 수많은 로마법과 제도들이 오늘날까지도 계승되고 있으며, 이것들 중 대부분은 아버지를 중심으로 하고 있다. 그러나 로마는 그리스에서 탄생한 것이라는 점에서 그리스의 연장선상이라고 할 수 있다.

유대기독교적인 일신교도 서구 문명이 간직하고 있는 또 다른 공동 유산이라고 할 수 있다. 하지만 이것을 서구 문명 전체의 유산이라고는 할 수 없는데, 이는 예수의 출현 이후에도 유대교가 자신들만의 독자적인 길을 걸었기 때문이다. 또한 유대교에서 파생된 기독교는 유대인들보다 훨씬 많은 민족들을 수용하면서 독자적인 자신들만의 역할을 발휘했다. 따라서 기독교적 관점에서 볼 때, 유대교는 단지 기독교에 선행했던 모태일 뿐이다. 그럼에도 불구하고 역사적으로 볼 때 유대교는 서구 문명에 대해 하나의 모델을 제시했으며, 이슬람교 역시 이와 같다고 할 수 있다. 특히 이슬람교는 중세시대에 서구 문명에 크게 기여했고, 기독교보다 훨씬 막대한 영향력을 발휘했다.

서구인들 대다수는 그리스 로마적인 전통을 물려받았지만 유대기독교적인 전통을 이어받지는 않았다. 그리스와 로마 사이에 그어진 줄은 연속성을 뜻하는 것이지만 유대교와 기독교 사이에 그어진 줄은 변화와 단절, 그리고 한때는 박해를 받았던 연대기의 거부를 의미한다. 기독교는 자신의 유대적인 근원을 인정하지만 이를 성장의 원천으로 여기지는 않는다. 기독교인들은 그래서 구약의 성경구절들을 자신들만의 특수한 관점으로 재해석하곤 한다. 이들은 로마가 그리스인들의 종교와 문화를 수용하면서 보여주었던 것 같은 융합이나 존경을 유대교에 허락하지 않는다. 이런 점에서 기독교는 유대교를 비타협적으로 전환한 것이며 유대교의 가치와는 다른 것이라고 할 수 있다.

역사적인 고찰에서 우리는 로마나 기독교보다는 그리스에 더 많은 지면을 할애하려 한다. 로마가 서구 문명을 본격적으로 건설하고 가부장적인 사회형태를 결정짓는 데 기여한 역할을 부정하기 때문이 아니다. 로마인들이 공헌한 제도들은―첫 번째로는 법률적이고 두 번째로는 종교적인―오늘날까지 우리와 지속적인 연관성을 갖고 있으며, 그들의 영향력을 전달해주는 매개체가 되고 있다.

하지만 심리학적인 역사고찰은 개념들보다는 상징들에 더욱 많은 관심을 둔다. 그리스와 비교해 볼 때 로마법전의 전통과 기독교 신학은 많은 개념들을 포함하고 있지만, 그에 반해 이미지는 현저하게 적다. 또한 로마시대와 기독교 신앙은 이성적인 사고에 비해 아주 적은 신화들을 가지고 있다. 우리의 심리학적 관점에서 볼 때 신화는 이성보다 집단적인 의식과 더 깊은 관련성을 갖고 있고, 그래서 우리에게는 더없이 훌륭한 대상이다.

물론, 고대 그리스는 로마에 비해 현대문명과의 유사성을 더 적게 가지고 있다. 게다가 오늘날 그리스인들은 서구의 여러 민족들 중에서도 적은 비율을 차지하는 소수 민족일 뿐이다. 그럼에도 그리스의 문명은 현대 독일인과 현대 라틴 민족들 또는 현대 슬라브 민족들과 기독교인들, 프로테스탄트 교도들, 심지어는 유대인들과 미국인들 등에게 일련의 정신적 도구들을 남겨주었다. 이런 정신적 도구들은 이성적인 사유에서 나온 철학적이고 과학적인 이해가 아니다. 이것들은 무의식적인 정신에서 형성된 신화적인 이미지들과 연관된 것으로 서구 문명을 형성시켜준 집단적인 의식이며, 우리는 이로부터 부성신화를 상속받게 되었다.

그리스는 한 번도 그 가치가 퇴색된 적이 없는 보편적인 모델들과 미학적인 기준들 그리고 이상적인 전형들을 창조해 내었다. 이런 이상적인 형태들은 거부가 가능한 로마법이나 교회법 같은 공식적 제도들의 형태로 우리에게 다가온 것이 아니라, 거부할 자유조차 허용하지 않는 일종의 영감으로 다가온 것들이다. 영감은 우리의 정신능력이 가진 상상력에서 가장 깊은 지층을 구성하고 있는 것이기 때문에 아주 개인적인 것이면서 동시에 집단적인 것이고, 그렇기 때문에 거부가 불가능하다.[89]

이렇게 상상적인 영감에 기초한 고대 그리스 문명은 엄격한 제도와 규율을 요구하는 기독교나 유대교 같은 종교를 가지고 있지 않았다. 그리스의 종교들은 제도를 통해 구체화되지도 않았고 절대적인 복종 규칙들이 있는 것도 아니었다. 그리스의 종교들은 신화들을 통해서 출현한 것이었으며, 신화가 부여한 가치들은 문화에 방향을 잡아주고 스스로 발전해 나가고 세계 전체를 구성해 나갔다. 그리스 신화가 수용되는 영역은 분명한 경계에 의해 종교나 정신적인 삶의 영역으로만 한정되지 않았고 모든 분야와 모든 삶에 해당되었다.

진보적 성향의 학자인 버날(Bernal)[90]은 최근에 그리스의 기원이 남부, 그중에서도 특히 이집트와 페니키아로부터 출현한 세력들의 영향을 강하게 받았을 것이라고 주장하였다. 하지만 가장 유력한 역사적 견해는 그리스 문명의 탄생이 헬레네인들의 도착과 동시에 일어난 것이라고 본다. 로마인들이 후에 그리스인들이라고 불렀던 헬레네인들은 인도유럽어족에 뿌리를 두고 있던 가부장제 사회의 전사들이었다. 이들이 그리스와 그 인접 지역에 정착하기 전까지 어떻게 지냈는지에 대해서는 알려진 바가 거의 없다. 그래서 그리스의 역사는 헬레네인들이 외세 침입자로 이 지역에 들어와 정착하게 되면서 시작되었다고 할 수 있다. 헬레네인들이 도착하기 전에 그 지역에 살고 있던 토착민들은 전멸되지 않고 이들에게 종속되었다. 토착민들의 사회는 남자와 여자의 역할이 상당히 균형을 취하고 있었지만ー짐부타스와 다른 대변자들은 토착민들의 사회가 본래 평등한 사회였다고 주장한다ー, 헬레네인들의 침입으로 인해 남자들이 주도권을 가지는 방향으로 변화를 겪게 된다.

　물론 그리스 신화들은 강력한 여신들과 비범한 여성들에게도 자리를 내주고 있다. 가령 아테나 여신과 아프로디테 그리고 데메테르 같은 여신들을 비롯해 안티고네와 메데아 같은 선하기도 하고 악하기도 한 여성 영웅들을 보여주고 있다. 또한 플라톤의 『향연Symposium』에 따르면 그리스 문명에는 소크라테스를 제자로 삼았던 위대한 여성 현자 디오티마도 등장한다. 하지만 이 여성들은 단지 '비길 데 없이 훌륭한 이미지들'일 뿐이지 그 이상은 아니었다. 그녀들은 모든 일반인들이 본받기를 갈망하는 모범적인 전형이라기보다는 단지 숭배의 대상들이었다. 그녀들은 남자들의 환상이 투사된 이미지일 뿐이었고 남자들의 칭찬을 받을 만한 여성다움으로 감싸인 이미지들이었다. 서구세계와의 연속성 덕분으로 그리스는 우리에게 이미지의 세계와 실제 사회를 구분 짓는 많은 문헌들을 남겨주었다. 실제 사회에서 여성들은 연배와 상관없이 자신이 낳은 아들들보다도 낮은 지위를 가지고 있었다. 게다가 아버지에게 바치는 그리스인들의 찬미와 비교해 볼 때, 여성들은 자신들이 발휘하는 모성적 역할에 대해 거의 아무런 찬사도 받지 못했다. 또한 그리스 신화에서 진정한 모성을 가진 여신이라고 여겨지는 신은 데메테르가 거의 유일하며, 비교적(秘敎的)인 제의와 관련돼서만 언급된다는 점에서 이 여신은 다른 여신들과도 동떨어진 것으로 취급되었다.

그리스 남자들은 자신들이 문명을 건설하기 이전에 남자들을 무참히 살육했다는 여전사들 집단인 아마존과 이들이 지닌 여성적 힘을 두려워했다. 남성적 공격성의 원형인 헤라클레스(Heracules)는 그리스 남자들에게 있어 그녀들을 물리칠 수 있는 유일한 남성상이었다.

지역에 따라 정도가 다르긴 하지만 대개 헬레네인들은 토착민들을 종속시켰고 또한 스스로 그들과 융화되기도 했다. 신들의 세계에서도 이와 비슷한 일이 일어났는데, 정복당한 민족들의 신들은 승리자가 데려온 신들의 빛나는 갑옷 아래서 살아가야 했다.

승리자의 신화를 살펴보면 그리스인들에게 있어 가장 강력한 권력을 가진 신들은 북쪽이 아니라 하늘에서, 아니면 적어도 하늘과 맞먹을 정도로 높은 올림포스 산에서 내려온 신들이었다. 이런 신들 중에서도 가장 마지막에 권력을 장악한 신들은 부계적인 신들이었다. 제우스는 신들의 아버지로 적어도 외적인 측면에서는 모든 신들의 왕이었다.

하지만 제우스가 신들이 탄생했던 먼 과거에서부터 왕의 지위를 차지하고 있었던 것은 아니었다. 그도 한때는 다른 신들과 동일한 지위만을 가지고 있었다. 도도나(Dodona)에 있는 그의 신전에서 제우스는 토착민들의 여신인 디오네(Diona)의 자식들 중 하나로 묘사되고 있다. 이전의 토착 세계는 그리스 신들과의 융합을 통해 이렇게 살아남은 것이다. 제우스는 때로는 협상을 통해서 또 때로는 무력으로 이전 신들을 지배하였다. 하지만 제우스의 가부장적 권위는 그 자신이 천상의 신들에게 반란을 일으켰던 것처럼 지상신들이 일으키는 아래로부터의 반란에 의해 계속적으로 위협을 받았다.

올림포스 신들은 승리자들과 귀족들을 보호해주는 종교적인 토대였으며, 이들은 사회의 가부장적인 질서를 유지시켜주는 역할을 했다. 반면 지상의 신들은 그리스인들 곁에서 숨죽이며 살아가는 토착민들에게 속해 있는 신들로, 부성이 지배권을 획득하기 이전의 사회적 유물이었고 기득권을 박탈당한 신들이었다. 하지만 지상신들의 비공식적이고 은밀한 본성은 동쪽에서 흘러들어온 영향들 덕분에 하위문화를 형성하면서 시간이 흐를수록 풍성해져 갔다.

지상신들 중 우리가 알고 있는 가장 유명한 신은 디오니소스(Dionysus)로, 학자들은 이 신의 발생연대를 그리스 신들 이후로 추정하고 있다. 어떤 연구들은 디오니소스의 이런 늦은 출현이 그가 동방에서 그리스로 들어왔기 때문이라고 본다. 반면 대부분의 연구들은 디오니소스가 훨씬 이전 시대부터 이미 숭배를 받아왔으며, 제우스 같은 승리자들의 신들과 타협을 이루게 되기 전까지 공식적으로 언급되지 못했기 때문이라고 추정하고 있다. 어찌됐든 디오니소스는 대표적인 민중종교의 신이었으며 신비적인 제의들과 연극을 주관하였다.[91] 이런 그의 신격은 올림포스를 지배하는 아버지 제우스에 대한 민중들의 비공식적인 대안이었을 것이다. 그래서 그런지 그의 남성성은 약간 모호한 점들이 있으며 때로는 양성성(bisexual)을 내보이기도 한다. 하지만 출생 기원을 볼 때 그는 위대한 어머니들의 이미지가 풍부한 크레테 섬에서 홀어머니와 자란 신성한 아이였다. 디오니소스가 헬레네인들의 인정을 받고 아버지와 어머니, 아들이라는 삼자관계를 갖추게 된 것은 기원전 2000년 이후로, 이를 통해 그는 진정한 디오-니소스(Dio-nysos), 즉 제우스(Dio)의 아들(nysos)이자 신성한 자식이 된다.[92]

신들의 구체적인 모습과 신화의 형태는 공식적으로는 헤시오도스와 호메로스에 의해 기원전 8세기경부터 수집되고 기술되었으며, 이런 점에서 이들은 최초의 고전 시인들이라고 여겨진다.

먼저 헤시오도스는 자기가 살고 있는 시대의 가치들을 충분히 감지하고 있었으며 새로운 질서의 편을 들었다. 즉 그는 일반적으로 여성에게 커다란 가치부여를 하지 않았지만, 그에 반해 사람들이 침묵하는 세계의 다른 이면들을 들여다보려 했다. 『일과 나날들Works and Days』은 헤시오도스가 가난한 사람들과 들판들, 그리고 일상의 노동을 열거하고 있는 작품이다. 『신통기Theogony』는 신들의 탄생 배경과 올림포스 신들의 승리를 기록하고 있지만, 이와 동시에 이 승리로 인해 치러야 하는 엄청난 대가와 살아남은 지상신들의 복수를 언급하고 있다.

반면 고귀한 출신의 호메로스는 천상의 신들과 귀족사회만을 대변했다. 그는 이름 없고 교양 없는 대중들이 원하는 것에 대해서 전혀 관심이 없었고, 올림포스 신들 이전에 존재했던 옛날 신들이 어떤 중요성을 가지고 있는지에 대해서도 전혀 알고자 하지 않았다. 게다가 헤시오

도스와 달리, 호메로스는 관대한 어머니들의 세계를 침묵 속에 수장시
켜 놓음으로써 가부장제를 신화 속에서 공고히 했다. 호메로스의 가부
장적인 목소리는 그리스 세계가 지금까지 알아왔던 것들 중에서 가장
단호하고 강력한 목소리로—실제 작가의 존재여부가 확실치 않다는
점에서 아이러니한 일이다—현대에 이르기까지 우리의 무의식 속에
흔적을 남겨놓았다.

8장
신들의 전쟁과 가부장제

그리스인들의 일반적 정서인 근본적인 염세주의는 모든 것이 한계가 있으며 영원하고 절대적인 것은 없다는 것이다. 그리스인들이 신들은 죽지 않는 운명을 지녔다고 생각한 것은 사실이지만 이 신들 역시 탄생배경을 가지고 있으며, 스스로의 정체성을 찾기 위해서 투쟁을 해야 하고 패배도 감수해야 한다고 생각했다. 또한 신들이 가진 능력도 한계가 있어서 다른 신들과 경쟁을 하게 되면 위험에 처할 수 있으며 인간들처럼 운명의 굴레에 종속되어 있다고 생각했다.

유대기독교적인 유일신교는 신이 언제나 항상 존재해 왔다고 생각했으며, 그렇기 때문에 창세기는 신들이 아닌 인간과 인간들의 거주지인 세상의 탄생을 출발점으로 삼고 있다. 그에 반해 헤시오도스의 『신통기』는 신들이 탄생하게 된 시점부터 시작하고 있다.

여기에 따르면 태초에는 카오스(Chaos)만이 있었다. 하지만 이것은 오늘날 우리가 언어적 의미로 이해하는 무질서가 아니라 열려 있음과 가능성을 의미했다(카오스의 어원인 kaino라는 동사는 어떤 것을 스스로 열어낸다는 의미가 있다). 카오스 다음으로는 가이아(Gaea), 즉 대지가 발생했는데, 가이아는 자신을 닮은 하늘 우라노스(Uranus)를 낳는다. 이때 중요한 점은 우라노스인 하늘이 가이아인 대지에서 스스로 떨어져 나온 일부분이지 부모자식 관계와 같은 전혀 새로운 산출이 아니라는 점이다. 대지와 하늘이 분리된 이후 대지는 여성성을 부여받게 되고 하계 신들의 거처가 된다. 또한 고대 지중해 연안 사람들에게 경배와 제의의 중심이 된다. 반면 하늘은 남성성을 부여받으면서 가부장제 문화를 옹호하는 올림포스 신들의 거처가 된다.

이런 분리 이후 가이아와 우라노스는 키클롭스(Cyclops)라고 불리는 종족을 낳는데, 이들은 하늘에 속한 힘들인 천둥과 번개를 만들어내는 능력을 지니게 된다.

하늘과 대지, 즉 남성과 여성은 서로 결합해 새로운 종족을 출산하지만 동시에 이들 사이에는 갈등이 자라나고 혼란도 발생한다. 태초의 부부인 이들은 키클롭스 종족 외에도 다른 자식들을 계속해서 출산한다. 하지만 아버지인 우라노스는 자식들을 미워했기 때문에 어머니의 뱃속으로 그들을 다시 집어넣어 버린다. 우라노스의 이런 행위는 부성과 관련한 원형적인 이야기들 중에서도 가장 원형적인 것이라고 할 수 있다. 왜냐하면 일부일처제와 가족을 형성하기 위해 앞장서온 남자들이 사실상 무의식의 저 밑바닥에서는 동물적인 본성을 아직도 간직하고 있다는 것을 알려주기 때문이다. 우라노스에게 자식들은 자신과 아무런 관련성도 없는 외부적인 존재들일 뿐이었으며, 그래서 자식들을 다시 어머니의 몸속으로 돌려보냈던 것이다.

하지만 어머니인 가이아의 경우, 남편의 이런 행위는 아주 고통스럽고 화가 나는 것이었다. 그래서 그녀는 낫을 만들어 자식들에게 건네주면서 아버지를 처벌하도록 요구한다. 대부분의 아들들은 아버지에 대한 두려움 때문에 거절하지만 크로노스(Cronus)만은 이 일을 거절하지 않는다. 그리고 아버지가 욕망을 채우기 위해 어머니 대지의 육체 위에 내려앉으려 할 때 기다리고 있던 크로노스는 낫을 가지고 아버지의 성기를 절단한다. 아버지의 상처에서 뿜어져 나온 핏방울들은 어머니의 품인 바다로 떨어져 다시 가이아를 임신시킨다. 분노와 정의의 여신인 에리니에스(Erinyes)가 태어난 것은 바로 이 사건을 통해서이다. 정의는 그리스 신화 속에서 이렇게 피와 복수 위에 기초하고 있다.

이쯤에서 우리는 가족이 형성되어 온 과정에 대한 일종의 알레고리를 발견할 수 있다. 동물적인 본능을 간직한 원시적인 남성은 자식들을 낳는 데 기여할 수는 있지만, 그 자식들을 양육하지 못하기 때문에 가족에게서 버림을 받게 된다. 이런 아버지는 자식을 낳는 것뿐만 아니라 양육하는 것까지 책임을 다하려는 여성에게는 적대적이기 때문에 진화의 과정에서 퇴출될 위기를 맞는다. 그리스 신화는 동물적인 아버지와 책임감 있는 아버지의 대결이 아니라, 아버지로부터 살아남기를 희망하는 아들들과의 대결을 보여줌으로써 이런 아버지들의 몰락을 간결하고도 직접적으로 보여주고 있다.

많은 문화권의 기원신화들이 빈번하게 보여주는 것처럼 하늘과 대지는 아들들의 반란 이후 원초적인 결합상태를 상실하고 급격하게 서로로부터 분리된다. 아버지들이 권위를 빼앗기지 않기 위해 아들들과 경쟁을 하고 아들들에게 자신의 권위를 강요하는 부정적인 부성의 성향은 제거하지 못한 채로 말이다.

크로노스는 이런 부정성을 보이는 전형적인 아버지이다. 그는 레아(Rhea)와 관계해 많은 자손을 낳는다. 하지만 언젠가는 아들들 중 한 명이 자신을 살해할 것이라는 가이아와 우라노스의 예언을 듣고는 태어나는 자식들을 모두 먹어치워 버린다. 제우스는 이런 크로노스에게서 태어난 아들로 예정된 예언을 완성할 운명을 타고 났다. 여기서 다시 한 번 사건의 진로를 결정하는 것은 태고의 여신 가이아이다.

아버지를 물리치고 천계를 다스리도록 운명 지워진 신성한 아이가 막 태어나려 할 때, 아버지 역시 입을 벌리고 아들을 기다리고 있었다. 크로노스의 잔혹한 행위를 더 이상 참을 수 없었던 하늘의 신들과 대지의 신들은 이제 막 태어날 제우스를 살리기 위해 가이아 여신에게 도움을 청한다. 위대한 최초의 어머니는 이들의 요청을 거절하지 않고 크로노스가 아기 제우스 대신에 강보에 싼 바위를 삼키게 한다. 그리고 어린 제우스를 보호하고 키우기 위해 크레테 섬의 광활한 공간에 숨겨둔다. 어린 제우스는 숲과 산들로 둘러싸여 있어 외부의 접근이 불가능한 이 섬의 동굴에 숨어서 성장한다. 이곳은 어머니 대지의 창자 속이면서, 최초의 대지의 여신들에게 바쳐진 곳이었다. 또한 위대한 여신들과 신성한 아이인 디오니소스가 성장한 소중한 섬이기도 하다. 지중해의 동쪽 중심부에 위치한 이곳은 그래서 아마도 모성과 관련한 제의들이 주로 행해졌을 것이며, 새로운 신을 키워내고 새로운 질서를 만들어내는 어머니의 자궁 같은 곳이었을 것이다. 이런 점에서 볼 때 천상의 아버지가 가진 절대적인 권위는 그 스스로 획득한 것이라기보다 어머니 대지의 요구에 의한 것임을 알 수 있다. 선사시대 문명을 살펴보면서 언급했던 것처럼 어머니와 아버지라는 두 종류의 권력은 동맹과 타협의 기반 위에 서로 연결되어 있다.

크레테 섬에서 훌륭하게 성장해가면서 제우스는 이제 정의를 분할하기 시작한다. 이런 분할은 정의가 더 이상 개인적인 복수나 자기만을 위한 변호로 머물지 않게 되는 최초의 사례가 된다. 정의의 분할은 또한 이전까지 정의와 분노의 원칙을 담당했던 구신(舊神)들인 에리니스들과도 일정부분 타협을 해야 하는 문제였다. 제우스는 정의를 우라노스에게 돌려주고 그 다음으로 형평성의 원칙을 확립한다. 여기서 형평성이 원시적인 수준에 불과하다는 것은 그다지 중요하지 않다. 새로운 왕은 모든 경우들에 대해서 의도라는 것을 규정하기 시작한다. 제우스를 통해서 무엇인가 새로운 것이 『신통기』의 첫 시작부분에 등장했던 분별없는 광포함으로부터 떨어져 나와 만들어지기 시작한 것이다. 이런 제우스의 시도는 나중에 계획을 세우고 이 계획을 착실하게 실행해 나가는 아버지들의 특징이 된다.

정의를 분할한 다음 제우스는 아버지의 형제들을 해방시켜준다. 이에 대한 보답으로 그들은 가이아가 대지 밑에 가두어 놓았던 천둥과 번개의 소유권을 그에게 건네준다. 이로 인해 모든 핵심 권력들이 제우스가 거주하는 천상을 향해 이동하게 되며, 이런 권력의 이동은 태초의 핵심 권력자였던 대지의 승인과 함께 일어난다.

그럼에도 아직까지 올림포스 신들의 권력 장악이 완전하게 완성된 것은 아니다. 올림포스 신들과 티탄족들 사이에 피할 수 없는 숙명의 전쟁이 일어나고, 올림포스 신들은 우라노스가 예전에 감금시켜 놓았던 백 개의 손을 가진 괴물들과의 동맹을 통해 승리를 얻어낸다. 어머니 가이아는 전쟁의 종언을 알리면서 모든 신들이 제우스를 최고의 권력자로 인정하게 될 것임을 예언한다.

귀족적인 호메로스보다 그 시대를 훨씬 더 현실적으로 묘사했던 헤시오도스는 하나의 주제 외에도 수많은 이야기들을 동시에 엮어 넣고 있다. 아버지와 어머니, 하늘과 대지, 신들과 인간들, 남성과 여성의 대립과 반목, 티탄족들의 혼란스러운 질서와 올림포스 신들의 신적인 질서 등등. 이런 복잡한 이야기들은 부성의 권위를 긍정하는 과정이 매우 느리고 불확실한 길을 밟아왔음을 밝혀주는 것들이다.

헤시오도스는 티탄족들 중 한 명인 프로메테우스에게 상당히 긴 분량을 할애하고 있다. 프로메테우스는 남성들에 대한 사랑 때문에 제우스의 눈을 속이고 불을 전해준 신으로 유명하다. 프로메테우스의 이런 행위로 인해 그때부터 지금까지 남성(man)을 가리키는 명칭은 인간(human)과 거의 동일한 것으로 쓰여 왔다. 흥미롭게도 헤시오도스에 따르면 불을 가지게 된 것에 대한 벌로 제우스는 인간들에게 여자를 선물했다고 한다. 제우스에게 있어 여성은 남성들에게 진정한 재앙이었으며, 헤시오도스는 여성을 꿀벌들 무리의 일벌들처럼 일할 줄만 알지 생산할 줄은 모르는 존재라고 표현했다. 헤시오도스는 아마도 일벌이 수컷이라는 사실을 몰랐던 것 같다. 어쨌든 제우스의 선물로 인해 여성과 결혼한 남성들은 인생 전체를 고통 받도록 운명 지워진다. 그리고 결혼하지 않은 남성도 마찬가지로 고통을 겪는데, 이는 그들이 여성을 얻을 수 없었기 때문이다. 여기서 우리는 고대 그리스의 가치관들을 얼핏 짐작할 수 있다. 그리스인들에게 인생의 덧없음을 보상해 주는 것은 자신의 대를 이을 후계자를 얻는 것이며, 여기서 후계자란 아버지에서 아들로 이어지는 아주 분명한 연장선상에 놓여 있는 것이다. 그리스에서 남성들은 아무리 뒤처진 능력을 지니고 있어도 제우스의 후손이 될 수 있는 자격을 갖추고 있는 데 반해, 여성과 관련된 언급들은 모두 비판적인 태도를 취하고 있다. 헤시오도스는 여성들이 하나의 씨족이나 종족을 구성할 수는 있지만 본성적으로 자손을 잇는 기부행위를 할 수는 없다고 주장한다. 위대한 어머니 여신인 가이아의 이미지와 실제 현실상의 어머니는 전혀 합치될 수 없는 거리를 두고 있는 것이다. 『일과 나날』에서 언급되고 있는 원형적인 여성상인 판도라(Pandora) 역시 그래서 헤시오도스에게는 무모하고 악의적인 호기심으로 가득 찬 탐욕의 상징이 되고 있다. 판도라의 이런 특징은 모성적인 것과 정 반대되는 것 또는 모성적인 것에 대한 전적인 부정이라고 할 수 있다.

헤시오도스는 이상적인 여성은 오직 신들의 영역에서만 발견할 수 있으며, 인간 여성에게는 그런 구원 가능성이 전혀 없다고 주장하는 것일까? 그렇다면 과연 누가 자식의 출산과 양육이라는 과제를 맡을 수 있는 것일까? 고대의 시인은 이런 미덕이 원초적인 어머니에게서만 발견되는 것이고 현실의 여성들에게서는 찾아질 수 없다고 주장한다. 우선 세상의 맨 처음에는 신성한 어머니만이 홀로 존재했다. 하지만 그녀는 자신과 동등한 자격을 가진 아버지를 스스로 창조해 낸다. 어머니에 의해 창조된 아버지는 스스로를 여성보다 높은 위치로 올려놓고, 종국에는 자신보다 이전에 태어난 구신들을 포함해 모든 여신들을 위계적으로 낮은 위치로 내려 보낸다. 신성한 아버지를 대표하는 것이 인간세계에서는 남성 종족들로, 이들은 여성 종족에 대해 당연히 우월한 위치를 점하게 된다. 헤시오도스가 들려주는 이 비틀린 시선의 이야기는 아버지가 모든 것의 출발점이며 주인인 반면, 어머니는 무가치한 존재라는 견해를 여러 에피소드들을 통해 우회적으로 증명하고 있다.

가령, 『신통기』에서 가이아는 모든 것을 이전의 카오스적인 상태로 되돌려 놓으려는, 즉 원초적인 지배 안에 가두려는 힘을 지니고 있어서, 우리에게는 따뜻하고 다정한 어머니가 아니라 두렵고 위험한 어머니로 다가온다. 게다가 그녀는 욕망을 참을 수 없어서 타르타로스(Tartarus)와 관계를 갖게 되는데, 여기에서 타르타로스는 죽은 자들이 머무는 지하세계의 상징으로 생명의 탄생과는 반대되는 신이다. 가이아와 타르타로스의 섬뜩한 사랑은 그리하여 티포에우스(Typhoeus)를 낳게 되는데, 티포에우스는 불을 뿜어내는 백 마리의 용들과 뱀들—굴복하지 않으려는 지하세계의 분명한 상징물이다—로 뒤덮여 있는 어깨를 가지고 있고, 수많은 짐승들의 울음소리 같은 목소리를 지닌 공포스러운 신이다. 이 티포에우스가 세상에 나와 자신이 가진 무시무시한 힘으로 인간들을 지배하려고 할 때, 사실상 지상은 동물적인 본성으로 다시 돌아가려는 찰나에 놓이게 된다. 하지만 이때 제우스가 등장해 천상의 번개를 이용해 그를 제압하고 쓰러뜨린다. 티포에우스는 지상에서의 패배를 고통스러워하다가 나중에는 지하세계로 감금된다. 그때 이후로 하계에서는 티포에우스가 뿜어내는 파멸의 상징인 폭풍우와 태풍이 지상으로 쏟아져 나오게 된다.

티포에우스와의 싸움에서 승리한 제우스는 현명함과 분별력이라는 이름을 가진 메티스(Metis)와 결합한다. 가이아와 우라노스는 이들의 결합을 통해 메티스가 제우스의 자리를 차지하게 될 운명을 가진 아이를 임신할 것이라고 예언한다. 예언을 들은 제우스는 메티스의 출산일이 다가오자 잔인하면서도 이중적인 교묘함을 발휘해 그녀를 집어 삼켜버린다. 여기서 이중적인 교묘함이란 첫 번째로 그녀의 아이가 발휘하게 될 위험성을 태어나기 전에 통째로 삼켜버림으로써 질식시켜 버린 것이고, 두 번째로는 분별의 여신을 자신 안에 간직함으로써 현명한 행동들에 대한 조언을 영원토록 구할 수 있게 되었다는 점이다. 제우스의 이런 야비한 행동 이후로 신화는 절대적인 부성의 권력을 획득하게 되었으며 동시에 원시적인 신들의 파괴적인 행동과는 구별되는 분별과 책임을 보여주게 된다. 게다가 이것으로 끝이 아니다. 메티스가 자궁 안에 품고 있던 신성한 딸은 위대한 전사(戰士)들의 상징인 지성과 지혜 그리고 권력을 관장하는 여신 아테나(Athena)가 되도록 운명 지워진다. 하지만 그녀는 여전히 아버지의 몸속에 사로잡혀 있기 때문에 제우스는 남자의 몸으로 그녀를 출산할 수밖에 없는 상태에 이르게 된다. 그리고 어느 날 제우스의 머리에서는 완전한 무장을 갖춘 아테나가 튀어나온다.

이 한 번의 사건을 통해 그리스 신화를 이끄는 새로운 왕은 자신의 탁월함을 확고히하고 동시에 난폭하고 원시적인 남자들에게 부족했던 정신적인 능력들을 내면화하게 된다. 더 나아가 어머니를 필요로 하지 않는 아버지의 출산이라는 신화를 만들어내면서 아버지만이 유일한 부모라는 단성부모의 관념을 창조해 낸다. 또한 자신을 변호해줄 무적의 동맹자를 얻기도 한다. 여신 아테나는 어머니가 없는 아버지만의 자식으로 부계혈통만을 이어받은 딸의 모든 전형적인 특징들을 보여준다. 일례로 그녀가 지닌 신성한 특징들은 모두 남자들과만 관계된 것들이고, 또한 전투에서 이긴 남자들에게만 여신으로서의 보호를 제공해준다. 아테나가 아킬레우스(Achilles)와 헥토르의 싸움에서 아킬레우스의 편을 들었을 때, 이미 제우스의 저울은 아킬레우스에게로 기울어 헥토르의 패배가 임박했을 때이다. 그리고 아테나가 오디세우스의 눈앞에 나타났을 때는 이미 아내의 구혼자들이 모두 무장해제되어 오디세우스의 화살에 맞아 죽기만을 기다리고 있을 때였다. 아테나의 남성적인 특징들은 그녀 스스로도 인정하고 있는데, 아버지의 복수가 중요한지 아니면 어머니를 용서하는 것이 중요한지를 판가름하는 재판에서 아테나는 다음과 같이 말한다. "내 심장은 … 전적으로 남자들 편입니다. 나는 오직 내 아버지에게만 속해 있으니까요."(아이스킬로스, 『자비로운 여신들Eumenides』). 또한 그녀는 아주 매력적이고 명민한 여성으로도 등장하는데, 『일리아스Iliad』와 『오디세이아Odyssey』에서는 주인공들을 후원하는 정신적인 연인으로 등장하기도 한다.

이런 점들 외에도 헤시오도스의 『신통기』는 여성성의 특징들을 제우스의 일부분으로 귀속시키는 과정들을 끊임없이 나열하고 있다. 제우스는 테미스(Temis)와 결혼해 계절의 여신들인 아우어스(Hours)와 선한 법의 여신인 에우노미아(Eunomia), 정의의 여신인 디케(Dike), 평화의 여신인 이레네(Irene)를 낳고, 그다음으로는 선한 면과 악한 면을 모두 지닌 운명의 여신 모이라(Moire)를 낳는다. 이들이 상징하고 있는 특징들은 지금까지도 여성들에게 부여되고 또한 요구되는 것들로, 아버지이자 절대자인 제우스에게 자식들인 딸들이 복종해야 할 특징들이 되고 있다. 그 후로 제우스는 들판의 과실들이 주는 온화함과 어머니의 상징인 여신 데메테르(Demeter)와 결혼을 한다. 그리고 또한 기억의 여신 므네모시네(Mnemosine)와 결합해 예술의 후원자들이 되는 뮤즈 여신들을 낳는다. 제우스라는 새로운 남성적 권력은 전쟁과 술책, 유혹과 출산의 행위들을 통해서 여성적인 신격에 속해 있던 모든 특징들과 인생을 관장하는 모든 중요한 특징들을 자신의 주도권 속으로 통합해 갔던 것이다. 신들의 전쟁에서 가부장제의 확립은 이렇게 얻어진 것이다.

9장
헥토르와 아킬레우스,
부성과 남성성의 대결

헥토르는 영웅서사시의 세계에 거주하는 수많은 인물들 중에서 유일하게 순수한 영웅이라고 할 수 있는 사람이다. 헥토르는 프리아모스의 아들이자 트로이의 왕으로 그리스인들이 저지른 무자비한 학살에 대항했던 마지막 도시의 수호자였다. 또한 헥토르는 애국자이자 동시에 아버지이기도 한데, 거의 비슷한 발음을 가진 patriot(애국자)와 pater(아버지)라는 단어는 곧 밝혀지겠지만 동일한 의미를 지닌다.

호메로스의 『일리아스』는 아킬레우스(Achilles)라는 인물과 그의 무훈들을 중심적으로 다루고 있는 서사시이다. 하지만 여기에서 그의 지배력은 한없이 이기적이고 분별력 없는 살인적인 분노라는 문제점을 가지고 있다. 그의 용감함과 강인함은 능가할 자가 없지만 반면 오만함으로 얼룩져 있기 때문이다. 그의 영웅적인 탁월함은 그래서 서사시의 후반부까지 치유되지 못하는 병, 즉 고통을 당하는 주술에 걸리게 된다.

또한 호메로스의 다른 작품인 『오디세이아』는 오디세우스(Ulysses)의 모험에 관한 서사시이다. 그러나 그의 모험들은 간교한 계략들로 가득 차 있으며, 모험의 목적도 자신만의 이익을 위해서이다. 영웅이라면 마땅히 대가를 바라지 말아야 하지만 그는 자신에게 되돌아올 보답을, 즉 자신이 바로 그것의 고안자라는 것을 은폐하고 있다. 여기에서 영웅은 실용주의 노선을 따르고 자유시장의 법칙들을 선구적으로 시도하고 있다. 그의 판단 기준은 절대적인 것에의 헌신이 아니라 이와는 다른 어떤 것에 놓여 있으며, 그는 근대적인 세계로 시선을 고정시키고 있다. 의식적이고 새로운 방법이긴 하지만 그럼에도 불구하고 그 역시 이기주의라는 병에 감염되었다고 말할 수 있다.

하지만 헥토르는 위의 영웅들과 전혀 다른 모습이다. 그 역시 유혹에 전혀 굴복하지 않은 것은 아니지만, 이 유혹은 아킬레우스를 사로잡았던 분노에 대한 유혹도 아니고, 오디세우스를 타락으로 몰고 간 새로움에 대한 유혹도 아니다. 그를 사로잡은 유혹은 여성적인 따스함과 분별력이었다. 그가 빠져들고 있는 여성적인 매력들은 수치스러운 것이 아니라 오히려 상황판단에 필요한 정신적인 것이었다. 그럼에도 불구하고 이 매력들은 그가 맡은 의무의 세계와는 반대로 달려가는 것이었다. 헥토르는 애정에서 우러나는 목소리들과 타협을 권하는 제안들을 경청했다. 그는 다른 사람들의 충고가 담고 있는 따뜻한 마음을 이해하고 있었으며 그것들의 타당성을 인정하고 있었다. 하지만 결국 헥토르는 이런 충고들을 거절하는데 이는 도덕적 선입견과는 전혀 관계없는 이유들 때문이었다.

『일리아스』에서 헥토르는 마법적인 힘들에 의해 좌우되기는 하지만 비이성적인 인물로 그려지지 않는다. 그의 말들은 단순하지만 우리에게 마음 깊이 다가오는 힘을 가지고 있다. 고대 영웅들의 특징이라고 할 수 있는 오만(hybris)을 그에게서는 찾을 수 없으며, 아킬레우스와 아가멤논의 영혼을 타락시켰고 장님이 되어 고통스러워하고 있는 키클롭스에게 악담을 퍼붓도록 오디세우스를 이끌던 변덕스러운 자만심도 그는 가지고 있지 않았다.

『오디세이아』의 줄거리는 방랑과 야영 생활, 음식과 가족들에 대한 이야기로 채워져 있는 데 반해, 『일리아스』의 줄거리는 전형적인 전쟁 서사시이다. 『일리아스』에서 병사들은 여섯 운율을 채 채우기도 전에 무너져버리고 말지만, 그럼에도 우리는 이 서사시 속에서 트로이 성벽 안에서 살아가는 시민들의 삶과 도시의 심장과 맥박을 발견할 수 있다. 그리고 여성들과 관계된 장소들을 헤매고 다니는 헥토르를 발견할 수 있다.

하지만 헥토르는 다시 남성적인 의무로 끊임없이 돌아가면서 이 여성들에게 '아니오'라고 말한다. 그는 자신의 공식적이고 군사적인 임무와 그녀들의 사적인 포옹을 조율할 생각을 버린다. 게다가 그의 '아니오'라는 거절은 오만에서 나온 것이 아니기 때문에 여성들의 이해를 얻어낸다는 특징을 가지고 있다. 이는 헥토르가 '아니오'를 남성으로서 말했기 때문이 아니라 아버지로서 말했기 때문이다. 그 역시 아들과 관계를 맺을 때 대부분 잘못된 길로 들어서곤 했지만 어쨌든 그는 한 명의 아버지였다.

가장 존경받는 예언자인 헬레노스(Helenus)는 헥토르에게 다음과 같은 충고를 한다. 그리스 군대의 엄청나게 막강한 전투력은 여신 아테나의 도움에 의한 것이니 트로이가 택할 수 있는 유일한 가능성은 트로이 여인들의 탄원뿐이라고. 적들에게 반격을 가하려던 헥토르는 예언자의 권고에 따라 막 군사를 이동하던 발길을 멈추고 도시로 달려간다. 그리고 여성들에게 달려가 그녀들이 가진 가장 아름다운 선물을 아테나의 제단에 바쳐 달라고 부탁한다. 이러한 그의 방향 전환은 단순한 신체적인 행동이 아니라 심리적인 전환이라고 할 수 있다. 심리적인 측면에서 헥토르는 남성적인 세계에서 여성적인 세계로 발길을 돌렸으며, 가정이라는 울타리 안으로 그리고 여성이 주관하는 신전으로 방향을 돌렸다. 중요한 점은 헥토르가 여성들과 대화하는 방법을 알고 있다는 것이다. 이 장면은 그래서 무기를 든 군인과 여성적인 힘이 균형을 이루는 거의 유일한 순간이라고 할 수 있다.

예언자의 권고를 따르기 위해 도시로 돌아가면서 헥토르는 맨 처음 한 무리의 트로이 여인들과 마주친다. 그녀들은 각자 남편과 아들, 아버지와 형제들을 전쟁터로 보낸 사람들이기 때문에 이들이 어떻게 지내는지 소식을 알고 싶어한다. 헥토르는 욕망에 앞서 의무를 먼저 행할 줄 아는 사람이기 때문에 꾸밈없이 다음과 같이 말한다. 사람들 각각의 생사에 대한 소식을 전할 시간이 지금은 없으며 숙명의 바람이 아직도 계속해서 바뀌고 있다고. 그러므로 지금은 트로이 전체의 운명과 관련된 신들에게 기도를 드리는 것이 중요하며, 이것이 그들 모두를 염려해 주는 것이라고.

다시 발걸음을 옮겨 궁전 쪽으로 가다 헥토르는 이번에 자신의 어머니 헤쿠바(Hecuba)를 만난다. 그가 어머니를 만난 곳은 여동생들의 방에서 가까운 궁전의 안마당으로, 여왕은 딸들 중 가장 아름다운 라오디케(Laodice)를 만나러 가는 중이었다. 헤쿠바는 아들을 보자 손을 잡고는 다음과 같이 말한다. "내 아들아, 어떻게 돌아왔느냐? 저 가증스러운 아카이아 군대가 저지른 끔찍한 고통이 가득한 전쟁터에서 돌아왔겠구나. … 여기 포도주를 받거라. 먼저 제우스신과 나머지 신들에게 헌주를 하고 그것을 마시려무나. 마시고 나면 편안해질 것이다. 포도주는 지친 사람에게 기력을 북돋아 주지 않느냐. 너도 집안사람들을 위해 쉴 새 없이 싸우느라 정말 많이 지쳤을 것이다."

어머니의 권고에 헥토르는 다음과 같이 말한다. "저에게 포도주를 권하지 마세요, 어머니. 술을 마시면 힘도 잃고 용기도 망각하게 됩니다. 그리고 먼지와 피로 더럽혀진 부정한 손으로 제우스신께 기도하고 싶지 않습니다. … 그보다는 어머니, 당신이 가진 옷들 중 가장 화려한 것을 들고 트로이 여인들과 아테나 신전에 가서 선물로 바쳐 주십시오." 헤쿠바는 아들의 충고를 따라 여인들을 모아서 여신의 제단으로 간다. 거기서 그들은 여신에게 각자가 가진 가장 아름다운 제물들을 헌납한다. 하지만 아테나는 그들의 탄원을 거절한다.

이 장면에서 우리는 여성들로 대변되는 위험이 두 가지 측면에서 생기는 것을 살펴볼 수 있다. 첫 번째는 여왕인 어머니로부터이다. 그녀가 가진 애정과 어머니로서의 권위는 헥토르가 가장 두려워하는 것, 즉 전쟁터로부터의 도피와 이기심으로의 추락, 그리고 의지의 포기와 포도주의 탐닉이라는 행동 쪽으로 아들을 유혹하고 있다. 두 번째는 여신 아테나이다. 모성적인 면이 전혀 없는 이지적인 아테나 여신은 갑옷으로 무장을 한 채 헤쿠바와 여인들의 탄원에 전혀 감동받지 않는다. 그녀의 이런 차가움은 헤쿠바가 지닌 어머니의 지나친 온정과 대비를 이루면서 극과 극을 보여준다. 한편 헥토르는 계속해서 자신의 길을 간다.

다음 장면으로 우리는 헥토르가 요새의 정상에 위치한 집, 모든 싸움의 근원이 된 바로 그 사람의 거처에 있는 것을 보게 된다. 이 집은 동생 파리스(Paris)의 집으로 파리스는 헬레네(Helen)를 유괴해 그리스인들의 원한을 사고 트로이 전쟁을 촉발시킨 사람이다. 파리스에게서 우리는 또 다른 모호한 여성적 목소리를 마주하게 된다. 앞서 이 모호한 목소리는 갑옷을 두른 여신에게서 나왔지만 지금은 여성적 내면을 가진 전사에게서 나오고 있다. 또한 우리는 헤쿠바가 보여준 다정한 모성과 대조되는 매혹적인 요부를 여기서 만날 수 있다. 우선 파리스는 전쟁터에서 멀리 떨어진 요새 한가운데서 갑옷을 손질하고 있었다. 그는 전사의 용맹함보다 잘생긴 외모에 더 신경을 쓰고 있는 것이다. 헥토르는 동생의 이런 행동을 보고 비난을 퍼붓는다. 게으르게 멋만 부리지 말고 당장 전쟁터로 뛰어가 자신이 저지른 행동에 대한 책임을 져야 한다고 말이다. 이에 대해 파리스는 자신이 저지른 행위로 인해 벌어진 고통 때문에 잠시 쉬고 있었을 뿐이라고 답한다.

이때 지상에서 가장 아름다운 여인이 헥토르에게 꿀처럼 달콤한 말을 건넨다. "사랑하는 시아주버님, 저를 증오스러운 암캐라고 생각하시겠지요. 저 역시 태어나던 날에 바로 폭풍우에 휩쓸려 가거나 파도에 던져져 죽었더라면 하고 바라는 걸요. … 하지만 신들께서 제게 다른 운명을 주었던 것처럼, 저 역시 이 사람보다 강한 남자의 신부가 되기를 원했답니다. … 아무튼 자, 가까이 와서 제 옆에 앉으세요. 저와 파리스로 인해 마음의 고초가 참 크시지요? 이런 고통도 언젠가 가라앉을 날이 있을 거라 생각한다면 그나마 위로가 되지 않을까요?"

헬레네의 유혹에 헥토르는 이렇게 대답한다. "진정으로 나를 존중한다면, 헬레네여, 나에게 앉으라고 권하지 마시오. 내 마음은 트로이군이 기다리는 전쟁터로 돌아가기를 원한다오. 그러니 당신은 나를 설득할 수 없을 것이요. 그보다 내 동생이 서둘러 전쟁터로 나가도록 설득해주시오. 나는 이제 아내와 아들에게 인사를 하러 집으로 가야 하오. 다시 돌아오게 될지 아니면 아카이아 군의 창칼 밑에 쓰러져 다시는 돌아오지 못할지 지금은 알 수 없기 때문이오."

이 말을 마치고 헥토르는 집으로 향한다. 집에 도착해 부인 안드로마케(Andromache)를 찾아보지만 집은 텅 비어 있다. 시녀에게 물어보니 부인은 다른 여자들과 함께 나간 것도 아니고 아테나 신전에 기도를 드리러 간 것도 아니다. 그녀는 시녀와 어린 아스티아낙스(Astyanax)를 데리고 전쟁터가 훤히 보이는 성벽의 망루로, 승승장구하는 그리스군에게 혹시 남편이 다친 것은 아닌가 걱정되어 미친 사람처럼 눈물을 흘리면서 달려나간 것이다. 여기서 헥토르는 진로를 바꿔 다시 도시 성벽쪽으로 나간다. 도시의 한가운데서 전쟁터를 향해 그는 숨 고를 새도 없이 급하게 뛰어간다. 그리고 성벽 마루에서 아내와 아들을 발견하고는 조용한 미소를 짓는다.

남편을 만난 안드로마케는 그의 손을 붙들면서 눈물을 흘리며 다음과 같이 말한다. "불쌍한 사람, 당신의 용맹함이 언젠가는 당신을 죽음으로 몰아넣을 거예요. 당신은 강보에 쌓인 이 아이나 이제 곧 과부가 될 저에 대해서 너무 무심하세요. 아카이아 군이 이제 일제히 당신을 공격할 텐데…. 당신이 없다면 저 역시 죽는 편이 낳아요. 당신이 죽는다면 제게는 더 이상의 행복도 없고 오직 고통만이 남겨질 거예요. 저는 아버지도 없고 어머니도 없잖아요. 아버지와 오라버니는 모두 … 아킬레우스에게 살해됐고, 어머니는 … 아르테미스(Artemis)에게 살해됐어요. 헥토르, 당신만이 이제 제게 남은 유일한 남편이고 아버지이고 어머니이고 오라버니예요. 제발 이 아이를 고아로 만들지 말고 또 저를 과부로 만들지 마세요." 그러고 나서 그녀는 마지막 말을 풀어놓는데, 이 말은 남성적인 음성을 빌려온 것으로 신중함과 비겁함은 다른 것이고 신중함은 게다가 최고의 군사 전략이라는 내용이다. "우리와 함께 이 망루에 머물러 주세요. 병사들은 저 야생 무화과나무 곁에 모아 놓으시고요. 거기는 성벽이 가장 약한 곳이니 무모하게 들판으로 내려갈 필요 없이 병사들을 지킬 수 있어요."

그러나 우리의 신중한 영웅은 부인의 충고와 책략을 따르지 않는다. 그는 오직 명예로운 방식으로만, 다시 말해 정정당당하게 정면에서 적들과 대결하기를 원한다. 세상의 어떤 설명도 전쟁에서 끝까지 살아남기를 바라는 부인과 아들에게 결국은 비극적인 운명을 선사하게 될 그의 이런 태도를 해명해줄 수는 없을 것이다. 하지만 그럼에도 헥토르는 여성적 목소리에 귀를 기울임으로써 마음속에 우러나는 고통을 피하지는 못한다. 헥토르가 듣고 있는 여성적 목소리는 헬레네나 어머니의 말 속에 깔려 있는 권력욕도 아니고 은밀하게 비겁함을 유혹하는 목소리도 아니다. 헥토르는 이 목소리들이 사실은 모두 자신의 가족들이기 때문에 그 안에 진실과 우울함이 들어 있는 것을 알게 된다. 그리고 여성적 목소리를 이해함으로써 헥토르는 여성들과의 갈등을 해소하고 그녀들과 자신이 공유하고 있는 어떤 감정을 느낀다.

헥토르는 부인에게 이렇게 말한다. "나도 알고 있소. 나도 이 모든 것을 알고 있단 말이오. 하지만 내가 전쟁터로 가지 않는다면 트로이 여인들과 남자들 앞에서 나는 언제나 수치심을 느끼게 될 것이오. 나는 항상 강해야 한다고 배워왔소. … 마음 저 깊은 곳에서는 나도 트로이가 패망할 것이고 아버지 프리아모스와 우리 민족도 사라져 버릴 것이라는 걸 알고 있소. 하지만 나는 그들의 고통도, 나의 아버지나 어머니, 형제들의 고통도 그다지 마음에 걸리지 않는다오. 다만 당신이, … 아카이아 군에게 억지로 끌려가면서 울부짖을 것이 마음에 걸릴 뿐이오. 그때 이미 나는 당신에게 어떤 손도 쓰지 못하고 대지의 품속에 누워 있을 테니 말이오."

이렇게 말하면서 헥토르는 아들에게 팔을 내민다. 하지만 아이는 울음을 터뜨리면서 유모의 가슴에 달라붙어서 아버지를 거부한다. 아버지의 갑옷과 말총을 멋지게 세운 투구에 아이가 놀랐기 때문이다.

이 순간 헥토르가 보여주는 아버지의 모습은 일방적이다. 아들 이삭을 향해 칼을 쳐들었던 아브라함처럼, 헥토르의 시선도 높은 곳만을 향해 존경심을 보내고 있을 뿐 지상에 있는 것들에 대해서는 거의 눈길을 건네지 않는다. 천상의 아버지에 대한 존경심은 그에게 당연한 것이지만 그러나 아버지로서의 역할과 관련해 볼 때는 어색함이 묻어 있기 때문이다. 전쟁터에서 돌아왔을 때 헥토르는 살육의 피와 먼지로 더럽혀져 있는 자신에게 포도주를 권하는 어머니의 권고를 거절함으로써 신들의 아버지인 제우스에 대한 그의 존경심을 증명했다. 하지만 천상의 아버지에 대한 감정을 이렇게 깨닫고 있음에도 지상의 아들에 대해서는 아직 어떤 것이 올바른 행동인지 깨닫지 못하고 있다. 자신이 먼지와 피로 뒤범벅되어 있다는 것은 알지만 자신을 감싸고 있는 보호용 갑옷은 잊어버림으로써 아버지의 이미지를 찾지 못한 것이다. 이 순간 그의 갑옷은 자신을 보호해 주는 것이 아니라 아들에게 다가가지 못하게 만드는 방해물이 되고 있다.

부성이 어떤 것인지 알고 있다고 해서 진정한 아버지가 될 수 있는 것은 아니다. 지식에 앞서 아버지는 자신의 아들에 대해 알고 있어야 하고, 아버지와 아들의 관계를 올바르게 인식하고 있어야 한다. 자만심과 거리가 먼 이 아버지는 뜻밖에도 아이에게 다가가는 방법을 모르고 있다. 이는 그가 자기 내면에 자리 잡고 있는 자식과 교감하지 못하고 있음을 말해준다. 그는 성장한 어른들과 전사들에게 너무 친숙해진 나머지 어린 자식에게는 낯선 사람이 되어버린 것이다.

이런 자신을 깨닫게 된 헥토르는 그래서 다음 순간 부인과 미소를 교환한다. 그리고 투구를 벗어 내려놓은 다음 아들을 껴안는다. 이 작은 사건에 대한 깨달음을 통해 헥토르는 미래에 대한 암울함에 자신을 가두어 놓는 것의 위험성을 깨닫는다. 그리고 아들의 미래를 축복하기 위해 무기들을 내려놓고 하늘로 아들을 높이 치켜든다. 헥토르의 이 행동은 앞으로 긴 시간 동안 부성의 전형적인 행동의 원형이 될 아버지의 몸짓이다.[93]

헥토르는 자신의 가족만을 위하는 이기적인 서사시의 법칙들에 도전하면서 다음과 같은 기도를 올린다. "제우스와 여러 신들이여, 이 아이를 저처럼 강하게 만들어주소서. 그리고 당신들 중 한 명이 어느 날 전쟁터로부터 돌아온 이 아이를 보고 '그는 제 아비보다 훨씬 강하구나'라고 말할 수 있도록 키워 주소서."

헥토르의 이 기도는 가히 혁명적이라고 할 수 있다. 헥토르는 어린 아이를 아들로 변화시키고 또한 이 아들을 신화적인 과거에 의해 전승된 어떤 것들보다 나은 미래의 희망으로 데려가려 함으로써 신화가 주장하는 불변하는 전능함에 맞서고 있다. 신화의 세계에서 모든 권력과 능력은 아버지에게 주어져 있으며 모범이 되는 아버지에게서 멀어 질수록, 즉 세대를 거쳐 후손으로 내려갈수록 그 힘은 점점 약해진다. (가령, 헥토르와 한판 싸움을 벌이고자 하는 아킬레우스는 이렇게 말한다. "두 명의 강자가 한 시대에서 모두 칭송 받을 수는 없다.") 하지만 헥토르는 아킬레우스의 이런 태도와 달리 아들이 자신보다 더 강한 사람이 되기를 기원한다. 헥토르의 이런 부성의 관대함은 아무 곳에서나 쉽게 만날 수 있는 것이 아니다. 요사이 가장 자주 접하는 이론들은 아버지와 아들의 관계를 시기와 살인적인 질투의 관계로만 파악하는 것들이다. 또한 현대 이론가들(리쾨르)은 이런 부자 관계의 갈등이 현대인들에게서만 발견되는 것이 아니라 그 기원을 그리스 신화에서 찾을 수 있다고 주장한다. 가령, 프로이트는 아버지와 아들의 권력에 대한 경쟁이 그리스 신화 속의 오이디푸스 왕으로 거슬러 올라간다고 주장한다. 게다가 학자들의 주장을 한쪽으로 밀어놓는다 하더라도 아버지와 아들 세대 간의 불신과 갈등은 이제 거의 일상적인 것이 되어가고 있다. 현대의 아버지는 이제 갑옷이나 무기로 무장하지 않고는 자식들에게 자신을 내보이지 않는 것이다.

이제 방향을 조금 돌려 헥토르의 아들인 아스티아낙스의 역할을 살펴보도록 하자. 헥토르와 아내 안드로마케에게 있어 아스티아낙스의 기여도는 당시 그리스인들도 거의 생각하지 못했던 것이다. 이 아들은 아버지에게 미래에 대한 희망을 선사했으며, 아버지와 어머니가 서로 공감대를 형성하도록 이끌어주었다. 서로 의견이 달랐던 두 사람이 아직 말문을 트지 못한 자식으로 인해 화해하고 있는 것이다.

　신화적인 영웅으로서 헥토르의 위상은 거의 대부분 호메로스의 시에서 유래한다.[94] 서사시에는 다른 영웅들과 달리 헥토르의 외모에 대한 장황한 묘사가 등장하지 않는다. 때문에 그는 자만심이나 오만으로부터 완전히 자유로운 예외적인 영웅이라고 할 수 있다. 게다가 헥토르는 전사이면서 동시에 한 가정의 아버지로 묘사된다. 물론 다른 많은 영웅들도 자식들을 두고 있다. 하지만 이들은 아버지로서의 역할보다는 전사로서의 역할에만 몰두한다. 이런 점에서 볼 때 헥토르가 보여주는 아버지로서의 관대함은 그 시대에서는 비정상적이고 예외적인 사건이라고 할 수 있다. 하지만 우리가 다른 영웅들보다 그에게 더 친근감을 느끼는 이유는 바로 이것 때문이라고 할 수 있다.

　또한 헥토르는 아내의 제안처럼 도시의 성벽을 방패 삼아 적과 대적할 수 있었음에도 성벽 밖의 전쟁터로 내려간다. 그는 성벽 안쪽에 숨는 것이 도덕적인 패배라고 생각하기 때문에 물리적인 이점에는 전혀 관심을 두지 않는다. 그리고 다른 군사들에게 모범이 되기 위해 트로이군의 맨 앞줄에 선다. 아버지로서의 그의 이런 태도는 명령보다는 교육을 중요시하는 그의 생각을 간접적으로 드러낸다. 헥토르는 칼을 명예가 아닌 의무의 도구로 보고 있는 것이다. 그가 자만심을 품었던 것은 위기의 상황에서 파트로클로스(Patroclus)를 패배시켰을 때로 죽음을 맞기 바로 전이었다. 어쨌든 여기서 우리는 운명의 마차가 우연에 의해서 굴러가는 것이 아니라 의미를 통해서 움직인다고 여기기 때문에 헥토르의 운명이 지닌 필연성을 살펴보아야 한다. 헥토르가 아킬레우스에게 패배해 죽음을 맞이했다면 여기에는 적어도 어떤 이유들이 있었을 것이다. 즉 인간적이고 불완전한 영웅이 자만심으로 인해 벌을 받는 것 같은 이유들을 추측할 수 있을 것이다. 하지만 정말 우리는 헥토르에게서 자만심에 차 있는 인간을 목격하게 되는가? 아니면 운명의 마차가 전력으로 달려와 죽음이 이제 곧 닥칠거라는 예감 때문에 절망하고 주저앉는 인간을 목격하게 되는가?

아니다. 오히려 헥토르는 수많은 영웅들 중에서 유일하게 자기 행동의 분명한 동기와 이유를 알고 있었다. 다만 유일한 이유가 있다면 적들의 습격으로부터 가족과 도시─그 시대에 도시는 확대된 가족으로 여겨졌다─를 지키기 위해 싸우려고 했다는 점에서 시대착오적이었다 (헥토르뿐만 아니라 아버지, 어머니, 부인과 시인으로부터 우리는 이런 관점을 발견할 수 있다). 헥토르는 심리적인 측면 못지 않게 시민적인 측면에서도 부성의 위상을 간직한 유일한 사람이었다. 그는 한 가족의 아버지이면서 조국의 아버지라는 두 가지의 역할을 모두 수행하고자 했다. 그는 자식을 위해서라면 자신의 목숨을 내주는 것으로도 충분하지 않다는 것을 알고 있었다. 자식을 지키기 위해서라면, 그리고 그리스인들의 만행으로부터 시민들을 멀리 달아나게 하기 위해서라면 그는 날마다 자신을 죽음 앞에 내놓을 수 있었다. 하지만 이런 그의 희생과 달리 그리스인들은 헥토르의 어린 아들을 절벽에 내동댕이쳐 처참한 죽음을 선사한다. 주목할 것은 트로이 사람들이 헥토르와 그가 지켜내고자 하는 미래 세대 사이의 끈끈한 유대를 알고서 아들의 이름을 아스티아낙스라고, 즉 '도시의 수호자'라고 불렀다는 것이다. 트로이를 보호하는 방어벽은 헥토르 혼자만이 아니라 아버지를 지켜보던 아들도 참여하고 있었던 것이다.

현대인들에게는 헥토르의 이런 행동과 동기가 지극히 당연한 것으로 여겨질 것이다. 하지만 비참한 헥토르와 아들의 운명처럼 그리스 시대에 있어 이들의 부자 관계는 시대착오적이거나 지나치게 시대를 앞서 간 것이다. 왜냐하면 고대 그리스인들은 아버지와 자식의 관계를 의무의 관점이 아니라 권리의 관점으로 생각했기 때문이다. 그리스 시대는 가족을 위해서가 아니라 개인의 명예와 부귀를 위해서 전쟁을 치렀던 시대이다. 그런데 이때 자식을 위해 전쟁터로 나가는 한 감상적인 아버지가 출현한 것이다.

헥토르와 다른 영웅들의 차이점은 오디세우스와 아킬레우스를 비교해 보면 더욱 분명해진다. 오디세우스와 아킬레우스는 평소 억눌렸던 감정들이 터져 나오면 아무 때나 흥분을 하면서 눈물을 흘린다.

그에 반해 유일하게 헥토르는 자신을 추스르고 감정을 다스릴 수 있는 자제력을 지니고 있다. 불리한 전쟁에 맞설 수 있는 용기뿐만 아니라 감정과 회환에도 맞설 수 있는 용기도 지니고 있는 것이다. 또한 다른 전사들과 달리 헥토르는 분노를 드러내지 않는다. 어쩌면 분노가 미래에 대한 암울함을 잠시라도 위로해줄 수 있겠지만 그는 이 감정을 차분하게 거부한다.

헥토르가 지니고 있는 이런 모든 특징들은 우리에게 심리학적인 측면에서 특히 중요하다. 우리가 헥토르의 이야기에서 그토록 친밀함을 느끼는 것은 그가 지닌 아버지로서의 특징과 그의 죽음에서 야기되는 아버지의 부재이다. 헥토르는 책임감 있는 아버지의 고대적인 전형을 나타내지만 아버지라는 존재가 가지고 있는 본질적인 불안정성 또한 보여준다. 그의 죽음은 부성이라는 제도가 지닌 허점을 우리에게 예언해주며 진정한 아버지가 폭력적인 남성성 속에서 죽음을 맞이하는 사건을 드러내 준다.

당시 헥토르의 가족은 아마도 호메로스가 기술하는 것보다 훨씬 더 큰 명성을 얻고 있었을 것이다. 영웅적인 분위기로 고조되고 있는 서사시의 전체 맥락에서 볼 때 이 가족의 모습은 『일리아스』에서 거의 예외적인 장면이라고 할 만한 것이다. 마치 엉뚱한 시대에 엉뚱한 나라에서 유대기독교적인 에피소드를 접하게 되는 것처럼 이 가족의 이야기는 전체 내용과 이질적이다. 또한 어떤 점에서 헥토르의 가족은 육체적으로 현존하는 실제 아버지를 가진 성(聖)가족을 우리에게 제시해준다. 이들은 당시에는 물론이고 적어도 이후 천 년 동안은 전혀 생각할 수 없었던 부모자식으로 이루어진 단란한 핵가족을 예고해준다. 하지만 동시에 이 가족은 부모의 역할 분리가 드러내는 문제점 또한 간직하고 있다.

한 가족 안에서 아버지의 일반적인 역할은 집안일을 부인에게 맡긴 채 외부의 세상과 대면하는 것, 즉 헥토르에게 있어서는 전쟁터로 나가는 것이다. 아버지들은 공격용 무기를 만들고 공격 기술을 연마하며 적들에 대해 방어막을 구축한다. 그리스 시대뿐만 아니라 모든 시대는 아버지들에게 이런 전사의 기술들을 주입시켜 왔다. 공격은 전투할 준비가 되었다는 것뿐만 아니라 확고한 결단능력을 필요로 한다. 그리고 방어는 적들을 막아내는 것뿐만 아니라 자신을 외부로부터 차단시키는 것을 필요로 한다. 하지만 아버지들의 이런 공격과 방어 기술은 외부의 적들에 대해서만이 아니라 내부의 가족들에 대해서도 실행되는데, 이는 그가 가정 안에서 어떻게 가족들과 관계를 맺어야 하는지를 전혀 알지 못하기 때문이다.

우리는 부성이 인간으로 진화하는 장대한 세월의 과정 속에서 아주 최근에 형성된 연약한 결과물임을 살펴보았다. 남성의 공격성은 본능적으로 주어진 것도 아니고 불변하는 특징도 아니며 인간과 가까운 동물들에게서 발견되는 것도 아니다. 동물 수컷들은 교미의 기회를 얻기 위해 서로 경쟁하지만 이 경쟁은 의례적인 것이어서 서로에게 손상을 주는 수준이 아주 제한적이다. 그리고 육식 동물들에게 있어 사냥감을 쓰러뜨리고 죽이는 일은 암컷과 수컷이 평등한 역할을 맡고 있다. 그러므로 사냥과 전쟁에 대한 남성의 독점은 자연으로부터 유래된 것이 아니라 인간적인 고안물이라 할 수 있다. 그리고 아버지들의 공격에 대한 특권은 보다 큰 차원에서는 문화적이라 할 수 있다.

역사와 문화가 낳은 아들인 아버지들은 어느 날 여성과 자식의 생계를 책임지기로 하면서 최초의 계약을 맺었다. 하지만 아버지들은 이를 수행하기 위한 본능적인 기초가 결핍되어 있었고, 그래서 스스로의 학습을 통해 이를 수행해야 했다. 이 과정에서 아버지들에게 닥친 최고의 위협은 외부세계에서 다가온 것이기도 했지만, 가장 크게는 아버지들 각자의 내면에 들어 있는 동물적 욕망에서 나온 것이기도 했다.

무책임한 개인주의로 다시 후퇴할 수 있는 위험성을 차단하기 위해 고대인들은 아버지의 위상을 거의 신들의 반열에까지 올려놓았다. 그리고 부성에 대해 엄청난 명예를 수여하면서 그 이면에 숨겨진 부성의 불안정성을 권위와 공격성으로 은폐시켰다. 아버지들이 전쟁과 싸움에 대한 독점권을 획득하게 된 것은 이런 과정을 통해서였다. 문명의 여명기에 형성된 이런 장치들은 자연으로 후퇴하는 것, 즉 무의미로 회귀하는 것에 대한 아버지들의 공포를 드러내 준다. 어머니는 문명이 수여해준 모성의 권위를 잃더라도 계속해서 어머니로 존재할 수 있다. 하지만 아버지는 권위를 잃게 되면 자신의 존재가 품고 있는 확실성 자체까지 상실하고 만다.

이런 점에서 아버지의 특징이 무기와 한 벌의 갑옷으로 요약될 수 있다는 점은 주목할 만하다. 무기나 갑옷은 뿔이나 발톱이나 어금니와 달리 자연의 산물이 아니다. 무기나 갑옷은 시간이 흐르면 자연스럽게 형성되는 것이 아니라 아버지가 되기 위해 스스로 준비해야 하는 것이다. 또한 영원히 몸에 붙어 있는 것이 아니기 때문에 어떤 순간에는 벗을 수 있지만 어떤 순간에는 다시 입어야 하는 것이다. 또한 잠이나 휴식, 사랑을 위한 순간에는 참을 수 없을 만큼 고통스럽고 인위적인 것이다.

아버지가 입고 있는 갑옷은 부권제도에 대한 복합적인 은유라고 할 수 있다. 오늘날 아버지들의 권위는 진흙 발을 가진 거대한 신상처럼 겉은 화려하지만 그 토대는 금방이라도 허물어질 것처럼 허약한 모습을 가지고 있다.[95] 권위적인 아버지조차도 무의식의 어두운 모퉁이에서는 자신이 아주 나약하다는 진실을 느끼고 있다. 그리고 이 나약함을 감추기 위해 모든 아버지들은 자신을 더욱 무섭고 강한 무기들로 치장하려 한다. 아버지가 세워놓은 방어막은 단순히 외부세계에 대해서뿐만이 아니라 가족들과 자기 자신에 대한 방어막이다. 그는 자신의 권위를 위협하는 아들과 딸들, 늘 자신과 경쟁을 벌이는 부인으로부터 자신을 방어한다. 그리고 자신의 인격이 지닌 부족함을 내비치지 않기 위해 자신으로부터 자신을 방어한다. 이런 자기감시는 그래서 진정한 자기 인식에서 그를 점점 멀어지게 한다. 권위를 유지하고 감상적이 되지 않기 위해 인격을 억압하는 아버지의 시도는 점점 더 극단적으로 나아간다. 이제 아버지는 자신을 포함한 모든 관계에서 누구도 침투할 수 없는 갑옷을 필요로 한다. 역사의 흐름 속에서 문명화 과정은 소위 내면적인 갑옷이라고 부를 수 있는 것으로 이렇게 아버지들이 자신을 무장하도록 이끌어 왔다.

아버지와 자식의 관계는 의지가 포함된 행동이라는 것을 함축한다. 선택한 역할에 맞추어 책임감을 다하는 아버지의 행동은 '본능적'인 것이 아니다. 하지만 자식의 입장에서는 아버지의 모습이 원래부터 그랬던 것이 아니라 문명화 과정에서 형성된 것이라는 사실을 받아들이기가 쉽지 않다. 어머니와의 관계는 잉태의 순간부터 공생관계로 엮여 있지만 아버지와의 관계는 사회적으로 구조화된 소통방법 외에는 관계를 형성할 수 있는 방법이 없다. 자식에게 책임을 다하려는 아버지의 과도한 의지가 소통의 직접적인 장애물이 되기도 한다. 따라서 아버지와 자식은 서로를 평가하기 전에 먼저 서로를 이해해야 한다. 헥토르가 깨달았던 사실, 즉 아들을 껴안기 전에 먼저 투구를 벗어야 한다는 것이 바로 그것이다.

헥토르는 예수보다 몇백 년 앞서 이미 죽음의 시간을 홀로 대면했다. 정당한 결투 규칙에 따라 죽은 친구인 파트로클로스의 복수를 위해 아킬레우스가 전쟁터로 돌아왔기 때문이다. 하지만 아킬레우스의 참전은 헥토르와 달리 가족을 지키기 위해서가 아니라 개인적인 복수와 명예를 위해서이다. 위대한 영웅의 맹렬한 돌진에 혼비백산한 트로이 군사들은 후퇴를 거듭하다 성문 안으로 도망친다. 그리고 이제 성벽 밖에 남은 것은 숨기를 거부했던 헥토르뿐이다. 헥토르가 홀로 들판에 남은 이유는 그가 트로이 군사들에게 죄책감을 느꼈기 때문이다. 그는 병사들에게 아킬레우스가 다시는 전쟁터로 돌아오지 않을 것이라고 장담했고, 병사들은 이런 그의 말을 믿고 전투에 나섰다. 이뿐만 아니라 헥토르는 아킬레우스가 찾는 사람이 바로 자신이라는 것을 알고 있었다. 그래서 그는 아킬레우스의 도전을 받아들이는 것이 자신의 의무라고 생각했다.

헥토르의 부모들은 성벽 위에 서서 아들에게 제발 도시의 강력한 성벽 뒤로 피신하라고 간청한다. 동물적인 남성—짐승의 위치로 퇴행한—과의 대결에서 한없이 연약하고 고독한 아버지가 난공불락의 자궁이 제공하는 안전함 속으로 도피하라고 권고 받고 있는 것이다. 하지만 헥토르는 이를 거절한다. 그곳은 그의 자리가 아니다. 퇴행을 막기 위해 또 다른 퇴행을 감행하는 것은 결국 아무것도 지켜낼 수 없기 때문이다.

물론 헥토르는 자신이 아킬레우스만큼 강하지 못하다는 것을 알고 있다. 그래서 그는 타협을 해볼까 하는 유혹에 빠지기도 한다. 평화를 구하도록 조언했던 여성들의 목소리가 자신의 내면에도 들어 있기 때문이다. 그는 타협을 권하는 자신의 마음[96]과 한동안 결투를 벌인다.

하지만 결국 이런 마음을 물리치는데, 이는 자만심 때문이 아니라 어떤 설득도 결국에는 아킬레우스의 마음을 흔들지 못할 것이라는 점을 알고 있기 때문이다.

마침내 아킬레우스와 마주하게 됐을 때, 헥토르는 이전까지 보여준 모습들과 달리 순간적으로 공포에 사로잡힌다. 가족들과 도시의 수호자인 아버지가 생명에 대한 근원적인 충동 때문에 흔들리는 것이다. 의지가 흔들린 헥토르는 아킬레우스를 피해 성벽 주위를 세 바퀴나 돌면서 도망친다. 성벽의 안쪽이 따뜻한 어머니의 품을 상징한다면 성벽 외곽은 홀로 버려진 아버지의 자리를 상징한다.

헥토르와 아킬레우스가 네 바퀴째 성벽을 돌고 있을 때, 제우스는 황금 저울을 들어 그들의 운명을 저울질한다. 헥토르의 운명이 명부(冥府) 쪽으로 가라앉자 신들은 이제 그의 목숨을 포기한다. 더욱이 여신 아테나는 헥토르의 동생 데이포보스(Deiphobus)─의미심장하게도 이 이름은 '신들에 대한 두려움'을 뜻한다─의 모습으로 변신해 헥토르를 죽이기 위한 마지막 계략을 펼치러 싸움터로 내려간다. 친숙한 동생의 등장에 자신감을 얻은 헥토르는 싸움에 응하기로 결심한다. 그리고 결투를 벌이기 전에 아킬레우스에게 싸움의 승패와 관계없는 마지막 협상을 제안한다. 만약 자신이 아킬레우스를 죽이게 되면 독수리 떼나 개들에게 시체를 내주지 않고 그리스 군대에게 돌려줄 테니 자신에게도 동일한 것을 약속해 달라고.

하지만 아킬레우스는 신사적인 합의가 이루어질 수 없는 분노의 인간이다. 그의 대답은 사냥감을 물어뜯는 동물들의 이미지로 가득 차 있으며, 부성을 획득하기 이전의 남성적인 지배논리로 채워져 있다. 아킬레우스는 늑대와 양이 서로 간에 어떤 타협도 이룰 수 없는 것처럼 자신과 헥토르 사이에는 어떤 동맹도 성립될 수 없다고 말하면서 창을 던진다. 그의 창이 헥토르를 빗나가고 이번에는 헥토르의 공격 차례가 된다. 하지만 그의 창도 아킬레우스의 방패를 관통하지 못하는데, 이는 신들이 계략을 써서 아킬레우스를 지켜주었기 때문이다. 이번에는 헥토르가 두 번째 창을 들기 위해 동생 데이포보스를 찾아보는데, 그에게 창을 건네줄 동생은 이미 아테나 여신으로 변신해 사라지고 없다. 그때서야 헥토르는 자신이 이 전쟁터에 혼자 있음을 알게 된다. 반면 아킬레우스는 아테나의 비호를 받으며 창을 돌려받는다.

"아, 이제야 신들이 나를 죽음으로 부르고 있다는 걸 알겠구나. … 제우스와 아폴론이 지켜주던 나의 시간도 끝이 났구나. … 하지만 죽어야 한다면 명예로운 죽음을 맞이하겠다." 마지막 순간 헥토르는 명예로운 죽음을 맞기 위한 준비를 한다. 그는 적을 향해 돌진하는 독수리처럼 손에 칼을 들고 아킬레우스에게 달려든다. 하지만 달려가는 도중 그의 발길은 아킬레우스의 창을 맞고 멈춰 선다. 생명이 남아 있는 마지막 짧은 순간 동안 고통스러워하면서도 헥토르는 다시 한 번 아킬레우스에게 자신의 시신을 트로이에 보내달라고 부탁한다. 하지만 이 안타까운 순간조차 아킬레우스는 헥토르의 시신이 개떼들과 독수리 떼들에 의해 갈갈이 찢겨나가는 것을 보아야겠다고 대답한다.

헥토르의 가족들은 트로이의 성벽 마루에서 아킬레우스가 헥토르의 시신을 무자비한 짐승들에게 내어주는 것을 보고 통곡을 한다. 아킬레우스는 마치 사냥감을 다루듯이 헥토르의 양 발 뒤꿈치를 꿰뚫어 가죽끈으로 전차에 매달고는 성벽 주위를 의기양양하게 맴돈다. 이를 본 안드로마케는 머지않아 아들 아스티아낙스에게 닥칠 불안한 예감에 사로잡힌다. "아아 헥토르님, 이제 당신은 이 아이의 생명이 되어줄 수 없고 이 아이도 당신의 생명이 되어줄 수 없군요." 당시 아비 없는 자식은 거지가 되어서 온갖 천대를 받으며 살아가게 될 뿐더러 잔치에서도 쫓겨나기 일쑤였다. "이 녀석아 어서 꺼져라, 네 아비는 우리 잔치에 오지 않았으니까." 잔인한 고대의 풍습들은 아비 없는 자식이 자신의 정체성뿐만 아니라 명예도 가지고 있지 않다고 강력하게 주장한다. 인간들의 사회가 아버지들의 사회가 된 이후 아비 없는 자식은 사회에서 어떤 지위도 차지할 수 없고 어떤 존경도 받을 수 없었다. 그는 단지 부랑아로만 살아갈 뿐이었다.

이제 두려워했던 모든 진실들이 밝혀지고 있다. 부성의 근원을 보여주는 두 종류의 남성은 서로 대립하고 있다. 아버지의 길을 택한 남자는 본능에 따라 행동하는 상대편 남자에 의해 파괴된다. 그리스의 신화를 기록하면서 호메로스가 언급하고 싶었던 것은 이것의 위험성이었다. 트로이 전쟁은 아버지가 차지하는 불확실한 지위와 동물적인 본성으로의 퇴행이 지니는 위험성을 상징화한다. 수많은 남자들이 단 한 명의 여자인 헬레네를 위해 벌이는 이 기나긴 전쟁은 남자들이 여자들을 소유하기 위해 싸웠던 원시적인 상태로의 집단적인 퇴행인 것이다.

이런 점에서 아킬레우스는 부성영역에 들어갈 수 없는 전쟁 영웅이다. 고대의 설화는 그 역시 아들을 가졌다고 기록하고 있지만 이들의 관계에 대해서는 어떤 설명도 제시하지 않는다. 게다가 아들 네오톨레무스(Neottolemus)는 아버지만큼 잔인하지는 않지만(12장 아이네아스, 모범적인 아버지상 참조) 어린 아스티아낙스를 살해하는 잔인한 인물로 등장한다. 그는 또한 그리스 승리자들이 트로이 여인들을 차지할 때 안드로마케를 노예로 데려가는 전사이기도 하다. 아들들의 세대는 아버지와 연결된 부성에 대한 공포를 이렇게 반복한다.

연약한 부성의 상징인 헥토르는 모성적인 면모라고는 전혀 없는 아테나 여신에게 속아 폭력적인 남성인 아킬레우스의 손에 의해 죽게 되는 인물이다. 그의 갑옷은 승리자들에 의해 벗겨지고 그의 시신은 개들의 날카로운 이빨과 독수리들의 뾰족한 부리에 내맡겨진다. 헥토르의 시신을 훼손하는 이 동물들은 책임감을 회피하고 본능으로 퇴행하는 것에 대한 은유이며, 동시에 부성으로의 진화가 붕괴되는 것에 대한 은유이다.

트로이 전쟁에 대한 수많은 이야기들을 하나씩 모아가면서 호메로스는 군사적인 이야기들보다 구전으로 떠도는 전설들에 더 많은 관심을 할애했다. 트로이 전쟁의 마지막 장면은 그래서 인류학이 자신의 진로를 거슬러서 동물로 후퇴하는 것에 대한 위험성을 알려주는 일련의 상징이라고 할 수 있다.

그리고 호메로스는 역사가 결코 동일한 결말에 도달하지는 않으며 신들의 중재와 인간들의 마음의 변화가 새로운 길을 제시해줄 수 있다는 것을 부정하지 않았다. 이야기의 결말부분에서 호메로스는 헥토르의 시신을 보호하기 위해 신들을 내세운다. 제우스가 직접 등장해 프리아모스에게 아들의 시신에 대한 몸값을 아킬레우스에게 지불하고, 아킬레우스는 이 불행한 아버지의 간청을 들어줄 것을 명령한 것이다. 그리하여 마음의 변화가 먼저 프리아모스 왕에게 일어난다. 그는 적 앞에 스스로를 낮추어야 한다는 권고를 받아들이고 아들을 죽인 무자비한 아킬레우스의 손등에 입맞춤을 한다. 그다음에는 아킬레우스에게도 태도의 변화가 일어난다. 늙은 아버지가 자식을 걱정하는 고통을 이해해 달라는 간청에 아킬레우스가 자신의 아버지를 떠올린 것이다.

이렇게 해서 『일리아스』는 해결되지 않은 상징들만 남긴 채 끝을 맺는다. 헥토르는 원초적인 남성을 상징하는 인물에 의해 쓰러져 죽는다. 하지만 헥토르의 상징성은 여전히 유지되는데, 이는 바로 그의 아버지 때문이다. 세대를 역주행해서 이제는 아버지 프리아모스에게도 죽음이 다가온다. 신들의 아버지 제우스의 권고에 따라 지상의 아버지인 프리아모스는 아킬레우스의 대적할 수 없는 야만성에게 경의를 표한다. 이는 본능의 비타협적인 성질에 대한 깨달음 없이는 문명이라고 여겨지는 길로 나아갈 수 없다는 걸 의미한다. 문명은 본능과의 타협과 존중을 통해서만 자신의 길로 나아갈 수 있다. 아킬레우스의 차가운 마음을 돌려놓음으로써 프리아모스는 헥토르가 성취할 수 없었던 업적을 세우고 있다. 프리아모스는 신체적으로만 약할 뿐 도덕적으로는 전혀 약하지 않다. 그래서 그는 자신의 손을 더럽히지 않으면서 야만과 손을 잡을 수 있었다. 지혜는 영웅적인 자질보다 훨씬 강하다.

10장
오디세우스의 귀환과
일부일처제

그리스에서 탄생한 신화적인 영웅들 중에서 고대인들과 현대인들 모두에게 가장 인간적으로 다가오는 사람이 있다면 이는 단연 오디세우스라고 할 수 있다.

오디세우스는 그리스도 예수를 제외하면 서구의 전통 속에서 가장 자주 언급되고 또한 가장 많이 알려진 인물이다. 하지만 예수가 세계에서 가장 강력한 종교의 뒷받침을 가지고 있는 데 반해, 오디세우스는 오직 혼자서 이 자리에 올랐다. 또한 예수가 역사상 가장 위대한 혁명을 일으킨 실제 인물인 데 반해, 오디세우스는 역사적인 검증이 전혀 불가능한 전설 속의 인물이다. 오디세우스는 어떤 새로운 삶을 우리에게 유산으로 남겨준 것도 아니고 정신적인 부활의 힘을 증명한 자도 아닌 단지 아주 작은 섬의 왕이었을 뿐이다. 하지만 이 모든 것들에도 불구하고 그를 그토록 중요한 사람으로 만들었던 것은 그가 물려준 심리적인 유산들이다.

오디세우스는 특수한 환경 속에서 비로소 영웅이 될 수 있었다. 아마 다른 시대였다면 그는 불완전한 인간, 자기 모순적이고 심지어는 부정을 저지르는 사람이었을 것이다. 일반적으로 오디세우스는 교활한 사람의 전형으로 알려져 있다. 하지만 이것은 지나치게 편협한 견해이다. 갖은 속임수에도 불구하고 오디세우스는 신뢰할 만하고 용기 있는 사람이다. 또한 그의 내면에 들어 있는 모순들과 복잡성 때문에ー이것이 그를 우리와 닮아 보이게 만든다ー그는 새로운 심리적 인물로 여겨지기도 한다. 즉 그는 우리와 동일시할 수 있는 인물이고 우리가 가진 단점들을 거부하지 않는 인물이다. 그리고 이 단점들은 일련의 모험들 속에서 드러나면서 사실상 구원되고 있다. 우리 모두가 종종 겪곤 하는 기만적인 태도를 가진 인물이 결국은 가장 정직한 모델이 되어서 그 자신과 우리를 구해주는 것이다.

전통적인 영웅들과 달리 오디세우스는 고상한 행동에 관심을 가지기보다는 당장에 유용한 지식들과 최종적인 승리, 그리고 이것들이 가져올 이익들에 훨씬 더 관심을 가진다. 하지만 이런 것들은 항상 대가를 필요로 하며 그는 이를 치를 준비가 되어 있다.

오디세우스의 행동들이 항상 일정하게 영웅적이지만은 않은 것처럼ー영웅적 행동은 항상 그리고 언제나 단 하나의 명쾌한 추진력을 통해 지탱된다ー그리고 애매하고 모순적인 행동으로 인해 혹독한 시련을 겪기도 하는 것처럼 그가 지닌 욕망과 의지는 동요로 가득 차 있고 분명하지 않다. 예수는 가장 위대한 시련의 순간에 마음의 동요를 일으켰지만 오디세우스는 반복적으로 계속해서 여러 번 망설인다. 가령 의심이 들거나 무서운 순간이면 그는 결정을 내리지 못하고 생각을 망설이며 영혼이 마주한 두 강둑 사이를, 즉 오늘날의 언어로 번역하자면 지성과 감정 사이를 오락가락한다.

혹자는 이것이 호메로스가 사용하는 수많은 관용적 표현들 중 하나가 아니냐고 질문할 수도 있을 것이다. 대답은 아니오이다. 오직 오디세우스만이 이런 갈등 속에 묘사되고 있다. 이에 따라 우리는 오디세우스에게서 내면의 대화에 대한 문명 이전의 흔적들을 발견할 수 있다. 영혼이 마주한 두 강둑—지성과 감정은 이 사이를 왕복하는 역동적인 힘들이다—은 정신의 해부학적 특징들이거나 혹은 내면의 공간에 대한 신화적인 지도이다. 오디세우스의 여행은 시작과 멈춤 그리고 되돌아옴을 가진 끝없는 우회로이며 숙고의 과정 또한 영혼의 수많은 방향 전환과 일탈들로 점철되어 있다. 그가 마침내 집에 도착하게 되었을 때 우리는 변화무쌍한 여행 과정에서 그의 생각들도 변화되어 갔음을 알 수 있다. 즉 그의 생각은 더 이상 방황하는 생각들이 아니라 곧게 뻗은 지성이 되고 있으며, 이는 지성과 의지가 일치했던 고대의 영웅들과는 확연히 다른 방식이다. 지성과 의지가 오직 하나로 일치하는 고대영웅들의 정신은 집단적인 특징을 지니고 있으며, 단호하면서도 지나치게 단순해서 결국은 본능의 정신적인 반복 이상이라고 볼 수 없다.

이런 고대 영웅들과 달리 오디세우스는 자신의 의지를 통제할 힘을 가졌다. 왜냐하면 그의 의지는 충동에 의해서가 아니라 지성을 통해 이끌린 것이기 때문이다. 이런 사실은 완전히 새로운 두 가지 종류의 행동방식을 우리에게 제시해준다. 첫째는 확실한 확신을 얻기 전까지는 적절한 기회가 찾아올 때까지 기다려야 한다는 것이다. 둘째는 두 가지의 대안들 중 어떤 것을 택해야 할지 내면의 동의를 얻기 전까지는 참을성을 유지해야 한다는 것이다.

오디세우스에게 있어 기억은 밀봉된 고문서 창고가 아니라 앞으로 나아가는 창조적인 행위이다. 그것은 사라져버렸거나 이미 죽어버린 것들은 기록하지 않는다. 반면 완성된 것들과 귀환에 필수적인 것들, 그리고 보류중인 것들에는 자양분을 제공한다. 오디세우스는 인류의 역사상 가장 처음으로 진정한 기억을 부여받았고, 이 기억은 굳건한 용기와 믿음과 결합할 수 있는 능력이 되고 있다. 앞서 우리가 주변상황을 전혀 고려하지 않는 맹목적인 행동들을 아킬레우스에게서 봤다면, 오디세우스에게서는 행동을 취하기 전에 그 효과를 검토하고 그로 인해 얻을 수 있는 결과와 실행할 적합한 시기를 치밀하게 따지는 복합적이고 정신적인 계산들을 볼 수가 있다. 적들에 맞서 용감하게 무기를 집어 드는 앞의 영웅이 우리에게 추상적인 감탄을 불러일으켰다면, 오디세우스는 이런 원시적인 영웅을 변형시켜 새로운 역사적 인간으로 만들기 위해 고투한다.

고전적인 영웅들은 항상 전투만을 생각하며 자신이 알고 있는 것만을 유일한 상투어처럼 반복한다. 이런 영웅들은 싸움에 앞서 항상 자신의 이름을 적에게 큰소리로 소개하는데, 이는 영웅이라는 존재가 대중들의 감탄에 의존하고 있으며, 자신의 명성을 유일하게 확신시켜주는 것이 바로 대중들의 감탄이기 때문이다. 이에 반해 오디세우스는 자신의 정체성이 유약하다는 것을 정확하게 알고 있다. 하지만 그는 자신이 가진 단점을 이점으로 역전시킨다. 위험이 예상되는 새로운 상황에 직면하면, 그는 자신의 이름을 내던지고 새로운 이름과 정체성을 고안해내고 그 역할 뒤로 숨는다. 미래의 최종적인 가능성을 염두에 두면서 그는 현재의 무모한 위험들을 방어해 나간다. 그리고 고전적인 영웅들이 언제나 적 앞에서 멋지고 훌륭하게 자신을 드러내는 데 반해, 오디세우스는 거지의 옷을 걸치고 적의 진영으로 잠입한다. 앞선 영웅들은 번쩍이는 방패와 멋지게 세운 말총 투구를 상대방에게 들이밀지만, 오디세우스는 자신을 실제보다 작아보이게 만들려고 한다. 키클롭스에게 자신의 이름을 "네모"[97] 즉 "아무도 아니다"라고 소개했을 때 오디세우스가 사용한 술책은 최후의 결전을 최고의 순간에 사용하기 위한 위장술이다.

또한 오디세우스는 칼을 휘두를 때보다 말을 중단시키기 위해 동료의 멱살을 잡을 때 자신의 기질을 가장 잘 드러낸다. 트로이의 운명을 결정할 가장 중요한 순간에 그리스 병사 안티클로스(Anticlos)는 트로이의 계략에 자신의 정체를 밝힐 뻔한다. 그리스 군대가 거대한 목마만을 바닷가에 남겨놓고 철수했을 때, 헬레네가 '속을 비워 둔 계략'이 있는지 알아보기 위해 부인들의 목소리를 흉내 내며 그리스 병사들의 이름을 하나씩 불러보았기 때문이다. 자신의 이름이 불린 순간 안티클로스는 본능에 따라 반응하는 짐승들처럼 순간적으로 자신의 역할을 잊고 대답을 하려 한다. 이때 오디세우스가 안티클로스의 멱살을 잡고 입에 재갈을 물린다. 스스로를 억제하지 못했던 안티클로스의 대답을 막으면서 자신들의 정체성을 잊어버리라고 명령한 것이다. 말을 중단시키는 이런 에피소드는 또 한 번 등장하는데, 이는 거지로 변장하고 구혼자들을 만나러 자신의 왕궁으로 들어갈 때이다. 궁전 앞에서 그는 자신을 알아보는 늙은 유모를 만났고 마음이 약한 그녀는 기쁨을 참지 못하고 하마터면 그의 이름을 발설할 뻔한다.

이런 점에서 볼 때 자신을 제어할 수 있고 동료들도 억제할 수 있는 사람은 오직 오디세우스뿐이다. 그 역시 다른 무엇보다 빨리 가족과 재회하고 싶어하지만 욕망에 따른 즉각적인 만족은 완벽한 결과를 얻어낼 수 없다는 것을 그는 알고 있다. 가족에게로의 귀환은 이렇게 충동적인 만족과는 관계가 없으며 그보다 상황을 받아들이고 계획을 진행시켜 가는 것에 달려 있다.

물론 그가 냉정한 전사처럼 등장하는 순간들도 있다. 그리고 이와는 반대로 여성적인 감수성을 드러내는 순간들도 있다. 오디세우스는 전쟁의 긴박함으로 개인적인 고통을 잊어버리기도 하고, 음유시인의 노래에서 자신의 슬픈 현실을 떠올리며 눈물을 흘리기도 한다. '남편의 죽음을 애통해 하는 여인처럼' 갑작스레 역할을 바꾸면서 울부짖기도 한다.

이런 다양한 정체성들 때문에 오디세우스는 아이이면서 어른이고 남성이면서 여성이다. 그의 귀향 이야기는 이 각각의 성격들을 적절한 시기에 불러냄으로써 인격을 구성하는 복합적인 인간의 모습을 증명한다. 거지로 변장하고 자신의 왕궁으로 들어서는 오디세우스의 행동은 전적으로 냉정한 계산에서 나온 것이 아니다. 그 역시 분노를 터뜨리며 즉각적인 행동을 취하고 싶어 한다.

"그의 가슴은 마치 암캐가 낯모르는 사람을 보고 귀여운 새끼를 건드릴까봐 으르렁거리며 대드는 것처럼 화가 치밀었다." 하지만 자신을 꾸짖고 타이르며 오디세우스는 다음과 같이 중얼거린다. "참아라, 마음이여. 이보다 더 비참한 일도 참지 않았느냐. 무지막지한 키클롭스가 용감한 우리 동료들을 잡아먹을 때에도 너는 그놈의 동굴로부터 벗어날 때까지 참았었다." 오디세우스의 이런 자기학습 과정은 자신과 자신의 내면을 서로 조화시키고 타협시키려는 심리학에 기반을 둔 현대 시의 토대[98]를 만들어낸 특징적인 순간이다.

오디세우스는 신체를 다스리고 훈육할 수 있는 정신도 갖추고 있다. 그렇다고 그가 신체를 마치 도구처럼 대하면서 그것의 필요성을 완전히 부인하는 것은 아니다. 신체 또한 정신처럼 보살핌을 필요로 한다. 가령, 복수를 위해서라면 아킬레우스는 식사까지 거르면서 공격에 나선다. 그의 정신은 계획이라는 것을 전혀 모르며, 저녁이 될 때까지 몸이 식사를 요구한다는 것을 깨닫지 못한다. 하지만 도대체 어떤 전사가 빈 위장을 가지고 하루 종일 싸울 수 있겠는가. 이에 대한 해답은 오디세우스가 가지고 있으며 그의 길고 조심스러운 논증은 결국 승리하고 있다. 오디세우스는 몸이 필요로 하는 음식뿐 아니라 이를 바탕으로 한 최종적인 완전한 승리까지 생각한다. 한 예로 『오디세이아』에서 오디세우스는 위장이 가슴만큼이나 개처럼 짖어댄다는 표현을 자주 사용한다. 그놈이 쉴 새 없이 으르렁거리면 우리는 그 소리를 듣기 위해 자세를 낮춰야 한다. 가슴 속의 개나 위장 속의 개 모두에게는 일용할 매일의 음식이 필요하기 때문이다. 어른이면서 아이이고 남성이면서 여성인 오디세우스는 그래서 인간이면서 동시에 동물이다.

오디세우스의 강함은 기본적으로 아주 단순한 능력에 기반하고 있다. 그는 언제나 또 다른 대안을 준비한다. 이것은 새롭게 만들어낸 계략이 가진 문제점뿐만 아니라 현실적인 상황에서 발생할 수 있는 문제점들을 대체할 수 있는 가능성을 가지고 있다. 오디세우스는 그래서 종종 새로운 발견에 대한 상징이 되고 있으며 새로움에 대한 그의 갈망은 현재에 이르기까지 그를 서구인들의 원형으로 만들어주고 있다. 더 나아가 과거를 새로운 것과 연결시키고 과거를 파괴하지 않는 새로움을 추구하는 그의 특징은 거의 예언적이기까지 하다. 무모함은 언제나 계획 없이 너무 서두르기 때문에 스스로 추진력을 잃고 마는 운명에 처할 수밖에 없다.

모든 대안들이 실패할 만큼 주변 여건이 불리할 때조차도 오디세우스는 마지막 최후의 극단적인 선택을 하기 위해 궁리를 한다. 그는 심지어 절망 속에서도 적극성을 유지한다. 상황에 복종하는 것이 나은지 아니면 자살이라는 또 다른 새로운 수단을 강구해 거부하는 것이 나은지를 그는 항상 자신에게 묻는다. 또한 오디세우스는 과정을 차근하게 밟아 나가 결론을 내리고 선택의 가능성을 넓힌다. 그가 하는 일들은 대부분 실수로 가득 차 있지만 결국에는 승리를 얻어낸다. 그래서 오디세우스에게 와서 영웅은 불변하는 의지의 인간도 아니고 무오류의 운명을 부여받은 자도 아니다. 오디세우스로 인해 이제 영웅은 분명한 권위를 소유한 자도 아니고 분명한 행동의 의지를 갖춘 자도 아니다. 목표가 과정의 일부분이 된 이후 오디세우스의 고향을 향한 귀환은 실패와 우유부단함으로 가득 차 있다. 그는 계속해서 마음을 정하지 못하고 갈등하며 고향을 향한 그의 노정도 명확하거나 직선적이지 않다. 그리고 매번 상황마다 우리는 그가 양가적인 감정을 드러내고 결심을 몇 번이나 다시 허물고 다시 세우는 것을 보게 된다.

서사시의 시작부분에서 시인은 신들의 예언을 통해 오디세우스의 삶의 목적이 '고향 땅에서 피어오르는 연기라도 보기 위해 죽는 것'이라는 점을 알려준다. 그리고 오디세우스 자신도 "그리운 내 가정, 내 가족들, 그리고 훌륭한 내 집을 다시 한 번만이라도 본 뒤에" 목숨을 다하고 싶다고 말한다. 그는 화목한 가정보다 더 위대한 가치는 없다고 생각한다. 하지만 테이레시아스(Tiresias)가 예언한 것처럼 그의 삶은 죽기 직전까지 어떤 유예도 허락하지 않는 모험들 속에 놓여 있다. 그의 고향 이타케는 그를 다시는 받아들이려 하지 않으며 그는 어떻게 여행을 끝내야 할지 알지 못한다.[99)]

오디세우스가 보여주는 새로운 내면의 움직임은 트로이 전쟁에 참여했던 그의 동료들과의 비교를 통해 더욱 두드러진다. 오디세우스는 20년간을 집을 떠나 있는데, 10년은 트로이 전쟁으로 보낸 세월이고 10년은 방황의 세월이다. 이 방황의 세월 동안 그는 계속해서 진로를 이탈하게 되는데 이는 방해물들 때문이기도 하고, 그 자신의 호기심 때문이기도 하고, 또한 연애사건들―이 사건들이 그의 일생에 중심적인 부분을 차지하지 못한다는 것은 오늘날까지도 이상스럽다―때문이기도 하다. 그 당시 사람들의 평균 수명의 절반에 가까운 이 오랜 시간 동안 그는 오직 하나의 최우선적인 목표를 확고하게 간직하고 있었다. 집으로 돌아가는 것, 이것이 그에게는 다른 어떤 것들보다 중요한 것이고 어떤 행동을 취해야 할 것인가를 숙고하는 동안에도 그가 염두에 두었던 것이다. 오디세우스의 행동원칙은 이것이지만 그는 사실상 정신의 폭이 너무나 좁은 동료들과 여행을 하고 있었다. 배고픔과 피로 그리고 부에 대한 갈망은 동료들로 하여금 그의 계획을 무산시키고 그것의 실현을 지체시키는 원인을 제공하게 된다.

이런 동료들의 가장 두드러진 특징은 엘페노르(Elpenor)에게서 집중적으로 드러난다. 싸움에도 용감하지 못하고 생각도 분명하지 못한 이 젊은이는 오디세우스와 함께 여행을 하면서 마법사 키르케의 섬에 도착한다. 그리고 여기서 그는 매일같이 술에 만취해 지붕 위에서 잠을 잔다. 오디세우스 일행이 막 섬을 떠나려 하던 때에도, 청소년의 전형적인 모습이라고 할 수 있는 엘페노르는 완전히 잠에서 깨어나지 못한다. 어리둥절해 하며 비틀거리던 그는 일행을 따라잡기 위해 사다리를 사용하지 않고 바닥으로 뛰어내리다가 목이 부러져 죽는다.

몇 줄 안 되는 이 에피소드는 우리 자신의 내면에 들어 있는 적에 대한 설득력 있는 설명을 제공해준다. 아직 어린 그는 경험도 부족하고 강한 투지도 없다. 그는 항상 술에 빠져 있으며 현실에 단단히 두 발을 대고 있는 것도 아니다(지붕이라는 그의 선택은 현실을 벗어난 장소이다). 또한 그는 유혹을 거부하지도 못한다(자신의 최후를 키르케의 집에서 맞는다). 그리고 바보처럼 자신이 호출만 받으면 곧바로 임무로 복귀할 수 있을 것이라 착각하고 있다(사다리를 내려가는 것과는 반대로 그는 공중에서 뛰어내린다).

오디세우스에게서 보이는 자기훈육은 분명한 결론에 곧바로 도달할 수 있는 과정이 아니다. 이 과정 속에는 역할들이 바뀌는 순간들도 있고, 동료들이 더 큰 지혜를 발휘하는 순간들도 있으며, 고향의 아름다움을 잊지 말라고 다른 사람들이 그에게 간청하는 순간들도 있다.

일례로 동료들은 오디세우스가 키클롭스의 무시무시한 동굴로 들어설 때 고향을 향한 여행 계획을 끝까지 견지하도록 유지시켜준다. 이에 반해 오디세우스는 사춘기적인 호기심으로 이 동굴을 정복하겠다는 욕망에 사로잡혀 있다. 그가 저지른 실수는 분별력의 결여에서 나온 것이 아니라 자신의 충동을 즉각적으로 만족시키려 했던 것에서 나온 것이다.

　그리스 병사들이 동굴 안으로 들어갔을 때 신화는 다시 한 번 상황의 긴장된 국면을 역전시킨다. 오디세우스와 동료들의 대립은 이제 더 이상 나타나지 않는다. 오히려 미래에 대한 통찰과 무책임함 사이의 대립이 이어지고, 이 후자는 새로운 적을 통해서 구체화된다. 키클롭스는 사회나 가족이라는 것을 전혀 알지 못하는 거칠고 원시적인 세력으로 이 장면에 등장한다. 그는 자신의 양떼들과 함께 땅바닥에서 잠을 자며 동물적인 생활을 공유한다. 키클롭스는 거인의 몸을 가지고 있지만 그의 영혼은 성인으로 진입하는 것을 방해하는 부성문제에 갇혀 있다. 아버지가 될 수 없는 남자는 세대를 이어가지 못하고 항상 자기 아버지의 인질로 남아 있어야 한다. 키클롭스 역시 아버지가 되기보다는 일상의 기본적인 만족에만 몰두하며 하루하루를 살아간다. 내면에 아버지가 없는 것처럼 그는 자신의 생물학적인 아버지, 즉 바다의 신인 포세이돈과 완전히 단절되어 있다. 키클롭스는 그리스 병사들을 산 채로 잡아 한 명씩 먹으면서 이틀간을 만취상태로 보낸다.

　이 에피소드의 결말은 부성적인 인물에 대해 두 가지의 경고를 하고 있다. 첫 번째 키클롭스가 보여주는 것은 부성이 결핍된 남성상이다. 두 번째는 키클롭스를 장님으로 만들고 동굴에서 도망친 오디세우스에게서 나온다. 오디세우스는 무사히 자신의 배로 돌아왔지만 키클롭스와 싸우는 동안 키클롭스의 정신에 동화되어 버린다. 즉 키클롭스가 가지고 있던 것과 똑같은 본능적인 욕망이 그의 내면에서 해방된 것이다. 섬을 떠나가는 와중에 그는 갑작스럽게 영웅적인 행동을 하고 싶은 충동에 사로잡힌다. 동료들이 나서서 이런 그를 만류하면서 괴물의 화를 돋우지 말라고 설득한다. 하지만 자만심이 분별력을 가려버린 오디세우스는 다음과 같은 말을 키클롭스에게 내뱉는다. "키클롭스여, 만일 속세의 인간이 누가 네 눈을 빼 놓았냐고 묻거든 수많은 도시를 점령한 이타케에 사는 라에르테스의 아들 오디세우스라고 말하거라."

이타케로의 귀환은 일종의 수양 과정이기 때문에 오디세우스의 이런 실수는 곧바로 처벌로 이어진다. 순간의 충동적인 행동 때문에 고향을 향한 발길이 몇 년이나 연장된 것이다. 오디세우스가 자만심에 차서 악담을 퍼부었을 때 키클롭스는 "예전에 한 예언자가 했던 말이 진실이었구나!"라고 믿게 된다. 언젠가 오디세우스라고 불리는 남자가 그의 눈을 멀게 할 것이라고 이미 어떤 예언자가 예언한 바가 있었던 것이다. 자신의 무능력과 오만함을 깨달은 키클롭스는 그가 알고 있는 유일한 힘에게 도움을 요청한다. "대지를 둘러싸고 있는 아버지 포세이돈이시여, 제 말을 들어주소서. 제가 진정 당신의 자식이라면 저에게는 정의를 주시고 오디세우스에게는 가장 큰 고난이라는 벌을 주소서." 거인의 이 간청은 아버지를 움직여 오디세우스의 배를 몇 년간이나 떠돌게 만든다.

『오디세이아』의 시인은 주인공의 영혼 속에 들어 있는 두 남성적인 인격들 사이의 대립을 이렇게 드러내고 있다. 한편은 즉각적인 욕망에 충실한 사춘기적 전(前)부성적인 상태이고 다른 한편은 미래를 위해 충실히 계획하는 부성적인 상태이다. 이 두 가지 인격들의 대립은 오디세우스라는 한 사람 안에서 모두 발견되기도 하고, 또 때로는 다른 성격의 인물들을 통해 보이기도 한다. 운명은 이런 대립들의 교차적인 이행 속에서 자신만의 규칙들을 설계해 가는 것인지도 모른다. 오디세우스는 이중인격을 지닌 대표적인 인물로 신들조차 거부할 수 없는 운명이 그에게 이런 이중적인 숙명을 부여하고 있다. 하지만 계획된 목표를 향해 차근히 과제를 수행해 나가는 오디세우스의 여행은 결국에는 그를 집으로 데려다 준다.

하지만 집에 다다르기 전에 그에게는 치러야 할 또 하나의 과제가 주어진다. 요정 키르케가 오디세우스에게 죽은 자들이 사는 지하세계로 내려가 테이레시아스를 만나서 집으로 돌아갈 수 있는 조언을 구해와야 한다고 알려준 것이다. 오디세우스가 하데스, 즉 하계에서 처음으로 마주친 사람은 엘페노르이다. 그의 시신이 화장되지 못했기 때문에 그는 안식을 얻지 못하고 지하세계의 앞문에서 떠돌고 있었다. 오디세우스를 만나자 엘페노르는 자신의 시체를 매장해 달라고 간청한다. "당신이 가장 사랑하는 당신 가족의 이름을 빌려 내 간청하니, 오디세우스여, 키르케의 섬에 돌아가거든 거기서 장사를 지내 주세요. 그리고 누군가 나를 기억할 수 있도록 생전에 동료들과 함께 있을 때 저었던 노를 내 무덤 위에 꽂아 주세요."

오디세우스는 그에게 그렇게 해주겠다는 약속을 한다. 오디세우스의 이 약속은 미래의 전망이 결여된 영혼에게도 편안히 잠들기 위한 염원이 하나 있음을 시사한다. 매장 행위가 엘페노르에게는 영혼의 안식을 구하고 동시에 편안히 가족의 품으로 돌아가는 것을 의미하기 때문이다. 그리고 하계로 들어간 오디세우스는 테이레시아스를 만나 조언을 구한다. 테이레시아스는 이타케로의 귀향이 상당히 힘들게 이루어지며 가까스로 왕궁에 도착하지만 다시 정의를 바로세우기 위해 싸워야 하고, 그러고 나서는 다시 어깨에 노를 메고 바다로부터 가능한 한 멀리 떨어진 내륙으로 여행을 해야 한다고 말해준다. 또한 오디세우스의 이 여행은 바다를 전혀 본 적이 없는 사람들을 만나게 됐을 때에야 겨우 끝날 것이며, 그때가 되서야 마침내 가족에게로 되돌아갈 수 있을 것이라고 예언한다. 그리고 그는 매우 오랫동안 살 것이며 죽음은 그를 부드럽게 맞이할 것이라고 예언자가 대답한다.

하데스를 방문한 목적이 성취되었으므로 오디세우스는 다시 인간세계로 돌아오려 한다. 하지만 호메로스는 오디세우스가 다른 영혼들도 만날 수 있도록 배려하는데, 그리하여 그는 아가멤논을 만나 이야기를 나누게 된다. 왕 중의 왕인 아가멤논은 지상세계의 어떤 소식을 그토록 듣고 싶어 하였을까? 그것은 바로 자신의 아들 오레스테스(Orestes)에 관한 소식이다. 그리고 다음으로 오디세우스는 아킬레우스를 만나는데 그는 아버지 펠레우스(Peleus)와 자신의 아들 네오프톨레모스의 소식을 묻는다. 영웅들은 하나같이 가족들의 안부를 가장 듣고 싶어 하는데, 이는 오디세우스의 여행이 지닌 진정한 의미가 무엇인지를 가늠하게 해준다. 아버지들은 죽은 이후에도 계속해서 자식들을 마음속에 두고 있으며 항상 우리의 마음이 의지하고 있는 사람들이다.

오디세우스의 여행은 가족에 대한 남자의 책임감과 결단력이 형성되어 가는 고통을 요약하고 있다고 할 수 있다. 여신 칼립소(Calypso)가 오디세우스에게 떠날 것을 허락했을 때 그는 그녀가 자신에게 주었던 여러 가지 매력들을 폄하하지 않는다. "오 위대한 여신이여, 제 말에 노하지 마소서. 당신이 말하는 모든 것이 진실이라는 것을 저도 압니다. 저의 아내 페넬로페(Penelope)가 지혜롭다고는 하나 아름다움이나 미모면에서는 당신에게 전혀 미치지 못합니다. 그녀는 언젠가 죽을 인간이지만 당신은 결코 늙음을 모르고 죽음도 모르는 분. … 그럼에도 저는 날이면 날마다 고향에 가고 싶고 고향땅에서 맞는 새벽을 보고 싶으니 이 마음을 어찌 해야겠습니까." 현대적이고 물질만능적인 오늘날의 사람들은 오디세우스의 이야기가 가진 허점들에 대해 비판하곤 한다. 가령 어떤 사람들은 페넬로페가 남편의 출정으로부터 20년 이상이나 떨어져 있었다는 점에서 당시의 현실로 볼 때 거의 중년의 나이에 가까워 있음을 지적한다. 우리는 이러한 질문들에 대해 『오디세이아』가 문자 그대로 추론되는 것보다 훨씬 복잡한 어떤 것을 간직하고 있다고 대답하려 한다. 또한 앞의 지적을 수용한다 하더라도 사실상 전체 이야기의 의미에 있어서 변화되는 것은 없다. 구혼자들은 정치적인 야심을 위해 중년의 이 여왕에게 구애를 하고 있으며, 오디세우스는 아름다운 여신보다 주름살이 지고 늘어진 몸매의 이 여인과 잠자리를 하고 싶어 한다. 칼립소에 대한 존경을 표현하면서도 오디세우스는 또한 슬그머니 다음과 같은 진실을 흘려 넣는다. 내가 집으로 돌아가지 않는다면, 영원토록 활기 있는 당신의 살결이 무슨 소용이겠습니까? 저는 아내가 있는 집으로 가고 싶습니다.

칼립소가 주었던 불사(不死)라는 선물에서 오디세우스가 발견한 것은 이것이 강해지는 선물이 아니라 약해지는 유혹이라는 것이다. 유혹은 시간으로부터 벗어나는 것이고 가족(oikos라는 단어는 가족 제도의 관리 혹은 경제라는 뜻의 oikonomia라는 어근에서 파생된 것이다)에서 해방되는 것이며 아내의 구혼자들과 대결하는 것을 영원히 연기하는 것이다. 오디세우스가 여신의 유혹을 거절한 것은 그래서 근본적으로는 가장 변덕스럽고 오래된 남성적인 환상들을 거부한 것이라고 할 수 있다. 자신의 여행담을 파에아키아 왕에게 들려줄 때도 이 영웅은 키르케와 칼립소가 자신에게 어떤 의미를 지녔는지 고백한다. 하지만 헤시오도스가 알려주고 있는 것과 비교해 볼 때, 여기서 오디세우스는 이들과의 사이에서 낳은 비합법적인 자식들에 대해서 전혀 언급하지 않는다. 더 나아가 그는 자신에게 닥친 일련의 재난들이 이 유혹의 덫들 때문인 것처럼 이야기를 시작하고 있다. 무시무시한 키클롭스가 단지 이틀 동안 그의 행로를 멈출 수 있었던 데 반해 오디세우스는 키르케의 섬에서 약 1년간을, 그리고 칼립소와는 7년간을 함께 머물렀기 때문이다. "사실 광채가 나는 여신 칼립소는 남편이 되어달라고 간청하면서 저를 그녀의 아치 모양의 동굴 깊숙이 가두어 놓으려고 했습니다. 키르케 역시 저를 그녀의 궁전에 붙들어 놓으려고 애를 썼지요. 황홀하게 아름다운 아이아이아(Aeaea)의 여왕도 마찬가지로 저를 소유하기를 열망했습니다. 하지만 이들은 모두 제 깊숙한 곳에 있는 마음을 붙들지는 못했지요. 자기가 태어난 고향 땅을 떠나서는 아무리 호화스러운 집에 산다 해도 고국이나 부모만큼 좋지는 못한 모양입니다."

오디세우스의 위 언급에서는 부인 페넬로페에 대한 것이 전혀 보이지 않는다. 이런 점에서 다른 여성들에 대한 오디세우스의 거절은 여성으로서의 페넬로페와 관계되어 있다기보다 비인칭적이고 추상적인 귀환에 대한 갈망, 즉 노스토스(nostos)—이 단어로부터 돌아가고 싶은 아픔을 의미하는 '노스탤지어(nostalgia)'가 파생되었다—와 관계되어 있다. 또한 『오디세이아』의 이 문장은 훨씬 중요한 어떤 것을 우리에게 알려준다.

페넬로페는 물론 오디세우스가 계속해서 돌아가기를 갈망하는 질서와 고향의 중심에 놓여 있는 인물이다. 하지만 여기에서 질서란 부성적인 질서를 의미한다. 우리는 '조국(patria, 영어로는 fatherland)'이라는 단어를 실제로 그것이 어떤 의미를 지니는지 떠올리지 않으면서 사용해 왔다. 그리스어 pater(소유하다, 양육하다, 지배하다라는 의미를 지닌 pa-라는 어근으로부터 나온 단어)는 아버지를 뜻하는 말이다. patra 혹은 patris gaia는 '나의 땅'을 의미하는 것이 아니라 '내 아버지의 땅'을 의미하는 것이다. 나의 조국이란 그러므로 나에게 속한 것이 아니라 나의 아버지들에게 속해 있는 것이고, 나 자신은 이 아버지들 그룹의 일원이 되는 경우에만 내 조국의 일부가 될 수 있다. 그런 특정한 대지와 물리적인 나의 신체는 형이상학적인 연결을 통해서, 즉 아버지라는 관념을 통해서 서로 결합되어 있다. 그래서 오디세우스는 그의 부인이 있는 장소가 아니라 아버지의 장소를 향해서 여행을 한다. 자신의 아버지가 살아왔으며 그 자신도 또한 아버지로 기억될 곳인 조국을 향해서 말이다. 『오디세이아』의 줄거리는 따라서 다음과 같은 경고와 요청이 스며들어 있다. 아버지의 땅을 잊는 자에게 저주를!

오디세우스가 이틀 밤낮을 파도에 휩쓸리면서 해변가에 닿지 못하고 막 죽음을 맞으려 하고 있을 때 시인은 그리스인들이 결코 벗어날 수 없었던 이중적인 의미의 미소를 짓는다. 그리고 난파당한 선원이 발견한 육지의 광경은 몹쓸 중병으로부터 회복된 아버지를 보는 아들의 기쁨과도 같다고 표현한다. 아버지는 강함과 부드러움, 사회와 대지, 훈육과 양육 모두를 의미한다. 아버지는 또한 아버지이자 동시에 어머니이다. 그래서 여행자가 닿기를 희망하는 해안가는 현대적인 어법이 간직하고 있는 '모국(mother country)'이 아니라 모든 것을 포함하고 있는 아버지에게 속한 것이다.

그렇다면 이러한 사물들의 질서 속에서 오디세우스의 아들 텔레마코스는 어떤 위치를 차지하고 있는 것일까? 이에 대한 응답은 전체적인 개괄과 그것의 가치들을 서술하고 있는 『오디세이아』의 도입부에서 매우 분명히 제시되고 있다. 텔레마코스는 아직 내용물을 담지 못한 정신의 그릇으로 묘사된다. 그는 자신이 바라는 보호를 제공해줄 아버지의 이미지를 구체화할 능력이 없다. 게다가 일상생활에서도 그는 아버지가 없기 때문에 오디세우스를 마음이 잃어버린 내용물로 여기고 있다. 텔레마코스는 공중에 뜬 어중간한 상태에 살고 있으며, 자신이 아직 강보에 싸여 있을 때 떠나서 기억이 전혀 없는 아버지가 존경을 바칠 만큼 고귀한 부성의 이미지를 가진 아버지이기를 바란다. 왕족이라는 혈통—간접적으로는 부성 제도의 표현이다—은 그에게 외적인 보호를 제공하는 유일한 것이며, 자신의 내면이 아직 미성숙하기 때문에 이 보호를 절대적인 것으로 여긴다. 물론 오디세우스는 트로이 전쟁에 출정하기 전에 아들에게 왕자로서 필요한 모든 물질적인 권리, 즉 궁전과 재산, 그리고 곧은 성품의 어머니와 수많은 친구들과 동료들 그리고 합법적인 왕권에 대한 권리까지 남겨주었다. 하지만 그럼에도 심리학적인 관점에서 본다면 텔레마코스는 아버지가 떠난 이후 고아로 남겨진 것이다.

여기서 텔레마코스가 어른으로 성장하도록 고무해주는 사람이 단 한 사람 등장하는데 바로 여신 아테나이다. 그녀는 오디세우스가 없는 동안 계속해서 그를 지도하고 조언해 주는 남성적인 형상으로 등장한다. 서사시의 첫 시편—후일 첨가되었을 것이라는 학자들의 의견이 있다―은 일명 텔레마키아(Telemachia)라고 명명되기도 하는데, 이는 텔레마코스가 페넬로페를 떠나 오디세우스를 찾으러 떠나는 여행담을 기록하고 있기 때문이다. 우리는 여기에서 그의 여행이 유년기에서 성년기로 나아가는 상징적인 여행이라는 것을 추측해 볼 수 있다. 아들의 성인식은 아버지의 여행을 특징지었던 것과 동일한 내면의 동요로 시작된다. 텔레마코스는 외부세계에서 아버지를 찾으러 다니면서도 계속해서 내면세계에 있는 아버지와 대결을 벌인다. 텔레마키아를 묘사하는 수천 줄의 시구는 잃어버린 아들이 잃어버린 아버지에 대한 일종의 의식을 거행하는 방법을 가르치고 있다. 비록 서사시의 앞부분에 등장하긴 하지만 텔레마키아는 나머지 작업들이 완결된 이후에 첨가된 것이라고 하는 추측이 논리적일 것이다.

"만일 사람이 갈망하는 모든 일들 중에서 한 가지를 선택할 수 있는 자유가 있다면, 나는 내 아버지의 귀향을 선택할 것이오"라고 텔레마코스가 말하자, 오디세우스는 거지로 변장한 누더기를 벗고서 텔레마코스에게만 자신의 정체를 밝힌다. 호메로스의 이런 설정은 아버지의 실종이 결코 되돌릴 수 없는 것이 아니라는 점을 알려준다. 텔레마코스는 어머니의 구혼자들을 물리치고 오직 진정한 아버지만이 자신의 아버지가 될 수 있다는 신념을 가지고 있다. 구혼자들은 성숙한 어른이 되지 못한 자들이고 난폭한 남성성에 사로잡혀 있기 때문에 부성을 찾아볼 수 없다. 진정한 부성을 지닌 오디세우스의 재등장은 비단 아들뿐만이 아니라 아내와 친구들, 하인들과 심지어는 그의 개까지도 고대하는 일이다. 이들은 모두 부성의 질서 속에서 각자의 위치를 가지고 있는데, 로렌츠가 연구한 최근의 행동연구에 따르면 개들의 주인에 대한 복종은 수컷 대장에 대한 무리 전체의 자연적이고 본능적인 복종과 같은 것이라고 한다. 『오디세이아』도 이와 유사한 상황을 보여주고 있는데, 그가 키우던 개뿐만 아니라 오디세우스의 가족들은 가정의 대장인 아버지의 귀환을 기다리면서 이리저리 방황을 한다. 오디세우스가 떠날 때 겨우 강아지였던 아르고스(Argus)는 이제 종일토록 거름더미에서 잠만 자는 늙고 병든 개가 되었지만 주인의 목소리를 듣자 갑작스럽게 생기를 되찾고는 귀와 꼬리를 흔들어 댄다. 그리고 20년 만의 침묵에서 깨어난 흥분된 감정 때문에 그 자리에서 죽고 만다.

개와의 만남 다음에는 이제 아버지와 아들이 함께 적들과 맞서기 위해 무기를 드는 순간이 다가온다. 그리고 여기서 텔레마코스의 성인식은 최종적인 검증을 받는다. 우리는 여기에서 이 두 사람의 감동적인 동맹보다 더 중요한 것이 무엇인지를 조심스럽게 생각하며 이해해야 한다. 정말 중요한 것은 적을 물리치기 위해 동지가 되는 것이 아니라 한때 거지로 가장했던 아버지의 위엄을 되찾고 또한 소년기의 영혼에 감금되어 있던 아들의 위엄을 찾아내는 것이다. 오디세우스는 외적인 권위의 아버지가 아니라 아들의 무의식 속에서 원칙을 제시해주는 내면의 아버지가 되고 싶어 한다. 그들에게 가장 중요한 것은 그래서 외적인 동맹이 아니라 내적인 동맹이다. 오디세우스는 그래서 아들에게 다음과 같이 명령한다. "만일 저들이 궁 안에서 나를 천대하더라도, 내가 염치없이 굴어 저들이 나를 발길로 차서 문 밖으로 내치고 때리는 일이 있더라도, 꾹 참고 보고만 있어야 한다." 오디세우스의 예상은 곧바로 실현되고, 텔레마코스는 아버지를 비호하지 않으면서 최후의 승리의 순간이 올 때까지 그가 자신의 아버지라는 사실을 숨긴다. 아버지의 힘은 외적인 자랑이나 자신만만함에 있는 것이 아니라 치밀한 계획에 있다는 것을 보여줌으로써 오디세우스는 고전적인 영웅들과 정반대편에 있다.

텔레마코스는 '아버지의 영광을 얻기 위한 일'이라면서 구혼자들과 함께 오디세우스가 이전에 사용했던 활을 쏘아 과녁에 맞추는 시합을 연다. 이 시합에서 이기는 구혼자는 포상으로 오디세우스가 소유했던 재산과 왕위, 그리고 부인을 차지할 수 있다. 이 시합에서 텔레마코스는 세 번이나 활시위를 당기려고 시도하다가 겨우 네 번째가 돼서야 시위를 당기는 데 성공한다. 하지만 먼발치에서 그의 진정한 아버지는 눈짓으로 '안 돼'라는 신호를 보낸다. '안 돼'라는 이 의사소통은 어떤 말이나 행동이 필요 없는 내면의 일치에서 나온 몸짓이다. 왜냐하면 텔레마코스가 이 시합에서 승리하게 되면 구혼자들로부터 어머니와 왕국을 구해 낼 수는 있지만 이 몰염치한 구혼자들을 벌할 수 있는 기회는 없어지기 때문이다. 상징적인 측면에서 보자면 성급한 아들의 승리는 양편의 대립을 한쪽으로만 기울게 해서 상대편 적들을 고스란히 살아남게 해준다. 여기서 대립하고 있는 적들인 구혼자들은 다른 사람의 침실과 왕좌를 찬탈하려는 외부의 적들이지만 동시에 심리학적인 측면에서는 내면의 적들이라고도 할 수 있다. 이들은 확고한 의지가 사라진 혼란을 틈타 내면을 동요시키고 욕망에로 향하게 하는 무계획적 본능이다. 오디세우스가 이들을 벌주려 한 것은 무엇보다 그들의 거만함과 목표 부재, 무계획적 충동과 행동들이다.

시합을 하기에 앞서 구혼자들은 자신도 시합에 참여시켜 달라고 졸라대는 늙은 거지를 조롱한다. 그들은 거지의 누더기 속에 들어 있는 참을성과 겸손함을 전혀 알아채지 못한다. 젊은 구혼자들은 스스로의 자만심에 취해 서로를 추켜올리고 나이 든 사람들이 보여주는 절제된 지혜 같은 것은 신경 쓰지 않는다. 게다가 여신 아테나는 오디세우스를 도와주기 위해 그들의 이성을 흐리게 하고 바보 같은 행동을 하게 만드는데, 눈물을 흘리면서도 몸을 가누지 못할 정도로 웃어대게 만드는 주술을 걸어놓은 것이다. 물론 아테나의 주술이 아니었다면 이들은 좀 더 용감하고 관대하게 행동할 수도 있었을 것이다. 하지만 문명의 엄격함은 이들이 가진 미숙함을 용납하지 않으며 결국에는 스스로 자멸하는 대가를 치르게 한다. 어떤 목표도 없이 그저 흥청망청 흘려보내는 나날들, 가정을 꾸리고 책임을 떠맡는 것을 거부하는 태도, 오직 부와 욕망만을 뒤쫓는 삶은 전형적인 청소년기의 유아적인 사고방식이다.

『오디세이아』가 쓰였을 당시에는 여러 가지 버전의 '귀환의 신화들'이 관심을 끌고 있었다. 이런 현상은 확립된 지 얼마 안 된 부성의 질서가 약탈자들의 무리에 의해 전복되고 난잡함으로—선사시대적인 상황으로의 퇴행—되돌아갈 수 있다는 두려움을 표출하는 것이다. 오디세우스가 겪는 수많은 난관들은 이런 두려움에 대한 적나라한 표현으로 혼자서 108명의 구혼자들과 대결을 벌이는 후반부의 에피소드는 진정한 부성을 획득하는 것이 얼마나 힘든 것인지를 간접적으로 드러낸다.

오디세우스와 관련된 신화의 다른 판본들은 구혼자들이 표상하는 타락의 위험성들을 보다 자세히 열거하기도 한다. 호메로스가 이러한 이야기들을 알지 못했다고 추측하기는 어렵고 오히려 우리는 호메로스가 자신의 고상한 부성 이미지에 부합되지 않은 것들을 고의적으로 폐기시켰을 것이라고 생각해 볼 수 있다. 어찌됐든 다른 판본에 의하면 오디세우스가 고향에 도착하기 전까지 페넬로페는 구혼자들과 원초적인 난교에 빠져들었고 그 결과로 동물적인 본능의 신(神)인 판(Pan)을 낳았다고도 한다. 이런 점에서 우리는 부성적인 훈육과 관련된 호메로스의 공식적인 신화가 은폐된 무질서한 신화와는 대조적임을 알 수 있다. 또한 어떤 극단적인 판본의 경우에는 페넬로페가 모든 구혼자들과 잠자리를 가진 결과 판을 출산하였으며, 판은 본능만으로 이루어진 자여서 모든 사람들의 아들이 될 수 있기 때문에 그리스어로 '모두'를 의미하는 판이라는 이름을 얻게 되었다고 한다. 하지만 다른 측면에서 보면, 판은 모든 사람들에 의해 잉태된 것이기 때문에 전혀 아버지를 갖지 못했다고 말할 수도 있다.

호메로스 신화에서 활쏘기 시합은 구혼자들의 어리석음과 부성적인 훈육이 대결을 펼치는 마지막 장면이다. 변장한 오디세우스가 지켜보고 있는 동안 구혼자들은 20년간이나 사용되지 않고 보관되어 온 무기를 구부리려고 시도한다. 참을성 없는 구혼자들은 가장 힘이 센 자부터 시작하면서 가능한 한 모든 수단을 통해 활을 구부리려 한다. 활에 동물 비계를 발라보기도 하고 열기가 있는 곳에 놓아 따뜻하게 데워 보기도 한다. 하지만 활은 주인의 자질에만 반응할 뿐 전혀 구부러지지 않는다. 구혼자들은 한 명씩 차례로 포기를 하고 낙담하면서 옆으로 물러선다. "참으로 내 자신이 부끄럽구나. 누가 감히 오디세우스가 성취해 낸 것을 망칠 수 있겠는가."

하지만 이때 안티노오스(Antinous)를 비롯한 몇몇 충동적인 구혼자들은 하나의 방안을 생각해 내는데, 이는 활을 구부리기 위한 것이 아니라 마음을 진정시키기 위한 것이다. "여보게, 오늘은 궁술의 신 아폴론의 잔치가 벌어지는 날이 아닌가. 그러니 오직 그만이 이 활을 구부릴 수 있을 걸세. 그리고 우리가 그를 성나게 해서야 되겠는가. 자, 아무 말 말고 놓아두게. 시합은 내일로 미루고 오늘은 신을 위해 마시세." 안티노오스의 이 말은 박수갈채를 받으며 호응을 얻고 곧 시합장은 포도주가 넘쳐흐른다.

모든 구혼자들이 포기를 한 다음에는 이들과는 반대의 길을 걷고 있는 오디세우스의 차례가 돌아온다. 그는 침착하게 세월(아버지 부재의 시간)이나 나무벌레(부성을 붕괴시키는 힘, 구혼자들)가 무기(부성적 권위)를 상하게 하지는 않았는지를 면밀하게 살펴본다. 검사가 끝나자 그는 활을 구부리고는 '마치 음유시인이 자신의 리라를 켜는 것처럼' 힘들이지 않고 활시위를 당겼다가 놓는다.

호메로스가 여기서 오디세우스의 동작을 음악으로 비유한 것은 우연이 아니다. 이 비유에는 호메로스가 오디세우스 같은 진정한 아버지를 음악이 가지고 있는 특징인 유연함과 조화로움으로 표현하고 싶어 하는 관점이 들어 있다. 유연함과 조화로움이 지성과 결합되는 순간, 즉 리라와 활로 상징되는 아폴로의 가호를 받는 순간, 오디세우스는 자신에게 속했던 소유물들을 다시 얻는다.

오디세우스는 시합에서 이기자마자 변장했던 옷을 벗고 활로 재무장하고는 곧바로 처벌을 시작한다. 오디세우스의 손이 부드러움을 연주했던 것은 잠시뿐이고 이제는 아버지의 질서를 방해하는 자들에게 심판을 가한다. 부성의 또 다른 특징인 엄격함과 단호함의 순간이 오자 오디세우스는 구혼자들을 차례로 모두 죽일 때까지 활쏘기를 멈추지 않는다. 패배를 인정하고 자신들이 저지른 피해를 보상해 주겠다고 간청하는 자들의 제안도 그는 모두 거절해 버린다. 그리고 왕권을 찬탈하려는 자들과 공모했던 하인들에게도 고통스러운 죽음을 선사한다. 하인들의 죄는 적을 섬겼던 것에 있는 것이 아니라 오디세우스의 귀환을 믿지 않았던 데에 있다. 순간적인 이득에 이끌려 자신들의 임무를 망각한 하인들은 신념 없는 구혼자들과 아무런 차이가 없다.

서사시의 주제들은 이제 마지막 장면에서 가장 거세게 불타오른다. 오디세우스는 왕국의 질서를 다시 세우고 백성들의 생활터전을 다시 정비해준다. 그리고 아들이 성인이 되었음을 인정한다. 헥토르의 시신을 밟고 올라서서 승리를 외치던 아킬레우스와 달리 오디세우스는 편안하고 조용한 승리의 축하의식을 거행한다. 왕궁의 모든 사람들은 그의 이런 겸손한 태도에서 그가 자신들의 왕인 오디세우스라는 것을 알아챈다. 하지만 20년간을 홀로 지낸 페넬로페는 계속해서 의심을 떨쳐내지 못한다. 그래서 그녀는 작은 꾀를 써서 그가 진짜 자신의 남편인지를 시험한다. 물론 텔레마코스는 아버지를 따뜻하게 맞아주지 않는 어머니에게 힐난을 퍼붓는다. "참으로 딱하십니다, 어머니. 어머니의 마음은 돌보다 더 단단하단 말씀이십니까?"

페넬로페가 한참 만에 입을 연다. "얘야, 내 마음은 슬픔으로 이미 굳어져 버렸단다. 우리 자세히 알아보도록 하자. 네 아버지와 나만이 아는 비밀스러운 증표가 있으니 말이다."

"신들은 오랜 세월 속에서도 당신에게 이 무기들 사이로 쓰러지지 않는 불굴의 정신을 주셨구려." 오디세우스는 이렇게 말한 다음 늙은 유모에게 몸을 돌려 "자, 유모. 잠자리를 보아주오. 혼자 눕겠소"라고 말한다.

페넬로페가 기다렸다는 듯이 곧바로 말을 잇는다. "그래요, 유모. 오디세우스님의 침대를 밖으로 끌어내 내 방 밖으로 내놓아주세요."

그러자 화가 난 오디세우스가 소리를 친다. "도대체 무슨 말을 하는 거요, 부인? 누가 감히 내 침대를 옮긴단 말이요. 신이라면 모를까 하늘 아래 인간들 중에는 그럴 수 있는 사람이 없소. 내 침대는 내 방 밖으로 끌어낼 수 없을 뿐더러 방을 침대 밖으로 끌어낼 수도 없을 게요. 왜냐하면 그 침대를 만든 데는 대단한 비결이 있으니까 말이오. 방 전체는 이 침대를 중심으로 만들어졌소. 안뜰에 거대한 올리브 나무가 있었는데, 밑동 굵기가 기둥 둘레만이나 했소. 이 나무의 윗동 부분을 잘라 버리고 밑동으로 침대를 다지고 그 주위를 둘러가며 내가 직접 돌을 쌓아 방을 만들었단 말이오."

이 말을 듣는 순간 페넬로페의 무릎과 가슴이 심하게 죄어오더니 그녀는 쓰러져 버린다. 자신이 원했던 증표가 확인되었기 때문이다. 울음을 터뜨리며 그녀는 그의 품안에 안기면서 말한다. "오디세우스여, 노하지 마세요. 우리의 행복을 시기한 것은 신들이지 제가 아닙니다. 저는 단지 당신이 정말 오디세우스가 맞는지 시험해 본 것입니다. 당신의 침대는 예전처럼 그대로 버티고 있으니 걱정하지 마세요."

오디세우스가 오랫동안 집에 머물지 않은 동안에도 이렇게 그들의 침대는 언제나 같은 자리에 그대로 남아 있었다. 왜냐하면 이 침대는 누구도 함부로 움직일 수 없는 단단한 뿌리를 가지고 있기 때문이다. 오디세우스의 힘은 단순한 잔꾀나 의협심이 아닌 이 침대와 같은 지속성에 있다. 오디세우스가 대결해야 하는 적들은 괴물이나 거인이 아니라 의지와 기억의 부재, 즉 태만이다. 키르케와 칼립소의 침대는 단순한 사랑의 침대가 아니라 의지의 수동성의 상징이다. 치명적이고 유혹적인 사이렌의 노래는 선원들의 배를 암초에 부딪히게 만들어 죽음으로 몰고 갔다. 하지만 오디세우스만은 동료들의 귀를 밀납으로 봉하고 소리를 듣지 못하게 해놓고 자신만은 이 위험과 직접 대면하기 위해 돛대에 몸을 묶고 그들의 노래를 듣는다. 로토스나무의 꽃은 그에게 집으로 돌아갈 생각을 잊어버리도록 만들었고, 여인들이 건네준 물약은 자기가 누구인지조차 분간하지 못하게 정신을 혼미하게 하였다. 오디세우스가 만났던 위험들 중 가장 위험한 것은 트로이의 적들이나 괴물 키클롭스가 아니라 이렇게 가장 연약하고 부드러운 것들이었다. 이것들을 이기기 위해서는 그래서 무기나 힘이 필요한 것이 아니라 진정한 용기가 필요하다.

집단적인 기억이라는 것이 있다면, 그리고 이런 집단적인 기억이 고대문명의 부흥과 함께 의식에서 사라지고 영향력을 잃어 왔다면, 오디세우스의 이야기는 무의식 속으로 가라앉은 부성에 대한 집단적인 기억을 간접적인 방식으로 전해주는 일종의 상징물이라고 할 수 있다. 3,000년 전의 미케네 귀족들이 펼쳤던 무훈들과 업적들이 오늘날은 구시대적인 것으로 취급받고 있지만, 그럼에도 그것들은 너무나 중요한 부성의 발생이라는 사건을 기록하고 있다.

이런 부성의 발생은 인간이라는 존재가 동물에 속하기를 멈추고 비로소 인류로 들어선 계기를 만들어주었다. 물론 아버지의 출현이 이런 방향전환의 원인인지 아니면 결과인지는 알 수 없지만, 중요한 것은 이 전환이 로마의 몰락이나 신대륙의 발견보다 훨씬 거대한 사건이라는 점이다. 부성의 탄생은 인류 문명의 탄생을 이끌어준 시발점이다.

호메로스의 『오디세이아』는 아버지를 기억하고 긍정하기 위한 서사시이다. 『오디세이아』는 부성의 출현이 문명의 발전에 기여한 흔적들을 보여주는데, 가장 핵심적인 것은 의사결정이다. 오디세우스는 일시적인 감정에 의존하지 않고 자율적인 판단을 내림으로써 자아(ego)를 확립하였다. 이런 자아의 발견은 이전의 문학들에서는 전혀 발견되지 않는 것으로, 목표를 세우고 이를 성취하기 위한 계획을 고안해 내는 정신의 발견과 동일한 것이다. 또한 오디세우스의 여행은 남성의 자기계몽을 상징하고 있기도 한데, 왜냐하면 아무리 낯설고 매력적인 곳을 방문하더라도 그는 돌아가야 할 장소가 자신에게 있으며, 자신이 가족의 중심이라는 것을 인식하고 있기 때문이다. 하지만 현실에서 우리의 아버지들은 오이코스(oikos), 즉 집을 계획하고 건설하고 관리하는 사람이 아니라 집을 버려두고 전쟁터로 달려가는 사람이다. 이런 점에서 오디세우스의 귀환은 집을 떠난 아버지가 다시 집으로 돌아오기 위해 깨닫게 되는 과정이라고 할 수 있다.

11장
부성 신화,
남자만이 진정한 부모

삶의 출발은 이미 존재하는 것들이 재편되거나 새로운 형태를 취하는 단순한 구성이나 조립행위가 아니다. 삶은 전적으로 새롭고 이전에는 존재하지 않았던 어떤 것들을 창조하는 행위이다. 삶의 창조는 신의 창조행위와 같은 경이로운 것이다. 하지만 그리스인들에 따르면 이러한 신적인 권력은 여기 지상에서는 어머니가 아닌 오직 아버지에게만 속해 있었다. 남성이 출산행위를 할 수 있다고 여기게 된 이후, 그리스인들은 남성만이 진정한 부모이며 진정한 종(genere)이라고 여겼다. 그리고 남성만이 창조행위를 할 수 있기 때문에 존경의 대상이 되었으며 신을 닮은 존재로 상당히 오랫동안 그 지위를 유지하였다.

그리스에서 역사는 신들의 창조신화에 종속되어 있었다. 그리고 생리학은 부성 창조의 신화에 종속되어 있었다. 그리스인들은 '자연'을 이해한 첫 번째 사람들이었다. 여기에서 자연은 언제나 서로 다투기만 하는 신들의 비합리성에 결코 복종하지 않는 것으로, 자연의 항구성과 신들의 변덕은 서로를 동반하고 있었다. 하지만 이들이 종교의 자리를 대신할 수 있는 과학과 철학을 고안해 내면서 과학과 철학의 일관성과 합리성을 습득하게 된 그리스인들은 충동적이고 미치광이 같은 성격을 지닌 신들을 외면하기 시작했다. 신들은 처음에는 존경과 감탄을 자아내는 존재였지만 이제는 인간에게 어떤 힘도 미칠 수 없는 존재, 우리를 성가시게 하는 존재가 되었다.

동물과 식물의 운명은 자연의 법칙들에 종속되어 있었다. 하지만 그리스인들은 자신들의 문명이 자연의 자연스러운 귀결이 아니라 자연의 극복이자 완성이라고 여겼다. 그들은 또한 자신들의 문명이 아버지의 강인한 몸통으로부터 솟아 나온 것이라고 생각했다. 그리스 사회는 특별한 신분, 즉 다른 나머지들을 지배하는 아버지와 결합되어 있었다. 출산과 관련한 남자의 역할이나 아버지의 사회적 역할은 모두 최근에 등장한 것들이지만, 그리스에서는 문명 전반을 지배하는 정신적 원리였다.

고대 그리스(기원전 8, 7, 6세기 무렵)에 대한 탐구를 위해 헤시오도스와 호메로스가 기록한 문서들 이전으로 거슬러 올라가는 것이 쉽지 않다. 왜냐하면 이전의 문명은 거의 기록을 남기지 않았을 뿐만 아니라 문자 기록 역시 간간이 파편들만 찾아볼 수 있기 때문이다. 구전으로만 내려오는 아주 소수의 사건들―가령 헬레네의 납치라든가 트로이 목마 같은―을 제외하면 화려한 문명의 황금시대를 기억할 수 있는 흔적들은 모두 사라지고 없다. 호메로스와 헤시오도스의 작업은 이런 시대의 마지막 흔적들과 구전으로 전해오는 영웅들의 일화들을 묶어서 하나의 천 조각을 짜놓은 것이다. 어쨌든 그리스인들은 자신들이 구석기와 신석기 문명으로부터 얼마나 멀리 도약했는지 전혀 깨닫지 못하고 있었다.

하지만 서사시들의 이면에 숨겨진 이미지들을 통해 간접적으로 해석해 본다면, 그리스의 부권사회는 선사시대부터 시작된 부성혁명의 축적물이자 연속물로 여겨질 수 있다. 신화가 모든 것을 명확하게 밝혀주지는 않지만 이 축적물들은 모두 부성의 신화를 공유하고 있다. 가령 오디세우스의 귀환을 서사시로 표현한 호메로스의 의도는 일부일처제를 확립하기 위한 시도라고 할 수 있다. 그리고 헥토르의 불행은 아버지가 지니고 있는 불안정한 지위를 보여주는 것이라고 할 수 있다.

그리스인들이 호메로스를 통해 자신들의 이야기를 하게 했을 때, 그당시 사람들은 새로운 문명을 창조해야 한다는 부담스러운 과제를 안고 있었다. 그들은 모호함의 시대로부터 탈출을 시도하고 있었고, 더 나아가 전체 문명사회가 자신들의 도시와 함께 붕괴되면서 동물적인 궁핍의 수준으로 추락해 가는 시대에서 탈출을 시도하고 있었다. 이 시대는 소위 암흑기 헬레니즘의 시기, 혹은 중기 헬레니즘 시기라고 이후 불리게 된다. 신들의 계시나 예언자의 인도도 없었고 가장 좋은 숙명은 아예 태어나지 않거나 태어났다면 가능한 한 빨리 죽는 것이라는 세계관을 지녔던 그들은 자신들이 운명의 발톱에 사로잡혀 있다고 느꼈으며, 자신들의 등 뒤에서 괴물들의 숨결을 느꼈다. 한 예로 호메로스가 묘사하고 있는 사자는 그리스의 숲에서 으르렁대기를 막 멈춘, 그리스인들에게 공포심을 심어준 바로 그 짐승이었다. 인생은 비극적이고 불안정했으며, 아주 작은 사건일지라도 제우스의 빛나는 통치로부터 잡아 뜯겨져 가이아가 지배하는 암흑 속으로 빠져들기에 충분한 것이었다.

한마디로 표현하면 그리스인들은 진보와 후퇴라는 분명한 양자택일에 직면하고 있었다. 더 이상 잃을 것도 없고 자신들 외에는 의지할 곳이 없다는 그들의 확신은 문명사회를 향해서 발을 내딛도록 결단을 내리는 추동력이 되었다. 그리하여 불과 몇 세기 만에 그들은 과학과 철학을 고안해 내었고, 지식은 인간의 행복을 시기하는 이기적인 신들보다 훨씬 도움이 되었다.

남성 없이 살아가는 방법을 알고 있는 가이아와 무시무시한 아마존 여전사들의 형상은 그리스인들이 마침내는 문명 상실에 대한 자신들의 최근 기억과 위대한 어머니들의 사회가 보여주는 전설적인 이미지들을 융합시키도록 만들었다. 신석기시대의 이미지들에서 우리는 남성의 형상을 거의 찾아볼 수 없거나 위엄 있는 어머니에게 의지한 작은 꼬마 정도로 제시되고 있다는 것을 주목했다. 오늘날은 이런 상실감과 거세의 공포를 간직한 남자들을 상상하기 힘들지만, 당시를 살아가는 호메로스의 후계자들은 무시무시한 심리적 현실을 통해서 그런 것들을 쉽게 접했다. 실제 역사적인 위협들은 그렇게 대단하지 않았지만 전사들은 있는 힘을 다해서 부재 또는 혼돈으로 추락하지 않기 위해 싸워야 했다.

그리하여 퇴행을 보일 수 있는 모든 위험들로부터 스스로를 보호하기 위해 부권사회는 실제적인 것이든 상상적인 것이든 부성과 관련된 모든 것들을 옹호하고 강조하고 격찬하기 시작했다. 아버지의 지위를 격상시키면서 부권사회는 자신들이 이룩한 문명에 대한 긍지를 극단적으로까지 고취시키고자 했다. 이렇게 함으로써 그리스인들은 모호함 속으로 추락하는 것에서 벗어나 확실한 해방을 이룰 수 있었다. 하지만 이런 부성의 성취는 그 만한 대가를 치러야 했는데 아버지들과 어머니들 사이의 불화가 그것이다. 호메로스 이후의 시대는 이들의 날카로운 대립과 어긋남이 점차 더 심화되어 가는 모습을 보여준다.

사실 그리스인들은 놀라울 정도로 이른 시기에 민주주의를 고안해냈지만, 이것은 미숙하고 부분적으로만 완성된 것이었다. 다른 고대 문명과 마찬가지로 그리스도 노예제도를 계속 유지하고 있었고, 이런 제도 아래서 어머니들은 노예들처럼 모든 시민적인 권리에서 배제되었다. 합리적인 지식의 외양은 극도로 빨리 성숙됐지만 아버지들은 자신들을 세상의 중심축으로 만들려는 불안감에 쫓기고 있었다. 이들은 지식을 통해 과학과 철학도 만들어내었지만 이런 합리적인 지식은 여성적인 자궁에 대한 숭배를 부정하고 역전시킴으로써 탄생된 것이었다. 여성의 생산능력에 대한 이전 시대의 무한한 존경은 사회적으로 말살되었고, 그 대신 남성의 전능함에 대한 신념으로 대체되었다. 그리스인들은 자식의 진정한 부모가—게다가 유일한 부모가—오직 아버지뿐이라고 여겼다. 이런 인식에 대해 그리스 철학자인 헤라클리투스와 현대의 심리분석가인 융은 모두 에난티오드로미아(enantiodromia), 즉 어떤 것의 대립물로 급격하게 전도되는 경향이라고 설명한다. 어떤 것이 갑자기 자신과 정반대의 것으로 전환될 때, 이들은 서로가 가지고 있는 유사한 능력과 극단적인 경향으로 인해 서로 대체될 수 있다. 그리고 이런 유사성은 결국 서로를 부정하고 폐기시키려는 극단적인 상태로 몰아가게 된다.

우리는 고대 그리스의 전쟁에서 승자와 패자가 갈리면 승자들이 패자들의 도시에다 소금을 뿌리는 것을 목격할 수 있다. 이미 폐허가 된 도시에 다시 소금을 뿌림으로써 다시는 어떤 생명체나 씨앗도 자라나지 못하도록 하는 것이다. 그리스가 보여준 아버지의 승리도 마찬가지로 더 이상 어떤 반대적인 힘도 자라나지 못하도록 어머니의 자궁에 소금을 뿌리고 있다.

그렇다면 이제는 아이스킬로스(Aeschylus)의 역작인 『아가멤논 *Agamemnon*』과 『코에포로이 *Coephores*』, 『자비로운 여신들 *Eumenides*』로 이뤄진 오레스테스 삼부작을 살펴보면서 고대 그리스의 가장 권위 있는 목소리를 들어보도록 하자.

첫 번째 작품에서 주인공 오레스테스(Orestes)는 자신의 어머니 클리타임네스트라(Clytemnestra)와 그녀의 정부 아이기스토스(Egistus)가 공모해서 살해한 아버지 아가멤논의 복수를 준비한다. 오레스테스는 아버지의 복수를 하는 것이 정의로운 일이며, 그렇기 때문에 자신이 해야 할 최고의 의무는 어머니를 죽이는 것이라고 주장한다. 하지만 이런 결심이 서기까지는 먼저 갈등의 상황이 존재하는데, 왜냐하면 어머니 역시 그에게는 피와 살을 나누어준 부모이기 때문이다. 하지만 오레스테스는 두 사람의 주인을 섬길 수는 없으며 자신이 선택해야 할 진정한 주인은 아버지라고 말한다. 그의 영웅주의는 여기에서 아버지의 편에 서는 것이다.

두 번째 작품 『코에포로이』는 아가멤논의 무덤 앞에서 제사를 지내고 있는 누이 엘렉트라(Electra)와 오레스테스로부터 시작한다. 이 오누이의 기도를 자세히 들어보면 우리는 그들이 아버지에게 간청하고 있는 것인지 아니면 신의 제단 앞에 서있는 것인지 분간할 수 없을 만큼 유사한 분위기를 목격하게 된다.

오레스테스: 아아 아버지, 부디 당신이 사랑하시는 아들을 도와주러 오소서.

엘렉트라: 나도 눈물을 흘리며 아버지 당신께 염원하옵나이다.

코러스: 우리 모두 하나의 목소리, 하나의 울부짖음으로 말하나이다.

오레스테스, 엘렉트라, 코러스: 오 아버지, 광명을 향하여 일어서시고 우리의 기도를 들어주소서.

　　…

엘렉트라: 아버지, 나의 이 울부짖음을 들어주소서.

　당신의 무덤 곁에 앉아 있는 아버지의 병아리들을 보소서.

　당신 딸의 아들들과 당신 아들의 아들들에게 연민을 보여주소서.

오레스테스: 펠롭스(Pelopides)가(家)의 자손이 길을 잃거나 망하지 않도록 확답해 주소서.

　그러면 당신은 죽으셔도 죽으신 것이 아닐 것입니다.

엘렉트라: 사라진 아버지의 명예와 이름을 자식들이 지켜내도록 해주십시오!

　그물이 바다 밑으로 가라앉는 것을 막아 주는 부표처럼 말입니다.

오레스테스: 들어주소서! 이 기도는 당신을 향한 것입니다.

　이 기도에서 확신을 얻은 오레스테스는 어머니를 죽일 결심을 한다.

　삼부작을 종결짓는 마지막 작품 『자비로운 여신들』은 어머니를 살해한 오레스테스가 모친살해로 신들 앞에서 재판을 받는 내용이다. 오레스테스는 어머니를 살해한 후 복수의 여신들이라고 불리는 에리니에스(Erinyes)들에게 쫓김을 당한다. 이 여신들은 복수와 연민의 신들이고 또한 제우스보다 오래된 신들, 즉 새로운 부성질서 이전에 탄생한 모성적인 원칙을 상징한다. 재판에서 오레스테스는 자신의 혈관에 흐르는 피는 아버지에게서 받은 것이라고 항변한다. 그리스인들의 일반적인 관점에서 볼 때 혈통의 피는 오직 아버지로부터만 받을 수 있는 것인 반면, 어머니는 이 씨앗을 품고 있는 토양의 역할에만 국한된다. 어찌됐든 재판 결과 오레스테스는 무죄를 선고받고 그를 고발한 에리니에스 신들은 패배한다. 어머니의 역할과 의미가 오레스테스 한 개인의 인생에서뿐만 아니라 그리스와 서구 문명 전체에서 희생되고 있는 것이다.

오레스테스의 모친살해를 둘러싼 재판에서 그의 입장을 적극적으로 옹호하는 신은 아폴론이다. 아폴론은 남성성과 태양을 상징하는 신으로 예술과 문명의 보호자이기도 하다. 그는 오레스테스를 변호하면서 다음과 같은 예를 들고 있다.

어머니라 불리는 자는 자식을 생산하는 자가 아니라 단지 씨가 뿌려진 태아의 양육자에 불과하오. 수태시키는 자만이 진정한 생산자이고, 그녀는 그저 주인이 손님에게 하듯이 그 씨를 신이 거부하지 않는 한 지켜주는 것일 뿐이오. 내가 그에 대한 증거를 보여주겠소. 어머니 없이도 아버지가 될 수 있는 예가 여기 있소. 당신들 앞에 서있는 올림포스의 주신인 제우스의 딸이 바로 그 증인이오. 그녀는 어둠의 자궁에서 양육되지 않았으니 말이오.

아폴론은 자신과 함께 재판에 참여하고 있는 여신 아테나를 언급함으로써 재판에 결정적인 영향을 미친다. 왜냐하면 그녀는 "나는 오직 아버지로부터만 태어났소. 그러므로 저 잔인한 신부의 운명에 대해서는 관심이 없소", "내 유일한 관심은 가정의 수호자인 신랑에게만 향해 있소"라고 말함으로써 남편의 살해자이자 동시에 아들에게 살해당한 클리타임네스트라에게서 등을 돌리기 때문이다. 그리고 아테나는 피에토(Pieto, 설득의 의미를 가진다) 신의 도움으로 옛 신들인 에리니에스들을 설득해 오레스테스에게 품었던 원한을 가라앉힐 만한 협상을 제안한다. 그녀들의 신격을 분노의 여신에서 호의적인 힘들, 즉 에우메니데스(Eu-menides, 자비로운 여신들이라는 의미)로 변화시켜주기로 약속한 것이다. 아테나의 제안에 에리니에스들은 이전의 불안정한 위치에서 안정된 지위와 명예로 올라설 수 있는 새로운 신격을 수락한다. 남성적인 원칙들은 이렇게 때로는 무력으로 또 때로는 타협을 통해 승리를 성취하고 있다.

그리스 문화에서는 오직 아버지만이 강자이면서 동시에 선한 자가될 수 있었다. 또한 오직 아버지만이 육체적인 힘과 형이상학적인 힘을 동시에 갖춘 보호자가 될 수 있었다. 신들의 세계에서 제우스는 아버지의 위상을 가진 신이었으며, 지상의 아버지는 제우스를 대리하는 신적인 인물이었다. 『결박된 프로메테우스』의 도입부에서 아이스킬로스는 제우스가 가지는 부성의 권위에 대해 이렇게 말한다. "아버지에게 복종하지 않는 것은 중대한 범죄요." 프로메테우스가 제우스를 배신한 것은 신적인 차원의 범죄행위가 아니라 아버지에 대한 불복종이다. 그리고 이런 아버지에 대한 불복종은 신에 대한 불복종보다 심각한 죄로 취급된다. 신들과 인간들의 관계는 서로 간헐적으로만 맺어져 있을 뿐 복종에 대한 요구와 기대는 필수적인 것이 아니다. 하지만 아버지에 대한 순종은 불변하는 것으로서 항상 요구되는 기대이다.

곧이어 우리는 "새로이 권력을 쥔 자는 누구나 다 가혹한 법이지요" 라는 프로메테우스의 말을 듣게 된다. 아이스킬로스는 제우스가 차지하는 위치를 이렇게 표현하고 있는 것이다. 하지만 이 문장은 상징적이고 중요한 메시지를 함축하고 있기도 한데, 이는 아버지의 지위가 인간 사회에서 최근에 형성된 것으로 독재적인 성향이 있다는 것이다. 제우스가 자신의 아버지를 비롯해 옛 신들을 누르고 최고의 권력자가 되었던 것처럼 사회의 아버지들도 치열한 싸움을 통해 지위를 얻어내었으며 그리고 이 지위를 수호하기 위해 가혹해지는 방법을 택했다.

하지만 이 지점에서 우리는 오해를 피하기 위해 좀 더 신중해져야 할 필요가 있다. 그리스 사회를 지배하는 가장 중요한 원칙은 여성과 남성의 부부 관계에 대한 주도권 문제가 아니었다. 그것은 누구의 혈족 관계를 자신의 것으로 수용할 것이며, 자신의 피와 혈통을 누구에게 수여할 것인가 하는 탁월성의 문제였다. 예상되는 것처럼 그리스인들은 오직 아버지와 자식의 관계 속에서만 혈족관계를 인정하였고 어머니는 철저하게 배제하였다.

소포클레스(Sophocles)는 안티고네를 통해 이런 사실을 간결하게 보여주고 있다. 소포클레스에 따르면 여성영웅이란 남성을 숭배하는 여성이 아니다. 그녀는 남편을 위해 명예로운 희생을 하려 하지 않는다. 하지만 오라버니의 장례식을 치러주기 위해서는 목숨을 걸고 명예롭게 나선다. 오라버니에 대한 그녀의 의무는 절대적인데, 아버지가 돌아가신 상황에서는 오라버니가 그녀와 피를 공유한 유일한 혈통이기 때문이다.

소포클레스 이후에는 에우리피데스가 오레스테스에 대해 보다 분명한 것들을 말하고 있는데, 그는 아가멤논의 아들인 오레스테스가 왜 어머니를 죽일 수밖에 없었는지를 외할아버지에게 말하고 있다. "나를 만들어주신 것은 아버지입니다. 당신 딸은 나를 낳은 것뿐이에요. 그녀는 다른 이가 뿌려놓은 씨앗을 거두어들이는 밭에 불과합니다. 아버지가 없다면 자식도 있을 수 없습니다." 그 이후의 시대에서 우리는 좀더 세속화된 일련의 사고를 만날 수 있다. 이 새로운 사고는 과학과 철학에서 발견되고 있는데, 과학과 철학은 앞서 비극작가들이 보여주었던 부성의 신화를 다시 긍정하는 데 기여하고 있다. 하지만 이것들의 다른 점은 합리적인 논증 위에 기대고 있다는 것이다.

한 예로 아리스토텔레스의 언급을 들어보도록 하자.

앞으로 서구 사유의 2,000년 세월을 지배하게 될 이 철학가는 에우리피데스의 신화적인 의견에 학문적인 의상을 입혀주는 것을 주저하지 않았다. 아리스토텔레스에 따르면 여성은 종자를 생산하지 못하며, 이는 단지 아버지로부터만 나올 수 있을 뿐이다. 또한 출산과 관련한 모성의 기여는 전적으로 상호보완적인 것일 뿐이다(『동물 발생론에 관하여』; 『형이상학』).

아버지로부터 나온 씨앗은 자손에게로 혈통을 물려줄 특징들을 간직하고 있다. 반면 어머니는 이 씨앗에 살을 입히는 재료들을 제공하고 성장시켜줄 뿐이다. 이 두 가지의 조건은 그러나 동일한 수준에 놓을 수 있는 것이 아니다. 아리스토텔레스는 이와 관련해 다음과 같은 분명한 견해를 밝힌다. 남성과 여성은 목수와 나무 조각이 하나의 가구를 제작하는 데 참여하는 것과 똑같은 정도로 자식의 출산에 기여한다. 아버지의 기여는 능동적이고 어머니의 기여는 수동적이다. 산출행위를 통한 생산물은 형태를 규정짓는 요소들에 대한 특징들을 간직하고 있다. 그에 반해 물질적인 기여는 불확실한 것이고 규정할 수 없는 것이다. 따라서 자식은 아버지의 씨앗 속에 포함된 유전적인 양태를 따라 성장하는 것이기 때문에 아버지의 자식이라고 할 수 있다. 어머니가 부여하는 단순한 물질적 재료는 어떤 유전적인 특징들도 가지고 있지 않기 때문에 자식과는 어떤 혈연적 관계도 없다. 이런 논의는 결국 다음과 같은 결론으로 이어진다. "사춘기 이전의 소년과 성숙한 여성 사이에는 형태상으로 유사성이 있다. 여성은 불임 남성을 닮았다. 여성의 특징들 중 하나는 바로 이 생식불능이다."

출산이 오직 아버지에게만 속해 있는 것이라는 부성의 신화는 그리스 문명에서 최고에 달했다. 하지만 그럼에도 이런 부성의 신화는 광범위한 고대세계, 즉 인도("여성은 들판이고, 남성은 씨앗이다," "씨앗과 자궁을 말할 때 첫 번째의 것은 씨앗이 자손의 특징을 규정짓는다는 점에서 보다 중요하다." 『마누법전*The Laws of Manu*』)에서 이집트("이집트인들은 … 오직 아버지만이 출산을 하며 반면 어머니는 단순히 태아를 양육하고 그것이 살아갈 장소를 제공해 준다고 주장한다. 이것을 비유해 '아버지'는 과실을 맺는 식물로, '어머니'는 그것을 맺지 못하는 식물로 언급한다." 『시실리의 디오도루스*Diodorus of Sicily*』)까지 확산되어 있었다. 게다가 21세기의 오늘날까지도 우리는 여전히 독점적인 부성 출산에 대한 관념을 종종 찾아볼 수 있다("우리는 기존의 수태 이론에 대한 명확한 이해에 도달하게 되었다. … 오직 남성만이 능동적인 역할을 하는 반면에 여성은 단순한 저장소의 지위로 귀착된다"[100]). 하지만 진짜로 놀라운 것은 과학의 진보에도 불구하고 이런 편견이 서구세계에서 끊임없이 유지되어 왔다는 점이다. 아리스토텔레스의 권위를 통해 보증되면서 독점적인 부성 출산의 신화는 중세기 내내 유럽 전역으로 확산되었으며, 계몽시대 초반부까지 주요한 위치를 점하고 있었다.[101]

어떻게 이런 맹목적인 선입견이 합리화되었는지를 살펴보는 것은 그다지 어려운 일이 아니다. 정작 어려운 일은 그리스인들의 마음속에 이런 확신이 어떻게 자리 잡게 되었는지를 파악하는 것이다. 그리스인들에게 이것은 감정과 동떨어진 단순한 추론상의 문제가 아니었다. 이와는 반대로 그들의 확신은 정서적인 경험에서 나온 것이었다. 오레스테스의 이야기에서 보았듯이, 부성 출산의 신화는 자식을 아버지에게로 이어주었던 반면 어머니로부터는 단절시켰다. 또한 좀 더 확장된 관점에서 보자면 이 신화는 남자들로 하여금 이성애적인 사랑보다 동성애적인 사랑을 보다 고귀한 것으로 여겨지게 만들었다. 물론 오늘날 현대인들은 이성애적인 사랑만이 정상적이고 가장 자연스러운 사랑의 형태라고 여긴다. 하지만 '자연'이라는 단어가 본능을 의미하나, 사랑이라는 단어는 단순한 본능만이 아닌 문화와의 결합이다. 사랑에 대한 경험은 그 경험에 참여하고 있는 사람들의 종교적이고 철학적인 전제조건들과 합치되어야 발생한다. 여성과의 사랑에 대한 그리스인들의 생각은 신화와 철학의 공격에 의해 불구가 되어 있었고, 시간이 흘러감에 따라 자연과학의 보증을 받게 되었다. 따라서 고대 그리스인들은 단지 자식을 낳기 위해 여자와 결혼을 하였을 뿐 부인과 공유할 만한 사회적인 것들이 거의 없었다.

여성의 창조능력을 부정하고 부계혈통을 강조하는 관념은 그 이면에 수평적인 인간관계를 거부하는 무의식적인 사고를 확산시켰다. 부부 사이의 수평적 관계는 혈통을 이어받은 세대들 사이의 수직적인 고리보다 중요성이 없었다. 마찬가지로 이성애적인 관계는 동성애적인 관계보다 고상함이나 사랑의 의미에서 저급한 것이었다. 미소년 애호증은 가장 광범위하게 선호되는 사랑의 방식이었고 가장 순수한 성적 정열로 간주되는 것이었다.

이와 관련된 사례를 하나 살펴보기로 하자. 그리스 도시국가는 초기에 경제활동을 농경에 의지하고 있었지만 잦은 위기를 맞곤 하였다. 그래서 그들은 도시의 중심부에 집중적으로 인구를 증가시켰고 이들을 통해 식량 자원 생산에 모든 노력을 쏟았다. 이렇게 해서 성장하기 시작한 도시국가가 주변국들이 얕볼 수 없는 거대 국가가 되자 그리스인들은 도시로 밀려오는 인구를 해결하기 위한 선택을 해야 했다. 그들은 도시를 더 크게 확장하려는 생각에는 반대했고 그 대안으로 새로운 도시를 건설하려 했다.[102] 그들은 훌륭한 뱃사람들이었고 지중해와 맞닿아 있는 해변가에는 사람이 살지 않는 광대한 땅들이 많이 남아 있었다. 식민지 원정을 통해 새로운 도시들을 건설함으로써 과도한 인구를 줄여나가는 방법을 취했던 것은 자연스러운 일이었다. 이주민들은 자신들의 혈족관계를 모국과 연결해 놓으면서 새로운 땅에서 새로운 도시들을 만들었다. 하지만 이런 원정 여행은 거의가 남자들만이 떠났는데, 이는 상당히 의미심장한 것이었다.[103]

그렇다면 여성들을 데리고 가지 않고 이 개척자들은 어떻게 자손을 번창시킬 수 있었을까? 혈통에 대한 충성과 혈족관계에 대한 전통적인 숭배가 그리스 개척자들에게는 다른 무엇보다 중요한 것이었지만, 여성의 공급과 관련해서는 전혀 해당사항이 없는 것이었다. 그들은 점령한 식민지 땅에서 원주민 여자들을 제공받았고, 자신들의 혈통만으로 혈족을 이어나갈 수 있었다. 자식의 관계에서 여성은 혈통과 아무런 관련이 없기 때문에 그리스 도시의 여성이든 식민지 원주민 여성이든 상호교환이 가능했다. 아이가 염소젖을 먹고 자라든 소의 젖을 먹고 자라든 아무런 차이를 보이지 않는 것처럼, 여자들이 그리스인이건 이방인이건 아무런 차이가 없었다. 자궁의 유일한 기능은 아버지 즉 진정한 선조를 대신하게 될 자식을 양육시키는 것뿐이었다.

여성에 대한 그리스인들의 이런 사고방식에 대해 힐만(Hillman)은 흥미로운 해석을 내놓고 있다. 힐만에 따르면 그리스인들의 원형적인 사고에는 '아폴론적 환상'이라는 것이 상층부를 구성하고 있다. 아폴론적 환상이란 그리스 문명이 본격적으로 개화하면서 정신과 물질을 구분하기 시작하고 정신에 엄청난 중요성을 부여하면서 형성된 환상이다. 또 다른 해석은 그리스 문명이 경험했던 막대한 창조성에 대한 것이다. 문명의 꽃을 주도적으로 피우기 시작한 남자들은 외견상으로 보기에 여성들이 문명에 기여할 만한 자질이 부족하다고 여기기 시작했다. 여자들의 행동은 본능이나 직관에 보다 근접해 있었고 엄격한 훈련을 통해 습득되는 명석한 사고나 판단능력은 여자들에게 불가능한 것으로 여겨졌다. 그리스 남자들이 보기에 여자들은 도저히 조화가 불가능한 야만인들이고, 변덕스럽고 수다스러우며, 엄숙함이라곤 전혀 찾아볼 수 없는 것처럼 보였다(『아가멤논』).

여자들이 순간적인 만족에만 탐닉하는 것처럼 여겨졌던 반면, 남자들은 여자들이 선호하는 바로 이런 현세적인 만족의 한계 때문에 정신의 발전을 추구한다고 생각되었다. 이런 관점은 남자들이 여자들을 제도적으로도 생리학적으로도 다른 종으로 여기도록 만드는 사고를 이끌었다. 헤시오도스가 여성을 게노스(genos, 인종, 씨족, 혈통의 단위)라고 표현할 때 품었던 생각도 바로 이런 것이었다. 게노스라는 단어는 물론 '성별'이라는 단어에서 파생된 용어이다. 하지만 헤시오도스는 이 용어를 사회적인 성(sexual)이나 '생리학적인 성(gender)'의 차이를 보여주기 위해서가 아니라 인종 자체의 본질적인 차이를 강조하기 위해 사용하였다.

우리는 오늘날 남성과 여성의 성적인 차이가 상대적인 것이며 변화도 가능하고 문화적인 것이라는 사실을 알고 있다.[104] 하지만 서구 남성들은 자신들이 획득한 이권을 포기하거나 양도하려 하지 않았으며 오히려 이를 영구적이고 불변하는 것으로 만들기 위해 노력해 왔다. 고대 세계의 아버지들은 문화를 창조하면서 자신들의 지위를 확고히 하였고 이 문화를 자신들의 우월성을 보여주는 증거로 삼았다. 식민지 정복을 합리화하는 정책보다 훨씬 앞서서 그리스 남자들은 여자들에 대한 자신들의 지배를 정당화했으며 자신들이 이에 대한 '명백한 운명'을 타고났다고 확신했다.

게다가 자연법칙의 발견은 이런 선입견을 보증해주는 훌륭한 증거가 되었다. 그들의 자연과학은 직접적인 관찰에 의존하고 있었는데, 무한히 증식하는 식물들의 풍부한 세계는 그리스인들의 상상력을 가장 확실하게 사로잡았다. 식물의 씨앗을 남자의 정액과 연관시킴으로써 그리스인들은 식물을 번창시키는 씨앗을 제공하는 사람이 아버지라고 확신했다. 그렇다면 어머니의 신체는 무엇에 비유될 수 있었을까? 여성은 씨앗을 맞아들이고 이를 양육하는 대지로 인식되었다. 단순한 유모로서의 어머니의 기능은 그리스인들에게 농경을 통해서도 입증된 것이었고 여성에게서도 관찰이 가능한 것이었다. 출산과 양육을 이런 역전된 관점으로 보게 됨으로써 아이가 어머니의 자궁 안에 머물고 있을 때조차도 어머니와 아기의 관계는 단지 양분을 제공하는 것으로만 추론되었다.

현대적인 관점에서 본다면 이런 자연주의적 관찰은 자동적이고 무의식적인 관념을 외부세계에 투사하는 원형적인 환상일 뿐이다. 농경적인 이미지들은 부성 출산의 신화를 대변하는 것이고, 신석기시대의 여성의 생산력에 대한 숭배를 열등한 것으로 전도시킨 에난티오드로미아의 필연적인 귀결이다(힐만은 우리에게 다음을 상기시키고 있다. "진정한 혈통이란 항상 원형적인 환상 그 자체일 뿐이며 이 환상이 '사실'로서 '관찰'되는 객관적인 무대가 아니다"[105]). 그리스인들은 전(前)문명적인 모성의 본능적인 힘을 두려워하였고, 그래서 그것을 자신들의 삶의 중심에서 배제시키고자 했다. 또한 만일 여성과 남성이 동일한 본질과 역할을 가지고 있고 그것이 인정된다면, 문명의 진보를 통해 사회의 주도권을 쥐게 된 남성들의 특권은 언제든지 붕괴될 위험에 처할 수 있었다. 그래서 그들은 여성적 특성은 사물들을 역방향으로, 즉 죽음이나 무(無)로 빨아들인다고 생각하기 시작했고 반면 남성적 특성은 정신을 통한 새로운 진보를 일구어 낸다고 생각했다. 문제는 이들에게 과학적인 관찰을 통한 이해가 불가능했다는 것이고 그래서 기존의 선입견을 인정할 수밖에 없었다는 점이다. 포퍼(Popper)의 표현을 빌리자면 이런 선입견에 대한 확신은 완전한 거짓은 아니었다.

독점적인 남성생식이라는 관념은 대부분 아리스토텔레스의 권위로부터 시작되었다. 아리스토텔레스가 세운 이 가설의 권위는 그 후 천년을 이어져오다가 토마스 아퀴나스(Thomas Aquinas)에 의해 중세의 사유 속으로 이식되었다. 니콜라우스 스테노(Nicolaus Steno)가 난소의 정확한 기능을 밝혀낸 것은 겨우 1660년이 되어서였고, 인간이 탄생하게 되는 원리는 19세기가 될 때까지 완전하게 밝혀지지 못했다. 남자의 우월성에 대한 선입견은 그리스에서 구체적인 형태를 갖춘 다음 이렇게 서구 역사 전체를 관통하면서 전개되어 오다가 오늘날은 정신분석학으로까지 이어지고 있다.

이제 결론을 내려야 할 때가 되었다. 이전의 모든 신화들처럼 창조적인 아버지의 신화는 영광의 서사시 속에서 오랜 세월 이어져 왔다. 고대 그리스는 제도적으로 부성적 권위를 확고히 함으로써 아버지가 가족들 곁을 떠나 있더라도 아버지 없는 가정은 생각될 수 없었다. 가족들의 정서는 모두 아버지를 중심으로 이루어졌으며 이 중심을 통해 밖으로 나갈 수 있었다.

호메로스의 서사시들로부터 시작해 그리스 비극작품들에 이르기까지 그리스 문화는 강하면서 동시에 선한[106] 아버지의 이미지에 매달리거나, 아니면 아버지의 부재를 아쉬워하는 감정에 의존하고 있었다. 각 개인의 삶에서 중심을 차지하는 감정과 생활의 토대는 남자와 여자, 혹은 남자와 남자, 혹은 인간과 신 사이의 관계에 놓여 있는 것이 아니라 아버지와 자식 간의 사랑에 놓여 있었다. 플라톤은 심지어 『국가

Republic』에서 독재정치의 정치적 본질이 인격의 전(前)문명적 형태로의 퇴행, 즉 '전(前)부성적'인 퇴행에서 비롯된 것이라고 보았다. 그리스인들에게 이런 퇴행은 가장 두려운 나약함이었고, 아버지가 없는 아들이나 아버지에게 대드는 아들이 가지는 반사회적인 특징으로 여겨졌다.[107]

반면 아버지를 특징짓는 감정들과 태도들은 문학과 예술 속에서 중심적인 역할을 차지했다. 예술에서의 자제심은 작품이 균형을 이루게 해주고 작품의 품위를 지켜주며 깊이를 만들어준다고 생각함으로써 작품은 간접적으로 부성의 기호를 입고 있었다. 모성적인 사랑과 낭만적인 사랑, 그리고 신들에 대한 경의는 부성이 가지는 이런 특징들에 비해 과장되기가 쉽고 심오함이 떨어졌다. 고대 그리스가 격찬한 부성의 신중함과 자제력은 이후의 역사 속에서도 빛이 바래지 않을 만큼 문화 속으로 깊게 배어들어갔다. 하지만 이런 편협한 인식의 주입은 그에 상응하는 대가를 치를 수밖에 없었다. 현대 문화 현상들을 살펴보면서 다시 설명하겠지만, 부성에 대한 강조는 오늘날 마비되고 병든 것으로 발견되고 있다.

좀 더 부연설명을 하자면 부성에 대한 완벽한 이념, 즉 아버지가 신화와 합치될 수 있었던 순간들은 비극들(5세기)이 몰락하기 시작하면서 함께 뒤틀리기 시작했다. 바로 몇십 년 전만 해도 종교적인 숭배의 분위기를 띠었던 아버지와 아들의 관계는 에우리피데스의 『알케스티스 *Alcestis*』에서는 말다툼과 오해로 가득 찬 관계가 되었다. 그리고 비극의 몰락과 함께 희극이 유행하면서,[108] 아리스토파네스(Aristophanes) 같은 희극작가는 방탕한 아들과 인색하고 소심한 아버지의 갈등을 주요 주제로 다루기도 했다. 부성의 역할을 강조하던 그리스 사회는 희극의 등장과 더불어 이 시기부터 급속하게 세속화되어 가기 시작했다. 사회의 구조는 외견상 가부장제를 유지했지만 이때부터 아버지는 더 이상 가족의 이상적인 영웅이 아니었다. 또한 점차 가족들이 사랑하는 현실적인 대상이 되지 못함에 따라 제도적인 의무들로서만 동일시되었다.

그리스와 로마가 통합되었을 때, 로마는 그리스의 아버지를 적극적으로 수용했다. 하지만 로마의 아버지는 강하면서 동시에 선한 『오디세이아』의 아버지에 필적할 만한 미학적 이상을 전혀 만들어내지 못했다. 그리스화된 로마가 기독교로 개종했을 때에는 기독교를 통해 절대적인 하나님 아버지에 대한 숭배도 함께 물려받았다. 아버지라 불리는 신의 형상은 그리스가 세워놓은 부성의 신화를 압도적으로 흡수하는 것이었고, 지상에서의 삶뿐만 아니라 영혼의 삶까지 장악하는 것이었다. 힐만의 언급[109]에 따르면, 이런 기독교의 가부장적 견해는 오늘날까지도 관찰되는 것으로, 우리는 '처음에 아담이 나오고 그 다음에 이브가 등장하는' 유대기독교적 공리를 당연한 것으로 받아들이고 있다. 하지만 이런 신화적인 불균형은 어머니에 대한 아버지의 우월성뿐만 아니라 여자에 대한 남자의 우월성을 마치 기정사실처럼 받아들이게 하는 효과가 있다. 더 나아가 남녀 사이의 이런 불균형은 그리스 시대가 반복했던 남성 중심의 혈통의 보전과 장자상속권을 제도적으로 정착시켰다.

12장
아이네아스,
모범적인 아버지상

베르길리우스의 『아이네이스』는 수많은 원주민들과 전쟁을 치르고 협상을 하다가 마침내는 연합을 이루어 하나의 국가를 건설하게 된 이민자들의 이야기이다. 또한 『아이네이스』 서사시는 호메로스의 『일리아스』와 『오디세이아』와 더불어 유럽뿐만 아니라 북미대륙까지 포괄하는 서구세계의 정신적 토양을 마련해준 대표적인 이야기이다. 하지만 엄밀히 말한다면 베르길리우스는 호메로스와는 확연히 다른 세계에서 다른 의도로 서사시를 만들었다. 그는 신화적인 허구와 역사적인 사실 간에 명확한 구분을 그었으며, 자신이 하고 있는 이 작업이 지닌 엄청난 의미를 이해하고 있었다.

베르길리우스는 신화가 아닌 역사의 중요성을 알고 있었으며 그럼에도 불구하고 역사라는 것이 각 개인들에게는 서로 다른 생존조건들을 제공해줄 수 있다는 것도 알고 있었다. 그의 견해에 따르면 역사의 중심에 서 있을 수 있는 자는 아무도 없었다. 하지만 베르길리우스는 역사의 중심이 될 수 있는 것을 하나 알고 있었다. 바로 '국가'였다. 베르길리우스는 로마가 모든 나라들 중에서 가장 위대한 나라이고 권력의 최정상에 서 있는 나라라고 생각했다. 아우구스투스(Augustus)는 이 국가의 통치자로 로마가 탄생시킨 가장 강력한 지도자였다. 아우구스투스는 자신의 인간적인 위대함뿐만 아니라 로마의 역사적인 위대함을 찬양하는 서사시를 만들기를 원했다. 시인들은 넘치도록 많았지만 모두 이 후원자를 만족시켜야 한다는 희미한 가망성에 그저 눈치만 보고 있었다.

하지만 이때 나서서 『아이네이스』를 집필하기로 결심한 베르길리우스는 이미 로마에서 이름이 널리 알려진 시인이었다. 하지만 이 작업을 맡고 나서도 그는 한참 동안이나 뜸을 들이며 시간을 지연시켰는데, 이는 자신이 해야 할 작업의 범위가 너무나 방대했기 때문이었다. 그는 무엇보다 먼저 자신의 작업이 그리스 신화와 호메로스적인 서사시와 연관성을 가져야 한다는 점을 알고 있었다. 로마의 진정한 위대성은 전쟁에서는 그리스를 패배시켰지만 문명에서는 그리스에 의해 역으로 정복을 당했을 때부터 시작되었기 때문이다. 예술, 문학 그리고 모든 종류의 창조적 표현에서 로마인들은 『일리아스』와 『오디세이아』로부터 시작하는 그리스적 전통에서 자신들의 자양분을 찾았다.

서사시 창작을 위한 또 다른 전제 조건은 역사에 대한 적절한 시각과 황제 아우구스투스의 기대에 부합해야 한다는 것이었다. 아우구스투스는 국가의 기원과 정치 제도들에도 고귀한 영광을 비춰주기를 바랐다. 또한 베르길리우스는 지나친 강조나 모든 편견 혹은 조작, 그리고 아첨을 피하기로 하는 자신만의 세 번째 조건을 결심했다. 그의 올바른 취향과 감수성은 이런 것들을 허용하지 않았으며, 아우구스투스 역시 베르길리우스의 엄밀함이 그의 가장 큰 장점이라는 것을 이해할 만큼 충분히 지적이었다. 이 두 사람의 탁월한 결합은 그리하여 어떤 시대에서도 나올 수 없었던 바로 그 대작을 낳게 했다.

베르길리우스의 언어에 대한 집착은 그리스적인 방식으로 로마의 기원을 노래하게 만들었다. 그리고 시 창작에 필요한 두 가지의 조건들, 즉 오만에 대항해 싸우는 자제력과 신들에 대한 인간들의 겸손 중에서 첫 번째 것을 가장 중요한 것으로 여겼다. 이를 위해 베르길리우스는 그것을 인격화해주는 영웅 주인공을 발견해내는 것이 가장 중요한 일이라는 것을 깨달았다. 『아이네이스』는 그래서 이런 품성을 가진 주인공 아이네아스를 발견하고 그에 대해 쓴 서사시이다.

아이네아스가 트로이인이라는 사실은 베르길리우스가 연결시키고자 했던 그리스적인 방식과 전혀 대립되지 않았다. 호메로스는 그리스인들과 그들의 적들을 항상 동일한 선상에 위치시켰고, 호메로스가 가장 사랑했던 인물은 게다가 트로이 사람인 헥토르였다. 모든 인간은 어떤 국가에 속해 있든 신들과 운명의 지배를 받는 순진한 도구들에 지나지 않았다. 시가(詩歌)들이 고대 영웅들을 노래할 때, 이 영웅들은 모두 위엄과 명예를 지키며 살아가는 삶을 우리에게 보여주었다.

베르길리우스의 시대는 트로이 전쟁 이후 그리스의 영웅들은 험난한 귀향길을 가야 했고 그리스와의 싸움에서 패한 트로이 사람들은 서쪽으로 도피를 한 것과 관련해 많은 전설들을 알고 있던 시대였다. 주인공 아이네아스는 여신과 트로이 왕자 사이에서 태어난 아들로, 이때의 싸움을 피해 서쪽으로 도망을 치다가 로마를 포함한 이탈리아의 여러 도시들을 창건했다고 전해지는 전설 속의 인물이었다. 베르길리우스는 아이네아스의 전설에 큰 매력을 가졌지만 그가 건설했다는 도시들에 대해서는 역사적인 사실성이 부족하다는 점에서 채택하지 않았다. 트로이의 멸망과 로마의 건설 사이에는 수 세기나 떨어진 역사적 시간이 존재한다는 것은 모든 사람들도 알고 있었다. 베르길리우스는 합리적인 언어를 선호했기 때문에 겉모습만 그럴듯하게 치장하고 있는 허구적이고 조야한 인물을 만들어내고 싶지는 않았다.

그래서 『아이네이스』는 아주 간접적으로만 로마에 대해 말하고 있다. 가령 신들이나 예언자의 입을 빌려 앞으로 세워질 위대한 국가와 위대한 통치자에 대한 언급만이 등장할 뿐이다. 아버지인 앙키세스(Anchises)는 아이네아스에게 이탈리아에다 가문을 세우고 장차 위대한 통치를 할 수 있는 기반을 마련하라고 조언하고, 아이네아스의 아들 아스카니우스(Ascanius)는 나중에 로마 건설의 시발점으로 알려지게 되는 알바(Alba)라는 도시를 창건한다. 앞으로 우리는 이런 국가의 건설 과정이 시간과 지리적인 변화를 통해서 아주 느리게 진행되는 것을 보게 될 것이다. 아무튼 아스카니우스의 또 다른 이름인 이울루스(Iulus)는 아우구스투스가 속해 있는 율리아(Julian) 가계의 시조격인 아버지였다.

베르길리우스는 여러 가지의 서로 다른 요구들을 어떻게 결합시키고 만족시킬 수 있는지를 알고 있었다. 한편으로 그는 역사 속에다 시의 자리를 마련해 주었고, 다른 한편으로는 역사적인 로마의 기원을 그리스 서사시 속으로 끼워 넣었다. 다시 말해, 베르길리우스는 아이네아스를 상급 여신의 아들로 그려냄으로써 로마의 실제 역사를 신들의 계보와 연결시킬 수 있었고, 모든 신들이 로마를 건설할 위대한 혈통의 의지에 동의함으로써 로마의 역사를 신들의 역사와도 결부시킬 수 있었다. 이런 역사와 신화의 결합은 더 나아가 아우구스투스가 로마의 고귀하고 신적인 혈통을 가진 혈족이라는 것을 증명하는 것이기도 했다. 또한 아이네아스와 앙키세스 그리고 아스카니우스에 대한 찬미를 통해 아버지들의 계승원칙을 로마인들에게 모범으로 제시해줄 수 있었다.

호메로스의 발자취를 따르고자 하는 베르길리우스의 야심은 그가 남긴 수많은 기록들을 참고하도록 이끌었다. 『호메로스 찬가Homeric Hymns』는 원문이 남아 있는 고대 그리스의 문헌들 중 하나로 아이네아스의 출생 배경을 기술하고 있다. 게다가 이 신화는 또 다른 중요성도 지니고 있는데, 이는 한 국가를 건설할 운명인 영웅의 인격이 지녀야 할 자질들을 보여주고 있기 때문이다. 아이네아스의 탄생에서 아버지와 어머니가 맡은 역할들 또한 전혀 유례가 없는 것들이었다. 아이네아스가 로마 사회에 남겨준 유산은 아버지의 품으로 뛰어들어 자신을 내맡기는 것이었지만 어머니에 대해서는 주저하는 것이었다.

또 다른 호메로스의 기록인 『아프로디테를 위한 호메로스 찬가 Homeric Hymn to Aphrodite』[110]는 로마인들이 베누스(Venus)라고 부르는 사랑의 여신에 관한 것으로 그녀의 비범한 능력들을 설명하고 있다. 이 기록에 따르면 아프로디테는 사랑의 정열을 불러일으킬 수 있으며, 마음만 먹으면 어떤 의지라도 꺾을 수 있었다. 그녀는 인간이든 신이든 모두 사랑의 포로로 만들 수 있었고 욕망의 노예로도 만들 수 있었다. 신들 중에서는 단지 세 명의 여신들만이 그녀의 이런 힘을 능가할 수 있었는데, 전쟁의 수호신인 아테나와 사냥꾼들이 신성시하는 아르테미스(Artemis), 그리고 가정과 처녀성을 지켜주는 여신 헤스티아(Hestia)이다. 아프로디테를 포함한 이 세 명의 여신들은 고전시대의 아버지들에게는 미신적인 공포의 대상들이었다. 아프로디테와 헤스티아는 남자들과 너무나 다른 여성성을 지녔기 때문이고, 아테나와 아르테미스는 남자들보다 강한 남성성을 지녔기 때문이다. 이 여신들은 고대 아버지들의 여성에 대한 두려움을 투사해 낸 스크린이라고 할 수 있다. 그 두려움이란 사회질서 속에 묶어 놓은 여자들과 자신들의 영혼 속에 갇혀 있는 여성성들이 언젠가는 자신들의 통제를 벗어날지도 모른다는 두려움이다. 신화는 여성적인 힘들을 절대적이고 완전하게 지배하려는 남자들의 욕망을 이렇게 드러내고 있다.

어쨌든 다시 본론으로 돌아가 보면, 여신 아프로디테는 심지어 신들의 왕인 제우스에 대해서도 막강한 힘을 과시할 수 있었다. 그녀는 제우스를 다른 여신들이나 인간들과도 사랑에 빠지게 만들 수 있었으며, 신들에게 이는 다른 어떤 굴욕들보다 가장 심한 굴욕이었다. 그래서 제우스는 이에 대한 복수로 아프로디테를 아주 평범한 인간과, 인간이기는 하지만 고귀하고 신처럼 아름다운 인간과 사랑에 빠지도록 하는 벌을 내린다. 아프로디테가 사랑에 빠지게 된 인간은 바로 앙키세스로 그는 트로이에서 그다지 멀리 떨어지지 않은 이다(Ida) 산에서 리라를 연주하고 있었다. 첫눈에 사랑에 빠진 아프로디테는 놀랄 만큼 아름다운 모습으로 그를 유혹하면서 다가간다. 고귀한 혈통의 이 트로이인은 아프로디테의 아름다움에 즉시 반했지만, 그녀가 여신이 아닐까 하는 두려움에 사로잡혔고 그래서 그녀에게 자비를 베풀어 달라고 애원한다. 지나친 행복은 파멸의 다른 길이라는 그 시대 사람들의 통설[111]을 그가 이미 잘 알고 있었기 때문이다. 앙키세스의 회피에 여신은 자신이 그의 부인이 되어 훌륭한 아들들을 낳아줄 운명을 부여받은 인간이라는 거짓말을 한다. 이 말을 믿은 앙키세스는 그녀를 받아들이고 부모들의 허락을 받아 결혼을 한다. 그리고 그녀와 열정적인 사랑을 나눈 다음 곧바로 잠에 빠져든다.

이들의 사랑이 성취된 순간 제우스는 아프로디테가 인간과 사랑에 빠지게 하는 계략을 성공시켰으므로 주술을 거두고, 주술에서 벗어난 아프로디테는 깜짝 놀라 곁에서 잠들어 있는 남자를 거칠게 흔들어 깨운다. "다르다노스의 아들이여, 어찌하여 당신은 자고 있는가? 눈을 돌려 내가 이전과 같은지를 보라!" 잠에서 깬 앙키세스가 사태를 깨닫게 되고 그는 자신이 저지른 무모한 행동에 놀라 공포에 사로잡힌다. 그리고 자신의 무례함을 용서해 달라고 간청을 한다. 그의 겸손함과 예의바름에 아프로디테는 마음을 누그러뜨리고 그를 해칠 의사가 없음을 밝히면서 안심시켜준다. 그는 신들을 소중히 대했으며 그녀 또한 이에 보답했던 것이다.

그 후, 아프로디테와 앙키세스의 사랑은 아이네아스라고 불리는 아들을 낳는데, 이 이름은 '무서운'이라는 의미를 가진 아이노스(ainos)로부터 나온 것이다. 왜냐하면 그녀에게 평범한 인간을 사랑한다는 것은 끔찍스러운 일이었기 때문이다. 어린 아이네아스는 이다 산의 요정들에 의해서 키워지고, 다섯 살이 되었을 때 아버지에게 맡겨진다. 아버지 앙키세스는 아들을 트로이로 데려간다. 소년은 신들처럼 아름다웠지만 앙키세스는 아들의 어머니가 요정이라고 말해야 했는데 이는 아이가 탄생한 순간 신들과 했던 약속 때문이었다. 만약 진실을 발설하게 되면 제우스가 약속을 어긴 죄로 그에게 벼락을 내리리라는 걸 그는 알고 있었다. 그래서 어느 누구도 아이네아스의 어머니가 위대한 여신이었다는 사실을 알지 못했다. 트로이 사람들은 그의 어머니가 나무의 정령이거나 혹은 신비하지만 하급의 요정이었을 것이라고 생각했다.

우리는 이런 세부적인 사항들을 기억해 둘 필요가 있다. 왜냐하면 이런 혈통과 관련된 에피소드들은 영웅과 그의 신적인 어머니에 대한 관계를 시사해주는 점이 있기 때문이다. 이 전설들에 따르면 영웅의 어머니는 거짓말쟁이다. 또한 그녀는 어머니라는 정체성을 부정하고 숨긴다. 그녀는 한 번도 아들을 친근하게 돌봐준 적이 없으며, 어린아이가 필요로 하는 요구들에 전혀 관심을 기울이지 않는다. 성년이 된 위대한 영웅 아이네아스가 마음 저 밑바닥에서는 항상 우울한 감정을 간직하고 있었다는 것은 그래서 전혀 이상스러운 일이 아니다.

호메로스가 펼쳐놓은 수많은 신화들 속의 이야기를 차용하면서 베르길리우스는 제우스를 라틴어 이름의 요베(Jove) 또는 유피테르(Jupiter)로, 아프로디테를 베누스로, 헤라를 유노(Juno)로 바꾸어 놓았다. 그래서 앞으로는 우리도 라틴어식의 명칭들을 사용하려 한다. 그리고 호메로스의 신화들 속에는 아프로디테와 앙키세스에 대한 뒷이야기도 전해오는데, 이에 따르면 앙키세스는 포도주에 취해 어느 날 아이네아스의 출생에 관한 진실을 살짝 흘리게 된다. 그러자 화가 난 요베가 던진 번갯불이 그의 다리를 마비시켜 버린다. 우리가 『아이네이스』에서 앙키세스를 만나게 되는 상황은 바로 여기에서부터이다.

『오디세이아』의 시작부분에서 오디세우스는 이미 자신의 목적을 성취한 상태였으며, 회상을 통해 자신의 모든 이야기들을 말하고 있다. 『아이네이스』 역시 이런 서술기법을 사용하고 있다.

『아이네이스』의 1장은 이탈리아의 해안가를 이미 눈앞에 두고 있는 아이네아스와 함께 시작하고 있다. 요베의 부인인 유노는 이 광경을 놓치지 않는다. 그녀는 이런 상황을 참을 수 없어 하는데, 고대의 독자들은 그녀가 어떤 이유로 그러는지를 아주 잘 알고 있었다. 유노는 이후 로마의 가장 큰 경쟁자가 될 카르타고(Carthage)의 편이었기 때문에 트로이인들뿐만 아니라 아이네아스도 싫어하였다. 게다가 유노가 트로이인들을 싫어하게 된 이유 중 또 하나는 남편의 사랑을 독차지하던 가니메데스(Ganymede)라는 여인이 트로이 사람이었고, 베누스를 가장 아름다운 여신으로 뽑았던 파리스(Pais) 역시 트로이 사람이었기 때문이다. 유노의 이런 이유들은 현대적인 관점에서 본다면 다분히 이기적인 동기인데, 그리스 로마의 다신교적 전통에서는 신들이 반드시 윤리적이어야 할 필요는 없기 때문에 큰 문제가 되지 않았다. 어쨌됐든 아이네아스의 도착이 임박하자 유노는 바람의 신 아에올루스(Aeolus)에게 도와달라는 요청을 한다. 그래서 아에올루스는 바람을 일으켜 아이네아스가 탄 배를 아프리카 해협으로 돌려보내고, 그에 대한 보답으로 아름다운 요정을 소개받게 된다.

아이네아스의 배가 이탈리아에서 다시 멀어졌다는 것을 알게 된 베누스는 유노에 대한 분노에 사로잡혀 요베에게 달려간다. 그리고 그가 했던 약속을 지켜달라며 비난을 퍼붓는다. 요베는 전에 아이네아스가 이탈리아의 해안가에 도착하게 될 것이며 거기서 위대한 혈통을 세울 것이라는 약속을 한 바 있었다. 베누스의 비난에 요베는 신화와 실제 역사를 결합한 재치 있는 대답을 한다. 약속은 전혀 변하지 않았으며, 그녀의 아들에게 주어진 영광스러운 운명은 이제 정말로 분명하게 드러날 것이라고, 그리고 아이네아스는 이탈리아에 당도하게 될 것이고 3년간 전쟁을 치른 후에는 왕이 될 것이라고 말이다. 또한 그의 아들 아스카니우스-일리움(Ilium, 트로이)에 거주하였을 때는 일루스(Ilus)라 불렀고, 지금은 이울루스(Iulus)라 부른다-는 30년 안에 알바라는 도시를 창건하게 될 것이고, 이 도시는 300년 후에 위대한 로마를 낳게 될 것이라고 말한다. 신들은 이 도시에 무한한 권력을 줄 것이고 통치기간을 영원히 보존해줄 것이다. 그리고 나서는 유노 역시 마음을 바꾸어 이 도시의 후원자가 될 것이고 이울루스의 자손 율리우스는 이 도시의 최고 통치자로서 혈통을 이어가게 될 것이다.

베르길리우스는 서사시 속에서 아이네아스에게 계속해서 '신들에 대한 존경'을 의미하는 '경건한'이라는 수식어를 붙이고 있다. 이는 아이네아스가 신들의 보호를 받고 있음을 간접적으로 암시하는 것으로, 현대의 독자들이라면 그의 경건함이 신에 대한 신앙심에서 나온 것일 뿐만 아니라 내면의 정신에서도 나온 것이라는 점을 눈치 챌 것이다. 외부의 신들에 대한 그의 한결같은 복종심은 그의 내면에 존재하는 지나치게 엄격한 권위와 등가의 것이다. 결코 만족할 수 없는 이 완벽주의는 그래서 그의 감정 저 깊은 곳에 우울함을 자리 잡게 한다. 결국 베르길리우스가 우리에게 보여주고 있는 인물은 아버지의 손에 의해서만 자라난 남자, 그리고 어머니의 진실한 애정이 결핍된 남자이다.

한편 아이네아스를 포함한 트로이인들은 디도(Dido) 여왕이 다스리는 카르타고에서 그리 멀지 않은 해안가 절벽에 정박하게 된다. 베누스는 아이네아스를 안심시킬 목적으로 지상에 내려간다. 하지만 이 근심 많은 어머니는 언젠가 자신의 연인이었던 앙키세스에게 했던 것처럼 아들에게도 거짓말을 한다. 베누스는 아이네아스가 도착한 지역에 대한 정보를 제공해 주면서 자신을 여자 사냥꾼이라고 소개했던 것이다. 당연히 아이네아스는 그녀가 어머니라는 것을 알아채지 못했을 뿐만 아니라 그녀가 여신이라고는 상상조차 하지 못한다. 아이네아스가 이를 알아챘을 때에는 이미 그녀가 사라진 뒤이다. 어머니의 존재를 알게 된 아이네아스는 자신이 거부당했다는 감정 때문에 비통해 한다. "왜 당신은 아들에게까지 잔인한 변장으로 속이셔야 합니까? 아, 왜 우리는 서로의 손을 잡지도 못하고 서로에게 진실한 말을 건넬 수도 없는 것입니까?" 어떤 변명이나 이유로도 충분히 해명할 수 없는 베누스의 이 잔인함에 대해서 우리는 나중에 다시 거론할 것이다. 시인은 이를 통해 우리에게 무엇인가 말하고 있기 때문이다.

아이네아스는 낯선 땅을 살펴보러 나간다. 여왕 디도는 이 영웅에 대한 전설을 이미 알고 있는 터라 그의 도착을 듣고는 기쁘게 그를 맞이한다. 이제 다음 장면을 주의해서 살펴보자. 디도 여왕의 왕궁에 도착한 아이네아스는 곧바로 아스카니우스를 불러오라고 사자를 보낸다. 왜냐하면 '아버지로서의 사랑이 일순간도 그의 마음을 떠난 적이 없기' 때문이다. 이 구절은 로마의 아버지상(象)에 대한 베르길리우스의 전체적인 구상과 이로부터 파생된 사회제도들과 역사적인 사건들을 함축하고 있다. 그리고 모순적이게도 아버지의 사랑은 가슴이나 감정의 문제가 아니라 정신의 문제, 즉 사고와 판단, 의지의 문제인 것처럼 표현되고 있다. 또한 아버지의 아들에 대한 사랑은 안정과 책임감, 보호를 둘러싼 그칠 줄 모르는 정신 활동이기도 하다.

여왕의 허락 하에서 아스카니우스는 어떤 제재도 받지 않고 궁전으로 들어온다. 그리고 여기서 그는 헬렌이 사용하던 장신구들을 디도에게 선물로 전달한다. 소년과 여왕의 만남은 전쟁과는 다른 보다 여성적인 분위기를 만들어준다. 하늘에서 이 광경을 지켜보고 있던 베누스는 유노가 혹시 디도로 하여금 아이네아스의 계획을 방해하게 하려는 것이 아닌지 걱정하기 시작한다. 경쟁심과 아들에 대한 자기본위적인 애정, 그리고 사랑의 여신으로서의 그녀의 역할이 동기가 되어 그녀는 카르타고 여왕의 가슴속에다 아이네아스에 대한 정열을 심어 놓는다. 즉 아스카니우스가 디도에게 자신을 소개하려 하자 디도는 그를 끌어안고 깊은 애정을 보여주는데, 이때 진짜 아스카니우스는 베누스에게 잠시 유괴되고 변장한 큐피드가 디도 여왕의 가슴에 사랑을 심어 넣는다. 베누스는 아스카니우스와 아이네아스 사이의 강한 유사성을 이용해 디도의 모성적 애정을 그의 아버지에 대한 사랑의 열정으로 변화시키는 계략을 펼친 것이다.

흥미로운 점은 유노와 베누스가 서로 적대적이지만 아이네아스를 난관에 빠뜨리는 데 있어서는 동일한 역할을 하고 있다는 점이다. 그녀들은 그가 맡은 의무로부터 그를 떼어놓고 교란시키려고 한다. 이 두 여신들은 자신들의 즉각적인 이득에 이끌려 행동을 할 뿐, 운명이 선고한 새로운 시대를 만들어 내야 하는 과업 따위에는 관심을 두지 않는다. 『아이네이스』는 아버지의 서사시이고 아버지들만이―천상에서는 요베, 지상에서는 앙키세스와 함께―먼 장래를 내다보는 과업의 책임을 맡을 수 있다는 것을 우리에게 상기시켜주고 있다. 이 서사시에서 아버지들은 의무와 이상들과 친숙한 반면, 어머니들은 단지 욕망만을 알고 있을 뿐이다.

하지만 우리의 관점은 심리학적인 것이기 때문에 베누스를 아이네아스와 동떨어진 독립적인 힘으로 보지 않는다. 이와 반대로 그녀는 유혹적인 측면, 즉 비뚤어지고 간접적이며 통제되지 않는, 완전히 무의식적인 것으로부터 나오는 측면들을 대표한다. 이것은 지나치게 직선적이고 남성적이며 그리고 항상 의무를 수행해야 한다는 강박관념 때문에 억압되고 인정받지 못한 부분들이다. 그래서 아이네아스가 아스카니우스에게 유혹의 상징인 헬렌의 보석들을 디도에게 선물로 주게 했을 때, 아이네아스는 무의식적으로 그의 어머니 베누스와 완벽하게 일치하고 있다. 시인은 외적으로는 부성적인 사랑의 우월성을 주장하면서도 비밀스럽게 그것의 어두운 측면, 즉 감정을 이용하려는 무의식적인 의도를 드러내고 있는 것이다.

유혹의 선물을 받은 디도는 그리하여 이제 은밀한 감정을 품고서 아이네아스를 대하기 시작한다. 그리고 트로이의 싸움이 어떻게 되었으며 그 후로 무슨 일들을 겪었는지 이야기해 달라고 간청한다. 디도의 이 부탁에 베르길리우스는 장대한 호메로스 방식의 회상법을 사용해 아이네아스가 겪었던 7년간의 모험들을 서술하기 시작한다.

서사시의 제2장은 트로이의 몰락을 열거하면서 시작하고 있다.

아이네아스는 과거의 사건들을 회상하면 눈물을 흘리지 않을 수 없다고 말하면서 다음과 같이 이야기를 시작한다.

트로이 전쟁은 10년째로 접어들고 있었고 그리스 군대는 계략을 짜내어 전쟁을 포기하는 척하면서 전선에서 물러난다. 그들은 자신들이 정말 떠나버린 것처럼 여기게 하려고 함선들을 바닷가에서 멀리 떨어진 곳에다 숨겨 놓은 다음 해변에는 거대한 목마만을 남겨 놓았다. 하지만 이 목마의 뱃속에는 그리스의 정예 군사들이 숨어 있었다.

그리스 군대가 거대한 목마만을 남겨놓고 물러난 것을 보고 대다수의 트로이 사람들은 전쟁에서 승리한 것처럼 기뻐하면서 호기심을 갖고 목마에 접근한다. 아이네아스의 가족들은-호메로스가 귀족으로 서술하고 있지만 왕족은 아니었다-이런 흥분한 트로이 사람들의 아버지 역할을 하고 있는데, 넵튠의 사제이자 앙키세스의 형인 라오콘이 사람들을 제지하고 나선 것이다. 그는 제일 먼저 나서서 "어찌하여 그대들은 위험을 알아보지 못하시오? 적으로부터 선물을 받는 자는 미친 자들뿐이오!"라고 말한다. 그리고 곧장 창을 집어 들어 목마를 향해 던지고, 이어서 불길한 소리가 울려 퍼진다. 놀란 트로이 사람들은 목마로부터 물러나고 트로이의 몰락도 벗어날 뻔한다.

하지만 새로운 계략이 등장하는데, 배신자 한 명이 해변가 뒤쪽에 남아 있다가 나타나 이 목마는 미네르바에게 바치는 제물이라고 주장한다. 그는 또한 자신이 이 목마 곁에서 희생제물이 되어야 하는 운명이었기 때문에 그리스 군대로부터 탈출했다고 설명한다. 그리고 목마를 이렇게 크게 만든 것은 트로이 사람들이 성문 안쪽으로 끌고 들어감으로써 신의 은총이 트로이로 기우는 것을 막기 위해서라고 말한다. 배신자의 이야기가 끝나자 이번에는 두 마리의 거대한 뱀이 바다 속에서 올라와 라오콘의 두 아들을 집어삼키고는 아이들을 구하려는 아버지마저 갈가리 찢어 놓는다. 이 광경은 배신자의 이야기가 트로이 사람들에게 진실처럼 들리게 만들고, 라오콘이 목마에 대해 불경한 이야기를 했기 때문에 여신 미네르바의 저주를 받은 것처럼 보이게 만든다. 그래서 순진한 군중들은 그리스 군대가 정말로 도망쳤고 전쟁은 끝이 났으며, 목마는 승리의 증거물이라고 생각한다. 바보스럽고 경솔하고 어린 아이 같은 그들은 계략에 쉽사리 무너져 버린 것이다. 군중들은 목마를 도시 안으로 들여놓기 위해 스스로 자신들의 성벽을 무너뜨린다. 그리고 목마를 도시 한가운데 들여 놓고는 전쟁에서의 승리를 노래하고 술을 퍼마시고 축제를 벌인 다음 파수병도 남겨놓지 않고 잠자리로 돌아간다.

아이네아스는 이런 정황을 다음과 같이 회상한다.

때는 지쳐 버린 사람들이 약간의 휴식을 취하기
시작할 무렵이었으므로 사람들은 단잠에 빠져들어 있었소.
나는 꿈을 꾸었소. 헥토르가 내 앞에 서 있는 것을 본 것 같았소.
매우 슬픔에 잠겨 눈물을 폭포처럼 흘리는 모습이 마치
죽을 때의 모습과 같았소. 수레에 끌려 다닌 뒤
피와 먼지로 뒤범벅이 된 때와 같았소.
오, 신이여! 이 얼마나 처참한 모습인가! 얼마나 무섭게 변했는가!
일찍이 아킬레우스의 무구를 갖추고 돌아왔던 헥토르가,
불로 그리스 함대를 무찌르고 돌아왔던 헥토르가!
이제 수염은 헝클어지고, 머리털은 피로 엉키어
그가 조국을 지키기 위해 성을 돌며 싸우는 동안 많은 상처를
받은 것을 보여주었소. 나 역시 울고 있었소. 묻지 않았는데
나는 꿈속에서 그에게 말을 걸고 이 슬픈 사연을 억지로 말하게 하였소.

—어디에서 어찌하여 나에게 온 것이요? 당신 안색이 공포스러운 얼굴을 하고 있는 것은 무슨 뜻이요?

헥토르는 이런 내 헛된 물음에는 전혀 대답을 하지 않고 무거운 한숨을 토하며 말하였소.

—도망가시오, 아이네아스. 도망가시오. 모든 곳이 불타고 있소. 적들은 벌써 거리를 휩쓸고 다니고 트로이는 탑의 꼭대기에서 떨어졌소. 그대는 그대 조국이나 프리아모스 왕에게 의무를 다하였소. 만일 나의 강한 오른손이 우리의 도시를 구할 수 있다면 내 손은 오래전에 그것을 하였을 것이오. 도망가시오. 트로이는 그대가 이곳의 유산과 가정의 신들을 지킬 것을 믿소.

그는 이렇게 말하고 그 성스러운 머리띠와 힘센 베스타 여신의 성상과 신전의 성소에 있는 불멸의 불을 가지고 왔소. 내 집은 거리에서 멀리 떨어진 곳에 있었는데도 비명소리가 가까운 곳처럼 들려왔소. 고통이 나를 깨우자 꿈은 끝이 났지만 그것은 악몽이 아니었소. 비명소리는 점점 더 커져갔으며 이제는 다른 소리도 들려왔소. 트로이가 불길 속에서 타오르는 소리였소.

가정의 신들(페나테)과 성스러운 조각상(彫刻像)은 이곳에서 어떤 인물들의 개입보다 중요한 의미를 가지고 있다. 그것들은 아버지를 아들에게, 그리스 세계를 로마세계에, 파괴되었던 도시를 건설되어야 할 새 도시에 연결시켜주는 것들이기 때문이다.

일반적으로 가정의 신들은 특정한 이름을 갖지 않는다. 그들은 집과 도시와 가정과 국가를 지켜주는 신격들이다. 특히 국가는 확장된 가정이라고 여겨질 수 있다. 로마의 가정 신들이 그리스의 가정 신들로부터 나온 것이기는 하지만, 그들은 로마에서 가장 집중적으로 숭배되었으며 로마 사회와 로마 가정에서 최고의 높은 신으로 숭배되었다. 그들의 핵심적인 위치는 국가 종교의 서사시인 『아이네이스』에 의해 지지되면서 도시의 혈통을 지켜주는 보호자로 등장하고 있다. 그들은 아이네아스의 정신적이면서도 동시에 물질적인 후손들을 표상하는 것이라고 할 수 있다.

또한 가정 신들의 핵심적인 위치는 단순한 은유를 넘어선 것이기도 하다. 라틴어 페누스(penus)는 집과 사원 모두에서 가장 중심적이며 보호되어야 할 장소를 뜻하기도 하며, 작은 조각상들이나 이미지들이 놓여 있는 조그마한 제단을 뜻하기도 한다. 이 제단은 가정과 나라의 시민들을 보호해주는 신들에게 헌사된 곳이다. 페누스는 또한 동사 관통하다(to penetrate)의 어근이며 이로부터 페나테들(Penates)이 나왔다. 게다가 로마에서 공식적인 종교로 인정받으면서 가정 신들에 대한 숭배는 근원적이고 깊숙한 곳에 위치한 감정, 즉 가족의 심리적인 태도에도 영향을 주었다. 페나테는 가정이든 도시든 이성적이라기보다는 규정될 수 없는 어떤 감정들과 연관된 친밀감을 나타내는 것이다. 페나테들은 앞서도 언급했듯이 특정한 이름이 없다. 그들은 단지 가장 믿음직스럽고 가장 솔직한 세대들 속에 들어 있는 수호신들이며, 이들의 연속성을 가장 은밀하게 표현해주는 것이다. 그들에 대한 참배는 태양의 빛이 닿지 않는 실내에서 행해지는데, 이는 이들의 성격이 빛이라든가 이성적인 분명함이 결여되어 있기 때문이다. 또한 페나테들에 대한 숭배의식은 모호함으로 둘러싸여 있고 가정의 또 다른 수호신인 라레스(Lares)

와 친밀감의 여신인 베스타(Vesta)[112]에게 바쳐지는 영원한 불길에 대한 숭배와도 혼합되어 있다. 이러한 형태의 믿음은 거의 종교적인 것이라고 할 수 있지만 또한 시민적인 아버지에 대한 헌신을 함축하고 있는 것이라고도 할 수 있다. 또한 가정에서의 남성의 역할과 여성의 역할의 엄격한 구분을 함축하고 있는 것이기도 하다. 더 나아가 페나테와 관련된 숭배는 로마의 신화 속에서만 그치는 것이 아니라, 서구의 근대에 깊은 영향을 미친 사상가인 헤겔(Hegel)에게까지 이어져 가족의 근원적인 관계를 만들어주는 토대로 여겨졌다.[113]

페나테는 로마 가정의 연속성을 지켜주는 씨앗이면서 남성을 아버지의 지위로 고양시켜주는 마음 깊은 곳에 위치한 감정의 근원이었다. 하지만 오늘날의 단조로운 현대 언어들은 이와 반대로 아버지가 남성의 지위로 추락하는 부성적인 퇴행을 보여왔다. 그래서 페누스와 페나테는 오래전에 잊혀진 단어들이 되었으며 '페니스(penis)'와 '관통(penetration)'이라는 단어들에서만 겨우 그 흔적을 남기고 있을 뿐이다. 언어를 통해 전달되는 집단적인 상상력은 가족적인 유대감과 연속성(페나테)의 가치를 잃어가고 있으며, 이 속에서 개인의 정체성을 발견하는 일은 드물어졌다. 이제 사람들은 오로지 성(性)이라는 단어 안에서만 자신들의 정체성을 찾으려 한다.

꿈에서 깨어난 아이네아스는 트로이 시 전체가 불길에 휩싸이고 많은 사람들이 거리 곳곳에서 비명을 지르고 있는 것을 보자 분노에 휩싸인다. 도시가 몰락하는 것을 본 그는 아버지라는 자신의 역할을 망각하고 전사로서의 삶을 추구하는 남성적 상태로 다음과 같이 퇴행한다.

나는 미친 듯이 칼을 집어 들고는 싸우겠다는 욕망으로,

저항군을 조직해야 한다는 생각으로, 불길 속으로 달려 나갔소.

하지만 어떻게 해야 할지 도무지 생각이 떠오르지 않았소.

오직 전사들을 약간 규합하여 성채를 해방하고자 반격하며 나대

고 있을 뿐, 광폭한 분노와 절망이 나를 밀어갈 뿐.

그때 한 가지 생각이 떠올랐소.

죽는 것은 훌륭한 일이다. 나는 불길로 밝아져 있는 거리를 달렸

소.

그러나 그때 그리스 군의 칼 숲을 뚫고 아폴로의 사제인 판투스

가 내게로 왔소.

페나테들과 트로이의 성스러운 조각상들을 들고서 말이오.

─오, 아이네아스! 이제 트로이를 지켜줄 수 있는 것은 아무것도 없소.

트로이와 트로이인들 그리고 우리 도시의 모든 영광은 이제 과거의 것

이 되어버렸구려. 신들조차도 트로이를 버렸다오.

거리의 길목마다 건장한 젊은 남자의 무리들이 지키고 있었소.

─당신은 아무런 희망도 없는 전쟁 편에서 싸우고 싶소? 신들은 이미

도망을 쳤소. 우리는 이미 무너진 도시를 지키고 서 있단 말이오. 진정한

용감함은 환상을 모두 제거하는 것에 달려 있소.

그들은 나를 따랐소. 그리고 우리는 도시의 거리를 그리스 군의

피로 물들이면서 맹렬하게 돌진하였소. 하지만 적들은 점점 더 많

아져만 갔고, 판투스는 죽음을 맞이하였소. 나 역시 피가 진해지는

곳에서 죽음을 찾았더랬소. 하지만 죽음은 나를 찾아내기를 거부하

였소. 우리는 가장 격렬한 전투가 펼쳐지고 있는 프리아모스의 궁

전에 도착하였소. 왕의 가족들은 작은 제단 주위에 모여 있었는데 이 작은 성소만이 그들의 목숨을 구해줄 수 있을 거라 믿었기 때문이오.

이때 아킬레우스의 아들 피로스―호메로스는 그를 네오프톨레모스라고 불렀다―가 등장한다. 이것은 하나의 경고라고 할 수 있는데, 아버지가 그의 후손들에게 대대로 계승될 축복을 줄 수 있는 것처럼 비(非)부성적인 남성의 지위도 후손들에게 연속되는 저주라는 것을 우리가 여기에서 깨닫게 되기 때문이다. 피로스는 그의 아버지 아킬레우스처럼 전쟁과 피를 향해 달려가는 남성성의 상징이라고 할 수 있다. 그는 프리아모스의 아들 폴리테스를 뒤쫓다가 아버지 프리아모스 앞에서 그를 죽인다. 이를 본 노왕은 다음과 같이 소리친다.

―내 말을 들으라. 너 죄인아! 하늘에 정의가 있다면 이런 사태를 보는 눈들이여, 신들이 너에게 적절한 보복을 내릴 것이다. 너는 나를 자식의 죽음의 증인이 되게 하여 아버지의 얼굴을 더럽혔도다! 잔인한 아킬레우스조차도 나의 간청을 존중하여 헥토르를 내어주지 않았던가. (살인보다 진정으로 참을 수 없는 것은 아버지에 대한 모독이다.)

그러자 피로스가 다음과 같이 응수한다.

―그렇다면 내 아버지에게 가시오. 가서 내 잔인함을 모두 고해 보시오. 이제는 당신이 죽을 차례이외다.

피로스는 피가 솟구치는 아들 곁에서 떨고 있는 노인을 제단으로 끌고 가 검으로 노인의 몸을 두 동강 낸다. 아이네아스는 이를 보고 다음과 같이 말한다.

―그러자 갑자기 난생처음으로 내 마음속에 프리아모스와 같은 연배인 내 아버지의 모습이 떠올랐소.

(베르길리우스는 아킬레우스가 프리아모스와의 대면에서 자신의 아버지를 떠올리는 『일리아스』의 대목을 끌어오고 있다. 아들의 마음속에서 아버지의 모습은 전의를 상실케 하고 연민의 감정을 부여한다.)

나는 버려진 아내 크레우스(Creusa)며 약탈된 내 가정이며
어린 아스카니우스의 운명을 그려보았소.
나는 군대가 얼마나 남았는지 주위를 돌아보았소.
모두가 물거품이 되어 있었소. 그들은 완전히 기진맥진하여
지붕에서 땅으로 떨어지거나 아니면 불길로 떨어져 갔소.
트로이의 밤을 타고 나는 집을 향해서 달렸소. 이때 그림자 속에
숨어 있는 헬레네가 타오르는 불길 속에 있는 내 눈앞에 나타났소.
내 가슴에 갑자기 증오의 불길이 타올랐소.
우리 모두의 목숨을 잃게 한 그녀는 이렇게 빠져나가 다시 스파르타로 돌아갈 것인가?
여왕으로 금의환향하겠다는 것인가?
안 된다. 여자를 죽이는 것이 명예가 되지 않을지라도 정의는 행해져야 한다.
나는 그녀가 있는 방향으로 몸을 돌렸소.
그때 갑자기 내 어머니 베누스가 나타났소.
―내 아들아. 재빨리 도망쳐야 할 순간에 무슨 고뇌가 너를 이런 분

별없는 분노로 밀어 넣었느냐? 넵튠과 유노, 미네르바와 요베까지도—
이 순간 그녀는 불길의 연기를 헤치고 나에게 그들을 보여주었소—천
박한 헬레네가 아닌 트로이를 파괴하고 있다. 도망가거라! 아버지에게
로 달려가 네 가족들의 목숨을 구하거라!

(이 구절은 아이네아스의 어머니가 보여주는 최초의 분별력 있고 사랑으로 가
득 찬 조언처럼 보이지만 그럼에도 역시 이기심에서 나온 것이라고 할 수 있다. 현
대의 독자들과 달리 그리스 시대 독자들은 헬레네가 베누스의 이기심을 보여주는
살아 있는 증거이기 때문에 베누스가 아이네아스로 하여금 그녀를 포기하게 한 것
임을 바로 이해했을 것이다. 베누스는 파리스가 자신을 여신들 중에서 가장 아름
다운 자로 뽑아주면, 그에 대한 보답으로 그에게 지상에서 가장 아름다운 여인을
주겠다고 약속한 적이 있다. 파리스에게 주었던 이 여인이 바로 그리스 왕의 부인
인 헬레네이며, 헬레네의 납치는 트로이 전쟁이 발발하게 되는 원인이 된다.)

그러자 정말로 나는 마치 거대한 나무가 도끼날 밑으로 쓰러지는 것
처럼 트로이가 무너지고 있는 것을 보았소. 나는 숨 쉴 새도 없이 집으
로 달려갔소. 하지만 그 누구보다 먼저 안전한 곳으로 모시려 했던 나
의 아버지는 이를 거절하였소.

—나는 이미 죽은 자와 다름없으니 내가 있을 곳은 죽은 도시인 이
곳이다. 젊은 네가 도망을 가도록 하여라.

—아버지, 어떻게 제가 당신을 두고 떠날 수 있을 것이라 생각하십
니까? 이 도시가 우리들이 죽음을 맞이할 곳이기를 당신과 신들이 원
하신다면 죽음은 아직도 마지막 선택을 남겨두고 있습니다. 저에게 다
시 갑옷을 입혀 그리스 군과 싸우도록 돌려보내 주십시오.

('당신과 신들'이라는 표현에서 보이듯이 아버지의 의지와 신들의 의지는 동일

한 선상에 놓여 있다. 운명은 아버지의 편에 서 있는 아들의 죽음을, 즉 프리아모스 곁의 폴리테스를 그리고 지금은 앙키세스 곁에 있는 아이네아스를, 아이네아스 곁에 있는 아스카니우스를 요구한다.)

그때 크레우사가 울면서 내 발목을 잡았소.

―어떻게 당신은 당신께 의지하고 있는 아버지와 아들, 그리고 부인을 저버리려 하시나요? 무엇보다 먼저 당신의 가정을 보호해주세요!

크레우사의 말에 뒤이어 갑자기 예상치 못했던 도움의 전조가 나타난다. 아스카니우스의 머리 위로 밝은 빛이 솟아나면서 요베가 보낸 것이 틀림없는 천둥이 내려친 것이다. 경이로움에 놀란 앙키세스는 곧바로 탄성을 내지른다.

―신들이 우리에게 말을 하고 계시구나. 그들은 내 손자의 탈출과 그로 인한 우리 민족의 탈출을 요청하고 계신 것이다. 더 이상 거부하지 않겠다! 가문 전체가 떠나자꾸나!

그리하여 나는 어깨에 황갈색 사자 가죽을 덮고서 몸을 굽혀 아버지를 업었소.

―아버지 서두르십시오. 제 목을 꼭 붙들고 업히십시오. 제 손은 피로 흠뻑 젖었으니 아버지께서 페나테들과 성스러운 조각상들을 붙들고 계십시오. 저는 그것에 손댈 수 없습니다.

다리를 저는 늙은이를 어깨에 매고 한 손으로는 아들의 손을 잡고 아내는 내 뒤를 곧장 뒤따르게 하면서 그렇게 나는 다시 한 번 불길이 타오르는 거리로 나아갔소.

(다음 장면은 불길과 피로 뒤범벅이 된 거리를 이전과 같이 동일하게 보여준다. 하지만 이제 아이네아스는 이전과 다른 사람이다. 그의 본성이 바뀐 것이다. 이전까지만 해도 아이네아스는 무기들이 부딪치는 소리에 흥분하고 싸움터로 곧장 달려 나가 적들과 피를 나누려고 했다. 적들과 싸움을 하는 것은 무(無)로 돌아가 끝마치게 될 인생에게 일종의 명예를 주는 것이라고 생각했던 아이네아스는 아킬레우스와 다를 바가 없었다. 하지만 이제 아이네아스는 작은 소리 하나에도, 작은 바람에도 신중함을 따져보고 뒤로 물러선다. 아이네아스는 계획을 세우고 이를 따져보면서 도피를 성공시키려고 한다. 도대체 그에게 무슨 일이 일어난 것인가? 그의 힘과 무모함은 어떻게 된 것인가? 우리는 그가 두 가지의 의무들 사이에서 흔들리고 있는 것을 보았다. 한 가지 의무는 본능적인 의무로 직접적이고 개인적이고 아킬레우스적인 것으로 싸움을 하는 것이다. 다른 한 가지는 좀 더 복잡한 의무로 장기간에 걸친 것이고 그의 가족과 하인들을 포함하고 있는 것이며 헥토르적인 것으로서 자신의 안전을 꾀하는 것이다. 우리는 그가 남성과 아버지, 이 두 가지로 분열되어 있음을 볼 수 있다.)

의무감으로 충만해서 나는 트로이 성벽을 막 지나쳐, 동료들과 만나기로 약속한 케레스 신전의 돌무더기 근처까지 다다랐소. 앙키세스와 아스카니우스 그리고 페나테들은 무사했소. 그러나 크레우사는? 나는 뒤를 돌아보았소. 크레우사는 사라지고 없었소. 절망에 빠져 나는 다시 한 번 갑옷을 갖춰 입고는 도시로, 그곳의 골목길로, 침묵 속에 잠긴 나의 집으로 되돌아갔소. 하지만 나는 약탈품들과 노예로 데려갈 여자들과 아이들을 세고 있는 그리스 군들 외에는 아무것도 볼 수가 없었소. 위험을 무릅쓰고 길거리에서 크레우사의 이름을 외쳐댔소. 그때 그녀의 영혼이 내 앞에 나타났소.

―절망하지 마세요. 아이네아스. 당신은 지금 제정신이 아니에요. 당신이 나를 위해 할 수 있는 것은 더 이상 없어요. 제 운명은 이미 끝났답니다. 마음을 굳게 가지세요. 저는 그리스 군을 위한 전쟁의 노예가 되지는 않았잖아요. 제 영혼은 이곳에서 평화롭게 살아 있을 것이고 여신 시빌레와 가까운 이 땅에서 명예롭게 남아 있을 거예요. 당신은 우리 가족을 지켜주셔야 해요. 아스카니우스와 그 아이에 대한 우리의 사랑을요. 당신은 언젠가 다시 새로운 땅과 새로운 신부를 맞이할 수 있게 될 거예요.

그러고 나서 그녀는 아무 쓸모도 없는 무기들과 눈물만을 나에게 남겨놓고 사라졌소.

나를 지켜주던 밤은 새벽 속으로 사라지려 하고 있었소. 나는 도시를 떠나 숨어 있는 장소로 서둘러 떠났소.

가는 도중 나는 살아남아 도망친 많은 트로이 사람들과 마주쳤소. 그들은 내가 가고자 하는 곳이 어디든 쫓아가길 원하였소. 이 놀라움이 나에게 용기를 주었소. 우리 뒤로 트로이는 그리스 군대에 둘러싸여 봉쇄되고 있었소. 우리는 돌아갈 수도 없었고 더 이상의 무리가 우리에게 합류하지도 않았소. 나는 다시 한 번 아버지를 내 어깨에 업고 지칠 대로 지친 생존자들과 함께 산을 향해 출발하였소.

『아이네이스』에서 가장 극적인 장인 두 번째 장은 이렇게 결말에 이르고 있다. 여기서 우리도 잠시 멈추어 몇 가지 질문들을 던져보도록 하자. 왜 아이네아스는 단호하게 멈추거나 서 있지도 못하고 그렇게 급박하게 왔다갔다 하는 것일까? 왜 베르길리우스는 그에게 이런 두 가지의 서로 다른 인격들을 부여하고 있는 것일까?

시인은 그리스 군이나 트로이 군보다 훨씬 더 맹렬하게 대립하고 있는 두 가지의 기질들을 아이네아스를 통해 보여주고 있다. 이 기질들은 두 가지의 심리적인 태도라고 할 수 있는데, 하나는 호메로스가 이미 서술한 바 있는 헥토르와 아킬레우스의 목숨을 건 싸움에서 보이는 것과 유사한 엄격한 남성적 태도이다. 또 하나는 두 가지의 서로 화해할 수 없는 존재 양태들 사이에서 방황하는 오디세우스의 내적 갈등이다. 우리는 베르길리우스가 어떤 의도들을 가지고 어떤 선택을 하는지 여기서 미리 짐작할 수 있다. 왜냐하면 그는 호메로스보다 더 의식적이고 보다 더 교육적으로 이야기를 끌고 나가고 싶어하기 때문이다. 그래서 한편으로 아이네아스는 계속해서 싸움을 하고 싶은 충동을 품고 있다. 그의 가장 단순한 의무는 시간의 가치와 독자들의 기대감, 그리고 자신의 판단을 따르는 것이다. 그는 끝까지 모험을 감행하며 살아남기 위해 용서를 구하려고 하지 않는다. 또한 그는 스스로를 가장 위험한 장소에 던져 넣지만 신들은 아직 그의 때가 오지 않았다고 알려준다. 그의 민족 전체가 공동의 적에 대항하는 직접적인 방식은 싸움이다. 친구들과 적들은 단지 이름으로만 간간이 언급될 뿐이고 주인공과는 아무런 개인적인 관계를 보여주지 않는다. 영웅적인 행동들은 단지 순간들에만 한정되어 있을 뿐이고 모든 인간적인 관계들은 집단 내에서든 무리 속에서든 수평적이다.

여기에서 집단이라는 용어는 프로이트나 엥겔스가 사용하는 선인류학적인 용어의 의미가 아니다. 그보다 이것은 동물행동의 심리학과 관련된 문제라고 할 수 있다. 전사들의 집단은 남성들의 전체 연대—우리

244

는 이미 이 작업을 원숭이를 통해 살펴보았다—를 암시하는 것이라고 할 수 있다. 이 연대는 식량과 여자를 차지하기 위해 서로 협력하기도 하지만 좋은 기회가 생기면 언제든지 흩어지고 서로 경쟁을 벌일 준비가 되어 있다. 억지스러운 비교라고도 할 수 있지만 우리는 트로이의 시대가 헬레네, 즉 한 여성을 소유하기 위한 남성들의 원초적인 경쟁에 대한 신화적인 은유라고 생각한다.

하지만 호메로스와 달리 베르길리우스는 한 사회의 이데올로기에 속해 있었다. 그는 로마의 막강한 권력에 일조하기를 원했고, 이 서사시가 로마를 세계 전체로 확장시켜줄 운명을 띠고 있다고 생각했다. 이런 베르길리우스에게 충동적인 남성적 집단은 과거에 속한 것인 반면 책임감 있는 아버지들의 사회는 미래를 향한 것이었다. 로마로 하여금 법률의 중심이 되고 여기에 옷을 입히는 것은 아버지들의 사회였다. 그래서 『아이네이스』에서는 트로이 사람들이 계속해서 아이네아스를 중심으로 모여들고, 그 주변으로 질서를 이루면서 계획을 진행시킨다.

싸움터로 달려 나가고자 하는 충동과 함께 아이네아스가 가지고 있는 또 다른 충동은 바로 이런 것에서 나온 것으로 가족과 자신의 사람들을 구해야 한다는 것이다. 이 충동은 앞의 것보다 훨씬 복합적인 측면을 갖고 있는데, 그래서 오디세우스의 계획들과 비슷한 특징들을 보여준다. 게다가 이것은 즉각적으로 명확하게 다가오는 어떤 만족이 아니다. 아이네아스는 헥토르로부터, 그의 어머니인 베누스로부터, 그리고 크레우사의 영혼으로부터 충고를 들으면서 차차로 설득된다. 부성의 출현이 가족과 사회의 형성에서부터 차차로 형성된 것처럼 아이네아스는 싸움에 참여하고 싶은 즉각적인 충동을 억누름으로써 차차로

이 길로 들어선다. 동물들의 싸움이 추구하는 핏자국과 파괴로 얼룩진 정신에게 구원을 향한 이성적인 길은 너무나 추상적인 것이다. 그리고 이 길은 아이네아스에게 남아 있는 남성적인 충동처럼 아직 완성된 것도 아니고 성숙된 것도 아니다.

그럼에도 불구하고 시인은 아이네아스의 인격 속에서 (존재발생론적으로) 불완전하지만 결정적인 진화론적인 진보를 제시한다. 아이네아스가 로마의 건설자라는 (종족발생론적인) 새로운 사회의 상징이 되기 위해서는 이 길을 걸어야 했기 때문이다.[114] 아이네아스는 선택을 해야 했다. 방어의 마지막 순간이 다가왔을 때, 그리고 시간과 체력이 거의 다 소진되었을 때, 그는 적과 전투를 벌이든가 아니면 종족을 구해야만 했다. 아이네아스의 이 선택들은 서로 타협이 불가능한 것인데, 한쪽은 본능의 단순한 연장선상 위에 있는 의무(전 연령을 통틀어 젊은이는 이를 위해 자발적으로 죽음을 향해 돌진하는 데 반해, 노인은 자유로운 선택으로 그것을 편안하게 지켜본다)지만, 다른 한쪽은 본능을 억제함으로써 얻어질 수 있는 의무이기 때문이다. 두 번째 경우에서는 특히 충동을 즉시 만족시키는 것이 거부된다. 노력이라는 것은 의도와 계획을 가지고 꾸준하게 밀어 올리는 이성적인 정신에게만 가능한 것이다. 노력 속에서는 휴식도 연기된다.

하지만 처음에 정신은 이런 복합적인 기능이 준비되어 있지 않다. 여러 다양한 목소리들의 충고가 필요한 것은 이 때문이다. 어머니의 권고뿐만 아니라 아버지와 아내 크레우사의 조언들 그리고 헥토르가 보여준 이상적인 모습도 그에게는 조언을 해주는 대상들이다(이 목소리가 실제 사람들의 것인지 아니면 자기 내면의 다양한 권위들에서 나온 것인지는 중요하지 않다). 의지라는 것은 본능에 기반하고 있는 것이 아니기 때문에 어떤 즉각적인 안정감도 제공해주지 않는다. 창을 들어올렸을 때와 연로한 아버지를 등에 업었을 때의 아이네아스의 감정들은 그래서 서로 비교될 수 없다. 전자가 단순하고 만족할 만한 것이라면 후자는 정신의 깊이를 가진 이해에 의존하고 있다. 전자가 수평적인 힘만을 중요시하는 젊은이의 정신이라면, 후자는 수직적인 힘으로 성숙된 아버지의 정신이다.

수평성은 어린 사자 무리가 보이는 호전성의 전형적인 특징이다. 이들은 책임감의 무게를 알지 못하기 때문에 가볍게 행동할 수 있다. 이들은 모두 잘생기고 훌륭하지만 어느 누구도 자기 자신이지는 않다. 왜냐하면 이들은 이해관계 안에서 각자 집단에 속해 있을 뿐이고 공격을 받으면 곧장 흩어져버리기 때문이다. 반면 수직성은 하늘로 솟구쳐 오르면서 뿌리는 대지 속에 박고 있는 나무의 힘에 비유할 수 있다. 아이네아스의 어깨 위에서 내리누르는 아버지의 압력은 수직적이다. 수직성은 이런 무게를 짊어지도록 결단을 내리게끔 하는 이해에 기반하고 있다. 어린 사자―싸움을 벌이는 어린 영혼인―가 남길 수 있는 유일한 것은 자신의 가죽뿐이다. 그래서 가죽은 어른이 참아내기로 결정한 무거운 짐에 대한 상징적인 완충물이 된다. 아들의 어깨는 자신을 가눌 수 없는 늙은 아버지를 지탱하고 있다. 이런 수직적인 연대는 은연중에 위계적이지만 이 짐을 견뎌내는 것에 대한 보상을 준다. 타인의 무게를 참는 것은 젊은이에서 이제 성인이 되었음을 인증해주는 이해를 선사한다.

다시 말해 아버지를 업음으로써 어린 사자로서의 아이네아스는 사멸한다. 대신 아버지로서의 아이네아스가 아버지들의 연대 속에서 자신의 자리를 찾아내면서 일어선다. 아이네아스는 아버지 앙키세스를 어깨 위에 업고, 아들 아스카니우스를 손에 잡고서 발길을 옮긴다. 이들 셋은 미래를 향한 발길을 만들어내는 혈통의 나무를 구성하고 있다. 이들은 한 세대에서 다음 세대로 이어지는 부성을 전달해주면서 결합하고 있다. 죽음으로부터 도피하면서 그들은 아이네아스를 통해 결합하고 있으며, 이 결합은 뒤따를 세대와 앞선 세대 모두에게 지지대가 되어주고 있다. 아버지와 아들을 데리고 도망치고 있는 아이네아스의 이미지는 한 사회를 단결시키는 아버지들의 연대를 분명하게 드러낸다(도판 1).

고대 로마인들에게 있어 도시를 창건한 영웅의 두 팔은 기독교인들이 두 팔을 벌린 예수를 보는 것처럼 최고의 이상적인 상징이었다. 조각상들과 회화들, 모자이크와 동전들(로마가 막 탄생하던 기원전 6세기까지 거슬러 간다)은 이러한 이미지가 고전시대에 가장 빈번하게 활용되었던 형상들 중 하나였음을 알려준다.[115] 또한 『아이네이스』를 짓도록 명령하고 로마의 가부장제를 강화했던 황제 아우구스투스는 아버지와 아들을 데리고 탈출을 시도하는 아이네아스의 조각상을 로마 포럼(로마에 있는 거대한 광장)의 중앙에 설치할 것을 명령하기도 했다.

그렇다면 왜 하필 도망 중에 있는 영웅을 신격화했던 것일까? 이에 대한 대답은 이야기의 문자적 의미가 아닌 베르길리우스와 아우구스투스 모두가 주목한 그 이면의 상징성을 들여다보면 분명해진다.

서사시에는 그리스와 트로이의 전쟁이 역사적 배경으로 간략하게 등장하지만 중요한 역할을 하지는 않는다. 심지어 『아이네이스』의 8장

도판 1_ 아이네아스의 트로이 탈출
(로마 문화부 사진기록보관소)

에서는 그리스와 트로이가 서로 동맹을 맺기도 한다. 따라서 극이 보여주고자 하는 극명한 대립은 천여 년의 세월 속에서도 여전히 결정이 나지 않은 두 가지의 심리적 구조들 사이의 갈등이라고 할 수 있다. 갈등의 한편은 동물적인 무리에 속한 남자들이고 다른 한편은 로마 사회가 아버지들 안에서 실현시키고 싶어 했던 남자, 즉 책임감을 수행하는 남자들이다. 때문에 아이네아스가 해야 할 가장 중요한 역할은 로마를 건설하기 위한 여행이 아니다(우리도 곧 알겠지만 여행은 그것의 출발지점으로 되돌아오는 순환적인 본성을 가지고 있다). 오히려 그보다는 계보학과 같은 역전 불가능하고 수직적인 명령체계를 구축하는 것이고 트로이를 파괴한 젊은이들의 수평적인 충동으로부터 멀어지는 것이다.

아이네아스의 관대함은 경건함이라는 벽들에 의해 방어되고 있는 요새이다. 그리고 험난한 도피 과정에서 그는 이것을 매일 똑같은 굳건함으로 자신의 아버지에게 보여주며, 또한 아버지로서 보여주고, 신들에게 보여준다. 로마인들은 그래서 아이네아스가 보여준 이런 덕목들을 부성의 가장 근본적인 것으로 여겼다. 고대에 광범위하게 퍼진 또 다른 전설은 아이네아스의 일족만이 유일하게 도망친 트로이 사람들임을 인정하고 있다. 더 나아가 그들은 심지어 아이네아스가 그의 재산도 함께 가져갔다고 말하고 있기도 하다.[116] 이러한 에피소드들은 고대의 침략과 약탈의 역사에서 유일무이한 것으로, 고대인들의 아이네아스에 대한 존경을 짐작하게 해주는 대목이다.

『아이네이스』는 로마사회의 기획을 담고 있는 것으로, 로마사회가 기반을 두고 있는 아버지의 형상과 자신의 운명에 수긍하도록 짐 지워진 여성의 보완적인 형상을 우리에게 알려준다. 굳이 예를 들지 않더라도 로마의 일반인들은 주인공의 출생 배경을 이미 알고 있었으며, 아이네아스의 어머니가 모성과는 동떨어진 여신이라는 것을 잘 알고 있었다. 이런 점에서 그의 어머니는 앙키세스와 정확하게 반대지점에 있다고 할 수 있다. 왜냐하면 앙키세스는 소위 잠복기라고 부르는 시기의 어린 아이네아스를 돌봐주고 책임을 졌기 때문이다. 그리고 『아이네이스』에서 여성적 형상은 뚜렷하게 두 가지로 나뉘어져 있다. 한 집단은 남성에게 위협적인 여성 인물들인 데 반해, 한 집단은 남성들에게 전적으로 의존하는 여성 인물들이다.

가령 서사시의 사건들은 유노에 의해 주도되는 경우가 많다. 그리스와 로마 신화에서 그녀는 위대한 어머니 여신들 중 한 명이지만 여기서 그녀는 단지 괴롭히고 참견하고 파괴하는 측면만을 보여주는 여신으로 등장한다. 그녀는 아이네아스에게 찬란한 운명을 약속한 남편 요베와 갈등관계에 있다. 그녀는 모성적인 것과는 완전히 거리가 먼 이기심에 불타는 여신이며, 베누스가 연인으로서의 여성의 원형으로 추락하고 있는 것처럼 어머니로서의 여성의 원형으로 강등되고 있다.

또 다른 여성 인물의 대표적인 사람은 부인인 크레우사이다. 전체 내용에서 크레우사는 매우 간략하게만 그려지고 있지만, 우리는 그 안에서 복합적인 감정을 지닌 여성 존재를 직감해낼 수 있다. 그녀는 아버지와 아들을 데리고 탈출을 시도하는 아이네아스에게 반드시 필요한 인물이 아니다. 크레우사는 항상 이들 부자들의 관계에서 밀려나거나 뒤를 따르는 인물로 나타나며, 어떤 때에는 이들의 탈출을 방해하는 인물로 등장하기도 한다.[117] 또한 그녀가 서사시의 시작부분에서 바로 죽음을 맞는 것도 베르길리우스의 견해에서는 논리적이라고 할 수 있다. 왜냐하면 그녀의 역할은 아이네아스의 청년다운 충동을 포기시키고 가족을 보호하는 데 전력을 다해달라고 요구하는 목소리이기 때문이다. 또한 그렇게 함으로써 그녀는 영웅이 다시 자신에게 적합한 순종적인 부인을 맞이할 기회도 부여할 수 있기 때문이다.

따라서 베르길리우스의 서사시에서 여성 인물들은 단순화되고 있다. 그녀들에게는 개성화의 과정으로 가는 복합성이 허용되지 않는다. 유노와 베누스가 가진 위협적인 힘들과 대조적으로 서사시가 관심을 두는 여성들은 순종적인 여성들이다. 또한 경건하고 관대한 아버지는 거의 도식적으로 간악하고 신뢰할 수 없는 어머니와 대조되고 있다. 이런 아버지와 어머니의 대비는 로마인들의 무의식 속에 가부장적인 시민 의식을 심어주기 위한 베르길리우스의 숨겨진 의도라고 할 수 있다. 남자들에게는 복합적이고 개체적인 인격을 발달시키는 것이 요구되고, 이런 남자들은 가족과 민족 전체에 대해 책임을 짊어질 것이다. 반면 여자들에게는 단지 유용하고 관대한 성품만이 허용되며 그렇지 않은 경우는 해악을 끼치고 위험한 사람으로 낙인찍힌다. 그리스와 비교해 볼 때 로마는 여자들에게 보다 많은 권리들을 허용했지만, 여성적인 특징이나 심리적인 이해는 모두 거절하였다.

이제 아버지들의 여행은 아이네아스가 새로운 땅을 찾아 나서는 것과 함께 점차 활기를 띠어간다. 베르길리우스가 의도했던 것처럼 트로이 함선들의 항해는 새로운 사회를 향한 항해이다.

서사시의 3장까지는 함선들이 앙키세스의 명령을 따르고 있다. 가장 나이가 많은 이 선장은 죽음을 맞기 직전까지 언제 돛을 올리고 배들의 진로를 바꾸는지 결정을 내린다. 아이네아스의 여행에 대한 기여는 아직 간접적이고 수동적인 형태를 띠고 있다. 이때 아폴로 신의 목소리가 들린다. "고대 어머니를 찾아 가거라." 그의 예언은 트로이인들의 원래 조상들이 아주 먼 옛날에 출현했던 바로 그 장소에서 새로운 땅을 발견하게 될 것이라는 의미를 담고 있다. 역사적인 기억을 회상하며 앙키세스는 이 기원의 장소가 크레테였을 것이라고 믿는다. 다른 한편 아이네아스는 꿈을 꾸게 된다. 피가 뒤범벅이 되어 죽어가는 헥토르가 그에게 건네준 페나테들과 성상(聖像)들에 대한 꿈이다. 선장으로서 앙키세스는 이 꿈을 다음과 같이 해석한다. 아이네아스가 신들에게 순종했기 때문에 그들의 목소리를 들을 수 있는 것이며, 신들은 헥토르의 환영을 통해 말하고 있다. 아이네아스의 무의식적이고 원형적인 정신은 앙키세스의 의식적이고 역사적인 정신보다 강한 힘을 발휘한다. 크레테는 조상들의—동시에 새로운—고향이 아니었다. 그래서 그들은 좀 더 서쪽으로, 그리스인들이 에스페리아 혹은 이탈리아라고 부르는 곳으로 여행을 떠나게 된다. 이곳이 바로 트로이인들의 조상인 다르다누스가 그 먼 옛날에 떠나온 곳이었다. 그리고 그들이 코리툼이라는 도시를 발견하게 될 곳이었다.

아이네아스는 다시 한 번 예언적인 꿈을 꾼다. 계시적인 꿈들은 우리에게 커다란 감정을 부여하지만 이 감정들을 의지적인 행동으로 변형시키지는 못한다. 이것을 완수하는 것은 그래서 아이네아스의 아버지이다. 앙키세스의 역사에 대한 기억은 아이네아스의 계시에 비해 열등한 것이지만 노인은 이 계시를 현실로 변화시킬 수 있다는 점에서 위계조직의 맨 상층부에 위치한다. 코리툼은 코르토나의 투스카니라는 도시의 옛날 명칭이다. 시인 베르길리우스는 시조격인 아버지들과 '고대 어머니'에 대한 숭배가 아이네아스에게 진정한 종교로 자리잡게 하기 위해서 그의 꿈속에다가 이 이미지를 배치시킨다. 또한 코리툼은 베르길리우스가 태어난 만투아(Mantua)처럼 에트루리아 사람들의 도시였다. 에트루리아인들은 로마에 동화된 원주민들이었다. 베르길리우스는 에트루리아 사람들이 트로이 지역과 인접해 있고 부분적으로는 트로이에 통합되기도 했던 리디아(Lydia)로부터 온 사람들이라는 전설을 알고 있었다. 그래서 베르길리우스는 아이네아스를 코리툼으로 데려옴으로써 목적지와 기원의 장소가 반복적으로 일치하는 하나의 순환을 만들어냈던 것이다.

아이네아스가 보여주는 이런 모습들은 분명히 베르길리우스의 의도지만 그럼에도 우리의 주제와 특별한 관련성을 갖고 있다. 베르길리우스는 아이네아스를 통해 부성적인 원형들을 찾아 나서게 하고 후손들에게는 종교적인 숭배로까지 자리잡게 하였다. 여기서 아버지들의 연대는 인간과 신성함 사이를 이어주는 연결고리가 되고 있다. 반면 모성적인 연대는 하나의 연속성을 형성하기보다는 파열로 제시된다. 이기적인 여신들이나 인격적인 요소들이 결여되어 있는 고대의 어머니를 만나게 되는 것은 이 때문이다. 베르길리우스는 부성을 숭배로까지 끌어올림으로써 실제 아버지들에 대한 존경을 보여준 반면 어머니들에게는 이런 존경을 부정하고 있다.

이제 끊임없는 항해는 다시 시작된다. 아이네아스 일행은 이오니아해(海)의 연안을 따라가다 스트로파데스에 잠시 멈추고 여기서 풍부한 가축들을 제공받는다. 가축들을 얻게 된 그들은 신들에게 바칠 제사와

향연을 준비한다. 하지만 제사를 준비하는 와중에 아이네아스 일행은 다시 한 번 위협적인 여성적 인격들과 부딪히게 된다. 이들은 독수리나 매 같은 육식성 새들에게 젖을 나누어주는 하르피이아이(Harpies)들이었다. 이 여성 신들은 탐욕의 상징으로 항상 굶주려 있으며 음식을 약탈하는 신들로, 자신들이 훔치지 못한 양식은 누구도 먹을 수 없게 오염시킨다. 아이네아스 일행이 섬에서 가축들을 데려가는 것을 본 그들은 기근이 닥칠 거라는 악담을 퍼부으면서 제사를 방해한다. 하지만 일행의 지도자인 앙키세스는 이 탐욕스러운 어머니들로부터 도망치도록 명령을 내리면서 부성 신들의 축복을 기원한다. 물론 남자들은 자신들을 괴롭히는 어머니들로부터 도망치는 착한 아버지들이 되지 않을 수도 있을 것이다. 하지만 베르길리우스가 로마인들에게 상기시키고자 했던 것은 문명화된 관습이 소중한 것이며 이를 지키는 것은 부성적인 특징들이라는 것이다.

이제 다음 장면은 에트나 산의 측면에 위치한 시칠리아이다. 시칠리아라는 장소적 특성은 화산을 품고 있는 산이 상징하는 내면의 충동이다. 이곳은 대지 아래에서 용암이 솟아나는 화산지대이기 때문에 천상의 빛을 벗어난 곳이고 이성의 감시가 불가능한 곳이다. 시칠리아 해변가에 정박한 트로이인들은 인간이라기보다는 짐승에 가까운 비참하기 이를 데 없는 한 인간을 만나게 된다. 그는 오디세우스의 동료였는데 예전에 오디세우스와 동료들이 폴리페모스의 동굴을 탈출할 때 급하게 서두른 나머지 남겨두고 가게 된 그리스인 아카이메니데스였다. 그는 오디세우스에 의해 장님이 된 괴물의 손길을 피하면서 식물 뿌리와 씨앗들로 목숨을 연명하면서 끔찍한 삶을 유지하고 있었다. 그래서 그는 이런 생활을 계속하기보다는 차라리 적들인 트로이인들에게 항복하고 이들을 따라가고 싶어 한다. 아이네아스는 그의 부탁을 받아들이는데, 이런 그의 모습은 경건한 남성은 굴복하는 적들에게 관대함을 보여주는 것을 상징한다.

또한 아이네아스가 아카이메니데스를 구해주는 것은 다른 상징적인 의미도 담고 있다. 아이네아스의 이런 행동은 우리가 치러야 할 가장 중요한 싸움이 그리스인들과 트로이인들 사이의 싸움이 아니라 야만적인 남성과 부성적인 경건함을 지닌 남성 사이의 싸움이라는 것을 알려주기 때문이다. 베르길리우스에 따르면 로마인이건 이방인이건, 그리고 그리스인이건 트로이인이건 남자는 충동에 이끌려 살아가는 청년기로부터 벗어나 아버지에게 자신을 의탁해야 한다. 아버지는 역사가 목적지로 삼고 항해해 나가야 할 정박지와 같다. 결코 완수될 수 없는 노력의 상징인 이 여행은 어떠한 타협도 허용하지 않는다.

서사시의 3장은 또한 앙키세스의 죽음과 함께 끝을 맺고 있다.

4장은 문학사에서 가장 기념비적인 사랑이야기 하나를 말해주고 있다. 이 장은 지상의 인간들이 하늘의 의지와 신들과 운명에 복종하고 있음에도 불구하고 나름의 자율성을 가지고 있다는 것을 우리에게 보여준다. 구체적인 줄거리로 들어가 보면, 여행에 대한 이야기를 디도 여왕에게 들려주던 아이네아스는 밤을 지새우고 새벽이 다가왔을 때쯤 이야기를 끝마친다. 그의 이야기를 듣던 디도 여왕은 자신도 모르게 사랑에 빠져든다. 디도 여왕은 남편이 일찍 죽은 미망인으로 홀로 왕국을 다스리고 있었고, 자신에게 다가오는 젊은 구혼자들을 물리치기 위해 더 이상 결혼은 하지 않을 것이라고 선언한 적이 있었다. 그래서 디도는 왕국의 통치권과 전사의 검을 휘두르는 여왕이면서도 아이네아스에 대한 사랑에 빠져들어 마음에 갈등이 생겨난다. 이전에 했던 결심과 뜻밖에 찾아든 사랑으로 인해 그녀의 마음은 고통으로 가득 찬다. 그녀의 동생이자 절친한 친구인 안나는 그녀의 고뇌하는 모습을 보고는 조언을 한다. 어째서 디도만이 사랑과 자식에 대한 애정, 그리고 트로이와의 연합으로 얻게 될 정치적 이권을 모두 영원히 포기해야 하는가? 적들에게 둘러싸인 한 왕국의 통치자가 겪어야 할 고독보다 더 큰 고독을 왜 그녀 혼자 겪어야 하는가? 안나는 디도가 고민하는 문제들이 무엇인지를 정확하게 간파하고 있었으며, 그녀가 겪고 있는 고통이 무엇인지를 정확하게 이해하고 있었다.

안나의 충고에 용기를 얻은 여왕은 아이네아스에 대한 사랑이 더욱 절실해졌음을 느낀다. 사랑에 빠진 그녀는 이전에 충실했던 국가의 업무들을 등한시하기 시작한다. 게다가 베누스 여신은 디도의 환상 속에다 아버지를 너무나 꼭 닮은 귀여운 아스카니우스에 대한 기억을 자꾸 채워 넣는다. 하지만 가부장적인 신화와 제도들은 그녀의 사랑이 어떻게 끝맺게 될지를 이미 결정하고 있다. 디도는 신중하고 인간적이며 정열적이지만 한편으로는 무엇인가에 홀린 사람처럼 표현된다. 그녀는 고대인들이 '유죄'로 여겼던 충동과 흥분, 무의식적인 광기를 모두 겪게 된다. 현대인의 관점에서는 전혀 악한 의도가 없는데도 불구하고 그녀의 이런 상태는 비극적인 결말에 이를 수밖에 없는 시대적인 운명을 지니게 된다.

한 예로, 베르길리우스는 디도가 아스카니우스를 포옹하는 장면을 아버지가 자식을 포옹하는 장면과 대비시킴으로써 어머니의 사랑과 아버지의 사랑이 결코 동일하지 않다는 것을 은연중에 내비치고 있다. 로마 아버지의 자식 사랑은 '결코 마음을 놓지 않는' 것에서 끝나지 않는다. 여성의 감정들은 의지적인 행동이나 의식적인 의도나 계획이 없다. 그래서 자식을 돌보는 것은 본능과 열정에서 나온 것이다. 디도가 보여주는 애정은 모성적인 사랑과 에로틱한 소유가 구분되지 않는다는 것을 알려준다. 여성의 사랑은 단지 억누를 수 없는 충동에 지나지 않는다. 반면 베르길리우스가 강조하는 것은 아버지의 사랑은 이 둘을 구분하고 조절할 수 있다는 것이다. 자신이 사랑하는 여인의 딸을 무릎에 앉혔다고 해서 소녀를 통해 여인에 대한 열정을 더 뜨겁게 불태우는 남자를 우리는 상상할 수 있는가?

한편 유노와 베누스는 이 둘의 사랑에 대해 서로 논쟁을 벌인다. 유노는 아이네아스와 디도의 결혼을 바라는 반면, 베누스는 겉으로만 유노의 견해에 동의하는 척한다. 베르길리우스는 여왕의 사랑이 아이네아스와 관련된 것이라기보다는 변덕스럽고 격렬한 여성적인 특징들과 관련돼 있는 것처럼 이야기를 전개한다. 이들의 사랑에 동의한 두 여신은 함께 폭풍우를 일으켜 디도와 아이네아스가 같은 동굴로 피신해 가도록 부추긴다. 외부의 눈이 없는 은밀한 곳에서 만난 그들은 곧장 사랑에 빠져들고 여왕은 죽은 남편에 대한 정절을 포기하겠다고 말하면서 청혼을 한다. 하지만 이때 여신들이 짜놓은 계략을 지켜보던 천상의 아버지 요베는 아이네아스에게 나타나 여행을 계속해야 할 그의 의무를 상기시켜준다. 지상의 아버지인 앙키세스 역시 아이네아스의 꿈속에 나타나 이 경고를 되풀이한다. 아이네아스는 이 두 사람 모두에게 자식들에 대해서뿐만 아니라 앞으로 태어날 운명을 부여받은 후손들에 대해서도 도덕적인 의무를 지니고 있다.

두 명의 아버지의 충고로 아이네아스는 어떻게 하면 이 유혹을 벗어나 자신의 길을 계속 갈 수 있는지 고민하기 시작한다. 아이네아스가 보여주는 이런 곧은 의지와 도덕적 일관성은 사실 상당히 과장된 극적 장치라고 할 수 있다. 베르길리우스는 확고한 신념의 아버지를 간접적으로 보여주려 하고 있는 것이다. 하지만 심리학적 측면에서 살펴보자면 여왕의 열정은 주인공의 영혼과는 너무나 이질적이어서 이해받지 못하는 것이라고 할 수 있다. 열정 역시 아이네아스의 내면을 구성하는 중요한 부분이지만 그럼에도 열정에 대한 그의 태도는 그것을 거부하는 것에 놓여 있다. 또한 디도 역시 아이네아스를 완벽하게 빼어 닮은 미래의 아들을 꿈꾼다는 점에서 후손들에 대한 이미지를 간직하고 있다고 말할 수 있다.[118] (카툴루스라는 현대 시인에 의하면 우리는 여기서 오직 아버지만이 자식의 혈통에 대한 권리를 지니고 있다는 그리스적 관념을 볼 수 있다.) 하지만 『아이네이스』는 후손에 대한 이런 두 가지 관념들을 동일한 선상에 놓으려 하지 않는다. 그래서 아이네아스의 임무가 부성의 토대를 만들고 사회 전체에 대한 책임을 짊어지는 것에 있는 것처럼 그려지는 데 반해, 디도의 소망은 자신만을 염두에 둔 본능에서 나온 모성적인 갈망 정도로만 그려지고 있다.

사랑에 빠진 디도는 아이네아스의 회피에도 불구하고 트로이인들이 떠날 차비를 하고 있다는 것을 감지한다. 그녀는 아이네아스를 만나 그를 책망하기도 하고 어디론가 달려가 스스로를 책망하기도 한다. 그녀는 체념해 보기도 하고 출항을 지연시켜 보려고도 한다. 그녀는 사랑의 광기에 점점 미쳐가고 이전에는 볼 수 없던 잔인한 비난의 말들을 쏟아낸다. 그리고 아이네아스 일행이 몰래 출항하자 사랑했던 사람을 잡아다가 몸을 찢어 바다 위에 뿌리지 못했던 것을, 그의 일행을 몰살하고 아들인 아스카니우스마저 죽여 그 아비의 식탁에 올리지 못했던 것을 통탄해한다. 그녀는 또한 아이네아스와 그의 후손들에 대한 영원한 증오를 맹세하는데, 이는 아마도 로마와 카르타고 사이에 벌어질 미래의 전쟁에 대한 역사적 시각을 삽입한 것으로 보인다. 하지만 우리에게 중요한 것은 심리학적으로 서로 분열되어 있는 부성적인 세계와 모성적인 세계 사이의 적대감이다. 아이네아스의 배들은 바람을 가득 품고 새로운 고향을 향해 떠나가지만 디도는 아이네아스가 선물로 건네준 칼 위로 몸을 던져 자살한다.

5장에서도 항해는 계속된다. 바다의 거친 물살 때문에 시칠리아의 해안가에 잠시 피신한 트로이인들은 앙키세스의 추모식을 올리고 이를 기념하기 위해 경기를 연다. 아스카니우스도 어느덧 훌륭하게 성장해 자신의 아버지 곁으로 다가선다. 하지만 여기에서도 남성들의 세계와 여성들의 세계는 구분되고 있다. 트로이 남성들이 운동경기를 준비하고 있는 반면, 트로이 여성들은 남성들로부터 멀리 떨어진 곳에서 추모식을 준비하고 있다. 그녀들은 머리를 풀어헤치고 통곡을 하면서 고향을 찾아달라고 기원을 올린다. 잔인한 유노는 이 순간을 놓치지 않고 이리스(Iris) 여신을 불러 트로이 여인의 모습으로 변장시킨 다음, 여인들 사이에 숨어들어가 불화를 일으키게 한다.

"여인들이여, 우리가 이 나라 저 나라를 헤맨 지 벌써 일곱 번째 여름이 저물어 가오. 바다를 가로지르며 이리저리 끌고 다니기 위해 우리가 트로이로부터 페나테들을 가져왔단 말이오? 왜 여기에 새로운 트로이를 세워서는 안 된단 말이오? 이곳에 성벽을 쌓고 고향을 만드는 것을 도대체 누가 막는단 말이오? 자 다들 횃불을 듭시다!" 이렇게 외치면서 변장한 이리스는 횃불을 집어든다. 여신의 교묘한 계략에 트로이 여인들의 마음은 흔들리기 시작한다. 그리고 그녀들은 배들을 정박해 놓은 해변가로 몰려가 소리를 지르면서 배에 횃불을 던져 넣는다. 목재로 만든 선체가, 지나치게 복합적이고 타협할 줄 모르는 부성적인 기획의 몸체가 불길에 휩싸이기 시작한다.

아버지들은 조급함이 저지른 불길을 끄기 위해 바로 달려 나온다. 이때 특징적인 것은 아버지들의 신속한 대응이 새로운 젊은 아버지인 아스카니우스에 의해 주도되었다는 점이다. 아스카니우스는 해안가에서 멀리 떨어진 경기장에서 이 불길을 알아채고는 제일 먼저 달려가 여인들을 제지한다. "불쌍한 여인들이여, 이 무슨 미친 짓이오? 당신들이 태운 것은 그리스 군대가 아니라 당신들의 희망이오." 그리고 곧바로 아이네아스가 달려와 이 상황을 보면서 요베에게 기도를 올린다. "아버지시여, 당신이 아직도 우리 트로이인들을 미워하지 않으신다면 우리에게 증거를 보여주소서. 그것이 아니라면 당장이라도 우리를 멸망케 하소서!" 선박의 지도자인 아이네아스는 모든 희망이 물거품이 되려는 막다른 지점에 와 있다. 하지만 다행히도 천상의 아버지는 확고한 그들의 편이었고 엄청난 비를 내려 타오르는 불길과 흥분한 정신들까지 모두 가라앉힌다. 대부분의 배들은 이 비 덕분에 무사히 보존된다.

사태가 진정되자 이제 아이네아스 일행은 전에는 한 번도 직접적으로 부딪혀 본 적이 없었던 아버지들과 어머니들 사이의 단절을 깨닫게 된다. 그리고 앙키세스가 아들의 꿈속에 나타나 이 갈등을 어떻게 해결해야 하는지 알려준다. 이 자리에 도시를 건설하고 싶어하는 자들은 더 이상 여행을 계속하게 하지 말고 그들이 원하는 것을 하도록 허락하라고 제안한 것이다. 그리하여 아이네아스는 그 일행들은 남겨두고 자신을 따르는 충실한 사람들만을 데리고 다시 여행을 계속하게 된다.

6장에서 아이네아스는 지하세계를 여행하게 된다. 여기에서 그는 아버지 앙키세스를 만나서 앞으로의 여행에 대한 조언을 듣는다. 한편으로 그는 디도의 영혼도 만나게 되는데 죄책감에 사로잡힌 아이네아스는 그녀에게 말을 걸어보지만 여왕은 대답을 하지 않는다. 사후세계에서도 아버지들의 세계와 어머니들의 세계는 적대감을 고스란히 유지하고 있는 것이다. 반면 앙키세스를 만난 것은 아버지들의 여행에서 상당히 중요한 의미를 갖는다. 아이네아스의 여행은 지리적인 공간이라기보다 계보학적인 공간을 통해 움직이는 것이기 때문에 앙키세스는 미래에 대한 예언을 통해 이들의 여행이 결코 무의미하지 않음을 확신시켜준다. 다시 말해, 베르길리우스는 약 130행에 걸쳐 아이네아스 가문의 고귀한 후손들을 열거해 나감으로써 이들의 여행이 위대한 로마의 첫 시작이었음을 알려준다. 서사시의 전반부는 이렇게 끝을 맺고 있다.

베르길리우스는 그리스의 탁월한 두 서사시인 『일리아스』와 『오디세이아』를 로마적인 관념으로 통합해 하나의 작품으로 구성하였다.

『아이네이스』의 전반부가 아이네아스의 '오디세이아', 즉 고향으로의 귀환으로 구성되어 있다면, 이제 뒤따라 전개될 7장에서 12장에 이르는 후반부는 라티움에 도착한 영웅과 유노의 계략으로 부추겨진 원주민들과의 싸움, 즉 이탈리아에서 펼쳐질 '일리아스'라고 할 수 있다. 여기서 후반부는 싸움과 관련된 군인 정신이 주요한 핵심 내용을 이루고 있기 때문에 전반부만큼 부성에 대한 함축적인 의미들을 포함하고 있지는 않다. 그럼에도 우리의 주의를 끄는 몇 가지 사례들을 살펴보기로 하자.

호메로스의 『일리아스』처럼 7장에서 벌어지는 전쟁의 원인은 한 명의 여성과 이 여성을 차지하기 위한 남성들의 다툼 때문이다. 라티누스왕은 왕위를 계승할 아들이 없었기 때문에 전통적으로 위대한 어머니에게 속한 땅인 라티누스는 동쪽으로부터 도착할 부권사회를 기다리는 불안정한 상태에 대한 상징이다. 그의 유일한 상속녀인 공주는 부끄러움이 많고 말이 거의 없는 온화한 성격의 라비니아이다. 심리학적 관점에서 본다면 그녀는—디도와는 대조적으로—자신만의 고유한 기질이 없고 지나치게 온순하고 관대한 성격을 지니고 있다. 이런 점에서 아마도 그녀는 실제 여성이라기보다 서사시의 주도권을 가진 남성적 환상이 창조해낸 여성이거나 신화의 목적에 부합되도록 왜곡한 인물일 것이다.

어쨌든 루툴리 족의 왕인 투르누스(Turnus)는 라비니아와 결혼하기를 원했고 결혼을 통해 두 왕국을 하나로 합치고자 했다. 하지만 예언자는 라티누스 왕에게 외지에서 온 인물을 맞이해야 한다고 말한다. 라티누스는 호의적인 사람이기 때문에 아이네아스를 맞이하여 접대하는 순간 이 인물이 후일 자신의 사위가 될 사람임을 즉각 알아차린다. 늙고 호의적인 아버지와 젊고 호전적인 그러면서도 경건한 아버지, 그리고 언제나 침묵하고 순종하는 공주가 로마의 부권사회 정착을 위한 전제조건이 되고 있다.

하지만 이들의 결합은 곧장 이루어지지 않는다. 왜냐하면 가장 먼저 공포의 어머니들이 이 결합에 반대하고 있기 때문이다. 유노는 이를 제지하기 위해 분노의 여신 알렉토(Allecto)를 지하세계에서 불러낸다. 뱀의 형상을 한 그녀는 유노의 명령을 따라 라비니아의 어머니인 아마타(Amata) 여왕의 마음속으로 들어가서 아이네아스에 대한 증오의 불길을 피워 올린다. 그러자 여왕 아마타는 조국도 없는 떠돌이 신세인 아이네아스보다는 건실한 영토를 다스리는 왕인 투르누스를 선호하는 계산적인 여자로 탈바꿈한다. 그리고 알렉토는 투르누스에게도 날아가 마찬가지로 분노의 불을 피워 올린다. 이런 극적인 장치들을 보면 『아이네이스』는 아버지와 어머니가 서로에 대해 적대적이라는 것을 분명히 하기 위해 그런 모든 기회를 포착하고 있는 것처럼 보인다. 서사시 안에서 선한 것은 모두 부성적인 것이고 악한 것은 모두 모성적인 것으로 묘사된다.

그러고 나서 간략하게 요약하자면, 트로이인들과 이탈리아 연합군들 사이에 목숨을 건 전쟁이 벌어진다. 트로이인들은 상대적으로 숫자가 적어서 열세였고 투르누스의 군대에 포위되기에 이른다. 트로이인들이 적에게 둘러싸여 있는 동안 상황은 점점 더 절망적으로 되어 루툴리의 군대는 강가에 정박해 놓은 아이네아스 일행의 선박들에다 불을

지른다. 하지만 이 배들은 시빌라 여신의 거처인 성스러운 이다 산의 나무들을 가지고 만든 것이었기 때문에 시빌라는 배들을 님프들로 변신시켜 자유롭게 날아가도록 도와준다. 트로이인들은 이렇게 여전히 여신의 도움에 기대고 있다.

한편 아이네아스는 팔라스에서 내려온 자손이면서 오랫동안 라틴족들과 전쟁을 하고 있는 에반드로스(Evander) 왕과 가까스로 동맹을 맺는다. 동맹을 통해 전쟁은 계속되고 싸움은 치열해지고 승패는 갈리지 않는다. 그러던 중 에반드로스의 아들 팔라스가 투르누스에 의해 전사한다. 여기에서 우리는 다시 한 번 아이네아스가 우울증에 빠져드는 것을 볼 수 있다. 그는 디도의 죽음처럼 팔라스의 죽음에 대해서도 죄책감에 시달린다.

투르누스의 연합 세력들 중 가장 강력한 군사들은 신비한 여성전사들로 알려진 아마존 여전사들이었다. (그리스인들은 이 여성들을 '남성과 대등한' 또는 '남성의 적'으로 해석되는 antianeirai라고 불렀다. 이 단어는 독립적인 여성성에 대한 공포를 함축하고 있다는 점에서 의미심장하다.) 그리고 그녀들의 지도자는 카밀라(Camilla)라고 불리는 여성이었다. 하지만 여기에서 카밀라는 진부한 변덕의 희생자로 전락해 버리고 만다. 그녀의 죽음은 영웅에 의해서가 아니라 겉모양만 전사인 한 남자에 의해 어이없이 이루어지기 때문이다. 그녀는 갑옷과 장신구들이 가장 화려하게 빛나는 전사가 지휘자일 것이라 생각하고 그 뒤를 쫓다가 옆에서 날아오는 창을 미처 보지 못하고 맞는다. 그녀는 적의 화려한 장신구들에 매료되어 창이 가슴 밑을 관통해 피가 솟구칠 때까지 몰랐던 것이다. 물론 카밀라에 대한 이런 에피소드는 남성의 영혼을 구성하는 여성성의 위험성을 상징적으로 보여주는 것이라고 할 수 있다. 여성성은 합리적이고 계획적인 남성성과 달리 전체적이고 최종적인 목적이 없으며, 단지 언제나 가장 화려한 꽃에 매료되는 나비 같은 특징을 여기서 부여받고 있다.

서사시의 마지막 장에서는 드디어 트로이 군대와 루툴리 군대가 정면 대결에 나선다. 그리고 막대한 희생을 막기 위해 아이네아스와 투르누스가 개인적인 결투를 벌이는 것으로 승리를 판가름하기로 한다. 최종 승리는 예상한 것처럼 아이네아스에게 돌아가고 루툴리의 왕자는 땅에 쓰러져 아이네아스의 칼날을 받을 위기에 처한다. 이때 투르누스는 간청을 하며 다음과 같이 말한다. "나는 죽어 마땅하니 목숨을 살려달라고 애원하지는 않겠다. 하지만 한 아버지의 눈물이 그대를 움직인다면—그대가 앙키세스를 모신 것처럼—노령의 다우누스에게도 동정을 보여주기를 청하노라." 우리는 아버지에 대한 기억이 누구도 거부할 수 없는 뜨거운 연민을 불러일으킨다는 것을 이미 『일리아스』를 통해 지켜봤다. 경건한 아이네아스는 애원하는 자에 대한 동정심으로 내리치려는 칼날을 멈춘다. 패배한 전사를 바라보면서 그에게 연민의 감정이 들었던 것이다. 그때 갑자기 그의 눈에 투르누스가 전리품으로 어깨에 두르고 있던 죽은 팔라스의 검은 띠가 눈에 들어온다. 이를 본 순간 아이네아스는 분노가 치밀어 올라 칼을 내리꽂아 투르누스를 죽인다. 아이네아스는 한 아버지에 대한 기억으로 투르누스의 목숨을 살려주려 했지만, 또 다른 아버지—팔라스의 아버지—에 대한 기억 때문에 그를 죽이고 만다.

이렇게 결말을 맺으면서 『아이네이스』는 부성의 원대한 기획을 완성하고 있다. 트로이에서 가져온 페나테들은 새로운 안식처를 찾게 된다. 서로 대립하고 있는 남성성들 -부성적인 것과 비부성적인 것- 사이의 투쟁은 세월을 거치면서 헥토르가 아킬레우스를 이기는 것으로 바뀌고 있다. 또한 악으로부터 모든 선을 분리시키면서 『아이네이스』는 아버지들의 세계와 어머니들의 세계에 대해서도 동일한 분리를 감행한다. 디도와 같이 개성을 부여받거나 아마존 여전사들처럼 독립적인 여성성을 지닌 모든 여성들은 소멸되어 버린다. 반면 마지막까지 유일하게 살아남은 어머니는 시빌레인데, 그녀는 아버지들이 원하는 대로 움직이는 의존적이고 도구적인 인물이다. 또한 여자들은 아이네아스가 조국을 떠나면서 함께 들고 온 재산과도 같은 소유물이다.

모성 심리학에 대해 완전한 승리를 거둔 부성 심리학은 그러나 오래 지속될 수 있는 것이 아니다. 『아이네이스』는 이것을 의식하고 있었고 그래서 결말부분에서 타협을 제안한다. 유노는 아이네아스의 후손들을 위대한 인물들로 만드는 것에 협력하는 대신 라틴족의 이름과 정체성을 보존시켜줄 것을 요청한다. 이 타협을 통해 우리는 로마의 원주민 포섭정책을 읽어낼 수 있다. 로마의 이 정책은 정치적인 전략이면서 동시에 일정부분 베르길리우스의 의도대로 조작된 것이기도 하다. 하지만 헤게모니적인 권력과 관련된 모든 타협들에서 인위적이 아닌 것은 아무것도 없다. 포섭정책은 일정부분 실제로 로마가 실시한 것이고 이를 통해 로마는 원주민들을 말살시키기보다는 동화시키려 하였다. 하지만 다른 한편으로 이 정책은 결코 완성되지 못한다. 왜냐하면 위대한 어머니 여신은 승리자 요베에 의해, 그리고 몇 세기 후에는 기독교의 아버지 하나님에 의해 계속해서 억압을 받기 때문이다. 로마인들이 숭배하던 여성 신격들은 근원적인 어머니의 힘들을 감춤으로써 존경을 받을 수 있었고 이런 힘들은 악마적인 힘으로 여겨졌다.

게다가 로마의 뒤를 이은 이후의 서구 문명은 신화의 이런 왜곡된 부분들을 해소하거나 해결하지 못하고 회피해 왔다. 주류 문화를 만들어낸 가부장적인 의식은 『아이네이스』가 보여준 단순화를 통해 여성을 일반적인 것으로 그리고 모성은 특수한 것으로 취급해 왔다. 밝게 빛을 받으면 따뜻한 어머니였지만 빛이 사라지고 나면 악마 같은 어머니였다. 마리아의 상징적인 이미지처럼 감미롭고 새로운 스타일의 여성천사는 여성성을 단순화하려는 노력의 일환이었다. 반면 그 밖의 모든 여성적 특징들은 악마적인 것, 억압된 것, 무서운 것이 되었다. 중세 시대에는 여성들이 마녀들로 오인되어 수없이 화형에 처해졌고, 수 세기가 지난 후에도 여성적 사악함의 원형으로 굳어지면서 모차르트(Mozart)의 〈마술 피리Magic Flute〉에 등장하는 밤의 여왕 같은 형태로 등장했다.

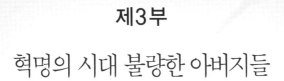

제3부

혁명의 시대 불량한 아버지들

13장
부성의 권력, 단두대에 서다

> 하나님은 성령을 우리 마음 가운데로 보내셔서
> '나의 아버지'라고 부르게 하셨습니다.
> 그러므로 이제 여러분들은 종이 아니라
> 하나님의 아들입니다.
> – 갈라디아서 4: 6-7

유럽 문명의 기초를 쌓아간 위대한 업적의 세기 동안 로마는 그리스 문화를 최대한도로 흡수하면서 로마의 아버지들을 선봉장으로 만들었다. 로마는 여기서 더 나아가 그리스 문명의 속편을 만들었는데, 이는 그리스 문화를 법률체계 속으로 끌어들임으로써 더욱 거대하고 체계적인 사회를 구성한 것이다. 물론 로마가 이루어 놓은 사회를 일반화하는 것은 매우 위험한 일이다. 왜냐하면 이 세계는 1,000년 이상 유지되어 왔고 세 개의 대륙을 지배했기 때문이다. 그럼에도 로마의 아버지들이 공적인 영역이나 사적인 영역에서 질서를 확립하고 유지하는 대들보 역할을 했다는 것은 분명한 사실이다. 그리스의 아버지들은 가정의 일상적인 일들에 관여하지 않았고 상대적으로 사적인 영역을 등한시했지만, 로마의 아버지들은 가족에 대해서도 전권을 쥐고 있었다. 심지어 로마의 아버지들은 자식의 전 일생에 걸쳐서 생사를 결정할 수 있는 권력을 가지고 있었고, 오직 죽음만이 아버지로부터 이러한 특권을 빼앗을 수 있었다. 부인에 대해서는 절대적인 권력을 발휘할 수 없었지만 자식에 대해서만큼은 최고의 권위를 가질 수 있었다.

또한 공적인 영역에서 로마의 권력과 제도는 로마적인 아버지를 중심으로 구성되어 있었다. 아버지로서의 권리, 즉 부권은 법이 보장하는 것이었다. 하지만 특이한 것은 이 부권이 생물학적인 혈통에 의해 부여되는 것이 아니라 공식적인 인정에 의해 부여되었다는 점이다. 아버지로서의 권리는 부인과의 사이에서 자식을 낳음으로써 발생하는 것이 아니라 아버지가 되겠다는 남자의 수락을 통해 얻어지는 것이었다. 그래서 자신의 생물학적 혈통을 이어받지 않았더라도 아이를 자식으로 받아들이겠다는 아버지의 의사와 인정이 있으면 부성은 법적인 권리를 발휘할 수 있었다. 가장 대표적인 수락 행위는 공개적인 자리에서 남자아이를 끌어안고 하늘로 추켜올리는 것이었다(이에 반해 딸은 단순하게 양육하겠다는 의사만이 요구되었다). 게다가 그리스의 아버지와 달리, 로마의 아버지는 단순한 양육자나 책임자의 역할만이 아니라 자식의 선생님이기도 했다.

하지만 아버지가 자식을 양육해야 한다는 법적인 의무는 기원후 2세기가 될 때까지 도입되지 않았다. 이 당시 사회적 관습은 혼란스러웠고 이혼과 비합법적인 아이들이 많았던 시기였다.[119] 그럼에도 법적인 개혁은 책임감과 관련된 인식의 문제를 건드리지 않았고 최소한의 사회적인 보조만을 제공했다. 이런 와중에 차차로 로마적인 아버지(pater)는 양육자(nutritor)라는 위치로 자리를 옮겨 갔다. 아버지라는 위치가 권위에 대한 집단적인 이미지를 반영한 것이었다면, 양육자라는 새로운 위치는 상당히 추상적인 것으로 심리학적인 의미를 거의 담고 있지 않았다. 사실 권위라는 것은 심리학적으로 빈번하게 다시 수정될 수 있는 것이었기 때문에 양육자로서의 아버지의 역할은 법적인 책무를 떠맡는 것이었다. 의무와 책임이 법적으로 규정됨으로써 남자들은 더 이상 자신이 받아들인 자식들에 대해 무관심할 수 없었다. 외부적인 어떤 것도 남자가 스스로 아버지가 되게끔 강제하지는 않았지만 한번 아버지가 되기로 결심한 순간 남자는 더 이상 이전의 방관과 도피의 생활로 돌아갈 수 없었다. 때문에 아버지가 되겠다는 의지를 공개적으로 선언하는 것은 상당히 중요하면서도 신중한 결심을 필요로 했다. 지금 우리 사회에서 입양을 하고자 할 때 따르는 책임감과 의지처럼 말이다.

하지만 로마 법률에 규정된 이런 부권에 대한 의무와 권리는 로마만의 특수한 사례가 아니라 선사시대부터 부성이 발생하면서 요구되어 온 것들이다. 아버지가 된다는 것은 아무리 우연적이고 단순한 사건이라 하더라도 신체적인 욕구 이상의 것을 요구하며 의지가 필요한 행위이다. 로마의 가족법이 확립되고 유지된 것은 그래서 순전히 로마의 정치적이고 군사적인 힘 때문이 아니라 동물적인 삶에서 인간 본연의 삶으로 변화시키는 정신적인 힘 때문이다. 로마 법제도의 발전은 이런 정신적인 힘을 공식적으로 체계화했기 때문으로 그 중심은 부성에 대한 인정과 의무를 기반으로 하고 있다.[120] 또한 부성에 대한 이런 인식은 사랑이라는 관념에 대해서도 변화된 시각을 동반하게 되었다. 우리는 이것을 로마의 영광스러운 시기를 노래하던 카툴루스(Catullus)의 서정시에서 분명하게 볼 수 있는데, 그는 사랑했던 여인에 대한 사랑의 강렬함을 표현하기 위해 다음과 같은 표현을 쓰고 있다. "남자들이 연인을 사랑하는 것이 아니라 아버지가 자식들을 사랑하는 것처럼" 그녀를 사랑했다. 그럼에도 불구하고 아버지의 사랑은 언제나 자유롭게 발휘될 수 있는 선택의 문제였다. 지금의 우리 관점에서 본다면 이것은 터무니없는 일일 것이다. 아버지와 자식 사이의 혈연적 관계를 중요시하는 지금의 우리 관점에서 본다면 이런 선택의 문제는 이상스러운 일일 것이다. 하지만 로마적인 관점에서 보면 이 특권은 의심할 수 없는 아버지의 권위에서 나온 당연한 결과이다.

Suspicere. 높이 치켜들기. 라틴어의 이 동사는 아이를 하늘로 높이 추켜올리는 신체적 동작을 의미한다. 하지만 이 단순한 행위는 아버지가 아이를 자식으로 인정하는 행위로 아이를 사회적이면서 도덕적인 영역으로 진입시키는 상징적 의미를 띠고 있다. 로마의 아버지는 이 행위를 통해 아이에게 사회적이고 도덕적인 삶을 선물로 부여할 수 있었고, 이것이 바로 로마적인 아버지가 가지고 있는 선택권이었다. 어머니는 자식에게 육체적인 생명을 선물로 주지만, 로마의 아버지는 자식에게 사회적인 삶을 선물로 부여할 수 있었다. 때문에 모든 아이들은 어머니의 선물은 받고 태어나지만 아버지의 선물을 모두 받을 수는 없었다. 아버지의 선물을 받지 못한 아이들은 아버지가 제공하는 사회적인 권리를 얻지 못함으로써 일종의 사회적인 이방인이 되었다. 오늘날의 사회에서는 이해할 수 없을 만큼 잔인한 것이지만, 당시 로마 시대에서는 자식에 대한 인정이 사회적인 권리를 획득하는 데 중요한 것이었다. 출생은 태어난 아이에게 어떤 권리도 부여해 주지 못했으며, 오직 이 권리는 그것을 소유하고 있는 사람, 즉 아버지에 의해서만 부여될 수 있었다.

로마사회에서 인정한 이런 아버지의 권리는 그 특수성과 권력으로 인해 점차 통과의례의 형식으로 굳어져가기 시작했다. 그리고 심리적인 특징들은 점차 상실해가고 법적인 권리로만 인식되기 시작하면서 부성은 점점 더 협소한 의미로만 사용되기 시작했다. 처음에 인간들은 가족에 대한 인식을 통해 심리적인 안정감과 정체성을 얻게 되었고 자신들을 동물들과 구별할 수 있었다. 그 이후 문명을 형성하면서 자식의 탄생은 종교적인 것이든 세속적인 것이든 일종의 통과의례(initiation)를 수반했고 이를 통해 자식들은 심리적인 정체성을 습득할 수 있었다. 여성의 경우에 이런 통과의례는 신체가 가진 고유한 본성인 임신과 출산, 수유를 통해 어머니로 다가가는 자연스러운 수순을 밟았다. 반면 남성들은 생물학적인 본성에서 벗어나 사회적인 제도와 정신적인 능력을 통해 간접적으로 통과의례를 수행해야 했다. 이런 과정에서 로마 시대에 정착된 가부장적인 문화와 부성 중심의 법제도는 아버지의 권위를 확립하는 중요한 하나의 전환점이 되었다.

몇 세기가 흐른 후에는 유스티니아누스가 처음으로, 그다음에는 교회법이 아이들의 복지와 합법적인 가족의 안정성을 증진시키려는 목적으로 혼인 이외의 출산을 금지했고, 정식 부인과의 사이에서 낳은 자식들은 자동으로 아버지의 자식으로 인정하는 법률을 제정했다. 이 제도는 가족들에게 재산권과 관련된 경제적인 안정감을 제공하였고, 또한 남편이 성적인 외도를 하는 것으로부터 가정을 보호해 주었다. 하지만 긍정적인 효과 외에도 이 법률은 부정적인 효과를 낳게 되었는데,

부성을 스스로 책임지고 떠맡았던 로마 남성 시민들의 정신적인 성숙을 퇴보시킴으로써 진정한 아버지가 되는 제왕의 길을 사장시켰다는 점이다.

기독교의 공인과 함께 교회는 세례로 상징화되는 영적 출생을 인정하면서 동시에 법적인 정식 혼인(matrimony, 이 단어는 로마 법률에서 어머니의 권리를 지칭하는 것이었다)도 인정했다. 하지만 부성과 관련해서는 이전에 아버지가 가지고 있던 공식적인 권리들을 박탈했다(앞의 용어와 나란히 놓일 수 있는 단어인 patrimony는 아버지의 권리를 나타내는 것이지만, 경제적인 재산 관리에만 한정적으로 쓰인다). 교회는 정식 혼인으로 맺어진 부인과의 사이에서 태어난 모든 아이들은 자연적으로 남편의 자식이 된다고 선포했고, 이에 반해 사생아나 입양된 아이들에 대해서는 전혀 인정하지 않았다. 흥미로운 점은 그럼에도 불구하고 오늘날까지 여전히 '아버지의 날'은 입양을 통해 진정한 부성의 모범을 보여준 성 요셉(Saint Joseph)의 축제일에 찬미되고 있다는 점이다.

로마의 아버지들이 아이를 들어올리던 의식은 아버지와 아들이 하나의 단일한 결속으로 묶이는 상호적인 관계를 반영한 것이라고 할 수 있다. 이 단순한 동작은 '너는 내 아들이고, 나는 너의 아버지다. 내가 너를 선택했으므로 너는 이제 특별하다'와 같은 개성화 과정을 아이에게 부여해줌으로써 아이의 정체성을 형성해줄 수 있었다. 또한 아버지에게 이 권리는 자연적으로 수반되는 것이 아니라 선택과 결정의 행위였기 때문에, 스스로가 타인에게 대체 불가능한 고유한 개인이 될 수 있는 기회를 줄 수 있었다. 아버지와 아들은 서로를 통해 유일무이한 존재가 될 수 있었고 이를 기반으로 정신적인 역할들을 찾아 나갈 수 있었다.

이런 아버지와 아들의 서로에 대한 특별한 관계는 로마인들에게만 특수한 것이 아니었다. 유대인들과 하나님의 관계 역시 이와 동일한 것으로, 만약 유대인들이 하나님 아버지의 선택을 받지 않았다면 그들은 자신들을 특별한 민족이라고 자부하지 못했을 것이다. 로마가 이스라엘을 정복하는 데 실패하고 유대인들을 로마인으로 동화시키지 못한 것은 모두 유대인들의 하나님과의 특별한 관계 때문이었다. 이들은 이미 한 명의 유일하고 위대한 아버지에 의해 선택을 받은 자들이었기 때문에 황제를 새로운 아버지로 모실 수 없었을 것이고, 황제가 요구하는 것들이 자신들의 권리를 침해하는 것이라고 여겼을 것이다.

다른 한편 이스라엘의 변방에 위치한 작은 시골에서는 나사렛의 예수가 아버지들이 떠받치고 있던 기둥을 흔들기 시작하고 있었다. 예수는 황제에 대한 충성을 거부하지 않았고 그러면서도 진정한 유일신을 믿고 있었다. 예수가 황제의 지위를 인정한 것은 그가 국가 권력의 최고층에 있는 권력자, 즉 세속국가의 지도자였기 때문이다. 그리고 진정한 유일신은 랍비들의 중개가 필요 없는 직접적인 관계라고 예수는 생각했다. 이 새로운 교사는 랍비들을 아버지로 모시는 대신 진정한 하나님 아버지만을 아버지로 모셨고, 이 아버지와 대화를 나누고 아버지에 대해 말했다. 이 부자의 관계는 혈연적인 관계가 아니라 정신적인 관계였다. 예수는 스스로를 높게는 하늘로, 내면적으로는 심장의 저 깊은 곳으로 지칭하면서 아들이기를 자청했다. 반면 지상의 아버지들에 대한 그의 태도는 가히 혁명적이었는데, 그는 이들을 부성에 대한 충만한 구현이라고 여기지 않았고, 나아가 친아버지인 요셉마저도 아버지로 인정하지 않았다.

물론 예수는 공식적으로 부권에 대해 반대하지 않았고, 오히려 전통적인 복종의 미덕을 선호했다. 하지만 저 심리학의 밑바닥에서부터 사람들의 구세주가 된 예수는 로마의 부계질서를 흔들어놓기 시작했다. 이웃에 대한 자비와 사랑이라는 기독교의 관념은 오늘날 현대적인 평등주의의 전조가 되었고, 역사적으로는 반(反)가부장적인 태도의 선구자가 되었다. 이스라엘의 아버지들에게 도전장을 내민 형제애의 이념은 18세기 유럽에서 발생한 혁명과 미국의 혁명을 고무하는 자극제가되었다. 그리고 20세기에는 파리의 6·3학생혁명과 캘리포니아 대학의 봉기를 촉발시키는 계기가 되었다. 한 명의 진정한 아버지를 향해 있던 로마인들과 유대인들의 사회질서는 서로 갈등하는 세대들과 형제들 사이의 역동성으로 바뀌었다. 예수 그리스도는 신이면서 동시에 신의 아들이었는데, 이것은 다시 말해 아버지가 더 이상 유일신의 지상적인 이미지가 아니며, 또한 천상에 있는 신의 이미지도 더 이상 독점적인 아버지의 이미지가 아님을 말해주는 것이었다. 지상적인 것이 신적인 것과 합치되면서, 즉 아들이 아버지의 위치로 올라가면서 평등에 대한 새롭고 진보적인 관념이 발생했지만 그와 함께 부성의 권위는 아들들에게 항상 위협받는 자리가 되었다. 예수 그리스도는 아버지가 아니면서도 스스로가 아버지의 자리로 올라간 최초의 아들이었다.

아버지와 아들의 이런 위치 변화는 새로운 성서에서도 분명하게 그려지고 있다. 신약성서는 한쪽으로 치우친 구약성서의 견해들을 반박하면서 아들에게 유리한 관점으로 쓰였다. 새로운 교리가 불러일으킨 '스캔들'(스캔들이라는 용어는 예수의 새로운 믿음을 전파한 사도 바울이 처음으로 사용한 단어이다. 고린도 전서 1: 23)은 아들에 대한 긍정적인 시선을 담고 있었다. 천상의 아버지를 등한시하는 아들들을 비난한다는 점에서 신약성경은 구약성경과 별반 다른 점이 없었다. 하지만 절망의 순간에 자신을 방기한 아버지를 책망한다는 점에서 이 성서는 아들들에게 완전히 새로운 것이었다. 특히 마태복음(27: 46)과 마가복음(15: 34)은 현실의 아버지가 아닌 천상의 아버지를 진정한 아버지로 받아들이는 내용이라는 점에서 아들들에게 중요한 의미를 갖는다. 신약성서가 보여주는 이런 모순적인 시선은 로마의 가톨릭교회 안에서도 찾아볼 수 있는데, 가톨릭 교단은 사제들에게 아버지(pater)라는 칭호를 수여하고 최고 사제직들에게는 '교황(pope)' — 어원적으로 'pope'는 '아버지'라는 단어를 의미한다 — 이라는 칭호를 내림에도 불구하고, 실제로 이 아버지들에게 자식을 낳을 수 있는 권한은 부여하지 않는다. 그리고 교단에서 제의나 각종 의식들에 사용하는 많은 찬미의 수식어들은 '어머니'라는 단어와 관련되어 있으며, 특히 예배의식에서 그리스도의 현실 어머니인 마리아(Mary)는 상당히 중요한 자리를 차지하고 있다. 게다가 마리아의 위치는 가톨릭의 역사에서 점차 중요해져 가다가 마침내는 공식적으로 교단이 그녀의 승천을 공표하기에 이른다.

기독교는 수많은 이교도의 박해를 받으면서 새로운 시대와 새로운 세기를 열었다. 이들이 열어놓은 것들 중 가장 획기적인 것은 아버지와 아들을 종속관계가 아니라 평등의 관계로 해석한 것이다. 우리는 이것을 아버지와 동일한 수준으로 아들을 올려놓으려는 집단적인 무의식적 저항이라고 볼 수 있을 것이다. 로마 제국은 기독교를 공식적인 종교로 인정하면서 기독교가 확산되는 것을 도와주었고, 여기서 더 나아가 콘스탄티누스 대제는 니케아 종교회의를 통해 아들(신의 아들)의 지위를 아버지와 동등한 것으로 인정했다. 신학적인 논쟁이 물론 끊이지 않았지만, 아버지와 아들은 수 세기 만에 결국 수평적인 관계가 된 것이다.

교회의 권위는 중세시대에 최고의 정점에 달했다. 교회가 요구하는 도덕적 규범과 교회법이 유럽 전체에 통용되었고 사회를 지탱하는 기둥이었다. 성관계와 출산은 적어도 공식적으로는 가족들만의 일로 한정되었지만, 아버지의 권위나 부성에 대한 인식은 점점 흐릿해지고 예외적인 것이 되어갔다. 사람들의 가치관에서 가장 고상하고 훌륭한 일은 산 속의 움막 같은 곳에 들어가 은거하며 신을 향해 다가가는 것이었다. 일상생활에 대한 관심은 너무나 세속적인 것이어서 공개적으로 칭송받을 만한 일이 아니었고, 물질적인 생활 여건들은 정신적인 삶을 방해하지 않을 정도면 만족스러운 것으로 여겨졌다. 또한 이와 함께 특이하게도 황제나 왕, 귀족, 가신들로 이루어진 위계질서는 견고하게 보호되고 강화되었지만, 한 가정의 아버지가 차지하는 위계질서는 무너지고 있었다. 가난한 사람들은 헤아릴 수 없이 많았고 이들은 거대한 집단을 이루면서 닥치는 대로 살았던 데 반해, 귀족들은 혈통을 내세워 가문과 가족을 확장하고 여기서 자신들의 정체성을 이끌어내었다.

그리고 중세 말기에서 르네상스 초기까지는 다른 어떤 성상들보다 예수의 어머니인 마리아의 성상이 크게 강조되었다. 그녀는 대개 어린 예수를 품에 안고 있는 모습으로 묘사되었는데, 이는 남자의 이미지를 아버지가 아닌 아들의 이미지로 부각시키기에 충분했다.

르네상스와 종교개혁은 아버지의 지위에 일대 전환점을 마련해 주었다. 새로운 지적 호기심의 탄생과 기술의 발달, 산업화로 인한 도시화와 새로운 경제적 활동들은 부르주아의 탄생을 이끌었고, 이들은 현대적인 유형의 가족을 만들어내었다. 그리고 부르주아 가정에서 아버지들은 경제적인 부를 토대로 비교적 가정을 이끄는 선두에 확고하게 서 있었다. 어떤 연구가들은 이들이 형성한 가정의 형태를 새로운 현상으로 간주하면서 이것이 아버지의 지위가 상승되는 신호라고 보았다.[121] 또 다른 이들은 이런 형태의 가정이 이전보다 진전된 것이지만 그럼에도 가장으로서의 위치가 상당히 추상적이었기 때문에 아버지의 지위가 상승한 것으로 보기는 어렵다고 평가한다.[122] 아버지의 지위에 대한 이런 평가의 차이는 서로 다른 환경과 연구 대상들 때문에 이끌어진 결과이다. 사회학적 측면에서는 가부장적인 핵가족화가 19세기 말엽까지 계속해서 확산되는 추세에 있었으며 20세기까지도 완료되지 못했다(아리에스). 하지만 이런 핵가족 내에서 아버지의 권위는 프랑스 혁명이 일어나기 전까지 상당히 중요한 위치를 차지하고 있었다(델루모와 로쉐). 반면 심리학적 관점에서 본다면 아버지의 권위는 고대 로마에서 최고 정점에 달했고 그 이후로는 계속해서 추락하고 있다. 이 책이 밝히고자 하는 것은 바로 이런 관점이다.

인간이 신을 모방한 존재인 것처럼 아들은 아버지를 모방한 사람이고, 아버지는 한 가정의 주교라고 할 수 있다.[123] 그러나 중세와 르네상스 그리고 종교개혁을 거치면서 기독교적인 아버지는 로마의 가족의 아버지와 달리 언제나 신성한 부모와 연결된 아들로서만 존재해왔다. 현실의 아버지는 로마 시대 이후로 가정 내에서도 차차로 자신의 영토를 빼앗겼다. 처음에는 금욕적인 명령들(베네딕트 수도회의 교리)이, 다음에는 대학이라는 교육제도가 교사라는 아버지의 역할을 앗아가기 시작했다. 지상적인 아버지의 권위를 약화시키고 대신 천상의 아버지에게 모든 것을 위임하라고 요구하는 아들 그리스도에 의해 선포된 기획들은 점차 실현되어 갔다. "세상에 있는 사람을 아버지라고 부르지 말라. 너희 아버지는 한 분밖에 없으니 곧 하늘에 계시는 분이시다." (마태복음 23: 9)

이때 중산층 가정들은 시대의 전위투사가 되어 근대를 향해 보다 신속한 발걸음을 재촉했다. 종교개혁과 함께 출현한 프로테스탄티즘은 적극적인 의지와 건전한 생활방식을 요구했다. 상징적인 측면에서 이런 분위기는 남성적이면서도 부성적인 성격을 띠고 있었고, 실제로 프로테스탄트 즉 개신교도들의 목사는 자신의 자식을 가질 수 있었다. 이 교단의 성직자인 목사는 생물학적인 아버지가 될 수 있음으로 해서 가정과 종교의 영역 모두에서 사제로서의 역할을 맡을 수 있었다. 하지만 이런 종교개혁은 북유럽에서만 크게 성공하였을 뿐 지중해 지역에는 별다른 영향을 미치지 못했다.

북유럽과 지중해 지역의 이런 종교적인 차이는 부성의 이미지에도 커다란 차이를 낳게 되었다. 이탈리아의 르네상스 문화는 수없이 많은 피에타의 변형들을 생산해 냈는데, 이들 대부분은 성모 마리아가 자신의 팔에 죽은 그리스도를 끌어안고 있는 모습들이다. 반면 독일에서 만들어진 피에타는 완전히 반대되는 형상을 보여주는데, 어머니가 아니라 아버지가 아들을 자신의 무릎 위에 앉히고 있다. 이 조각상은 틸만 리멘슈나이더(Tillman Riemenschneider)의 것으로 1515년에 제작된 것이

며, 지금은 베를린의 프러시아 문화재 예술사 박물관에 소장되어 있다 (도판 2). 독일의 이런 조각상은 성령(Holy Ghost)이 생략된 삼위일체의 한 부분이라고 해석하더라도 그것 때문에 이들의 관계를 다르게 볼 수 있는 것은 아니다. 이 조각상은 분명히 아버지와 아들의 상호적인 완결성과 충족성을 보여주고 있으며, 아버지와 그리스도 예수 사이의 관계를 표현하고 있다. 이 조각상은 아들에 대한 아버지의 애정에 초점을 맞추고 있으며 수천 킬로미터나 떨어진 동시대의 이탈리아 성모상과 대칭적인 형태를 취하고 있다. 놀랍도록 대칭적인 이 조각상들은 대립적이지만 상보적인 두 가지의 감정들, 즉 부성적 사랑과 모성적 사랑을 이끌어내고 있는 것이다. 독일에서 리멘슈나이더가 나무를 조각하고 있었을 그 시기에 루터는 비텐베르크 대성당의 정문에 자신의 95번째 교리를 조각하고 있었다. 하지만 여기서 중요한 것은 종교개혁과 함께 동반된 아버지에 대한 관심이 단순한 추상적 사상도 아니고 마틴 루터 개인의 의견도 아니었다는 점이다. 부성에 대한 관심은 북유럽 사람들이 집단적으로 품고 있는 무의식적인 감정들과 이미지들의 반영이었다. 남유럽에서는 부성에 대한 권위가 점차 떨어지고 쇠퇴해 간 데 반해, 북유럽에서는 프로테스탄트를 통해 부성을 재발견하고 있었다.

프로테스탄트 운동과 개신교 교회들은 이렇게 부성 이미지에 직접적으로 의존해 왔다. 하지만 우리는 여기에서 하나의 패러독스를 만나게 되는데, 프로테스탄트 교리를 지지하는 국가들이 그렇지 않은 나라들보다 급속하게 세속화의 길을 걸었다는 점이다. 부성에 대한 종교 개혁파들의 신뢰는 간접적으로 중세의 천년왕국을 몰락하게 만드는 원인이 되었고, 부성의 권위는 세속화 과정 속에서 점차 약화되어 갔다.

특히 아버지들은 스스로가 집단적인 의식을 이끌기보다는 이성적이고 합리적인 '진보'를 선호했다. 개신교 교회들은 그래서 가톨릭교회와 달리 자신들이 거의 의지하던 부성의 몰락을 이렇게 수용할 수밖에 없었다. 합리성을 선호하는 프로테스탄트 윤리는 자유주의와 행동주의를 선호했고, 이런 사상적 특징은 종교로부터 정부를 분리시키고 근대화를 이끄는 추동력이 되었다. 하지만 이런 '진보'는 정신적인 생활을 세속적인 생활로 변화시키는 것을 포함해 자신들이 의존하고 있던 부성의 권위의 토대까지 세속화시킬 수밖에 없었다. 게다가 트리엔트 종교회의는 기독교의 역사에 커다란 획을 그은 하나의 사건이었다. 트리엔트 공의에서 종교개혁을 분리한 이 회의는 정통교리와 일상적인 종교적 규범들을 분리했으며, 유럽에 분노의 커튼을 드리우면서 각 국가가 서로 국경을 건설하고 영토 싸움을 벌이게 만들었다.

이에 반해 로마의 가톨릭교회는 프로테스탄트가 옹호하는 합리성이나 내면적인 자유보다는 성사나 의례, 상징들에만 계속적으로 관심을 기울였다. 또한 여전히 예수 그리스도의 양아버지인 성 요셉의 역할을 침묵 속에 묻어놓았다. 이 때문인지 이탈리아에서는 요셉과 관련한 이미지를 단 한 가지 경우를 제외하고는 거의 찾아볼 수 없다(도판 3). 반면 양적인 측면에서 보자면 동정녀 마리아에 대한 숭배는 거의 신에 대한 숭배를 능가할 정도로 많은 양을 차지한다. 이탈리아에서는 대략 90퍼센트 이상의 교회들이 마리아의 이름에서 파생된 교회명을 가지고 있으며, 나머지 교회들은 예수 그리스도나 성령들 또는 다른 성인들의 이름을 가지고 있다. 또한 질적인 측면에서 보자면, 동정녀 마리아에 대한 이탈리아의 이런 숭배는 선사시대 지중해 연안에서 유행했던 위대한 모성 여신에 대한 숭배와 그리스 로마에서 유행했던 여신들에 대한 숭배(특히 데메테르와 케레스)와 연속선상에 있는 것이라고 할 수 있다. 이 이미지들에서 중요한 것은 여성이 아니라 어머니의 이미지가 부각되고 있다는 점이다. 지중해 지역의 모성에 대한 원시적인 숭배는 공식적인 승인을 상실했음에도 불구하고 원형적인 형태를 간직하면서 계속해서 회귀하고 있는 것이다. 한때 로마는 제국의 건설자이며 아버지인 아이네아스를 수호성인으로까지 공표하면서 존경과 숭배를 보냈다. 하지만 역사 속에서 아이네아스는 금세 잊혀졌고 다른 영웅으로 대체되었다. 하지만 이에 비해 아이네아스가 트로이에 남기고 간 부인인 크레우사는 변함없는 숭배를 받았고 남편보다 오랫동안 사람들의 기억 속에 남아 있었다.

이제 영국을 살펴보면, 종교개혁의 직접적인 연장선상에 있던 영국에서는 크롬웰(Cromwell)의 개혁이 발생하면서 유럽 전역에 경종을 울렸다. 이 개혁은 신학적 논쟁을 부추겼고 전통적인 위계질서를 문제 삼았으며, 아들들의 형제애에 대한 권리를 다시 소생시키고자 했다. 크롬웰의 개혁은 더 나아가 수컷들끼리의 동물적 투쟁이라고 할 수 있는 우수함을 원칙으로 주장함으로써 사회를 전면적으로 바꾸고자 했고, 심지어 왕을 살해하여 권력을 획득했다. 사회에서 군주의 권력이 쇠퇴하는 것과 함께 가정 내에서도 아버지의 권력은 점차 몰락의 길을 걸었다. 하지만 이런 몰락의 과정은 급작스럽게 어느 순간 갑자기 발생한 것이 아니라 여러 가지 상황과 심리적인 변화 속에서 천천히 이루어진 것이었다.

도판 3_ 요셉과 성(聖)가족 ─도메니코 피올라
(제노바 산 도나토 성당)

근대 초기에 프랑스는 유럽의 어떤 나라들보다 급진적인 발전을 이룩하고 있었고, 자신들의 시각이 가장 객관적인 것이라고 자부하고 있었다. 18세기에는 파리에서 유행하던 여성들의 지위 향상이 모성의 세속화를 이끌어내었다. 즉 어머니들은 이제 성모 마리아의 일면적인 이미지에서 해방되어 자신들의 삶을 찾고자 했고 이전에 맛보지 못했던 지적인 세계로 들어서면서 아이들을 파리에서 멀리 떨어진 전원주택에 몇 년씩이나 유모들과 함께 맡겨 놓았다.[124]

처음에는 엘리트들에게만 해당되던 계몽주의운동이 사회 전반으로 스며들었다. 이것은 아버지들에게 일종의 전환점이었지만 동시에 다른 한편에서는 권력의 상실이기도 했다. 자식들과의 관계에서는 어려움이 뒤따랐고 가정의 교사라는 그의 직책은 대학교육에 자리를 내주게 되었다.[125] 그리하여 급기야 아버지는 자식들에게 일종의 저주로까지 비쳐지면서 디드로(Diderot)와 루소(Rousseau), 레티프 드 라 브레통(Retif de la Bretonne)의 문학과 그루즈(Greuze)의 회화 속에서 비난의 화살이 쏟아지는 주제가 되었다. 이전에는 선한 아버지에 대한 긍정적인 이미지만이 지나치게 강조되어 왔다면, 이제는 몇천 년간 억눌려 온 파괴적인 아버지가 등장하게 된 것이다. 악마적인 형상을 가진 재앙과도 같은 아버지의 출현은 심리학에서도 엄청난 반전을 초래했다. 이제 아버지들은 아들을 하늘로 들어올리기보다는 하계에 가두어두려는 이미지로 각인되었다. 집단적인 상징 속에서 부성은 돌이킬 수 없는 위기를 맞고 있었다.

계몽주의와 함께 출현한 새로운 사고방식은 사적인 영역이든 공적인 영역이든 모든 형태의 권위를 문제 삼았고 이전에는 신의 은총으로 여기며 '선천적으로' 부여받은 것이라 생각했던 것들을 의심하기 시작했다. 계몽주의 시대의 아버지들에게 일어난 가장 큰 변화는 서로 긴밀하게 연관된 두 가지 차원에서 발생했다. 그 하나는 정치적 영역에서 일어난 것으로 아버지와 가족에 대한 관련 법률들이 재정비된 것이다. 또 다른 하나는 사적인 감정들에 관한 것으로, 왕의 이미지나 아버지에 대한 이미지를 일종의 타도해야 할 권위의 상징으로 보기 시작한 것이다. 이런 사적인 시각의 변화는 객관화될 수 없는 것들이었지만, 분명하게 프랑스와 여타 국가들에서 발생한 정치혁명들과 심리적인 유사성을 띠고 있었다.[126] 때문에 이 시기를 뒤흔든 정치적 이론들은 역사적인 주역들의 사적인 일대기와 함께 해석될 필요가 있다.

가령, 작가 볼테르(본명 장 마리 아루에)는 자신의 아버지를 증오했으며, 가능한 한 모든 방법을 동원해 그와의 관계를 부인하려 했다. 여기서 우리는 한 개인의 사적인 가족관계가 하나의 상징이 될 수 있으며 개인적인 행동이 집단적인 무의식을 반영하고 있음을 알 수 있다. 인류 문명의 초기부터 아버지들은 자식들에게 '승인'이라는 선물을 줄 수 있었고 '거부'라는 특권을 발휘할 수도 있었다. 하지만 볼테르의 경우 이와는 다른 대안을 확립하려고 시도했다. 승인과 거부가 선택적인 것이라면 자식들 또한 이런 것들을 발휘할 권리를 가지고 있다고 주장한 것이다. 그는 자식의 이런 권리를 아버지에 대한 반항으로 삼았다. 심리학적인 관점에서 볼 때, 아버지에 대한 이런 반항은 프로이트보다 거의 200년이나 앞서 오이디푸스 콤플렉스를 발견한 것이라고 할 수 있다. 자신의 아버지를 죽이고 어머니와 동침을 했던 오이디푸스는 저주받은 인물이지만 또 다른 한편으로는 아들들의 영웅이다. 오이디푸스의 발견은 이전과 전혀 다른 새로운 시대를 예고하는 것으로 작가 볼테르에게 엄청난 성공을 가져다주었다.

철학자 장 자크 루소(Jean Jacques Rousseau)는 볼테르와 완전히 다른 방식으로 아버지와 이어져 있었다. 루소의 어머니는 그를 출산하다가 돌아가셨기 때문에 루소는 어려서부터 아버지의 보살핌 속에서 자랐다. 섬세한 시계공이었던 그의 아버지는 어미 없이 자라는 불쌍한 아들에게 지대한 애정을 보여주었고 무엇보다 책을 사랑하는 방법을 가르쳐 주었다. 루소에게 이런 아버지의 역할은 너무나 중요한 것이었기 때문에 그는 결국 책을 사랑하는 것이 아버지의 사랑을 확인하는 것과 동일한 것이라는 오류를 범하게 되었다. 즉 그는 독서와 부성적인 사랑을 통합함으로써 그 외의 부성적인 사랑이 가진 역할들을 배제시켜 버리고 말았다. 루소는 모두 다섯 명의 자식들을 두었지만 이들에게 책을 사랑하는 법을 가르치기 위해 한 명씩 차례로 그 시대의 끔찍스러운 교육기관에 위탁하였다.[127] 루소는 교육개혁이라는 이념에 사로잡혀 있었고 이것이 아버지의 사랑을 확장하는 것이라 여겼지만, 모순적으로 그 자신은 자식들에게 전혀 개인적인 관심을 기울일 수 없었다. 그의 지나친 부성애는 혈육인 자식들에 대해서는 정작 아무것도 보여준 것이 없을 정도로 오로지 공적인 업무로만 흡수되고 말았다. 어린 시절의 기억 속에 남아 있는 아버지는 그에게 항상 너무나 완벽했고, 그 자신은 그런 아버지가 되기에 언제나 부족했다. 그래서 그는 공교육의 문제로 관심을 돌리며 자신의 부족한 지성을 채우고자 했고, 그것만이 아버지의 기대에 부합하는 속죄의 방식이라고 생각했다.

루소의 교육에 대한 논문인 『에밀Emile』이 1762년에 등장했을 때, 이

책은 그리스에서부터 시작해 로마의 건국으로까지 이어진 견고한 부성의 토대를 급속하게 몰락으로 이끌어 갔다. 그리스의 아버지는 사회와 신화 속에서 영웅적인 인물들이었지만 자식의 교육과 관련해서는 거의 관여하지 않았고 가정교사들에게 이 일을 일임했다. 반면 로마의 아버지들은 자식들의 가장 훌륭한 교사였기 때문에 공적인 영역뿐만 아니라 사적인 영역에서도 영향력 있는 인물이었다. 하지만 루소는 로마가 아닌 그리스로 거슬러 올라가 귀를 기울였고 새로운 패러다임의 교육은 가족들이 아닌 제삼자로부터 나오는 것이라고 주장했다. 공교육 체계와 교육의 기본권이 실현될 수 있었던 것은 이런 루소의 주장에서 비롯된 것이다. 학교라는 시스템은 아이들을 가정 밖으로 데려감으로써 자식들이 아버지의 권위로부터 영구히 멀어지는 계기를 만들어 주었다. 가정 내의 아버지의 절대권위와 국가에서의 왕의 절대권력의 붕괴는 여기에서 비롯된 필연적인 결과였다.

모든 권위적인 것들을 타도하고자 하는 프랑스 혁명은 이후 유럽 전역으로 퍼져나가면서 국가가 핵심으로 삼은 원칙들을 공격하기 시작했다. 왕들과 왕후들, 지도자들의 머리가 잘려나간 것과 더불어 사람들의 삶에서 중심축 구실을 하던 가치관들도 붕괴되기 시작했다. 프랑스 혁명이 작동시킨 단두대는 도저히 접근할 수 없을 만큼 높은 위치에 있던 절대 왕권의 지위를 땅으로 떨어뜨렸다. 처음에 왕이 몰락하자 뒤를 이어 교회들이 권력을 상실하고 세속화되었고, 다음으로는 자녀들의 교육을 공공기관에 위탁함으로써 아버지들이 가정에서 밀려났다. 수직적인 관계로 아버지에게 복종하던 소년들은 학급 친구들을 통해 수평적인 관계에 익숙하게 되었고, 동년배들이 모인 군대나 대학교는 이런 관계를 더욱 당연한 것으로 받아들이게 만들었다. 또한 결혼이라는 관습은 개인적인 교제와 선택으로 이해되기 시작했고, 재협상이 가능한 교제의 성격을 가지게 되면서 이혼이라는 제도가 정식으로 도입되었다. 이런 가정에서 아버지는 여전히 한 가족의 가장이었지만 적어도 제도적으로는 부부가 동일한 권리를 가지고 있고 둘 다 재혼이 가능하기 때문에 수평적인 관계를 유지하는 편이었다.

자유, 평등, 형제애. 이제 새로운 세계의 중심축은 수평적인 관계에 기반을 둔 것이었다. 이 단어들은 이후 전 유럽을 휩쓸게 될 군사적 폭풍의 위력뿐만 아니라 위대한 이상의 위력 또한 간직하고 있었다. 아들들의 형제애로부터 나온 이 찬란한 과업은 체념으로부터 자유로운 세계, 불공평한 것이 개선될 수 있는 세계, 그리고 정의가 순전히 형이상학적인 것으로만 머물지 않고 실현될 수 있는 세계를 창조하는 것으로 모아졌다. 아들들은 더 이상 자신의 아버지로부터 들어올려지기를 기대하지 않았고 스스로를 들어올리려 했다.[128]

물질적인 관점에서 보자면 이 과업은 근대사회를 탄생시키고 정의를 확산시켰다는 장점이 있었다. 또한 심리학적인 관점에서 보자면 이런 사회의 추구는 정신적인 자유를 베풀어주었지만 이와 함께 불안정한 심리상태도 초래하게 되었다. 왜냐하면 정의의 획득이 충분하게 실현되지 못했을 뿐만 아니라 형제애가 기반하고 있는 평등 역시 아버지들의 수직적 위계보다 안정적이지 못했기 때문이다. 그래서 새로운 이념들의 그늘에서 형제들은 구체제(ancient regime)가 아닌 아버지들을 단두대로 올려놓는 결과를 낳을 수밖에 없었다. 왕이 사라지면 누군가 다시 정권을 잡아 국가를 지배할 수 있지만 가족에서 아버지가 사라지면 누구도 그 자리를 대신할 수는 없었다.

프랑스에서 시작됐지만 곧이어 전 세계로 확산된 이런 내면의 절망감은 1806년도의 작품들을 전시하고 있는 루브르 박물관의 전람회장에서 찾아볼 수 있다(도판 4). 안네 루이스 기로데(Anne-Louis Girodet de Roussy-Trioson)라는 작가의 이 그림은 너무나 절망적인 상황에 빠져 있는 아버지와 그의 주변에 매달려 있는 한 가족을 보여준다. 아버지의 아버지로 보이는 노인은 그의 어깨에 매달려 있는데, 그는 아들에게 생명을 주었던 앙키세스가 아니라 자신의 아들을 절벽으로 끌어내리고 있는 납덩이 같은 노인일 뿐이다. 평등이라는 이름으로 남자와 손을 맞잡고 있는 여자는 크레우사의 운명을 답습하지 않기 위해 스스로를 방어하며 개인적인 고뇌 속에 갇혀 있다. 또한 강인해 보이는 신체에도 불구하고 남편의 의지를 방해하는 짐이 되고 있다. (혹자는 이것이 고전적인 이야기의 크레우사를 의도적으로 변용한 것이 아닌지 의심하고 있다.) 또한 아버지와 자식들은 직접적인 접촉을 피하면서 각자 어머니의 손을 통해서만 아버지와 연결되어 있다. 자식들은 자신들의 나약함을 어머니의 우울한 심리상태에 의존하고 있고 그녀의 우울한 감정을 모방하기도 한다. 그녀는 남편과 반대로 구원되기를 거부하는 하나의 육체, 수동적으로 남편에게 저항하는 비협조적인 인간으로 그려진다. 아버지는 강인해 보이는 근육들을 팽팽하게 긴장시키고 있지만, 눈빛에서는 자신도 두려움으로 가득 차 있다는 것을 숨기지 못한다. 남자의 발은 바위 모서리에 간신히 걸쳐져 있고, 그가 잡고 있는 나뭇가지는 오래 버틸 수 있을 만큼 단단해 보이지 않는다. 이들 밑으로는 지옥의 물결이 소용돌이치는 협곡이 기다리고 있다. 이 그림의 제목은 〈홍수의 장

도판 4_ 홍수의 장면
(파리 루브르 박물관)

면*Scene of the Flood*〉(1806)이라고 알려져 있다. 작가가 그림을 통해 성경에 기록된 인류의 멸망을 의도했는지, 아니면 변화 속에서 가려진 아버지의 몰락을 생각했는지는 알 수가 없다. 하지만 중요한 것은 그림 속에 들어 있는 무의식적인 동기들이고, 이 속에서 우리는 인식보다 더 결정적인 어떤 장면을 포착할 수 있다.

14장
혁명의 시대
불량한 아버지들

산업혁명의 시작과 더불어 아버지는 이제 자신의 가장 어두운 시간 속으로 진입하게 된다. 근대 초기의 유럽 사회는 가장 밑바닥에서는 농노들의 계층이 그리고 가장 상층부에서는 귀족들이 떠받치고 있었고, 이 두 계층 사이의 중간 계급은 아주 적은 수에 지나지 않았다. 국가와 학교가 아버지들에게 부과하는 제약들은 여전했지만 그럼에도 아직까지 아버지는 이 세 계급 모두에게 일종의 모범이었다. 하지만 모범이 되기 위해서는 가족들이 항상 볼 수 있는, 보이는 존재가 되어야 했다. 다시 말해 그의 일터는 집에서 멀리 떨어지지 않은 작업장이나 들판이어야 했다.

당시 유럽은 대부분 국가들의 소작농 비율이 전체 인구의 90퍼센트 이상을 차지하고 있었다. 아주 적은 수의 귀족들을 제외하면 나머지는 장인들이나 농부들 그리고 소규모의 영세 상인들로 구성되어 있었다. 때문에 대부분의 아버지들의 일터는 대개 자식들의 시야에서 멀리 벗어나지 않았고, 오락거리가 발달하지 못했기 때문에 많은 시간을 가족들과 보냈다. 가족들과 함께하는 여가 시간은 부모나 조부모들이 들려주는 옛날이야기를 들으면서 작은 소일거리를 찾는 것이었다. 당시에는 서적이 귀했고 문맹률이 높았기 때문에 나이 든 부모들이 기억하고 있는 가족사나 세상에 대한 이야기들은 귀중한 흥밋거리였다. 농촌 위주의 이런 조용하고 일상적인 생활 방식은 외부의 영향이 적었기 때문에 상대적으로 가족 내의 아버지의 권위를 보존해줄 수 있었다. 어린이들은 추상적인 사고를 통해서가 아니라 다른 사람의 행동이나 이야기를 통해서 자신의 성장모델을 찾기 때문에, 농촌이나 지방의 아이들은 자연스럽게 아버지를 자신의 모델로 삼았다.

산업혁명이 전 유럽을 휩쓸기 전까지는 가족 중 연장자 한 사람을 자신의 이상적인 모델로 삼는 아이들의 시선이 전혀 아무런 방해를 받지 않았다. 그리고 이런 시선은 유아기에서부터 성년이 될 때까지 이어지면서 자신의 정체성을 획득하고 필요한 기술이나 교육을 습득하는 가장 일반적인 방법이었다. 오늘날까지도 가정에서 모방을 통해 습득한 이런 교육은 학교 교육으로는 전달할 수 없는 내용을 많이 가지고 있다. 어쨌든 남자들에게 있어 이런 성장과정은 단절을 경험하기 때문에 결코 일직선적으로 이루어지지는 않았다. 어머니에게 고착되어 있는 일정 기간이 지나면, 어린 소년들은 자신의 사고 확장을 통해 아버지의 영역으로 들어섰다. 그리고 아버지와 자신을 동일시하면서 점진적으로 아버지의 직업과 아버지가 가족에게 적용하는 원칙들, 기준들을 습득해 나갔고, 이를 통해 자신의 정체성을 형성했다. 아버지라는 인물은 아들들에게 하나의 완벽한 모델이었고 의심을 품을 수 없는 기준이었다.

이런 가족들이 모여 사는 시골 경제는 한마디로 말하면 가난한 농업 경제였다. 약간의 땅을 소유한 소수의 사람들을 제외하면 그 밖의 대부분의 가족들은 사실상 자급자족을 하고 있었다. 그리고 농부의 아들은 대부분 다시 농부가 되었는데, 이는 이들이 농사에 익숙하기도 하지만 농사만이 이들에게 경제적인 안정을 줄 수 있기 때문이었다. 또한 아버지의 직업을 이어받는 것은 본인뿐만 아니라 가족에게 심리적인 안정감을 주었다. 이들에게는 시선을 다른 곳으로 돌릴 수 있는 다른 대안이 없었다. 중요한 인생의 전환점—가령 결혼이라든가 성직 생활, 혹은 새로운 직업 같은—을 마련하기 위해서는 무엇보다 먼저 새로운 조건을 알고 있어야 하고 이 새로운 조건에 자신을 결부시키는 연습이 필요하다. 자신의 이미지를 다른 상황 속에서 상상해 보는 것, 이것이 바로 상상력의 작용이다. 하지만 당시 젊은이들은 자신의 아버지가 할아버지를 관찰했던 방식 속에 그대로 머물러 있었고, 아버지의 집(patrilocal)과 아버지의 혈통(patrilinear) 그리고 아버지의 원칙(patriarchal) 속에서 자신의 이미지를 발견할 수밖에 없었다.

산업혁명은 바로 이런 안정된 부자 관계의 형태들을 산산조각 내고 기존의 사회관계들을 붕괴시켰다. 물론 산업혁명은 이전의 경제적 불평등을 교정하고 새로운 부를 창출할 수 있는 기회들을 만들어주었다. 이와 함께 물질적 풍요는 이전에는 상상조차 할 수 없는 수준으로 올라갔다. 하지만 동시에 새로운 삶의 방식은 기존의 가족관계 역시 변화시켰고, 이전에는 알지 못했던 불안정한 상태로 가족들을 밀어 넣었다.

결정적인 변화는 가장 가난한 자들 속에서, 최하층에서 시작되었다. 이런 가정의 아버지들은 이전에는 전혀 알지 못했던 새로운 물결에 휩쓸려 들어갔고, 일터도 집 근처가 아닌 거대한 공장으로 바뀌었다. 부의 재편으로 농촌 지역이 빈곤에 허덕이면서 농부들은 새로운 기회를 얻기 위해 도시의 공장들로 몰려들기 시작했다. 도시 인구의 증가는 새로운 기회들을 창출했고 이와 함께 더 많은 수의 장인들과 농민들, 사회 최약자 계층들이 도시로 몰려들었다. 경제적인 변화 속에서 이런 추세는 산업혁명 내내 계속되었고 전 사회 계층으로 엄청나게 확산되었다. 도시화는 더욱 맹렬하게 가속화되었지만 인구 밀집과 낮은 임금으로 인해 생활 여건들은 더욱 악화되었고, 이들이 시골 생활로 다시 돌아갈 수 있는 기회는 없었다. 산업혁명과 관련된 이런 거대한 변화의 역사는 지금도 도서관을 가득 메우고 있다.[129]

처음에 공장들은, 특히 영국의 방직 공장들은 여성들과 아이들을 고용하는 것을 선호했다. 왜냐하면 이들에게는 남자들에 비해 상대적으로 적은 임금을 지불해도 되었고 노동 조건이 아무리 열악하더라도 얼마든지 지원자들을 찾을 수 있었기 때문이다.[130] 여성들과 아이들을 선호하는 산업화의 새로운 상황은 불멸의 존재로 여겨졌던 아버지에게 커다란 타격이었다. 아내와 아이들은 그의 권위가 닿을 수 없는 공장으로 멀어졌고, 이곳에서 새로운 위계질서를 습득했다. 공장이 요구하는 외적인 위계질서는 아버지의 엄격함을 차용하고 있었지만, 아버지가 가족들에게 베푼 다른 특징들은 전혀 갖고 있지 않았다. 게다가 이런 상황은 아내나 자식들이 아버지보다 많은 돈을 벌어올 수 있는 기회를 열어줌으로써 가족의 경제를 책임지는 아버지의 위상에 커다란 상처를 내었다.

오늘날 성인 남자 노동자가 경제영역에서 대다수를 차지하게 된 것은 노동자들을 보호하는 법률이 등장하면서부터 시작된 것이다. 이 법률의 발효와 함께 19세기와 20세기 초반부터 가장 먼저 미국에서 공장 노동자의 여성 점유율이 낮아지기 시작했다(1897년도에는 9.7퍼센트를 차지했다). 가정의 주 수입원은 다시 한 번 아버지의 수중에 맡겨지게 됐지만 이번에 그가 가져온 사냥감은 더 이상 그를 이전의 자리로 돌려놓지 않았다.[131]

이것이 우리가 직접적으로 관심을 가지고 있는 현상, 즉 '아버지의 비가시성(the invisibility of the father)'이라고 알려진 것의 출발을 특징짓는 것이라고 할 수 있다.[132]

소작농이 곡괭이를 집어던지고 공장 문을 드나들게 되던 날부터 그는 동시에 자식들의 시선이 닿을 수 없는 영역으로 사라지게 되었다. 동일한 운명은 차차로 수공업 장인들과 대장장이들 그리고 목수들에게도 다가왔다. 이들이 만들던 생산품들은 기계에 의해 만들어진 보다 저렴한 상품들로 대체되었고, 나무와 쇠를 가지고 작업하던 아버지들은 거리로 쫓겨나와 비인간적인 경영자의 이윤에 봉사하는 기계에 내몰리게 되었다. 공장에서의 작업은 한정되고 반복적이었기 때문에 아버지들은 차차로 자신들이 소유했던 기술들을 상실할 수밖에 없었다. 또한 그들은 일정한 행동만을 반복하는 단순노동자들이었기 때문에 아무런 책임감도 부여되지 않았고, 그에 따라 독창성 역시 모두 상실하고 말았다. 직업적인 전문 능력을 상실한 이후 아버지들은 자부심마저 잃어가고 있었다. 그들이 생산해 낸 제품들은 더 이상 자신들의 소유가 아니었고, 심지어는 이 제품들을 구경조차 하지 못하는 경우도 흔했다.

하지만 이런 상실감들에서 가장 중요한 것은 다른 무엇보다도 자식들에 대한 권위와 따뜻한 품(집)을 잃어버렸다는 것이었다. 그들의 일과와 노동과 감정들은 자식들의 시야 밖에서 벌어지는 것이기 때문에 이제 더 이상 아버지의 생활은 자식들의 생활과 관련된 것이 없었다. 아버지들은 여전히 가정의 생계를 책임지고 있었지만 자식들이 성인으로 성장하게끔 이끌어주는 교사의 역할을 할 수는 없었다. 학교 선생님이 가족의 모든 역할을 대체할 수 없는 것처럼, 어떤 제도나 단체들도 대체할 수 없는 귀중한 교육의 기회가 박탈되어 버린 것이다.

이런 상황에서 많은 아버지들은 잔인하고 난폭했으며 감정적으로도 자식들과 멀어져 있었다. 아버지들의 집단적인 심리 상태는 특정한 개인의 실패와는 관계없는 거대한 상실감에 휩싸여 있었다. 산업화 시대에 자식들은 아버지의 활동을 지켜보지 못했을 뿐더러 그것에 대해 알수도 없었기 때문에 아버지를 이해할 수 없었다. 그리하여 이제 자식들은 아이네아스의 가족이 아버지에게 의존해 탈출할 수 있었던 것 같은 부성의 이미지를 가질 수 없었다. 게다가 자식들을 둘러싼 주변 세계는 부성의 이미지를 가진 다른 인물들을 보여줄 능력이 없었다.

산업화는 낮에는 아버지들을 공장으로 빨아들였다가 밤에는 작업장에서 그리 멀리 떨어지지 않은 공동숙소로 이들을 뱉어내었다. 가족들과 자식들에게 아버지는 점점 더 낯선 사람이 되어 갔다. 물론 오랜 시간이 지나 물질적이고 심리적인 희생의 대가를 치르고 나서야 가족들은 재결합할 수 있었다. 하지만 이것은 단절의 종료라기보다 환상의 종료를 알리는 신호였다. 가족의 재결합은 지리적인 것이었지 심리적인 것이 아니었다.[133] 한번 도시의 속도에 흡수되고 나면 예전 시골에서 느꼈던 무시간적인 안정감은 완전히 잊혀지고 말았다. 유동적이고 변덕스러운 도시 생활에 대한 경험들은 부모들뿐만 아니라 자식들에게도 두려운 것이었다. 자식들은 현실로부터 자신을 지켜줄 어떤 도움도 기대할 수 없었기 때문에 집단적인 상상력은 아버지에게 의존함으로써 얻을 수 있는 심리적인 안정감을 노스탤지어로 여기기 시작했다.

그렇다고 도시의 가정이 시골 가정보다 훨씬 더 비참하다고는 말할 수 없었다. 시골 가정의 가족들 역시 비교라는 잣대를 통해 가정이 몰락하고 있다는 자각을 갖고 있었다. 나이가 들어가면 차례로 자식들은 바깥의 흙탕물 속을 헤매거나 공장으로 돈을 벌러 떠나갔다. 두 경우 모두 자식들은 아버지를 모방하던 예전의 방식이 아니라 또래 친구들과 경쟁하는 속에서 자신을 바라보는 방식을 배우게 되었고 방황하는 수많은 젊은이들 중의 한 명이 되었다. 도시 생활은 또한 다른 어른들의 세계를 보여주기도 했는데, 이들은 자신의 아버지가 보여주는 세계와는 전혀 다른 것들을 갖추고 있었다. 어떤 사람은 자신의 아버지보다 많은 권세를 가지고 있었고, 어떤 사람은 아버지와 비교할 수 없을 정도의 지식인이었으며 또한 어떤 사람은 엄청난 부자였다. 좀더 큰 세계에서 자신의 아버지는 아무것도 가진 것이 없고 아무것도 줄 것이 없는 부정적인 모델이었다.

반면 아버지의 경우에는 만성적인 우울증에 빠져 있었다. 그는 직업과 관련한 자부심과 흥미도 잃었고 가족과의 관계도 소원해져 있었다. 농경 생활과 수공업은 계절의 변화와 리듬을 타는 것이기 때문에 항상 가족들과 함께할 시간을 마련해 주었다. 하지만 도시 생활에서는 하루의 대부분을 공장에서 보내야 했고 공장과 집 간의 거리는 이전에 비하면 엄청나게 멀었다. 또한 이전 생활로 돌아가는 것이 가능하다 할지라도, 불만으로 가득 찬 가족들을 데리고 초라한 오두막으로 돌아갈 수 있는 아버지들은 아무도 없었다. 그에게 맡겨진 유일한 임무는 월급을 집으로 가져가는 것뿐이었다. 하지만 이 월급 역시 예전에 들판에서 일을 멈추고 나누어 먹던 수프처럼, 어느 날 마당 한편에서 키우던 돼지를 잡았던 것처럼 따뜻하고 행복한 것이 아니라 기계적이고 일상적이고 차가운 것이었다. 그가 진실로 따뜻하게 가족들과 나눌 만한 것은 아무것도 없었다. 그리하여 아버지들은 자신을 위해서도 약간씩 돈을 숨겨놓기 시작했고, 이 돈으로 술을 마시기 시작했다. 자신을 위한 이 작은 위안은 선술집에서 돈을 주고 술을 마시는 동안만 유지되었다. 그리고 집으로 돌아가면 다시 적은 말수와 적개심으로 가득 찬 눈초리로 무장한 더 낯선 사람이 되었다. 다음날에는 좀 더 많은 돈을 숨기고 더 늦게 집으로 귀가하는 것이 반복되고 점차로 일상이 되어 갔다.

어찌 되었든, 이제 역사상 처음으로 자식들은 자신의 아버지를 부끄럽게 여기기 시작했다. 그리고 잠깐 동안이 아니라 계속해서 아버지가 있다는 것, 그런 아버지의 아들이라는 것을 부끄러워했다.

그리하여 이제 서구사회의 집단적인 상상력 속에서 전례 없이 불량한 아버지라는 형상이 등장하게 되었다. 불량한 아버지의 등장과 함께 문학과 예술 그리고 마침내는 19세기 법률이 아버지에게 관심을 기울이기 시작했고, 부성의 권위를 국가가 대신하도록 부추기기 시작했다. 이를 대체하는 과정은 순환적으로 이루어졌고 부권적 질서라는 관념은 마치 눈사태처럼 밑으로 무너져 내렸다. 국가는 아버지에 필적하는 인물인 학교 선생님을 만들어내었다. 하지만 처음에 학교는 자녀들의 교육을 선택할 수 있는 권리를 가정에 위임했지만, 차차로 이 위임권은 불량한 아버지로부터 자녀들을 보호한다는 명목으로, 어린이들의 권리라는 명목으로 국가에 귀속되었다. 그리고 최종적으로는 정부의 정책에 의해 교육의 의무가 선택이 아니라 강제적인 것이 되었다.[134]

안정적인 시골 환경과 대대로 물려 내려온 직업 그리고 스스로의 정체성마저 박탈당한 가난한 도시의 아버지들은 더 이상 물러설 수 없는 궁지에 몰려 있었다. 이 속에서 그는 자신과 같은 처지의 수많은 아버지들을 알게 되었고, 이들과 수평적인 관계를 맺어나가면서 삶에 대한 새로운 힘을 발견해 내었다. 아버지들이 발견한 이 새로운 힘은 대중에 대한 것으로, 대중을 통한 권력의 발현은 자신의 개인적인 무능력을 보상해줄 수 있었다. 대중의 힘과 개인의 보상심리는 노동조합의 성장을 이끌었고, 이를 통해 아버지들은 차차로 형편없는 임금에서 벗어날 수 있었다. 하지만 경제적인 빈곤과 달리 부성의 빈곤은 이런 방법으로는 치유될 수 없는 것이었다. 경제적인 궁핍함에서 벗어난 아버지들은 여전히 아버지로서의 역할이 무엇인지 잊어버리고 있었고 자식들이나 부인 역시 그를 도와주지 않았다. 혁명가들은 그를 새로운 운동에 참여시키려고 했지만, 이 운동—마르크스는 혁명적 운동이 아버지의 기능을 이미 넘어서고 있다고 생각했다—은 아버지를 필요로 하지 않았다. 왜냐하면 혁명가들은 아버지를 대체할 수 있는 새로운 국가 체제, 아버지의 무능으로부터 자유로운 국가 체제를 갈망했기 때문이다.

문제의 본질은 전적으로 경제적인 것만이 아니었고 가난한 사람들에게 국한된 것도 아니었다. 모든 사람들이 현실적으로 그리고 정신적으로 영향을 받고 있었다. 불량한 아버지—아버지에 대한 확신의 결핍 그리고 아버지로서의 확신에 대한 결핍—라는 이미지는 모든 계급에 확산되어 있었다. 도시의 중산층은 노동자 계급이 겪고 있는 가난이나 고통을 겪지 않았고, 이들 계층의 아버지들은 직업을 상실하거나 정체성을 손상당하지도 않았다. 하지만 그럼에도 직업을 아들에게 물려준 파리 상인들의 숫자는 18세기에 75퍼센트였던 것이 19세기에는 3분의 1을 약간 넘는 것으로 조사되었다.[135] 아버지로부터의 도피는 가난한 지역들에만 한정된 것이 아니라 경제적인 위기와 시대의 변화에 근원을 두고 있었다.

가령 상류 계층에서도 아버지들은 임대료나 투자로부터 벌어들인 돈으로 생계를 유지하는 것에만 머무를 수 없었다. 자신들의 지위를 유지하기 위해서는 더욱 복잡한 사업을 구상해야 했고, 더욱 멀리 그리고 더욱 자주 집을 떠나야 했다. 그 결과 그들 역시 자식들의 시야에서 벗어나게 되었고 이해할 수 없는 사람이 되어 버리고 말았다. 가족들과의 관계소홀은 전 계층에서 광범위하게 확산되는 근본적인 현상이었다. 겉보기에는 높은 사회계층의 가족들이 더욱 강한 결속을 띠는 것 같지만, 이들 역시 전통적인 권위에 도전하는 새로운 사고방식들에 휘말려 들고 있었다. 수평적인 가치들을 옹호하는 새로운 문화는 처음에는 지식인들 사이에서 긍정적으로 수용되기 시작했고, 이후로는 절망에 빠진 사람들에게까지 전파되었다. 철학에서는 니체가 19세기에 신의 죽음을 주장했고, 프랑스에서는 민중들이 왕을 단두대로 보냈다. 신의 죽음과 왕의 처형이라는 이 두 가지의 사건은 아버지의 죽음을 알리는 상징적인 메타포였다.

이런 문제들이 서로 얽혀 있던 상황에서 20세기 초에는 두 번의 세계대전이 발발했다. 특이한 것은 이 두 사건이 유독 하나의 특정 세대에게만 깊은 상처를 냈다는 점이다. 첫 번째 전쟁에서 이 세대는 아버지로부터 버림받은 아들의 경험을 해야 했고, 그러고 나서는 두 번째 전쟁을 통해 아들을 빼앗긴 아버지의 경험을 해야 했다. 아버지의 부재는 이제 일반적인 현상이 되고 있었다.

15장
아빠, 아빠는 전쟁에서
무엇을 했어요?

> 그리고 이제 나는 저 소름끼치는
> 마르스의 전쟁에 대해 노래하련다.
> — 『아이네이스』 I

> 젊은이들의 목숨은 죽음이라는 법칙만이
> 존재하는 저 광대한 제국으로 밀려가고 있습니다.
> — 비방적인 서신을 썼다는 이유로 이탈리아
> 육군 24사단의 군사법정에 의해 구금형을 받은
> D.G가 1917년 8월에 그의 가족들에게 보낸 편지 중에서

　율리시스의 아들처럼 제 아버지는 할아버지가 1차 세계대전에 막 출병을 하려고 하던 시기에 태어나셨습니다. 이탈리아는 다른 나라들보다 조금 늦게 싸움을 개시했지만 종전(終戰) 이후의 불안정한 기간에는 다른 나라들처럼 군인들을 집으로 돌려보내지 않고 길게 잡아두고 있었습니다. 게다가 무시무시한 '스페인 독감'이 불어닥쳤기 때문에 의무부대의 장교였던 할아버지는 휴전이 선포된 이후에도 상당 기간을 군대에 남아 있어야 했습니다.

　할아버지가 마침내 돌아오셨을 때, 아버지는 이미 네 살이었고 여자들 틈 속에서 자라고 있었습니다. 그의 어머니와, 어머니의 언니들, 두

명의 하녀들과 보육원의 여자 선생님들 속에서 말입니다. 아버지의 할아버지들은 모두 돌아가신 상태였고, 두 명의 삼촌들이 살아 있긴 했지만, 그들 역시 모두 군대에 있었습니다. 참, 이들 중 한 명은 오스트리아의 전쟁 선포가 있기 훨씬 전에 이탈리아가 북아프리카 점령을 놓고 터키와 벌인 전쟁에 이미 참전하고 있었습니다.

제 아버지는 물론 남자 어른의 존재에 대해 알고 있었습니다. 하지만 그들은 그저 담장 저편의 길거리를 스쳐 지나가는 그런 사람들일 뿐이었습니다. 부르주아의 안락함을 가진 여자들의 세계는 그런 무관심한 어른들에 비해 어린 아버지에게 관대했고 항상 보호해 주었으며, 아버지가 돌아올 수 없을지도 모른다는 불확실성을 보상해주었습니다. 아버지의 부재와 관련된 문제점들이 그에게 여러 가지로 집중되어 나타난 것은 당연한 일이었습니다.

하지만 막상 할아버지가 돌아오셨을 때 요란을 떤 것은 집안의 여자들이었습니다. 제 아버지는 이방인을 축하하는 그런 분위기에 점차 질투를 느끼고 있었습니다. 하지만 저녁 식사가 준비될 쯤에는 다시 기분이 좋아졌는데, 왜냐하면 평소보다 맛있는 음식들이 식탁을 가득 채우고 있었고, 또 이제는 다시 자신이 가족의 관심을 받게 될 것이라고 예상하고 있었기 때문입니다. 그는 식사 자리에서 여성들의 이 새로운 숭배자를 물리치고 예전의 자리를 다시 차지할 수 있을 것이라는 희망에 한껏 부풀어 있었던 것입니다.

식사가 진행되는 중반까지는 적어도 희망에 가득 차서 신나게 떠들 수 있었습니다. 하지만 19세기 남자인 데다 군복을 아직 완전하게 벗어던진 상태도 아니었던 제 할아버지는 더 이상 참지 못하고 엄격하게 아버지를 꾸짖으셨습니다. 낯선 사람의 이런 제지를 이해할 수 없었던 어린 꼬마는 참았던 감정을 터뜨리면서 불만을 쏟아냈습니다. 눈물을 쏟아내면서 그가 처음으로 모두에게 던진 말은 다음과 같은 것이었습니다. "도대체 저 남자 누구야?" 그러자 하녀들은 그에게 조용히 하라는 신호를 보내면서 다음과 같이 대답했습니다. "모르겠니? 주인님이시잖아."

나는 이 이야기를 할아버지나 아버지가 아닌 할머니에게서 들었습니다. 할아버지와 아버지는 여전히 서로에게 말을 잘 건네지 않으십니다.

전쟁의 역사를 살펴보면 군인들을 소집하고 동원하는 것은 언제나 용병들을 고용하는 형태로 이루어져 왔다. 또한 전쟁은 역사 전반에 걸쳐서 지속적으로 발생한 사건들이었기 때문에 언제나 젊은 아버지들을 그들의 자식들로부터 떼어놓았고 이들을 돌려보내지 않기도 했다. 게다가 20세기에 일어난 두 번의 세계대전은 고전적인 부권 박탈의 역사에 전적으로 새로운 장을 열어 놓고 있었다.

전반적인 역사적 맥락은 생략하고 여기서는 유럽과 이탈리아가 경험했던 세계대전들의 의미만을 고찰해 보기로 하자. 오늘날 이탈리아 사회는 서구세계의, 특히 미국의 일반적인 발전과정을 따르고 있다. 하지만 20세기 초반까지만 해도 이탈리아는 서구 문화에 영향을 미치게 될 몇 가지 현상들을 경험하고 있었다. 즉 무엇보다 먼저 이탈리아는 사회 전체가 전쟁에 동원된 세계대전을 경험하였고, 이후에는 전쟁으로부터 살아남은 퇴역 군인들의 삶을 경험하였으며, 마지막으로는 독재 정권이라는 이름으로 20세기 역사를 어둡게 한 집단적인 정신적 타락을 경험하였다.

이 시대의 생존자들은 살아 있는 동안 유럽의 나폴레옹 전투와 북아메리카의 남북전쟁에 필적할 만큼 대규모로 벌어진 두 번의 세계대전을 치러야 했고, 이런 경험으로 인해 새로운 심리적 차원을 열어 놓게 되었다. 1차 세계대전으로 인해 전쟁에 참가한 각 나라의 시민들은 각자가 한 국가의 국민이라는 것을 깊이 경험했다. 1914년 여름에는 그래서 '8월 공동체'라는 것이 탄생했다.[136] 사람들은 '형제애의 정신으로!'라는 기치를 내걸고 거리로 밀려 나왔다. 시민들의 보편적인 감정은 한 명의 지도자를 따르고자 하는 것이 아니라 형제들로 이루어진 위대한 공동체에 속해 있고 싶은 것이었다.

전쟁에 대한 자각 역시 이전과는 다른 새로운 조건 속에서 발생하고 있었다. 1차 세계대전이 발발하기 직전에 나돌았던 신문들은 정치정당에 의해 만들어진 조직적인 선전이었지만 동시에 수많은 대중들을 유례가 없던 논쟁 속으로 밀어 넣었다. 이탈리아에서는 전쟁에 개입해야 하는가를 놓고 대중들 사이에 뜨거운 논쟁이 벌어졌고, 급기야는 두 진영으로 갈라지고 말았다. 전쟁에 개입해야 한다는 주장은 국가주의자들과 군인들 그리고 많은 지식인들에 의해 지지되었다. '세계의 유일한 위생 대책, 전쟁'이라는 문구는 1909년에 이미 파리의 일간신문에 실린 미래주의 선언문(Futurist Manifesto)이 내건 기치이기도 했다. F. T. 마리네티(Marinetti)가 창설한 이 미래주의 운동은 적극적인 행동과 미학적 가치에 근거를 둔 20세기의 새로운 원칙들을 제시했고, 유럽인들의 무의식 속에 숨어 있던 적극적인 행동에 대한 이미지들을 예고하고 있었다.

 이전까지만 해도 서구 역사 속에서 대부분의 전쟁은 일반 시민들과는 무관한 것이었다. 시민들에게 전쟁은 단지 폭풍우 같은 것, 즉 가능하다면 우선은 피하고 봐야 하는 것이었다. 그리고 다른 방도가 없다면 끝나기를 기다렸다가 가능한 한 빨리 피해를 복구하면 그만이었다. 전쟁이 '정당한 것인지' 아닌지를 논의하는 데 시간을 소비하는 사람들은 없었다. 왜냐하면 그런 논쟁은 전쟁의 발발로 입게 된 피해를 보상해 주거나 치료해 주는 것이 전혀 아니었기 때문이다.

 하지만 1차 세계대전은 이전의 전쟁들과 달리 민중들의 전쟁이었고, 대중들은 처음으로 전쟁에 대해 자신의 의견을 피력할 수 있는 권리를 갖게 되었다. 이탈리아에서는 1차 세계대전이 시작되고 1년이 될 무렵까지도 전쟁개입에 반대하는 대중들의 여론이 지배적이었다. 하지만 막상 자신의 나라가 전쟁에 개입하자, 호전적인 열정은 대다수 사람들이 공유하는 어떤 감정이 되어 있었다.

 전쟁은 사람들이 예상한 것보다 훨씬 길었고 훨씬 파괴적이었다. 1916년에는 프랑스-독일 전선에서 전쟁이 영원히 끝나지 않을 것이라는 유언비어가 퍼지기 시작했다.[137] 금방이라도 멈출 것 같던 전쟁이 벌써 몇 년 동안 계속해서 연장되고 있었다. 전쟁 개시를 주장했던 정당에게 힘을 실어 주었던 교황은 이제 전쟁을 '의미 없는 대량학살'[138]이라고 비판하고 나섰다. 이탈리아의 각 가정들은 전쟁을 저주하기 시작했다. 하지만 앞에 나서서 적극적으로 이의를 제기하는 사람들은 거의 없었다. 군사 법정은 군인들이 개인적인 편지에서 이런 생각을 표현하는 것에 엄중한 처벌을 내렸다. 그럼에도 불구하고 적을 공격하기를 거부하는 군인들의 숫자는 계속해서 늘어만 갔다. 명령불복종인 이런 상황은 즉결 군사재판이라는 것을 낳았고, 이탈리아의 군 경찰인 카라비니에리(Carabinieri)는 현장에서 바로 사형을 언도할 수 있는 법률까지 만들었다. 부대 전체를 처벌하는 것이 불가능할 경우에는 총살당할 군인들을 무작위로 선발하기도 했다. 이렇게 무의미한 죽음을 맞이한 망령들은 전쟁터에 남아 일반 병사와 그들의 상관 사이에 치유할 수 없는 불신을 심어주었다. 흩어진 마음들을 다시 예전처럼 합쳐 놓는 것은 불가능한 것이었고, 이것이 바로 전혀 다른 새로운 시대의 상징이 되고 있었다.[139] 전쟁은 처음에는 민족적 단결이라는 이름으로 개시되었지만 나중에는 병사들을 자신과 같은 민족인 동료 병사들의 총알 밑에 쓰러져 죽게 하는 것으로 진행되고 있었다. 불복종은 탈영으로 이어졌고, 간헐적으로만 일어나던 탈영은 일상적인 사건이 되고 있었다. 그리하여 마침내 1916년에는 탈영병의 숫자가 28,000명이었던 것이 1917년에는 55,000명으로 눈사태처럼 불어났다.[140] 병사들의 내면적인 권위에 대한 의식은 점점 더 희박해지고 있었다. 마찬가지로 시민들의 삶에서 아버지는 권위를 잃고 몰락하면서 종착점을 향해 치닫고 있었다.

전쟁이란 흔히 한 국가가 다른 국가에 대항해 싸움을 벌이는 것으로 여겨져 왔다. 하지만 이제 전쟁은 아들들의 형제애가 권위적이고 상징적인 아버지들에게 대항하는 양상을 띠고 있었다. 부권적인 명령에 불복종하는 반란자들 사이의 친목은 국경을 넘어서까지 형성되었다. 이탈리아의 병사들과 오스트리아의 병사들은 각각의 참호 뒤에서 총부리를 겨누기보다는 너무나 비슷한 서로의 처지를 이해하면서 선물과 인사를 교환했다. 물론 이런 행위는 군사재판에서 혹독한 징벌로 다뤄

졌지만[141] 수직적인 위계질서 대신에 수평적인 형제애가 병사들 사이에 보다 큰 공감대를 형성하고 있는 것은 사실이었다.

탈영과 불복종에 대한 군사재판의 형벌 역시 지나치게 가혹해서 사실상 많은 병사들이 오히려 적의 진영으로 투항하는 결과를 낳게 되었다. 적의 진영에 투항하는 것은 당연히 목숨을 걸어야 하는 것이었고 양 진영의 장교들은 투항한 병사들을 받아들이기보다는 총살을 명령하기도 했다. 왜냐하면 자기 진영 병사들의 탈영이나 투항의 유혹을 단념시킬 수 있는 기회인 데다가 너무나 많은 투항자들로 인해 이들을 수용할 공간이 넉넉지 않았기 때문이다. 하지만 내키지 않는 전쟁과 강압적인 복종에 대한 요구는 구습적인 부계질서에 대한 반발처럼 도저히 막을 수 없는 강물이었다. 1차 세계대전에서만 각종 불복종 행위로 인해 감옥에 갇히게 된 이탈리아 병사들의 숫자는 53만에서 60만 명 정도로 추산되었다. 오스트리아-헝가리의 군사들은 220만 명 정도였고, 러시아 군사들은 250만에서 350만 명 정도에 달했다.[142]

러시아에서는 이런 아들들의 불복종이 시대를 뒤엎는 대 격변으로 수렴되고 있었다. 귀족계급과 구질서 체제인 차르 체제는 민중들에 의해 무너졌고, 모든 권력은 적어도 명목상으로는 아버지 없는 군중들에게 이양되었다. 형제들의 힘을 보여준 이 새로운 흐름은 다른 나라들에도 영향을 미쳤고, 위계질서에 대한 반감이 공통의 감정으로 자리 잡게 만들었다. 이제 더 이상 지리적인 경계선을 나누는 것은 중요한 것이 아니었다. 정말 중요한 것은 새로운 내면의 경계를 나누는 것, 자아와 권위 사이의 새로운 관계를 정립하는 것이었다.

전쟁으로부터의 각성은 세계를 본격적으로 세속적인 근대로 탈바꿈시키는 결정적인 계기였다. 전쟁은 이제 흥분이나 분노로 발생하는 것이 아니라 대량학살의 기술을 펼치는 계산적인 행동이었다. 그리고 '조국은 다른 적들보다 더 낯선 것이 되어버렸다.'[143)

영웅 신화의 몰락과 평화주의자들의 부상과 함께 시작된 전쟁에 대한 불신은 베트남 전쟁이 일어나기 훨씬 전인 1차 세계대전이 탄생시킨 공감대들 중의 하나였다. 이탈리아에서는 특히 불신의 감정이 높아서 신랄한 비판들이 쏟아져 나왔고 이탈리아 전방에서 전쟁에 참전한 적이 있었던 헤밍웨이(Hemingway)는 이 감정을 『무기여 잘 있거라*A Farewell to Arms*』(1929)라는 소설의 주요 주제로 삼기도 했다. 헤밍웨이의 이 소설과 E. M. 레마르크(Remarque)의 『서부전선 이상 없다*Im Westen nichts Neues*』(1929)는 당시 대중들에게 엄청난 인기를 얻었는데, 전쟁에 대해 부정적인 관점을 취한 소설들이 대중들의 호응을 얻은 것은 이것이 역사상 처음이었다.

하지만 1차 세계대전의 경험이 가지는 무의식적 측면을 살펴보면, 대중들의 전쟁에 대한 불신과 정부와 군대에 대한 비판은 역으로 가정을 해체시키는 과정으로 이어졌다. 1차 세계대전이 끝나갈 무렵, 전쟁에 참여했던 대부분의 왕국들은 위계질서의 붕괴와 함께 무너져 내렸고 새로운 독립 국가들이 생겨났다. 또한 국가의 형태는 유지하더라도 정부의 형태는 완전히 달라져 있었다. 반면 전쟁에서 가까스로 살아 돌아온 아버지들은 모든 것을 다시 이전의 상태로 돌려놓으려고 하면서 다시 가정의 생계를 책임지게 되었다. 퇴역 군인들과 이들의 자식들 사이의 긴장관계는 이 지점에서 엄청난 폭풍우를 예비하고 있었다.

자식들의 집단적인 상상력 속에서 아버지들은 이미 눈에 보이지 않는 상태로 고정되어 버렸지만, 아버지들은 너무 멀리 가정을 떠나 있었기 때문에 이를 알 수 없었다. 단순히 장기간의 부재가 문제를 발생시킨 것은 아니었다. 중요한 것은 모든 가치들이 불안정하고 특히 부권적인 권위에 대한 비난이 극에 다다랐을 때 그들이 거기에 없었다는 사실이었다. 이런 흐름에 가세하면서 교육과 심리학은 가장이 가졌던 절대적인 권위를 폐기하였고, 새로운 정치적 움직임은 형제들의 정부를 준비하고 있었다. 또한 이와 동시에 새롭게 등장한 실증주의 사상은 천상의 아버지가 누리고 있던 정신적인 지배권을 파괴하고 있었다.

이탈리아에서 20세기의 시작은 축포가 아니라 몬차 왕궁 앞에서 왕을 시해한 무정부주의자 브레시(Bresci)의 총탄이었다. 대다수의 국민들은 물론 이 사건에 격분했지만 이들의 분노가 중요한 요소는 되지 못했다. 집단적인 상상력은 이미 고통에 사로잡힌 권위를 방관하고 있었지만, 왕은 왕이 되기 위해 스스로 왕좌에 올라야 했다. 그는 백성들과 대화하기 위해 아래로 허리를 굽힐 수 있었지만 백성들은 그의 손을 잡으려 하지 않았다. 똑같은 상황이 가정의 부계질서 안에서도 일어나고 있었다. 브레시의 총탄에 왕이 쓰러진 것처럼 잃어버린 권위를 되찾기 위해 분투하던 아버지는 가족들에게 이미 해임되고 있었다.

미체리히(Mitscherlich)는 19세기의 아버지들이 산업혁명의 결과로 가정으로부터 점점 멀어지게 되었다고 우리에게 알려주고 있다. 더 이상 아버지들이 일하는 것을 볼 수 없게 된 자식들은 조금씩 권위적인 관계를 붕괴시키는 환상들을 채워가게 되었고 정신적인 공허에 시달리고 있었다. 두 번의 세계 대전은 이런 상실감의 반복이라고 할 수 있는 것으로 건강한 인격의 뿌리까지 파괴하는 영향력을 발휘했다. 평범한 삶의 붕괴와 전쟁이 야기한 전체적인 비극은 개인들의 상상력에 큰 자극제가 되어 괴기스럽고 반(反)영웅적인 내용의 이야기들과 소문들을 유행하게 만들었다.[144] 이런 상상력과 이야기들이 부성의 '퇴행적인' 성격을 지니고 있었다는 것은 매우 분명했다.

당시 입에서 입으로 떠돌던 소문들은 주로 전방에 있는 병사들에 의해 만들어진 것이었다. 또한 집에 머물러 있던 일반 민간인들도 이 소문에 일조를 하고 있었다. 하지만 민간인들은 직접적인 체험이 없었기 때문에 유사한 이야기를 만들 수 없었고, 그래서 보다 복잡한 동기들이 투영된 환상들을 탄생시켰다. 반영웅적인 환상들과 전쟁에 가담한 사람들에 대한 비난이 섞여 만들어진 혼합물은 전쟁을 마치고 돌아온 아버지들이 다시 가정에 정착하는 데 치명적인 장애물이 되었다. 공식적인 환영 행사를 마친 뒤 이제 아버지들이 받을 것으로 예상했던 가족의 환대는 전혀 다른 것이었다.

여기에서 우리는 서론에서 잠시 언급했었던 부성의 패러독스를 접할 수 있다. 군인의 임무는 매우 분명해서 상관이 명령하는 것을 따르면 되었다. 하지만 아버지들이 집으로 돌아왔을 때, 상황은 이전과 달리 복잡해져 있었다. 부모로서의 확장된 권위는 그만큼 확장된 기대들을 충족시켜주어야 했다. 자식들은 부모로서의 애정에 대한 요구 외에도 아버지가 성공한 사람이기를 요구했다. 아버지의 부재는 자식들을 굶주리게 할 만큼, 그리고 그들의 심리상태가 텔레마코스의 우울증과 비슷한 상태를 보일 만큼 긴 것이었다. 어머니의 노력과 중재에도 불구하고 아버지는 자식들에게 자신의 상황과 마음을 이해시킬 수 없었다. 강력한 이미지들로 구체화되지 않는 한, 의무라는 관념은 하나의 창백한 추상물에 지나지 않았다.

자식들의 요구는 물질적인 것일 뿐만 아니라 정신적인 것이기도 했다. 자식들이 아버지를 영웅으로 여기기 위해서는 이들에게 아버지가 정신적인 자양분도 제공하고 어느 정도 자신의 부재를 보상해야만 했다. 하지만 1차 세계대전 이후 반영웅적인 분위기가 감돌면서 전쟁을 부정적으로 보는 시각은 아이들의 마음에도 영향을 미쳤다. 아이들은 자신의 군인 아버지를 긍정적인 인물로 볼 수 없었다. 아버지의 직책이 최고사령관이든 또는 일반보병이든 상관없이 그는 단지 사람들의 비난과 어머니의 푸념의 대상이었다. 전쟁을 치른 아버지로부터 자식들이 전통적으로 물려받아온 것, 즉 자긍심이 이제는 거부되고 있었다.

다른 한편으로 아이들의 상실감은 전에 없이 커지고 있었다. 아버지의 부재는 가족들에게 경제적인 고통을 안겨줬고 또한 아버지의 필요성을 의식하지 못할 만큼 길었다. 심리학과 교육학이 처음으로 광범위한 지지를 얻게 된 것은 바로 이 시기에서 가능한 일이었다. 심리학과 교육학은 한쪽 부모의 결여가 아이들의 발달에 장애를 준다는 사실에 관심을 기울였고, 이를 해결할 수 있는 방법을 모색하면서 아버지의 역할은 배제한 채 아이들의 입장만을 중요시했다. 이탈리아의 평범한 아버지들은 무정부주의자 브레시의 총탄에 의해서가 아니라 교육학자인 마리아 몬테소리(Maria Montessori)에 의해 쓰러졌던 것이다.

이런 사회적 움직임과 함께 전쟁터로 밀려났던 아버지들은 자식이 인격을 형성하는 중요한 기간에 후원자 역할을 할 수 없었다. 그리고 전쟁에 휩쓸리지 않은 아버지들은 가정에 남게 된 이유가 무엇이었든 심한 수치심과 오명을 견디어야 했다. 영국의 한 광고 유인물은 이런

도판 5_ 아빠, 아빠는 전쟁에서 무엇을 했어요?
(런던 대영제국 전쟁 박물관)

상황을 보여주는 가장 인상적인 사례이다(도판 5). 언뜻 보기에도 부르주아 계급으로 보이는 이 아버지는 두 자녀들과 함께 단란한 분위기를 보이고 있다. 하지만 여기서 아버지만은 약간 불안한 감정을 내비치는데, 거실에 앉아 장난감 병정들을 가지고 놀고 있던 아들과 아버지의 무릎에 앉아 있는 딸이 다음과 같이 묻고 있기 때문이다. "아빠, 전쟁 동안 아빠는 무엇을 하셨어요?" 아버지의 눈 속에 들어 있는 죄책감은 이 질문을 던진 소녀의 순진함과 대비를 이루고 있다. 그리고 침묵하는 그의 입은 영웅적인 이야기를 기대하는 아이의 기대감을 외면하려고 한다. 유인물에서 흥미로운 점은 아버지의 이런 죄책감이 외부적인 비난이나 협박 때문이 아니라 자식들의 기대감에서 나온다는 것이다. 자식들에게 전쟁을 이해시켜주어야 한다는 역할은 아버지들에게 전혀 새로운 것이 아니지만, 자식들에게 아버지를 해명해야 한다는 것과 그리하여 자식들에게 평가받아야 한다는 점은 완전히 새로운 것이었다.

이런 동요가 아버지들의 정신 속에서 최고조에 달하는 동안, 거리의 동요도 역시 맹위를 떨치고 있었다.

사회적 안정감은 이미 유럽 전역에서 흔들리고 있었다. 공장 소유주(이탈리아 용어로 padroni라는 이 단어는 아버지를 의미하는 단어 padre에서 파생된 것이다)들은 전쟁으로 악화된 노동조건들에 대해 신랄한 비난을 뒤집어써야 했다. 러시아에서 발생한 일련의 혁명들은 공산주의라는 유령을 일으켜 세웠다. 이탈리아가 승전국들 중 하나이고, 트렌토(Trento)와 트리에스트(Trieste) 지역의 이탈리아 인구를 다시 되찾기 위해 전쟁에 참전했음에도 최종적인 결과는 엄청난 숫자의 사람들을 사상자나 불구자로 또는 정신이상자로 만들었다는 것이다. 거리는 예전의 시민적 생활을 다시 영위할 수 없는 퇴역 군인들로 가득 채워지고 있었다.

이런 불안정한 상황에서 이탈리아의 전쟁개입을 적극 옹호했던 수완 좋은 전(前)사회주의 정치가 무솔리니는 사회 문제를 한꺼번에 해결할 수 있는 방안을 생각해 내었다. 그는 퇴역 군인들의 불만을 해소시키면서 동시에 도처에서 발생하는 파업들을 억누를 수 있는 민족주의 운동을 찾아내었다. 그의 성공은 곧바로 군부나 자본가들의 동의를 얻어내게 되었고, 유럽 전역의 추종자와 부르주아 가정의 아버지들의 지지를 획득하게 되었다. 그리하여 최고 지도자 자리에 오른 무솔리니는 자신이 만든 집단에 대한 신화를 견고히 하는 데 힘을 기울였고, 고대 로마의 유산과 가치들이라고 할 수 있는 지중해인들의 탁월성과 가정의 아버지가 가진 권위를 강화시켰다. 이로 인해 반영웅적인 감정들이 사람들의 심리에서 사라진 것은 아니었지만 정치적 검열로 인해 지하로 잠적할 수밖에 없었다. 무솔리니의 독재 정권은 자신들의 가치에 반하는 모든 사항들을 금지하였고 특정한 질서를 복권시켰다. 하지만 현실적이고 미래적인 계획을 세운다든지 추락한 아버지들의 위상을 회복한다든지 하는 긍정적인 전망은 배제되었다. 이 정권은 민족적인 감정을 부추기면서 한때 지중해를 지배했던 로마의 위풍당당함을 부활시키기 위해 아프리카 지역들을 침략하기도 했다. 그래서 반영웅주의자 혹은 유물론자라고 공개적으로 비난을 받은 많은 수의 사람들은 미국으로 떠나갈 수밖에 없었다.

어떤 사람들은 베니토 무솔리니(Benito Mussolini)의 봉기가 20세기에 발생한 부정적인 부성 권력의 상징이라고 여길 수도 있을 것이다. 하지만 이런 해석은 사실상 오해에서 나온 것으로 무솔리니는 부성을 강화하기보다는 오히려 몰락을 가속화시켰다. 고도로 민감한 집단적 상상력에서 불멸의 아버지는 무솔리니로 인해 죽음을 맡게 되었을 뿐만 아니라 이 아버지의 자리를 새로운 남성 주역에게 내주어야 했다. 이 새로운 주역은 아킬레우스가 보여준 남성성으로 전형적인 반(反)부성적 인물이었다.[145] 한 예로, 무솔리니가 최고 권력을 차지하면서 지도자의 역할을 맡고 있긴 했지만 그는 항상 대중연설에서 자신이 동지들과 나란히 서 있을 뿐이라고 말했다. 여기서 동지들은 그의 입장을 옹호하는 파시스트들로, 무솔리니는 자신이 이들과 평등한 관계에 있으며 자신은 단지 지도하는 역할을 맡고 있을 뿐이라고 선전했다. 결국 그는 동지들의 집단 또는 형제들의 집단을 조직했던 것이며 이들만의 규율과 질서를 만들었던 것이다. 무솔리니를 따르는 형제들의 무리가 차차로 커져감에 따라 대중들은 나이에 상관없이 모두가 청년 영웅주의의 정신에 흠뻑 젖어들었고, 파시즘의 심리전에 말려들었다. 스스로를 '첫번째 형제'라고 부르던 폴 폿(Pol Pot) 역시 무솔리니의 이런 계보를 잇는 사람이었다. 하지만 로마의 부활이라는 거창한 영웅적 프로젝트는 콜로디(Collodi)의 민속 우화 속에서 우스꽝스러운 것으로 드러나고 말았다. 우화라는 것은 자발적인 것이고 공적인 세계의 단어들이 접근할 수 없는 것이기 때문에 외부적인 압력으로는 정복될 수 없는 것이었다. 무솔리니의 독재 정권은 카이사르(Caesar)의 로마를 부활시킨다는 슬로건을 내걸고 있었지만 무의식적으로는 피노키오와 루치뇰로의 잘못된 선택을 감행했던 것이다. 그런 점에서 이 '형제들'은 엉뚱하고도 반사회적인 행동으로 미끄러질 운명이었다.

아버지를 대체할 새로운 남성 주역을 만들어내는 데에는 파시즘을 문학적인 우상으로 전환시킨 시인 가브리엘 단눈치오(Gabriele D'Annunzio)와 미래주의의 창시자 마리네티(F.T. Marinetti) 같은 영향력 있는 지식인들도 한몫을 담당했다. 이들 중 마리네티는 1919년에 밀라노에서 파시스트 유격대를 창설하기도 했으며, 그 후 미래주의를 전 유럽으로까지 확산시켰다. 마리네티는 대중 매체가 가진 엄청난 잠재력을 직관적으로 알아본 첫 번째 사람으로, 문화를 정치와 대중들의 삶에 결부시키는 데 이것을 이용했다. 그의 도발적인 선언문들은 유럽에서 하나의 거대한 운동을 창출해 냈고 거의 모든 사회 영역들에 영향을 미쳤다. 미래주의라는 이 운동은 용어상으로는 미래를 계획하는 것처럼 여겨지지만 실제로는 전적으로 현재에 매달려 있었다. 마리네티가 계획한 미래주의의 주요 주장들은 새로운 형태의 인간을 탄생시키는 것이었다. 하지만 이 인간은 우리가 전혀 알지 못했던 그런 사람이 아니었다.

> 우리들 중 가장 나이가 많은 자도 서른을 넘지 않는다. … 우리가 마흔이
> 되면 보다 젊고 강한 젊은이들로 하여금 더 이상 쓸모없는 사본들처럼 우리
> 를 쓰레기통 속으로 던져 넣도록 하자. 이것이 바로 우리가 원하는 바이다!
>
> (미래주의 선언문, 파리, 1909년 2월 20일)

위 인용문은 모든 세기에 걸쳐서 반복되어 온 반항적인 자식들의 심리상태 속에 각인되어 있던 것으로 지금까지도 반복되고 있는 것이다. 또한 "서른을 넘긴 자는 누구도 믿지 말라!" 같은 표현들도 있으며 여

322

성적인 것을 혐오하는 문장들도 적지 않다. "우리는 여성을 경멸하는 것을 … 찬양한다."(미래주의 선언문)

또한 선언문들 중에는 부성적인 특징들을 거부하고 파괴하고자 하는 다음과 같은 문장들도 있다.

지금 시대는 영웅적인 본능을 거부하고 있으며 여성성이 주도권을 잡고 있던 과거를 향하고 있고, 평화라는 꿈속에서 스스로를 자멸시키고 있다.

우리는 이런 시대의 끄트머리에 살고 있다. 여성들뿐만 아니라 남성들도 가장 결여하고 있는 것은 바로 정력이다.

여성들은 남성들보다 맹렬하게 싸웠던 여성투사들, 복수의 자매들이고 아마존의 전사들이다.

(발렌틴 생 뿌앙, 여성 미래주의 선언문, 브뤼셀, 파리, 밀라노, 1912년 3월)

모든 형태의 안정감에 대해 적의를 담은 단어들, 남성과 여성의 차별을 강조하는 표현, 기계를 통해 인간관계를 맺고자 하는 선언들도 있다.

지상 속도 : 지구에 대한 사랑, 여성, 세계의 육체 위에서 미끄러지기(수평선적 갈망) = 사랑스럽게 애무하는 도로 위를 자동차로 질주하기, 순백색의 여성적인 커브들

속도는 사랑, 안주하려는 심장의 악덕, 비참한 응고작용, 인류라는 피의 동맥경화증을 파괴하라.

(새로운 종교 - 속도의 윤리, 마리네티의 미래주의 선언문, 밀라노, 1916년

5월)

자연을 경멸하는 표현들("자연의 꽃들만으로도 충분하다!" 아짜리의 미래
주의 선언문, 밀라노, 1924년 11월). 연속성과 신뢰, 보존—세계에서 가장
독특한 도시들 중의 하나인 베니스의 보존을 포함한—에 대한 극단적
인 혐오가 담긴 주장들(보치오니, 카라, 마리네티, 루솔로에 의해 작성된 선언
문, 베니스와 과거에 반대하며, 1910년 7월). "우리는 박물관들과 도서관들
을 파괴하길 원한다."(미래주의 선언문). 문화의 부동성과 일관성에 대한
저주. 아버지의 존재를 부인(否認)하고 남녀의 결합을 거절하면서 새로
운 영웅종족인 아들을 찬양하는 언급들.

피의 숙명적인 희생을 통해 출산을 하게 되면, 너의 아이들 중에는 운명의
과업을 떠안고 영웅주의의 희생물이 될 자들도 있을 것이다. 너 스스로 그러
한 자들을 기르지 말라.
남자들을 혐오스럽고 감상적인 요구들의 예속으로 이끄는 대신, 너의 아
들들과 남자들이 그런 것들을 넘어서도록 고무하라.
너는 그들을 만든 자이다. 너는 그들에게 모든 권력을 행사할 수 있다.

(여성 미래주의 선언문)

아버지를 동물적 남성으로 퇴행하도록 이끄는 선언들도 있다. "전쟁
을 통해 선택된 승리자들이 혈기를 회복하기 위해 정복한 나라들에서
강간을 행하는 것은 당연한 일이다"(정욕에 대한 미래주의 선언문, 밀라노,
1913년 1월).

미래주의 선언문은 1909년 3월에 신문지상을 통해 발표되었고, 파시즘이 유럽과 20세기 전체에 유산으로 남겨준 새로운 남성 주역은 이 선언문의 동반자였다. 1916년 11월에 프란츠 요제프(Franz Joseph) 황제가 무덤으로 들어가면서 그는 자신의 육체와 함께 고대의 부성적인 모델도 가져가 버렸다. 그리고 그의 사망 이후 2년이 채 안 돼서 유럽 대륙의 제국들은 마지막 숨을 거두고 말았다. 주의할 것은 오늘날 예전의 유럽 제국들을 둘러싼 수많은 애도의 표현들이 군주제에 대한 향수 때문이 아니라 집단적인 남성 이미지에 대한 향수 때문이라는 점이다. 이 집단적 향수는 유럽을 무서운 전율에 떨게 한 무의식적인 욕망 그 이상은 아니다.[146] 광증이 물러나면 우울증이 들어서는 것처럼 로스(Roth)와 베르펠(Werfel) 그리고 츠바이크(Zweig)에 의해 칭송되었던 의무의 세계는 마리네티와 단눈치오가 찬양하는 세속적이고 쾌락적인 순간의 세계로 대체되었다. 남게 된 것은 속도의 세계와 감정의 폭발, 거대한 소음과 마약이었다. 무모한 모험들과 순간에 대한 탐닉이 이제는 아버지의 시대가 당부해 왔던 계획과 자제심이라는 이상을 찬탈하고 들어서게 된 것이다.

16장
아버지에게
반기를 드는 아들들

> 어머니의 이미지는 불변성을 함축하고 있다. 왜냐하면 그것은 영원하고 모든 것을 감싸며, 치유하고, 받쳐주고, 사랑하고, 원칙을 지키는 것의 구현이기 때문이다. 반면 부성에 대한 원형적인 형상을 제외하면 개인적인 아버지의 이미지는 개별적인 조건에 의한 것이라기보다는 문화적인 특성이나 가치관의 변화에 의해 결정되는 경향이 있다.
>
> — E. 노이만, 『정신의 근원사』

동일한 시기에 지도자가 국가의 시민들에게 불어 넣는 감정과 한 개인으로서의 아버지가 자식들에게 불어 넣는 감정 사이에는 유사한 관계가 있다. 지도자와 아버지의 이런 유사한 역할은 역사 속에서 아주 빈번하게 순환되어 왔는데, 이는 가족들이 지도자가 가진 특징을 아버지에게 부여하기 때문이다. 따라서 가부장적인 권력이 강했던 시대에는 왕이나 지도자의 지위 또한 높아지는 현상이 보인다. 하지만 근대화의 흐름은 가정에서 아버지가 맡아왔던 역할을 교육으로 대체하는 경향을 띠었다. 서구 국가들에서 부성의 역할은 근대 초기에는 분명하게 드러나지 않았지만 서서히 몰락의 길을 걸어갔고 최근 200년간은 보다 심화된 위기를 겪고 있다. 이에 따라 아버지에 대한 집단적인 은유라고 여겨지는 국가의 위상이나 종교적인 권위도 동일한 몰락을 맞이하고 있다.

그럼에도 불구하고 20세기의 특징은 파시즘과 같은 일련의 공포정치들이 남성적 권위의 급부상을 통해 산출되었다는 점이다. 만약 우리가 사적인 상징들과 공적인 상징들 사이의 관계를 직접적인 것으로 파악한다면, 이런 현상은 무서운 아버지의 형상이 다시금 부상한 것이라고 말할 수 있다. 그렇다면 도대체 이 '무서운 아버지들'은 어디서 나오게 된 것일까? 대중들을 지배하는 공적인 정치권력들과 개별적인 아버지들의 심리는 어떤 관련성을 지니는 것일까?

부성의 역할이 꾸준히 몰락의 길을 걸어왔다 하더라도 이 몰락의 그래프는 수직적인 흐름으로 진행되지 않았다. 최근 100년간 이 흐름의 기복은 날카로운 최고점들과 함께 어느 때보다 불규칙적인 동요를 보여왔고, 파시즘과 여타의 민족주의적 독재정치들은 '반작용'이라고 표현할 수 있는 것들이다. 무솔리니의 정치적 관점은, 노동자들의 파업으로 곤혹을 겪고 있던 부르주아 계층과 사회에서 소외되고 있는 퇴역 군인들이 선호하는 전통적인 가부장적 질서로의 복귀를 표방한 것이다. 하지만 이런 정치적 관점은 단지 표면적인 것으로 사실은 부성적인 질서에 반대하는 것이라고 할 수 있다. 또한 소련의 '작은 아버지'라고 알려진 스탈린(Stalin)의 독재정치 역시 표면적인 명칭과는 반대되는 것이라고 할 수 있다.

이탈리아의 경우를 좀 더 자세히 살펴보면, 무솔리니는 최고의 정치권력을 획득하면서 1932년 10월 25일 밀라노에서 "10년 안에 유럽은 파시스트가 될 것이다"라고 예고한 바 있었다. 파이드 파이퍼(Pied

Piper)의 쥐들의 재판처럼 세월은 그가 옳았다는 것을 증명했고, 10년 후 유럽대륙의 민주주의는 전체주의라는 바다에 떠 있는 산산조각 난 섬들이 되어버렸다. 그렇다면 무솔리니는 어떻게 이와 같은 정확한 예언을 할 수 있었던 것일까? 어떻게 그는 독재정권이 그토록 짧은 시간 내에 유럽에서 확산되리라는 것을 예상할 수 있었던 것일까? 흥미로운 점은 무솔리니의 예언이 국제적인 정황이나 정치적인 상황과는 큰 관련성이 없다는 것이다. 이탈리아가 2차 세계대전에 참전하기로 결정했을 때, 무솔리니는 이 나라가 물질적으로뿐만 아니라 심리적으로도 전쟁을 치를 준비가 되어 있지 않다는 것을 알지 못했다.

1차 세계대전에서 패배한 오스트리아는 굴욕감에 휩싸여 있었고 이탈리아의 퇴역 군인들은 다시 사회로 흡수되지 못하고 방황하고 있었다. 바이마르 공화국이었던 독일은 패전 이후 최악의 인플레이션을 겪고 있었고, 포르투갈은 낙후된 농업 경제에서 벗어나지 못하고 허덕이고 있었다. 이런 경제적이고 심리적인 최악의 상황에서 대부분의 유럽 국가들은 라이히(Reich)나 융, 그리고 프롬(Fromm)이 지적한 것처럼 부성적인 권위를 다시 세우고 싶어하는 향수에 빠져 있었다. 무솔리니는 이런 심리적인 공황상태를 간파한 첫 번째 사람으로 대중들의 부성에 대한 향수를 자극함으로써 자신의 예언을 현실로 만들 수 있었다.

예언자는 두 발을 지상에 두고 있는 자가 아니다. 예언자는 현실보다 약간 더 높은 곳에 올라가 있어 다른 사람들이 볼 수 없는 앞을 내다볼 수 있는 자이다. 이탈리아에서 무솔리니의 이미지는 이런 예언자의 형상을 취하고 있었다. 하지만 그는 아버지의 역할이 아니라 형제의 역할을 맡음으로써 형제들의 공동체를 강조했다. 그는 새로운 경제 체제를 건설하기보다는 이런 형제들의 공동체에 모범이 될 만한 인물들을 만드는 데 더 많은 노력을 쏟았다. 그리하여 모든 자라나는 아이들은 아버지를 떠나 아버지보다 강한 형제들의 집단으로 보내졌다. 아이들이 누렸던 자유로운 시간은 사적인 가정에서 소년단이나 유격단 같은 국가의 공적인 기관으로 이전되었다. 부성의 질서에 반항하는 폭력적인 형제들이라고 할 수 있는 퇴역 군인들은 자진해서 스스로를 가족과 단절시키고 새로운 흥분에 빠져들었다.

유럽의 다른 나라들에서도 파시스트를 따르고자 하는 경쟁심이 일었고, 이 흐름은 정치적인 독재자를 만들어내는 데서 그치지 않고 새로운 심리적인 독재까지 발생시켰다. 심리적인 독재는 대중들을 좀 더 깊숙이 그리고 엄청난 속도로 교묘하게 이용할 수 있는 기반을 만들어주었다. 그리하여 불꽃에 기름을 붓는 것처럼 부성에 대한 시민들의 간절한 갈망은 오히려 아버지를 가정에서 완전하게 몰아내는 방식으로 진행되었다. 이로 인한 심리적 상처는 그 시대의 정치적 과오가 저지른 유산들보다 오래 남아 아직까지도 치유되지 못한 채 남아 있다.

유럽을 휩쓴 두 번의 재앙 이후 히틀러와 무솔리니에 대한 전기들은 엄청난 사람들의 관심을 받아왔다. 하지만 아버지로서의 그들의 사적인 삶은 이 전기들에서 극히 작은 부분만을 차지하고 있다. 간략히 설명하자면, 히틀러는 자신의 인생을 오직 정치에만 헌신했고 가정을 꾸린다든지 자식을 가진다는 일은 그의 관심에 없었다. 반면 무솔리니는 많은 자식들을 둔 아버지였지만 실제로는 자식이 없었다고 할 수 있었다. 무솔리니는 다섯 명의 법적인 자식들과 수많은 사생아들[147]을 두었고 게다가 셀 수 없을 만큼 많은 연인들에 둘러싸여 있었다. 하지만 이 여인들은 나중에 그와 함께 총살되어 그의 시체와 함께 나란히 거꾸로 매달린 채 대중들에게 전시되었다.

이런 점들에서 볼 때 독재정권은 제우스의 아버지인 크로노스처럼 무서운 아버지의 형상을 취하고 있으며, 신화에서처럼 자식들에게 부성을 허락하지 않는다.[148] 독재정권은 자식들이 태어나는 것을 허용하지만 이들을 성인으로 이끌어주지 않고 자율적인 인생을 살 수 있게 허락하지 않는다. 그래서 이런 독재정권의 아버지들은 실제로는 아버지의 역할을 맡고 있는 것이 아니라 폴리페모스처럼 힘과 야만성만을 소유한 채 미성숙한 상태에 머물러 있다. 중국의 홍위병들이 보여주었던 것처럼, 이들 자식들은 부모들에게 반항하고 가정보다는 동무들의 집단을 따름으로써 성숙된 성인의 길을 거부한다. 이런 젊은이들의 집단은 제3제국(Third Reich)의 특징을 명료하게 묘사하고 있는 다음의 만화에서도 강하게 드러나 있다(도판 6).

이 만화는 나치의 제복을 걸친 자녀들이 "그리고 이건 우리 아버지가 가족의 명예를 위태롭게 만들려고 하는 쓰레기들이야"라고 말하면서 부르주아 아버지의 책장에서 토마스 만(Thomas Mann)과 슈테판 츠바이크(Stefan Zweig)의 저서들을 뽑아내는 장면을 묘사하고 있다. 전통 속에서 문화는 아버지들로 하여금 자녀들이 보다 높은 정신적인 성숙을 이루도록 이끌어왔고, 아버지에 대한 신뢰 속에서 부성의 권위를 세워갈 것을 요구해왔다. 하지만 20세기 초반의 독재정권들은 부성의 권위를 폐기하면서 성인이 되지 않는 아이들을 옹호했으며, 미성숙한 이들에게 부모를 판단하고 비판할 수 있는 권한을 부여했다. 이들은 주변 상황이 조장한 악의적인 관념을 가지고 부성의 부정적인 측면만을 보

»Und wegen so etwas setzt unser Herr Papa
den guten Ruf der Familie aufs Spiel!«

도판 6_ 나치 독일 중산층 가정의 아버지와 아들 간의 관계를 풍자한 독일 만화
(뮌헨 카를 한저 출판사)

고 그 외의 긍정적 측면들인 문화적 진보나 정신적 성숙, 책임감 같은 것은 간파하지 못했다.

하지만 안타깝게도 파시즘과 나치즘을 비판하는 대부분의 시선들은 이런 역사적 오류의 특징이 가부장적인 권위에서 발생했다고 보았다. 그리고 가부장적인 특징들이 과도한 남성우월주의(machismo)에서 나온 것이라고 해석했다. 독재정권이 겉으로는 공공연하게 부성의 권위를 칭송했지만 그 이면에서는 교묘하게 아버지들을 공격하고 가정의 사적인 자율성을 박탈했다는 것은 인정하지 않은 채 말이다. 물론 어느 정도 파시스트들은 가부장적인 태도를 취함으로써 위계질서를 공고히 했다. 하지만 이런 전략은 독일의 히틀러에게만 해당되는 경우였다. 이탈리아는 독일과 달리 모든 자식들을 독재자 주위로 모아들이는 것이 어렵다는 것을 알고 있었다. 왜냐하면 이탈리아는 이미 공식적으로 집단적인 아버지, 즉 왕을 남겨놓고 있었고 게다가 전통적으로 지중해지역은 아버지보다 어머니와 밀접한 가족관계를 가지고 있었고 종교에 대한 믿음도 단단했다. 그래서 이탈리아인들은 새롭게 부상한 양아버지에게서 쉽게 신뢰를 철회할 수 있었고, 이 신뢰를 다른 곳으로 돌릴 수 있었다.[149] 이에 반해 독일의 사정은 매우 달랐다. 히틀러의 정치무대에서의 첫 역할은 다른 나라들에 비해 뒤처진 경제적 공백을 채우는 것이었다. 하지만 그는 곧이어 종교적인 불안정성과 심리적인 불안정성으로 인한 공백을 채워 넣는 것으로 방향을 선회했다.

2차 세계대전의 종언은 부성의 이미지에 대해 최종적인 반성의 장을 열어주었다. 아버지들은 대량학살이라는 소름끼치는 죄악에 대해서뿐만 아니라 신뢰감 있는 권위가 완전히 붕괴된 것에 대해서도 해명을 해야 할 책임을 떠안게 되었다. 정치적인 영역의 공적인 아버지들은 가정의 사적인 아버지들에게까지도 전례 없는 불명예를 안겨주었고, 이 가정의 아버지들을 땅바닥으로 끌어내릴 만큼 파괴적이었다.

부성 이미지의 이런 공식적인 추락은 어머니에게서 발생할 수 있는 것보다 훨씬 중대한 형벌이었다. 왜냐하면 부성은 모성보다 역사적인 환경들과 직접적으로 연관되어 있기 때문이다.[150] 개별적인 아버지처럼 집단적인 아버지 또한 그가 승리자여야 한다는 요구를 굴복시켜야 했다. 또한 여기서 독재정치는 우리가 '부성의 패러독스'라고 말했던 것의 극단적인 단순화를 창조해 냈다. 부성의 패러독스는 아버지에 대한 자식들의 모순된 기대심리로, 아버지가 한편으로는 공평함과 정의를 베풀면서도 동시에 외부세계에 대해서는 승리자가 되기를 바라는 자식들의 요구이다. 파시즘과 나치즘 그리고 스탈린적인 공산주의는 이런 부성의 패러독스를 공식적인 영역으로 옮겨놓은 대표적인 역사적 사건들로, 이들은 옳음과 그름을 어떤 원칙을 통해 구분하기보다는 외적인 승리만이 옳음을 입증하는 것이라고 여겼다. 하지만 지금 우리가 알고 있는 것처럼 이들의 주장은 이들의 패배가 증명하는 것처럼 스스로 그 불충분함을 입증하고 있다.

당혹스러운 점은 오늘날 몇몇 젊은이들이 예전의 잔인한 독재체제에 대해 노골적인 향수를 드러낸다는 점이다. 하지만 이런 젊은이들의 시위나 폭력을 정치적인 현상이 아닌 부성에 대한 향수로 생각해 본다면, 우리는 이들을 통해 현대문명이 무엇을 결핍하고 있는지 거꾸로 짐작할 수 있다. 부성에 대한 향수는 이미 독재정권이 탄생했을 때에도 근본적인 원인이 되었던 것으로 오늘날 젊은이들의 이런 움직임은 부성이 부재하는 현상을 드러내는 것이다. 또한 이들은 무서운 아버지를 분별해 내고 바꿀 만한 성숙함을 익히지 않았기 때문에 독재가 지닌 부정적인 권력에 너무 쉽게 매료되곤 한다. 아이들이 흔히 하는 말들 중에는 "우리 아버지는 너희 아버지보다 힘도 세고, 부자이고, 지위가 있는 사람이야"라는 거짓 섞인 말들이 있다. 아이들의 이 말은 그 이면에 아버지에 대한 갈망이 숨어 있는데, 이때 아버지의 역할은 아무리 부정한 방법을 동원하더라도 외부세계에서 승리자가 되어야 한다는 것이다. 이런 아이들의 모순된 부성에 대한 감정은 많은 사람들이 "스탈린과 히틀러 중에 누가 사람을 더 많이 죽였을까?" 하는 농담 중에 들어 있는 파괴적인 권력에 대한 흥미와 관심 같은 것이다.

이런 점에서 본다면 오늘날 우리의 집단적인 상상력은 가장 중요한 부성의 자리를 삶을 파괴하는 아버지의 이미지에 두고 있다. 이런 아버지에 대한 일반적인 인식은 대부분 부정적이지만, 이 때문에 집단적인 무의식 속에서는 사람들에게 상당한 매력을 불러일으키는 것도 사실이다. 그래서 서점가를 살펴보면 아돌프 히틀러만큼 셀 수 없이 많은 전기의 대상이 된 사람은 없으며, 이런 폭군들에 대한 책들을 소비하는 독자들의 수도 엄청난 비율을 차지한다. 외적으로는 혐오감을 느낀다고 공공연히 표현하면서도, 내면적으로는 이들이 가졌던 절대적인 권력과 힘에 매료되고 있는 것이다. 은밀하게 욕망을 충족시키는 관음증이 윤리적인 외투 속에서 최상의 편안함을 누린다.

이런 무의식적인 대중심리의 저변에 깔려 있는 가장 근본적인 원인은 앞서 언급한 것처럼 부성의 상실이다. 독재정권의 출현 역시 역사 속에서 진정한 부성이 상실되었기 때문에 발생한 것으로, 이는 이미 100년 전에 가정을 타락시키기 시작한 불량한 아버지에 대한 집단적이고 역사적인 경험에 기반을 두고 있다. 하지만 이런 불량한 아버지들은 진정한 아버지를 대체하지 못하고 몰락해 버리기 마련이다. 한 예로 다른 유럽 독재자들의 아버지 격이었던 무솔리니는 연합군이 이탈리아를 점령하기 전인 1945년에 이미 몰락을 겪고 있었다. 그리고 최고 지배자가 되었을 때 퍼레이드를 벌였던 바로 그 밀라노 광장에서 시민들에 의해 사형에 처해졌다. 무솔리니의 시체는 광장 한복판에 거꾸로 매달렸는데, 이런 그의 모습은 최고 정점에 달했던 그의 권위에 대한 일종의 패러디라고 할 수 있다. 모든 것들이 거꾸로 뒤집혔다는 것을 보여주는 패러디 말이다.[151] 무솔리니는 진정한 부성이 아닌 해로운 부성을 보여주는 대표적인 모델이 되었으며, 존경이나 숭배가 아닌 가래침과 비난의 대상이었다. 베니토 무솔리니는 인생에서 총체적인 모범이 되고자 했고[152] 그리고 죽음을 통해 역전된 형태로 이 목적을 성취하게 되었다(도판 7).

무솔리니의 죽음이 보여주는 것처럼 강력한 아버지의 귀환은 단 몇십 년 만에 해프닝으로 끝나고 말았다. 하지만 이 귀환은 불량한 아버지뿐만 아니라 신뢰할 수 있는 아버지들까지도 함께 지하세계로 끌고 들어가 버렸다. 게다가 심리투쟁의 선구자였던 파시스트들은 대중을 동원하는 심리적 도구로 영웅적인 이미지를 이용하면서 영웅주의에 대한 부정적인 인상까지 심어주었다. 그리스 시대의 영웅주의는 신성하고 진실한 것들과 관계되는 것이었지만, 이들은 독재정권이 명령하는 의무들을 착실하게 실행하는 것에 영웅주의를 연결시켰다.[153] 그래

도판 7_ 로레토 광장에서 처형된 무솔리니
(밀라노 · 로마 올림피아 출판사)

서 아버지들이 자식들에게 전해주고자 하는 횃불 중 가장 밝은 불이었던 영웅주의는 파시즘 이후 파괴적이고 해로운 것이 되었다. 그리고 지하의 어둠 속으로 숨어들면서 거기서 독재정권을 그리워하고 갈망하는 젊은이들의 새로운 영웅, 즉 악마적이고 파괴적인 힘으로 변하게 되었다.

무서운 아버지가 개인의 내면에 들어 있는 것이라면, 이제는 신체를 지탱하는 심장처럼 이 아버지를 품고 있는 국가들에 대해 분석해 볼 차례이다. 왜냐하면 심리학적 시선은 개인의 내면으로부터 시작해서 반드시 사회로까지 확장돼 나가기 때문이다.

물론 북아메리카 지역의 나라들에서는 부성에 대한 집단적인 이미지가 유럽만큼 가파른 몰락을 겪지는 않았지만 그럼에도 부성의 추락을 피해갈 수는 없었다. 게다가 서구세계의 최강자가 된 미국은 어떤 것을 추구하는 방식에 대한 아주 명확한 하나의 교훈을 제공해 주었다. 자유민주주의가 확립된 곳에서는 집단적인 이미지가 하나의 지배체제로 종속되기보다는 대중 매체의 다양한 채널을 통해 다양한 압력에 굴복한다는 것이다. 미국의 대통령 리처드 닉슨(Richard Nixon)의 몰락은 이런 다양한 압력이 거대하고도 단일한 목소리를 낼 수 있다는 것을 보여주는 대표적인 사례로, 대중 매체는 한 가지의 단일한 목소리를 내는 것이 아니라 여러 가지 목소리를 동시에 가지고 있다. 위기 상황의 한가운데에서도 완전히 새로운 참신함을 발견하면서 비판이나 고발 같은 긍정적인 자극을 제공해줄 수 있는 것도 이런 대중 매체의 특징이다. 미국은 이런 정보와 문화를 통해 기존의 권위를 비판하고 평가하는 능력을 증진시켜 왔으며, 당연한 것으로 여겨지는 것들을 반복하기보다는 새로운 시각으로 세상을 관찰해 왔다. 이 덕분에 한때 인디언들을 축출하는 것에 열을 올렸던 미국의 언론사들은 미국이 베트남에 전쟁을 일으킨 것에 대해서는 태도를 바꿔 가차 없는 비판을 가할 수 있었다.

그러므로 우리는 20세기 초반기에 유럽에서 격렬하게 주장되었던 전쟁으로부터의 각성에 대한 보다 진전된 표현을 바다 건너의 미국에서 발견할 수 있다. 유럽에서는 전쟁이 남겨 놓은 폐허와 공황 때문에 이런 각성이 더디게 이루어졌던 데 반해, 미국에서는 보다 신중하고 구조적인 과정을 통해 진행될 수 있었다. 게다가 경건한 청교도들(Puritans)의 관습은 이미 반성을 위한 공간을 마련해 놓고 있기도 했다.

청교도들의 엄격한 도덕적 관습은 과거의 전쟁들에서 교훈을 얻어 내는 것을 당연한 것으로 여겼다. 미국의 아버지들의 아버지들은 이 땅에 먼저 자리를 잡고 있던 원주민들에게 무엇을 자행했던가? 우리 선조들은 여성들과 아이들까지도 서슴지 않고 학살을 행하지 않았던가? 청교도들이 스스로에게 제기한 이런 물음들에는 아버지와 어머니의 차이가 들어 있었다. 다시 말해, 아버지들이 물려준 유산은 문화적인 유산이며 그렇기 때문에 마치 고대의 저주처럼 멀리 떨어져 있는 아들들에게조차 무거운 짐을 지운다는 것이다. 이런 청교도들의 도덕적인 평가 과정은 중단을 거부하면서 계속되었고 전쟁이 정당한 것이 아니라면, 전쟁에 대한 반성과 평가는 필연적인 것이라고 생각되었다. 가령 베트남 전쟁을 치러야 했던 아버지들은 어떤 대가를 치르더라도 영웅이 될 수 없었다. 아들들은 히로시마에 원자폭탄을 투하했던 것처럼 베트남 전쟁 역시 경솔한 짓이며, 비판받을 만한 행동이라고 생각했다.

세상에서 가장 파괴적인 무기를 나약한 나무와 지푸라기로 엮어놓은 베트남의 가옥들에 쏟아 붓는 야만적인 행동을 어떻게 이해할 수 있단 말인가.

역사적인 사실들에 대한 자기비판이 유럽과 다른 나라들에서는 어느 정도의 범위까지 확산되었는지 우리는 예측할 수 없다. 하지만 적어도 정치적 측면들을 예외로 하면, 아버지들에 대한 자식들의 태도는 이런 비판 속에서 근본적인 변화를 맞고 있었다. 즉 이전에는 아버지를 유일한 모범적 모델이라고 여겼지만, 이제는 평가와 비판의 대상이 되어버린 것이다. 하지만 아버지를 권력과 관련된 정치적인 승리자이기보다는 도덕적인 교사이기를 바라는 자식들의 이런 태도는 그 이면에 들어 있는 모순된 감정을 완전히 지워낸 것이 아니었다. 자식들은 여전히 아버지가 청렴함과 함께 금전적인 혜택도 베풀어줄 것을 바라고 있었다.

유럽에서 학생 봉기가 일어났던 1968년이라는 의미심장한 시기에 프랑스에서는 하나의 새로운 가설이 등장했다.[154] 이 가설은 프로이트의 『토템과 타부*Totem and Taboo*』(1912-13)에서 그 시발점을 찾을 수 있는 것이었다. 프로이트의 이 저서는 종교의 원시적인 형태들과 사회적 삶의 최초 형태들이 아들들의 형제애로부터 발생한다는 이론을 제시하고 있었다. 이론에 따르면 아들들은 아버지를 함께 살해한 후에 자신들의 공동의 죄의식을 억제하기 위해 종교나 사회적 금기들을 만들게 되었다. 프로이트는 수천 년의 세월이 흐르면서 부친 살해에 대한 어떤 감정이 계속해서 내면으로 흡수되었고 결국에는 인격의 초자아를 구성하게 되었으며 외부세계에 대해서는 종교적인 제의들과 사회적인 제도들을 만들게 되었다고 주장했다. 그리고 이런 초자아나 금기들이 통합을 이루게 되면, 세계는 유일신교들에서 보이는 것과 같은 강력한 부성적인 모습을 취하게 되고, 보다 합리적이고 과학적인 문화를 지향하게 된다고 보았다. 여기에 멘델(Mendel)이 제기한 가설의 핵심은 부친 살해에 대한 부채가 역사 속에서 서서히 갚아져 온 것에 반해, 어머니에 대한 고전적인 죄의식은 전혀 해결된 것이 없기 때문에 재등장할 수밖에 없다는 것이다.

멘델은 부성적인 사회구조가 서서히 형성되고 만들어지는 동안 어머니는 유린되고 착취된 자연의 신체와 동일한 것으로 취급되었다고 주장했다. 그리고 이런 기원들에 놓여 있는 억압의 형태들을 정화시킬 것을 요청하면서 프로이트의 논문은 친(親)부성적인 시각을 보여주는 결함을 가지고 있다는 것을 지적했다. 멘델의 이런 주장은 아버지에게 반기를 드는 아들의 견해를 대변한 것으로 흥미롭게도 유럽 젊은이들의 구체제에 대한 봉기인 1968년의 운동 정신과 동일한 정신을 가지고 있다. 또한 최악의 경우 독재정권을 발생시킨 죄책감에 빠져 있던 아버지들의 세대에 대해 독일과 이탈리아의 몇몇 아들들이 테러를 저지르는 결과를 이끌어내기도 했다.

역사적인 변화를 심리적인 변화로 해석하려는 우리의 시도는 형식적인 정치적 분석보다 더 많은 이해를 이끌어낼 수 있다는 장점을 가지고 있다. 심리적인 분석은 모성과 부성에 대한 집단적인 이미지들의 변화를 살펴봄으로써 인류의 문명이 어떻게 성숙해 왔는지를 알게 해준다. 위대한 어머니 대지로의 귀환을 주장한 역사가 토인비(Toynbee)[155]

는 이런 집단 심리의 흐름을 이해하고 있는 대표적인 사람으로, 그는 인간의 문명이 대지와 하나의 길고 단일한 공생의 과정을 겪는 것이라는 관점을 가지고 있었다. 또한 최근의 생태학적 운동들이 가진 기본적인 사고는 창세기의 첫 장에 나오는, 신이 직접적으로 인류에게 모든 것을 위임하는 것과 같은 인간중심적인 견해를 비판한다. 이러한 생태 운동은 가부장적인 제도들을 비판하는 페미니즘과 연합해 다른 모든 생명체들을 점령해 온 남성들과 서구 합리주의에 대항해서 공격을 가하고 있다.

나는 이런 새로운 흐름들이 우리와 함께 지속될 운명이라고 생각한다. 왜냐하면 이들은 역사의 장구한 물결들과 조화를 이루면서 자신들의 원천을 덧없고 한 세대적인 현상들에서 구하지는 않을 것이기 때문이다. 그렇다면 이들과 함께 새로운 '남성들의 운동'은 무엇을 해야 할까? 안타깝게도 아직까지 이 운동은 모계질서와 조화를 이루어낼 가능성을 발견하지 못하고 있으며, 심지어 역사라는 거대한 지도에서 자신들을 어디에 위치시켜야 하는지조차 알지 못하고 있다. 역사는 우리에게 아버지를 선사했지만 또한 우리로부터 아버지를 멀리 쫓아내고 있다.

17장
『분노의 포도』,
경제공황과 부성의 죽음

　　존 스타인벡(John Steinbeck)은 그리스의 서사시에 깊은 감명을 받은 사람이었다. 그는 고전주의 이후의 시인들이 점차적으로 좁아져 가는 통로의 입구로 들어서고 있다는 것을 알고 있었다. 이 통로 때문에 예전에 호메로스가 누렸던 자유는 시인들의 자각범위를 전례 없이 한정시켰고, 신적인 영감과 장엄한 언어들을 박탈해 갔다. 그래서 더 이상 서사시의 시대처럼 큰 꿈과 포부를 가진 시인들은 나오지 않았고 민족시나 지방시, 촌락시 같은 것들만이 유행을 타고 있었다. 세상이 그리스의 시인들이 품었던 위대성을 포기한 이후, 시인들은 점점 더 인간 존재의 위대성에서 멀어져갔고, 비극이 가진 풍부한 의미를 잃어 갔다. 비극의 본질은 그 사람과 그 시대를 엮어 놓은 인간 존재에 대한 자각에 있지만 이제 시인들은 악에 대한 선의 승리만을 열거할 수 있을 뿐이었다.

　　그리하여 마침내 서사시는 영원히 사라지고 있었지만 스타인벡은 너무나 명백한 그것의 몰락을 믿지 않았다. 인간 존재의 비극적인 장엄함에 대한 지각이 없다면, 도대체 어떤 종류의 감정이 문학이 될 수 있단 말인가? 좁은 터널은 그렇게 막다른 곳에 다다르게 되었고 거기서 하나의 출구를 찾아내었다. 어쩌면 미국이라는 거대한 개방적 공간이 아니었다면, 이 웅대함은 새롭게 자신의 날개들을 펼칠 곳을 찾지 못했을지도 모른다. 비극적인 부성의 패러독스가 다시 한 번 등장했던 곳은 대공황의 위기를 맞고 있는 세계에서 가장 부유한 국가와 이 국가가 품고 있는 가난이었다.

진정한 서사시에서는 언어가 항상 새로운 것으로 등장하는 반면 줄거리는 언제나 원형적인 형태를 취하고 있다. 그래서 일련의 서로 다른 서사시들에서도 우리는 다른 버전의 『일리아스』의 전투를 만나게 되고 『오디세이아』의 구조도 만나게 된다. 하지만 그럼에도 서사시의 웅장함은 결코 단일한 하나의 사건에만 머물지 않는다. 그렇게 되면 결국 하나의 주제나 견해에다 서사시가 주고자 하는 다양한 의미 전체를 복속시켜야 하기 때문이다. 서사시의 비극은 그래서 행복한 결말을 가질 수 없으며 절망 또한 회피해 나간다. 서사시는 하나의 목적지에 도달하면 그 즉시 다른 곳으로 떠나간다.

트로이에 대한 포위 공격이 가난한 자들에게 집중되었던 것처럼, 스타인벡의 서사시는 빈곤을 그려내었다. 하지만 그것만으로는 서사시에 충분하지 않았다. 항해 중인 오디세이아(장기간의 방황)에는 굶주림만이 문제가 되는 것이 아니었다. 이 고난에서 벗어나는 과업은 구원을 담고 있고 긍정적이어야 했다. 그리고 현재 겪고 있는 절망은 스스로 희망의 원천이 되어야 했다. 스타인벡이 글을 쓰기 시작했을 때, 그는 이 희망이 모습을 갖추어가고 있다는 것을 알고 있었다. 뉴딜 정책

(New Deal)이 미국을 개혁하고 있었고, 아폴로가 델피에 자신의 신전을 세웠던 것처럼 대담한 기업들은 미국이라는 땅에 자신들의 새로운 신전을 세우려 하고 있었다. 게다가 오우키들(오클라호마 지역의 사람들)의 약속된 땅을 향한 이민 행렬은 목적지가 없는 또 다른 이야기 소재였다. 절규하면서도 표현될 수 없는 것. 미지의 것은 아니지만 보이지 않는 것. 친숙하고 일상적이며 흔해빠진 것들. 트로이의 몰락보다 더한, 또는 한 사회 계층의, 또는 미국적인 삶의 붕괴.

그렇게 스타인벡의 대서사시 『분노의 포도*The Grapes of Wrath*』는 시골적인 삶의 붕괴뿐만 아니라 아버지의 몰락에도 관심을 기울였다. 그는 이제까지 알려진 것들 중 아버지들을 가장 위대한 위치로 올려놓았던 오디세우스의 여행담을 기억하고 있었다. 그의 과제는 이 이야기를 뒤집는 것, 즉 아버지들의 상승을 향한 여행이 아닌 하강의 여행을 그려내는 것이었다. 그는 자신의 책장에서 『아이네이스』를 꺼내어 책상 위에 펼쳐 놓고는 그것을 다시 쓰기 시작했다.

영웅은 이제 왕자가 아니라 일반 대중으로 등장한다. 톰 조드(Tom Joad)는 평범한 농촌 가정의 아버지이다. 트로이의 영토는 미국 중남부 평야의 작은 땅덩어리이다. 이 땅은 한때 그의 할아버지의 소유였으나, 시기가 어려워짐에 따라 대지주에게 저당 잡히게 된다. 트로이가 그리스 군에 의해 포위되었던 것처럼 이 들판은 은행가들에 의해 둘러싸이게 되었고, 그들의 습격은 추수할 만한 곡식의 양을 형편없이 앗아가 버렸다. 성벽은 교활한 오디세우스의 계략에 의해서가 아니라 익명의 보험계리사의 이자 계산에 의해서 무너져 버렸다. 목마는 과학기술이 언제나 그래왔던 것처럼 미네르바에게 바쳐진 철제 트랙터로 바뀌어 있었다. 그 기계는 그리스 목마가 그랬던 것처럼 부자들의 편에 서 있던 가난한 빈곤층, 즉 배신자들에 의해 조종되었다. 몇몇 용감한 사람들이 무기를 들고 그들에게 대항도 해보았지만, 이런 시도는 라오콘을 죽음으로 이끈 신들의 저주처럼 도무지 이해할 수 없는 형벌만을 그들에게 되돌려 주었다.

비극의 영웅들처럼 조드 역시 그렇게 갑작스럽게 운명이 휘몰아치는 것이 무엇을 의미하는지 이해하지 못했다. 삶은 전에는 살아볼 만한 것이고 평온했던 것이었지만, 지금은 그들에게 배고픔과 미지의 것 사이에서 그리고 죽음과 도피 사이에서 선택할 것을 강요하고 있었다. 조드 일가의 곤경은 그들이 저지른 실수에 대한 처벌이 아니라 고대의 신들만큼 이기적이고 강자와 승리자의 편에 서 있는 운명의 변덕 때문이었다.

우리는 서사시에서 톰 조드에 대해 아주 적은 것들만을 알 수 있다. 그는 적당하게 권위적이고 적당하게 공정하며 또 적당하게 수다스럽다. 그는 자신의 대지와 자신의 가족들을 사랑하지만 그렇다고 그렇게 열정적인 것은 아니다. 그는 6명의 자식을 두고 있다. 위로 3형제는 아버지의 복사물들이라고 할 수 있으며, 스타인벡은 이들에게 아스카니우스의 역할을 부여해 주고 있다. 하지만 트로이의 어린 왕자가 아버지의 사랑을 한 몸에 받고 또 가족들과 시민들에게 새로운 삶과 제국을 선사해준 데 반해, 이 세 명의 어린 조드 형제들은 아버지의 성격에 내재한 오점들과 미숙함 그리고 아버지가 그들에게 남겨놓은 상처들을 그대로 반영하고 있다. 성숙함이란 아버지의 인격이 자연스럽게 이끌어주어야 하는 어떤 결과물이지만 이 형제들은 너무 많은 단절을 겪고 있어서 성숙함을 전혀 얻을 수 없었다.

스타인벡은 아버지 조드를 통해 사회적으로 파멸해가는 한 인간을 구체화시키고자 했다. 이 목적에만 충실하다면, 아마도 스타인벡은 아버지 조드에게만 관심을 집중해서 그의 성격이 가진 특징들을 분석할 수도 있었을 것이다. 하지만 이런 소설은 전형적인 심리 소설로만 남게 되고 기득권을 박탈당한 대중들의 고통이나 부계적인 가정의 붕괴를 그려낼 수 없게 된다. 그래서 스타인벡이 취한 소설의 새로운 방식은 한 명의 주인공에게만 집중하는 것이 아니라 여러 명의 주인공들이 합창을 하게 만드는 것이다. 형제들은 아버지가 지닌 성격의 한 단면을 각자 하나씩 지니고 있고, 추락하는 농촌과 부계질서의 붕괴는 이런 아들들과 아버지의 관계를 통해 드러난다.

이제 아들들을 차례로 살펴보자면, 첫째 아들인 노아(Noah)는 특별하게 잘할 수 있는 것이 아무것도 없는 인물이다. 그렇다고 지능이 모자라는 것은 아니어서 계산을 하거나 농부의 일들을 할 수는 있다. 하지만 무엇인가를 '실행한다'는 것은 그에게 단지 말뿐인 일이다. 노아는 근본적으로 자발성이나 열정 그리고 감정이 결여되어 있다. 많은 나이에도 불구하고 여성과의 사랑은 마치 다른 행성에 대한 감정처럼 그와는 거리가 멀다. 심지어 노아의 어머니와 아버지가 그를 임신하기 위해 함께 잤는지조차 의심스러울 정도이다(이 장편의 소설은 아버지인 톰 조드가 6명의 자녀를 두었음에도 전혀 그에게서 사랑의 감정을 드러내지 않는다. 노아를 통해 베누스의 아들과 완벽한 대조를 보여줌으로써 스타인벡은 사랑의 결핍을 이보다 더 잘 드러낼 수는 없었을 것이다).

그래서 노아는 자기 아버지의 중요한 특징들 중 하나를 알려주고 있다. 이 특징은 우울증이 결여되어 있다는 것이다. 우울함 속에 들어 있는 것은 희미하고 모호한 감정이긴 하지만 동시에 강렬한 열망을 숨기고 있기도 하다. 그래서 열정이나 용기 같은 것은 노아에게서 찾아볼 수 없는 것이며 노아는 낙담조차 하지 않는 포기상태에 있다. 그는 삶이 무엇인가를 더 줄 수 있을 것이라고 생각조차 하지 않으며 절망조차 하지 않는 포기에 대한 예시가 되고 있다.

집단심리학의 관점에서 본다면, 노아는 조용하지만 꾸준하게 지속되어 온 남성성의 한 가지 특징이라고 할 수 있다. 남성성은 몇천 년이 넘는 역사 속에서 스스로의 인격을 변화시켜왔다. 하지만 그럼에도 남성성의 부정적인 측면은 여전히 남아 있어서 책임을 회피하고 나약한 이기주의를 유지해 왔다. 노아는 이런 부성적인 남성성의 한 측면으로 책임을 맡으려고 하지 않는 남자이면서 또한 이기심조차 가지고 있지 않은 무능력한 사람이다. 그는 어떻게 아버지가 되어야 하는지 알지 못하고 어떻게 부인과 한 가정을 이뤄야 하는지도 알지 못한다. 그래서 기껏해야 우리는 그가 술집 여자와 침대에 누워 있는 것 정도만을 볼 수 있을 뿐이다.

노아의 이런 특징은 더 나아가 생리학적 불임과는 다른 심리학적 불임 상태를 알려주는 것이기도 하다. 그는 어떤 새로움이나 자발성도 갈구하지 않으며 의지라는 것을 출산하지 못한다. 그는 문명의 막다른 뒷골목들 중 한곳에 있으며 부성에서 단순하고 야만적인 남성성으로의 퇴행을 보여준다. 노아는 자신의 아버지가 가진 실패한 부성을 나타내는 첫 번째 인물로, 아버지가 다른 자식들보다 그에게 더 많은 애정과 관대함을 보이는 것은 그래서 자연스러운 일이다.

그렇다면 이번에는 노아의 출생 배경을 한번 살펴보기로 하자. 부인이 노아를 막 낳으려 할 때, 집안에는 남편 톰 조드 '혼자' 뿐이었다. 출산을 도와주어야 할 산파는 늦도록 도착하지 않았고, 부인은 아이가 나오려 하고 있었기 때문에 참기 어려운 고통을 겪고 있었다. 그래서 어쩔 수 없이 톰은 여성의 참기 어려운 고통에 성급한 결말을 지어주게 된다. 다시 말하면, 그는 눈을 다른 쪽으로 돌려 쳐다보지 않으면서 자신의 손을 여자의 자궁에 넣어 강제로 아이를 꺼냈던 것이다. 하지만 이런 강제적인 출산은 인위적인 것이기 때문에 그 대가를 치르게 된다. 태어난 아이는 신체적으로는 나타나지 않지만 행동 전반에서 심리적인 상처들을 보여주기 때문이다.

고대의 부계질서는 여성적인 모든 일들을 초월적인 것으로 여겼다. 그래서 아버지들은 출산이나 생리 같은 여성의 일과 관련해 금기를 세우고 접근하지 않았고 최대한 거리를 유지하였다. 하지만 톰은 전통적으로 여성의 역할이라고 할 수 있는 산파의 역할을 하게 됨으로써 금기를 깨뜨렸고, 이는 경제적인 책임을 질 수 없는 무능력한 아버지라는 대가를 치르게 된다. 경제적인 파탄은 이런 점에서 문화와 연관된 그의 부성이 고갈되어 버린 것에 대한 메타포라고 할 수 있다. 그는 서사시 속에서 자신의 손을 모성성에 담그도록 요청되었고 이는 다시금 씻어낼 수 없는 흔적이 되었다. 모성성에 접촉한 그의 인격은 그래서 여성적 삶에 압도되고 있으며 모성의 부정적인 특징이라고 할 수 있는 무절제나 히스테리를 보여주게 된다. 큰아들인 노아는 이런 톰의 인격을 보여주는 결과물로, 정신적으로도 신체적으로도 불임을 보여주는 인물이다.

이제 두 번째 아들을 살펴보면, 그의 이름은 아버지의 이름을 물려받은 톰이다. 소설에서 톰 주니어는 재능도 있고 자발적인 인물로 그려진다. 반짝이는 그의 지혜는 이야기가 진행되는 동안 종종 위로 솟구치기도 하고 뛰어난 직관과 화술은 사람들이 그에게 매료되게 만든다. 그리고 톰 주니어는 가족들이 이삿짐을 챙기거나 절망하고 있을 때 뜻밖에 가족들을 결합시켜준다. 하지만 그 역시 문명의 막다른 뒷골목들 중 하나로 들어서고 있는데, 만취한 상태에서 싸움을 하다가 의도하지 않게 사람을 죽이게 된다. 이 주인공은 정당방위였다고 항변하긴 하지만 결국은 몇 년간 집을 떠나 교도소에 들어가게 되고, 그러고 나서는 석방되어 자유의 몸이 된다.

톰 주니어의 이런 행동에 대해 가족들은 모두 누구라도 똑같은 일을 저질렀을 것이라고 말한다. 어머니와 가족들은 모두 그의 편인데, 특히 어머니에게 톰 주니어는 집안에 어려움이 닥쳤을 때 어떻게 대처해야 하는지를 알려주는 역할을 하고 있기 때문에 커다란 위안을 주고 있다. 톰 주니어의 이런 역할은 아버지가 가정에서 해야 할 것들이지만, 아버지는 경제적인 위기로 좌절하고 있고 심각한 죄책감에 빠져 있다. 그래서 어머니는 남편보다 아들 톰을 더욱 신뢰하며 남편과 공유해야 할 의사소통을 아들과 나누고 있다.

그리고 톰 주니어는 많은 장점을 가진 젊은이다. 아스카니우스처럼 그는 아버지에게 손을 내밀고 잡음으로써 여행을 시작하고 있으며, 때로는 그가 아버지를 이끌고 여행을 하기도 한다. 하지만 영웅이 되고 싶어하는 모든 영웅의 아들들처럼 그 역시 가끔씩 남성성을 대표하는 인물들에게 열광적인 관심을 보내고, 이들의 특징을 내면의 권위의 원천으로 만들려고 한다. 전형적으로 격변의 시기에 영웅의 자질을 가진 젊은이들은 자신이 속해 있는 억압의 고리를 끊어내기 위해 아버지들을 신중하게 관찰한다. 하지만 톰 주니어에게는 이런 영웅들의 특징이 나타나지 않으며, 그는 아버지의 세대를 잇고자 하지도 않는다. 그는 단지 탈(脫)세대의 아들, 혹은 세대들의 매듭에서 발생한 파열음의 아들이 되고 있다. 그래서 아버지의 세대를 사로잡았던 술과 무질서와 싸움이 그에게서도 자주 등장한다.

특히 바깥으로 표출되는 거칠고 폭력적인 그의 행동은 어머니에게 지나치게 고착된 아들의 특징을 은연중에 드러낸다. 어머니에 대한 고착은 부성을 획득하는 과정인 성숙함이 결여되어 있기 때문이다. 젊은 남자의 미성숙한 인격은 폭력을 부를 수밖에 없다. 이런 점에서 본다면 그는 원초적인 방식으로 여전히 남성적인 정체성을 찾아 헤매고 있는 인물이며, 공격적인 충동을 어떻게 억제하고 우회적으로 표출해야 하는지를 배우지 못한 인물이다.

물론 얼핏 보기에 톰 주니어의 이런 성격은 남성적인 공격성이 가지고 있는 '좋은' 특징을 상기시킬 수도 있다. 하지만 남자에서 아버지로 변화하기 위해 요구되는 자질들 중 한 가지는 사회의 안정성에 대한 고려이다. 이를 위해서 한 인격은 외부적인 권위에 자신의 내면적인 권위를 복종시킬 줄 알아야 한다. 하지만 톰 주니어는 외부와 내부의 조화를 전혀 이룰 수 없기 때문에 스스로 성숙한 어른이 되지 못하고 성인으로서의 분명한 양심과 자신의 이상을 고수하지도 못한다. 또한 가족을 위한다는 명분으로 도덕성을 무시한 이기적인 성공을 이루어내지도 못한다.

세 번째 아들 앨(Al)은 간단하게 설명할 수 있다. 그는 밝은 성격에 매력적인 외모를 지닌 젊은이다. 앨은 기계를 다루는 일을 좋아하며, 지칠 대로 지친 가족들의 여행을 책임지고 있는 낡은 자동차를 수리하는 것으로 늘 분주하다. 하지만 앨 역시 성숙한 어른으로 변화되지는 못한다. 그가 가장 이상적으로 생각하는 남성 모델은 사람을 죽여본 적이 있는 형이다. 그리고 일련의 사건들이 닥치면 그는 당황하면서 수컷 동물들처럼 거리의 여자들에게 도피를 한다. 하지만 동시에 여성은 앨에게 이해할 수 없는 존재이고 두려움을 불러일으키는 존재이다. 여성과 일정한 거리를 두려는 그의 여성 혐오적인 태도는 세상에서 가장 오래된 남성성의 한 측면을 간직하고 있다. 그는 매일 밤 호언장담과 허황된 약속들로 새로운 소녀들을 침실로 데려오고, 다음날이면 그녀들을 차버린다. 이런 점에서 앨은 아버지로 변화되는 어려움에 직면해 있는 아들들에 대한 또 다른 상징이라고 할 수 있다.

다음으로는 첫 번째 딸인 샤론의 장미(Rose of Sharon)에게 관심을 돌려보기로 하자. 처음에 그녀는 공허한 성격을 가지고 있는 것처럼 보인다. 고전적인 농촌의 세계에서 그녀는 언제나 무엇인가를 요구하는 그리고 결코 책임감을 떠맡으려고 하지 않는 젊은 소비자를 예고하는 것처럼 등장한다. 하지만 이는 사실 그녀의 진정한 특징도 아니고 여성적인 특징도 아니다. 그녀가 처음에 보여주는 이런 성격은 조드 일가 모두가 겪고 있는 하나의 유혹 같은 것이다. 그리고 조드 일가의 경험들은 우리 모두가 가지고 있고 또 겪고 있는 것들이다.

소설에서 샤론의 장미는 코니라는 청년과 막 결혼을 한 상태이다. 그들은 아이를 출산할 예정이고 경제적인 절망 속에서 서로에게 의지하고 있다. 코니는 자신의 힘과 용기를 샤론의 장미에게 제공해 주고 있고 이에 대한 보답으로 그녀는 여성스러운 보호를 제공해준다. 코니는 여기서 자식을 키우고 보호하려는 유일한 남성으로 등장한다.

이제 조드 일가를 구성하는 나머지 두 사람은 소년과 소녀이다. 이들은 아직 너무 어리고 또 책임으로부터 자유롭기 때문에 가족의 여행을 진행시켜 가는 데 필요한 역할을 맡고 있지 않다. 이들은 여행의 필수 조건이라고 할 수 있는 상황 판단의 능력을 결여하고 있는 인물들에 대한 상징이라고 할 수 있다.

그리고 아버지 조드에 대해서는 이미 언급을 했지만 몇 가지 첨가해야 할 사항들이 있다. 톰 조드는 실패한 부성을 상징하는 서사시의 주인공으로, 작가는 이런 그의 상징성을 이야기의 시작부분에서 밝히고 있다. 그는 자신의 천직을 알고 있는 사람으로 들판에서 쟁기질을 해왔으며 자식들의 아버지가 되었다. 하지만 지금 그는 더 이상 이런 역할들을 할 수 없는 상태에 놓여 있다. 농촌의 삶과 가정이 송두리째 몰락하고 있기 때문이다.

어머니 역시 자신의 역할이 집안일을 돌보고 살림살이를 책임지는 것이라는 것을 알고 있다. 그녀는 자신의 역할에 충실하지만 예상치 못한 어려움이 닥치자 아버지 뒤로 몇 발자국 물러나는 모습을 보인다. 남편의 뒤로 물러서는 이런 모습은 동물들의 집단에서 관찰되는 전형적인 여성성의 특징이다. 한 무리의 소떼가 늑대의 냄새를 포착하면, 암컷들은 새끼들을 데리고 수컷들 뒤로 물러나고 수컷들은 맨 앞줄에 서서 먼저 그 위험에 맞선다. 이와 마찬가지로 은행 관리가 농장의 소유권 포기 문서를 들고 집을 방문했을 때 이 사람을 맞이하고 항의를 했던 것은 가장인 아버지였다. 그리고 이 문제를 논의하기 위해 가족회의가 열렸을 때에도 회의를 주도했던 것은 할아버지와 아버지, 그리고 삼촌과 같은 남자들이었다.

여기서 잠시 조드 일가의 할아버지를 살펴보면, 스타인벡은 할아버지에 대한 이미지를 『아이네이스』에서 얻고 있다. 하지만 『아이네이스』의 앙키세스가 현명하고 고상하며 공평하고 명예로운 인물인 데 반해, 조드 일가의 할아버지는 이와 반대로 속이 좁고 교활하고 의무를 다하지 않으면서 또한 음탕한 인물이다. 그리고 앙키세스가 근엄하고 사람을 감동시키는 어조를 가진 데 반해, 할아버지 조드는 모순적이고 거친 말투를 사용한다. 앙키세스가 신들로부터 받은 징벌 때문에 다리를 절었다면, 할아버지는 나이에 어울리지 않게 개구쟁이 소년처럼 계속해서 분주하게 여기저기를 뛰어다닌다.

할아버지가 보여주는 이런 특징들 때문에 우리는 조드 일가에게 가장 결핍된 것이 부성적인 자질과 지혜라는 것을 짐작할 수 있다. 조드 일가를 이끄는 가장 높은 자리에 있는 할아버지는 정확히 말해 불량한 아버지라고는 할 수 없지만 성격의 깊이나 책임감이 결여되어 있는 인물이다. 그의 모습은 부성적인 가치들이 시들어가는 시대에 대한 반영이라고 할 수 있으며, 아버지라면 간직하고 있어야 할 자질들을 결여하고 있다. 또한 할아버지의 이런 특징은 조드 일가의 몰락이 단순한 경제적 파탄에 의한 몰락이 아니라 부성의 몰락이며, 단 한 순간 발생한 사건이 아니라 벌레가 나무를 천천히 갉아먹는 것처럼 연속된 세대 속에서 천천히 이루어진 결과임을 알려준다.

할아버지와 함께 조드 일가에서 결정권에 참여할 자격을 가진 또 한 사람은 아버지의 형인 큰삼촌 존(John)이다. 그는 아버지 조드보다 개성적이고 깊이도 있어 보이지만 역시 한 가정의 아버지가 되지는 못하고 있다. 한때 이 삼촌은 결혼을 했고 자신의 부인을 사랑하기도 했다. 하지만 어느 날 문뜩 오만이 그의 집 문을 두드렸고, 그는 이 고비를 넘기지 못하고 절망으로 빠져들었다. 자세히 설명하자면, 어느 날 밤, 그의 부인은 몹시 날카로운 위장의 통증 때문에 잠에서 깨어났고 남편에게 의사를 불러달라고 요청했다. 하지만 남편은 밤이 너무 늦은데다가 별로 대수롭지 않게 생각했기 때문에 저녁 먹은 게 체한 것일 뿐이라며 그녀의 요구를 묵살했다. 이런 그의 행동은 여러 가지 습관들이 작용한 결과이기도 한데, 첫 번째는 금전을 절약하고 모든 것을 자신의 의지대로 하려는 습관이고, 두 번째는 부인을 한밤중에 다른 남성의 도움에 내맡기고 싶지 않은 습관이다. 하지만 결국 다음날 아침에 숙모는 고통 속에서 죽고 만다. 그 이후로 삼촌 존은 여성들과 전혀 관계를 갖지 않으면서 절망에 빠진 미혼남성처럼 주기적으로 폭식(暴食)에 빠져든다. 그리고 어떤 때는 이전의 생활과 전혀 다르게 갑자기 매춘부들을 찾아 돌아다니고 만취할 때까지 독한 술을 마셔댄다. 삼촌 존이 보이는 이런 모순적인 모습은 스스로를 학대하는 마조히즘의 전형적인 태도로 그는 자신의 죄책감을 이렇게 해소하고 있는 것이다.

그리고 반복적인 이탈행위를 통해 삼촌이 바라는 것은 속죄하는 것이 아니라 과거를 다시 복구시키려는 것이다. 하지만 이런 그의 희망은 결코 이루어질 수 없는 것이기 때문에 그는 계속에서 혼란에 빠져들고 계속해서 더 깊은 후회를 하며 결국에는 분열적인 남성성까지 보여준다. 조드 일가에게 비쳐지는 그의 모습은 부성의 결핍이 초래할 수 있는 수많은 장애들 중에서도 가장 절망적이고 필사적인 것이다. 왜냐하면 그는 한때 이 부성의 따스함을 맛보았기 때문이다. 그래서 그는 자신의 죄를 사해줄 수 있는 어떤 현명한 권위자를 간청하지만 누구도 이런 요청을 들어주지는 못한다.

성숙함과 부성의 심리학은 우리에게 과거 속에 머무는 것을 허용하지 않는다. 그 대신 우리는 삶이 요구하는 새로운 책임감들을 받아들여야 한다. 하지만 삼촌 존은 자신의 기억을 괴롭히면서 마음의 평화를 거절했고, 그 결과 신체적인 질병을 얻게 된다. 존은 부인이 죽은 이후 변화된 삶에 적응하기를 거부했고, 부인에 대한 애도뿐만 아니라 애도 이후의 결과도 받아들이지 않았으며 책임감에는 새로운 것들을 맞아들이는 과제도 포함된다는 것을 이해하지 못했다.

이런 그의 심리적인 특징은 시대가 안고 있는 남성성의 부정적 측면이라고 할 수 있다. 삼촌이 보여주는 남성성은 부성에 가까이 다가갔음에도 부성을 획득하지 못한 당시의 아버지들의 모습으로 '불량한 아버지'의 특징이기도 하다. 그가 술과 폭식의 노예로 변화되는 것은 다시 시작할 수 있는 능력이 결여되었기 때문으로, 남성성의 자포자기에 대한 형벌로 여겨진다. 또한 이 인물은 여성적인 세계와의 관계에서 도움을 제공하거나 책임을 지는 데 실패하고 있는 아버지들이 느끼는 영속적인 죄책감의 메타포라고 할 수 있다. 남성적인 책임감이 그 어느 시기보다 문제시되고 있고 남성들의 죄책감은 점점 더 분명해지는 요즘, 삼촌 존이 보여주는 이런 특징들은 슬프게도 현대문명의 산물이라고 할 수 있다.

우리는 지금까지 살펴본 모든 인물들을 한 대의 흔들거리는 트럭 주위에서 찾아볼 수 있다. 그들은 보다 나은 삶을 찾아 나서기 위해 어쩔 수 없이 그것에 몸을 의탁해야 한다. 여기서 트럭이 상징하는 것은 미국이라는 나라의 기술적인 진보와 앨에 의해 개조된 기계의 목적이다. 앨은 원래 자동차였던 이 기계 뒤에다 나무판자들을 엮어 만든 커다란 상자를 달아서 트럭으로 개조한다. 유럽에서 두 번의 세계대전이 벌어지는 동안 미국에서는 기술이 보편화됨으로써 모든 사람들이 자신의 용도에 맞게 기술을 이용할 수 있었던 것이다. 자가용으로 만들어진 이 운송수단도 앨에 의해 집안의 가재도구들을 실을 수 있는 일종의 이사용 트럭으로 변화된다. 조드 일가는 새로운 땅으로 여행을 하면서 매일같이 이 트럭을 보살피고 점검한다. 다른 어떤 일보다 트럭의 성능과 역할이 가장 중요한 사안인 것처럼 말이다. 조드 일가는 여행을 하면서 가족들을 차례로 잃지만 이들의 상실은 트럭의 상태만큼 중요한 문제로 취급되지 않는다. 한 예로, 할아버지가 돌아가셨을 때 가족들은 장례비용에 들어가는 돈이 부담스러워 몰래 시체를 매장해 버리지만, 트럭에 필요한 부품들을 사는 데는 어떤 가격을 지불하더라도 전혀 개의치 않는다.

이제 가족들을 싣고 다닐 트럭뿐만 아니라 모든 구성원들이 모였으므로 조드 일가는 본격적으로 떠날 준비를 한다. 가족을 인도하는 사람들, 즉 부계질서의 핵심인물들이라고 할 수 있는 할아버지와 아버지, 그리고 삼촌이 한자리에 모였고, 이들의 뒤로는 아들들과 딸, 그리고 아이들이 둘러싸고 있다. 이 순간 갑자기 낯선 인물이 가족들 사이로 끼어들어 자신도 여행에 합류시켜줄 것을 요청하는데, 그는 한때 전도사로 일했던 캐시라는 인물이다.

톰 주니어는 자신이 좋아하는 사람에게 우선권을 제공해 주고 싶어 하기 때문에 적극적으로 그의 요청을 수락하자고 제안한다. 하지만 수지타산을 먼저 계산하는 아버지 조드는 부족한 금전과 많은 숫자의 식구들을 고려한다. 가족들 대부분은 아버지가 막막한 내일에 대한 걱정보다는 관대한 인심을 베풀어줄 것을 바란다. 이런 가족과의 작은 의견 차이는 여행을 시작해보기도 전에 아버지의 결정에 들어 있어야 할 신뢰감을 무너뜨린다. 그래서 아버지는 여행 시작점부터 결정권자로서의 자리를 포기하겠다고 선언한다.

어찌 되었든 결과적으로 가족이 아닌 캐시는 이들의 여행에 합류하게 된다. 아버지 조드의 망설임은 어쩌면 새로운 인물이 자신의 권위에 위협적인 존재일 수 있음을 감지했기 때문일 수도 있다. 이 전직 전도사는 도덕적인 열정으로 가득 차 있으며 속죄라는 것을 믿는다. 그는 가족들보다도 더 많이 삼촌인 존을 이해하는데, 이는 그 역시 예전에 죄악에 이끌렸던 적이 있기 때문이다. 하지만 그는 예정된 운명 같은 것은 존재하지 않는다는 것을 어느 날 깨달았고, 이 깨달음과 함께 진정한 자신의 길을 발견한다. 누군가가 그에게 도움을 요청한다면 그들은 그의 도움을 받을 수 있을 것이다. 하지만 그의 도움은 그들의 인생 행로를 구원해주지는 못한다. 각자의 인생은 스스로가 찾아야 하는 것이고 스스로가 구원해야 하는 것이다. 이런 그의 깨달음 때문에 가족들은 이미 전도사라는 임무를 저버렸는데도 그를 정신적인 아버지, 즉 인도자처럼 대한다. 아버지가 더 이상 인도자의 역할을 맡지 못할 때 가족들은 아버지를 대신해 빛을 밝혀줄 수 있는 인물을 찾아내려 하고 또 그 인물을 만들어내려 한다.

이민을 떠나는 마지막 순간에 불쑥 끼어든 캐시라는 인물은 이런 점에서 오늘날 부성의 결핍을 보충하고 대체하려는 몇 가지 시도들에 대한 상징이라고 할 수 있다. 모든 사람들은 중대한 출발의 순간이면 진정한 동료를 원하는 법이다. 특히 미래의 전망이 불확실하다면, 우리는 중대한 이 새 출발을 위해 보다 깊숙이 우리의 영혼에 칼을 들이밀어야한다. 그리고 이 칼날은 금지만을 명령하는 내적인 권위인 초자아(Super-ego)를 향해서가 아니라 그보다 더 깊은 곳에 있는 정신적인 아버지를 향해야 한다. 무엇이 옳은 것이고 무엇을 해야 하며 그리고 또한 무엇을 해서는 안 되는지를 우리에게 알려주는 정신적인 아버지를 찾아내기 위해서 말이다. 정신적인 아버지는 모든 사람들이 어떻게 행동해야 하는지를 알려주는 사람이 아니라 바로 내가 무엇을 해야 하는지를 말해주는 사람이다.

미국의 서부를 향하는 조드 일가의 여행은 서양을 향한 가부장제의 여행이며, 서양이 지는 해의 '추락 장소'라는 어원을 가지고 있는 것처럼 일몰을 향한 여행이고, 또한 부성적인 권위가 몰락하기 시작하는 여행이라고 할 수 있다. 가부장제는 점차 서부를 향해 여행하면서 부드러워지고 익숙한 것이 되어간다. 그럼에도 여기서의 부성은 아버지가 지녀야 할 특징인 친절함의 의미를 담고 있기보다는 손이 미치지 않는 나뭇가지에 걸려 있는 포도를 따려고 몸부림치는 힘 잃은 여우에 가깝다. 그래서 우리가 보게 되는 것은 어머니조차 어떤 치유책을 제공해줄 수 없는 부성의 공백이다. 우리는 기껏해야 부성의 파편들을 가지고 이 공백을 약간 회복시켜 놓을 수 있을 뿐이다. 심리학적인 관점에서 볼 때 부성의 사망은 우리를 권위가 부재한 상태 속으로 밀어 넣는 것이 아니다. 오히려 그 반대로 부성의 사망은 우리에게 자아(Ego)의 감옥 역할을 하는 초자아만을 홀로 남겨 놓았다. 그 결과 우리의 자아에는 적대적인 권위만이 남게 되었고, 자양분이 되고 온기를 제공해주는 친근한 권위는 사라져 버렸다. 오늘날 우리에게 가장 결핍되어 있는 것은 바로 이런 긍정적 권위이다.

산업화 과정 속에서 농촌은 계속해서 말살되어 왔고, 살아남은 트로이인들은 또 다른 이탈리아, 즉 캘리포니아라는 서부의 평원을 향해 도망치고 있다. 트럭은 떠날 채비를 마치고 엔진을 움직이고 있지만 아직 출발 신호가 떨어진 것은 아니다. 스타인벡은 여행을 출발시키기 전에 다시 한 번 고대의 서사시들을 떠올린다. 앙키세스는 어떠했을까? 그는 트로이 아버지들의 심장이었고 아버지들의 아버지였다. 이런 그가 과연 조국으로부터 자신을 추방하는 것을 허락할 수 있을까? 태어난 곳에서 죽음을 맞는 긍지와 비겁하게 도망을 쳐서 얻을 수 있는 이득 중에 어떤 것이 나은 것인가? 조드 가문의 연장자는 트로이 가문의 앙키세스와 대조적인 인물이지만 조국에 대한 긍지만큼은 동일한 감정을 가지고 있다. 냉소적인 태도를 가졌음에도 조드 가문의 할아버지는 자신이 태어나고 자란 대지에 대해서만큼은 소중함과 연속성을 깊이 믿고 있다. 그래서 그 역시 앙키세스처럼 고향을 떠나지 않으려고 한다.

『아이네이스』에서는 이 늙은 트로이인을 설득하기 위해 천상의 아버지인 요베가 등장한다. 하지만 20세기 미국에서는 고집스러운 늙은이의 마음을 변화시키기 위해 신들이 지상으로 내려오는 일이 거의 없다. 그 대신 가족들은 노인이 식사를 할 때 디오니소스 신과의 주선을 마련한다. 가족들은 노인에게 식사와 수면제가 들어간 커피를 제공해주고, 그가 고집을 피우지 못하도록 잠을 자게 만든다. 이렇게 해서 마침내 가족들은 모든 식구를 태우고 서부를 향해 출발한다.

덜컹거리는 트럭을 타고 이민자들은 앞을 향해 나아간다. 그러던 중 가족이라는 사슬의 맨 마지막 고리에 달려 있는 동반자, 즉 그들이 데리고 간 유일한 동물인 개가 사고로 죽는다. 이 동물의 죽음은 가족의 경제적인 원천이 변화되고 있는 것에 대한 일종의 상징이다. 개는 농촌의 삶과 자연을 연결해주는 친근한 동물이기 때문이다. 하지만 이 개가 다른 차에 치여 죽게 됨으로써 가족들의 농촌과의 유대는 기계문명에 의해 산산이 부서지고 만다.

개의 사고에 뒤이어 곧바로 가족의 연장자인 할아버지가 죽음을 맞는다. 할아버지는 앙키세스와 대조적인 인물이기 때문에 죽음도 앙키세스의 엄숙한 사망과는 대조적이다. 트로이의 가족들은 앙키세스의 죽음을 장엄한 운동경기와 코러스들의 합창을 통해 애도했지만, 조드 일가는 이 장례식을 암매장으로 축소시키고 있다. 앙키세스의 훌륭한 무덤은 조드 할아버지의 과일 항아리로 대체되었고, 그나마 그의 죽음이 완전한 익명의 죽음이 되는 것을 막기 위해 이름과 소박한 송시가 쓰인 종이 쪽지가 항아리 안에 넣어진다.

캐시는 "할아버지는 오늘 돌아가신 것이 아니야. 우리들이 집을 떠나오던 순간에 이미 돌아가셨던 거야"라고 말한다. 조드 일가의 여행에는 유대인들이나 트로이인들을 이끌었던 신의 계시나 약속된 땅에 대한 희망이 전혀 없다. 이들의 여행은 물질적인 계산에 의해 이끌려진, 순전히 세속적인 이유들 때문에 감행된 것이고 운명을 찾기 위해서가 아니라 가난으로부터 벗어나기 위한 도피이다. 거듭 되풀이해서 부딪히는 진실들에도 불구하고, 그들은 "거기서 우리는 보다 나은 삶을 찾게 될 거야"라고 거짓 위안을 한다. 막연한 미래의 금전적 이익이 좌표도 없는 삶을 이끄는 유일한 희망인 것이다.

그래서 다시 여행은 계속된다. 이제는 샤론의 장미가 반복된 실패와 좌절을 참지 못하고 불평을 터뜨린다. 그녀는 다음 마을에서 자신을 버리고 갈 것을 호소하기도 하고, 남편은 의사 공부를 해야 하고 돈을 벌어 자신에게 냉장고를 사주어야 하고, 이렇게는 계속해서 살 수 없다고 투정을 부리면서 남편의 마음에 부르주아적인 안락한 사고를 채워 넣는다. 하지만 남편에 대한 그녀의 기대와 달리 남자들은 오직 트럭이 고장 나는 것만을 신경 쓴다.

샤론의 장미가 가족들에게 퍼붓는 이런 불평들은 일종의 원형적인 상징이다. 원형이라는 것은 수많은 세월 속에서도 변하지 않고 일정한 형태를 유지하면서 근원적인 뿌리가 되는 것이다. 『아이네이스』로 돌아가 보면, 우리는 여기서 여행에 방해가 되는 여신 유노와 하르피이아 이들 같은 적개심을 가진 여성들을 만나게 된다. 또한 아이네아스와 함께 여행을 선택한 남자들의 부인들 역시 험난한 방랑 속에서 여행을 포기할 것을 종용하는 것을 볼 수 있다. 여기서는 샤론의 장미는 이런 부정적인 여성성의 원형을 나타내면서 가족이 꿈꾸는 미래의 희망을 포기하고 있다. 베르길리우스의 시대와 스타인벡의 시대가 결정적으로 다른 점은 이런 부정적인 여성성에 반응하는 남자들의 태도이다. 베르길리우스의 영웅들은 과감하게 버릴 것들을 버리고 다시 자기의 길을 떠나지만 스타인벡의 남자들은 저항하거나 부딪치기보다는 그저 무관심으로 일관할 뿐이다.

어쨌든 샤론의 장미는 트럭을 떠나지 않는다. 떠나는 것은 오히려 부성을 포기하는 남자들이다. 출발할 때 여자들보다 많은 수를 차지했던 남자들은 자신들의 욕망을 좇아 또는 절망을 좇아 한 명씩 가족으로부터 떨어져 나간다. 반면 불만으로 가득 차서 여행을 방해했던 샤론의 장미는 오히려 부성이 희박해짐에 따라 성숙한 책임감을 자각하기 시작한다. 남자들 대신 부성을 떠맡은 여자들의 등장은 남성적 가부장제의 붕괴를 보여주는 좋은 사례이다. 남자들의 연대는 가부장제가 몰락하면서 수평적으로 흩어져 버린다. 스타인벡은 남성들의 무리에서 큰아들인 노아가 가장 먼저 탈선을 하도록 이끌고 있는데, 그는 앞서 살펴보았듯이 부성을 배우지 못한 농촌 총각이다. 어느 날 여행 도중에 가족들은 작은 강가에 도착하게 된다. 이 강은 물고기들이 많아서 낚시를 하면 그럭저럭 끼니를 때울 수 있는 곳이다. 노아는 이 강변에서 물고기들을 잡다가 더 이상은 여행을 하지 않기로 결심한다. 그는 새로운 사회와 새로운 삶, 그리고 새로운 일자리에 관심이 없다. 그가 고향을 떠났던 것은 경제적인 궁핍 때문이었지 더 나은 미래에 대한 희망 때문이 아니었다. 그래서 그의 포기는 살아가는 것보다 생존하는 것을 일차적인 삶의 목표로 정한 선택이라고 할 수 있다.

노아 다음으로 샤론의 헛된 기대감에 항상 부담을 느끼고 있던 그녀의 남편 코니가 떠나간다. 그는 가족들이 전혀 눈치 채지 못하게 한밤중에 몰래 길을 나선다. 그런 다음에는 계속된 남자들의 이탈에 확신을 잃어버린 아버지가 가족의 완전한 해체를 주장한다. 그는 가족들이 계속해서 함께 여행을 하기보다는 잠시 서로로부터 떨어져 각자의 삶을 살아보자고 제안한다. 여러 사람의 끼니를 함께 걱정하는 것보다는 자기 한 사람의 끼니를 걱정하는 것이 훨씬 더 효율적으로 배를 채울 가능성이 있다는 것이 그 이유였다. 하지만 이런 아버지의 제안은 가족들에 대한 책임을 포기하는 부성의 포기 선언이라고 할 수 있다. 아이네아스는 가족을 보호하고 새로운 삶으로 이끄는 사람이었다. 하지만 근대에 와서 아버지는 가족의 해체를 주장하는 사람이 되고 있다.

이렇게 부성이 몰락하는 위기에 처하게 되자, 가족들 뒤에서 항상 아버지를 조용히 따르던 어머니가 이제는 앞으로 나선다. 그녀는 자신의 개인적인 견해를 주장하거나 누구의 견해를 옹호하기 위해 나선 것이 아니다. 그녀는 가족이 하나의 통일체와 같아서 흩어지면 완전히 사라져버리고 만다는 원칙을 지키기 위해 앞으로 나선 것이다. 원칙은 견해와 달라서 반박이나 찬성이 갈리지 않는다. 원칙은 모든 질서의 핵심에 있는 것이고 변하지 않는 것이다. 아버지 대신에 어머니가 이렇게 원칙을 다시 세움으로써 이제 가족을 이끄는 것은 어머니가 된다.

그리고 가족의 남자들이 한 명씩 떠나가면서 부성의 몰락을 재촉하고 있는 데 반해서, 이방인이라고 할 수 있는 캐시는 가족을 떠나려 하지 않는다. 그가 가족을 떠나게 되는 것은 그에게 부여된 일종의 운명, 즉 부성을 포기했기 때문이 아니라 마지막 남은 부성을 지키기 위해서이다. 자세히 설명하자면, 아이네아스를 따르던 트로이인들이 마침내 약속된 땅에 도착하는 것처럼, 조드 일가도 꿈에 그리던 황금의 땅 캘리포니아에 도착한다. 하지만 이 땅은 가족들이 생각했던 기회의 땅이 아니라 넘쳐나는 외지인들을 쫓아내려고 갖은 수단을 사용하는 곳이었다. 또 한 무리의 이주민들일 뿐인 조드 일가는 그래서 여기서 보안관과 다툼을 하게 되고, 흥분을 참지 못한 톰은 보안관을 살해하고 만다. 캐시는 톰이 가족들의 유일한 희망이라는 것을 너무나 잘 알고 있기 때문에 톰 대신 형무소에 가겠다고 자청을 한다.

캐시의 이런 행동은 부성에서 동물적인 남성성으로 후퇴해가는 남자들의 정신적 퇴행에 일종의 차폐막이 되어주는 것으로, 부성의 공백을 채워주고 있는 것이라고 할 수 있다. 전직 전도사였던 캐시는 가족들의 이야기를 어떻게 들어주어야 하는지, 어떻게 불안한 미래를 희망으로 바꿀 수 있는지를 알고 있는 인물이다. 또한 그는 자신을 위한 원칙뿐만 아니라 다른 사람들의 인격을 성장시켜주는 방법을 알고 있는 유일한 사람이다. 그는 말만 앞세우는 사람이 아니라 실제로 행동하는 사람으로 아버지에게 기대하는 바인 정신적인 지도자의 역할을 해내는 사람이다. 반면 캐시를 가장 많이 따르고 흠모하던 톰 주니어는 정의에 대한 비슷한 열망을 가지고 있지만 아직은 미성숙한 청년이다. 그는 뜨거운 열정에 불타올라 과감하게 앞으로 나갈 줄은 알지만 가족을 위해 뒤로 물러설 줄은 모른다. 때문에 톰 주니어가 상징하는 것은 성숙함의 과정이 단순한 일직선이 아니라 복잡한 내면의 갈등과 욕망과의 타협 속에서 이루어진다는 것이다.

그렇게 톰 대신 죄를 뒤집어쓰고 감옥에 간 캐시는 거기서 사회의 정의를 전파하는 전도사로 다시 태어난다. 그는 자신의 역할과 책임을 완전하게 승인했고, 그리고 다시 사회로 나와서는 부성의 전도사로 본격적인 활동을 펼치려 한다. 하지만 안타깝게도 스타인벡은 베르길리우스의 서사시가 취했던 방식을 근대의 역사 서사시로 그대로 옮겨놓지 않는다. 로마 시대와 달리 근대는 불량한 아버지가 출현하고 부성의 몰락이 최고 절정에 다다랐던 시대이다. 이런 시대 속에서 부성을 전파하는 영웅은 트로이의 헥토르처럼 무자비한 남성성에 의해 무너질 수밖에 없는 운명을 지니고 있다.

그래서 출소한 이후 캐시는 톰과 함께 노동자들의 인간다운 삶을 보장하기 위해 노동조합을 이끌고 파업을 조직한다. 하지만 파업에 반대하는 공장 측은 이들을 어떻게든 막으려고 하고 결국에는 깡패들을 동원해 임시 숙소에서 자고 있던 캐시의 머리를 몽둥이로 여러 번 내리쳐 죽인다. 한밤중에 자고 있던 가족들은 급작스러운 깡패들의 침입에 놀라서 깨어나고, 캐시의 죽음을 알게 된 톰은 복수를 하기 위해 또다시 무기를 들면서 살인을 저지르고 만다. 게다가 이번에는 몸싸움을 하면서 톰 자신도 얼굴에 큰 상처를 입는다. 두 번의 살인으로 더 이상 법의 관대함을 바랄 수 없게 된 톰은 가족들의 권유에 따라 무작정 멀리 떨어진 곳으로 도망을 친다. 이 한 번의 사건으로 조드 일가는 정신적 지도자 한 명과 아들 한 명을 잃게 된다. 근대의 서사시는 이 불운에 처한 가족들에게 조금도 자비의 손길을 내밀지 않는다.

그리하여 이제 아이들을 제외하면 자식들 중 유일하게 남은 남자는 앨뿐이다. 처음 고향을 떠날 때는 어린 소년에 불과했지만 여행을 통해 어느덧 앨은 성장한 청년이 되어 있다. 하지만 부성의 몰락은 트럭이 고장 난 것과 달라서 앨이 어떻게 해볼 수 있는 장애가 아니다. 여행에 점차 지쳐가고, 남자들은 지도력과 책임감을 상실한 지 벌써 오래다. 이들에게는 이제 정신적인 지도자도 없고 운명이 정해준 목적지도 없으며, 새로운 꿈을 꿀 만한 희망도 보이지 않는다. 압박해 오는 난관들 속에서 이제 어머니 뒤로 물러나 있던 아버지는 더욱 초조해진다. 우리는 아버지가 정의의 원칙들을 가르쳐주고 가족들을 세상 속으로 이끄는 사람이라는 것을 알고 있다. 하지만 이미 부성을 포기한 조드 일가의 아버지는 자신이 무엇이든 결단을 해야 한다는 사실을 두려워한다. 그리고 결단을 회피하기 위해 자신의 무능력함을 바깥세상이나 타인의 탓으로 전가시킨다.

"이거 아무래도 세상이 변했나봐. 옛날에는 남자가 이래라저래라 하고 명령을 했는데, 요즘은 어떻게 된 것이 여자가 이래라저래라 하게 됐으니. 이제 좀 더 있으면 여자가 몽둥이를 꺼내들 날이 올 것 같군." 남편의 투정에 참고 있던 아내는 이렇게 응수한다. "당신이 한번 몽둥이를 들고 나와 보시죠. 먹을 것과 잠잘 자리가 어엿할 때는 당신이 몽둥이를 휘둘러도 말할 사람이 없겠죠. 하지만 지금 당신은 할 일을 다 하지 못하고 있어요. 생각하지도 않고, 일하지도 않고 있다고요. 자기 할 일을 다했다면 당신도 몽둥이를 휘두르지 못할 까닭이 없겠죠. 그리고 그렇게 되면 여자도 코를 홀쩍이면서 당신 앞에서 공손해질 거예요. 하지만 지금은 당신이 몽둥이를 갖고 있어도 아무 짓도 못할걸요. 나도 몽둥이를 꺼낼 테니까."

한때 여자들은 남편의 말을 지지하고 응원해 주는 데 많은 노력을 기울였다. 아버지들이 자신의 역할을 다하기 위해 온 힘을 쏟고 있었을 때는 말이다. 하지만 지금 아버지들은 온갖 의심 속에 사로잡혀 있고, 시대를 헤쳐나갈 의지마저 잃고 있다. 조드 일가의 아버지는 가족들에게 사랑이나 새로운 희망을 알려주기보다는 예전의 관습을 그리워하고 변명만을 늘어놓을 뿐이다. 그는 가족들에게 행동을 보여주기보다는 실패를 감추는 데 급급하다. 아버지는 이제 더 이상 가족의 진정한 아버지임을 포기하고 있는 것이다.

아버지의 부재와 함께 여행은 멈출 기미조차 보이지 않으면서 계속된다. 샤론의 출산일은 점점 다가오지만 그녀 역시 남편 코니가 떠났기 때문에 심리적인 안정을 찾지 못한다. 게다가 너무나 많은 사건들을 겪고 극심한 궁핍 속에서 임신기간을 유지해 왔기 때문에 여행 도중 아기는 급작스럽게 사산되고 만다. 아이의 사산과 함께 가족들의 유일한 거처이자 이동수단인 트럭도 망가지고 만다. 모든 것을 잃어버린 가족은 더 이상 내려갈 수도 없을 만큼 맨 밑바닥으로 추락해 절망 속에서 헤맨다.

그러던 중 엄청나게 쏟아지는 장마를 피하기 위해 뛰어다니다가 우연히 빈 헛간을 발견한다. 이 헛간에서 조드 일가는 자신들처럼 비를 피하고 있는 한 남자를 발견한다. 그 역시 어떤 가족의 가장이었을 것이고 자신들처럼 굶주림과 가난을 피해 여행을 하다가 이곳까지 밀려왔을 것이다. 이 중년의 남자는 극심한 굶주림으로 거의 죽어가는 상태에 있고, 조드의 가족이 들어온 것조차 알지 못할 정도로 의식이 희미해진 상태이다. 이름을 알 수 없는 이 남자가 여기서 상징하는 것은 죽어가는 부성의 이미지라고 할 수 있다. 그는 아버지들이 추구해야 할 부성이 막바지에 다다라서 사라지는 위기에 처해 있음을 보여준다. 조드 일가의 남자들은 이런 자신들의 모습 앞에서 어떻게 해야 할지 몰라 당황해하고 두려워한다. 하지만 이런 부성의 몰락 앞에서 여자들은 자신들이 무엇을 해야 할지를 정확하게 깨닫는다.

조드 일가의 어머니는 남자들을 모두 밖으로 내보낸 다음 샤론을 데리고 낯선 남자 곁으로 간다. 그리고 딸아이의 불은 젖을 남자에게 먹인다. 그녀는 풍부한 젖을 가지고 있지만 아이를 출산하지 못했고, 그래서 새로운 세대에게 주어야 할 양분을 죽어가는 남자에게 주고 있다. 사라져가는 부성이 얻을 수 있는 최후의 양분은 이렇게 가족을 지키려는 어머니들에게서 나오는 것이다.

이제 정리하자면, 스타인벡의 『분노의 포도』(1939)는 미국의 대공황기에 농부들이 겪었던 고통스러운 경험이면서 동시에 부성이 몰락해가는 과정을 보여주는 근대의 서사시이다. 스타인벡은 베르길리우스의 『아이네이스』를 근대적인 시선으로 재구성하면서 우리의 무의식 속에 들어 있는 부성의 원형을 일깨워주었다. 『분노의 포도』가 그 시대의 가장 훌륭한 책들 중 하나로 꼽히는 이유는 문학적 효과들에만 국한되는 것이 아니라 문학 저변에 깔려 있는 심오한 통찰들 때문이다. 그리고 이 통찰들은 추락하고 있는 경제 상황에 대한 것이 아니라 오랜 세월 지탱해 온 부성이 무너지고 가족이 붕괴되는 것에 대한 것이다. 조드 일가의 여행은 사회적인 이주이면서 동시에 심리적인 이주의 과정이다. 그들의 몰락은 경제의 붕괴와 함께 드러난 부성의 죽음을 알려주는 것으로, 오늘날 자신들의 은행 잔고를 빼닮은 아버지들의 서사시이다.

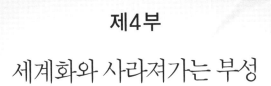

제4부

세계화와 사라져가는 부성

18장
세계화 추세에 사라지는 부성

이놈아, 어서 꺼져.
너는 우리와 함께 여기서 잔치를 벌일
아비를 갖지 않았으니까!
– 『일리아스』

유럽 문명이 전에 없는 호황을 누리고 있는 것과 동시에 오늘날은 아버지들도 세계를 정복한 것처럼 여겨지곤 한다. 하지만 앞서 살펴보았던 것처럼 몇몇의 사건들 속에서 아버지는 이미 몰락한 유물로 등장하고 있다. 우리는 사건이 벌어진 후에야 겨우 이 사실을 깨닫게 되었고, 그래서 혹자는 오늘날 아버지는 사치가 되어가고 있다고 말하기도 한다.[156] 요사이 아버지의 전통적인 심리적 기능들은 그 어느 때보다 축소되고 있으며, 심리학적인 인물로서의 아버지는 거의 실종의 위기를 맞고 있다. 그렇다면 얼마나 오랜 기간 얼마나 많은 아버지들이 자식들의 가슴에서 사라지고 있는 것일까? 다음의 몇 가지 추세들을 살펴보도록 하자.

최근 100년 동안 새로 만들어지고 또 사라진 직업의 숫자는 이전의 역사 속에서 변화되어 온 것보다 훨씬 많다. 이런 변화 속에서 전체 인구의 대부분을 차지하던 농부들과 수공 장인들은 몰락의 길을 걸었고, 이들 직업의 변화는 자식들과 긴밀하게 연결되어 있던 삶의 방식을 끊어 놓았다. 특히 아버지의 가족과의 단절은 전통적인 직업의 소멸뿐만 아니라 집단적인 의식 속에서 전통적인 가장의 역할을 소멸시켰다. 부성이 아직까지 완전하게 사라진 것은 아니지만 아버지들은 문명의 발전 속에서 이전보다 더 자주 그리고 더 멀리 떠나야 했고 자식들로부터 멀어져야 했다. 그리고 이런 거리상의 간격은 삶의 간격으로 확대되었다.

직업의 다양화뿐만 아니라 삶의 양식 변화 추세는 문명의 속도에 맞춰 점점 더 빨라져 갔다. 그리고 이런 문명의 추세는 비단 서구뿐만 아니라 지구 반대편에 있는 세계들로도 확산되었다. 경제적인 부를 축적하려는 유사한 흐름 속에서 전 세계의 아버지들은 이전보다 많은 금전을 가족들에게 제공하게 되었지만 자식들과 함께하는 시간은 반대로 짧아져 갔다. 아버지는 자식들의 생계를 위해 열심히 돈을 모아들였지만 정작 자식들의 생계 속에서는 아버지는 빠져 있었다. 어떤 통계에 따르면 미국의 아버지들은 하루 평균 자식들과 7분의 시간을 함께 보낸다고 한다.[157] 그리고 모든 역사적인 시기를 비교해 봐도 자식을 양육하는 데 동참하는 아버지의 참여는 오늘날 어머니의 참여보다 현저히 낮은 수준이라고 한다.[158]

가족을 중심 가치로 삼으면서도 가장 높은 경제적 성장을 이룩한 나라인 미국에서조차 '아버지와 함께하는 생활'은 이렇게 하루 중 단 몇 분에 불과하다. 게다가 이만큼의 시간도 누리지 못하는 아이들이 실제로는 더 많은 수를 차지한다. 그렇다면 얼마나 많은 아이들이 아버지 없이 살고 있는 것일까? 통계를 살펴보면, 우리는 1970년대의 미국의 이혼율이 20세기 초반에 비해 700퍼센트나 상승했다는 것을 알 수 있다. 또한 최근 10년간 태어난 10명의 아이들 중 4명은 자신의 어린 시절을 부모 중 한쪽하고만, 그중에서도 대부분이 어머니와만 지내야 하는 운명에 처해 있다.[159]

이런 가족의 변화는 점진적으로 이루어진 것이 아니다. 1900년도에는 1,000쌍의 결혼 커플 중 평균 3쌍만이 이혼을 하였고, 1960년만 해도 겨우 9쌍에 지나지 않았다.[160] 게다가 1950년도에는 평균수명이 획기적으로 증가하면서 양쪽 부모와 함께 살고 있는 아이들의 비율이 최고치에 달했다.[161] 아버지들이 사라지는 현상은 이혼과 사생아 출산이 폭발적으로 높았던 1960년대와 70년대 그리고 80년대까지도 미국 사회를 압도하는 현상이 아니었다.[162] 하지만 1980년대에 태어난 아이들의 통계는 70퍼센트의 백인 아동과 94퍼센트의 흑인 아동이 18세 이전에 부모 중 한쪽과만 지낸다는 것을 보여주었다.[163] 이런 경향의 감소혹은 역전은 1990년대에 유일하게 관찰되었다.

남북전쟁의 시기나 전염병과 페스트가 창궐했던 시기, 또는 이민족들이 대거 미합중국의 대열에 끼어들던 시기에도 가족생활의 변화가 이렇게 컸던 적은 없었다. 이전에는 느리더라도 다시 예전의 가정생활이 놓여 있던 조건으로 되돌아갔고, 위기는 차차로 해소되었다. 하지만 20세기의 끝자락에 이르러서는 미국에서 절반 이상의 아이들이 부모 중 한쪽하고만 지내고 있으며[164] 사생아의 출산율은 전체 출산율의 30 퍼센트 이상을 상회하고 있다.[165] (이에 반해 유럽의 상황은 보다 다양하다.

사생아의 출산율이 스칸디나비아에서는 50퍼센트에 육박하며, 프랑스와 영국에서는 전체의 삼분의 일을 차지하고 있고, 지중해 근방의 나라들은 이보다 많이 감소된 형태를 보인다.[166])

미국의 1980년대를 연구하는 한 조사에 따르면, 이혼한 부모들의 자녀들 중 50퍼센트 이상은 적어도 최소한 일 년 이상 아버지를 만나지 않고 있으며, 반면 삼분의 일 가량의 아이들은 최소한 한 달에 한 번 정도 아버지를 만난다고 한다.[167] 이 시기에 관한 또 다른 연구는[168] 이혼한 아버지들 중 20퍼센트 정도만이 한 달에 한 번 정도 자식들을 보러 가며, 나머지 절반가량은 자식들이 청소년이 되기 전까지 모든 관계를 중단하는 것으로 보고하고 있다. 어떤 사람은 이런 아버지들의 무관심이 이혼한 아버지들이 자식들에게 부담해야 하는 양육비 지급 같은 강제적인 법규에 대한 불만 때문이라고 항변할 수도 있을 것이다. 하지만 이혼한 아버지들의 자식들에 대한 법적 의무 이행 역시 감소하는 추세를 보이고 있다. 한 연구[169]에 따르면 이혼한 지 10년이 넘은 미국 아버지들 중 79퍼센트 정도가 자신들의 의무를 제대로 이행하지 않고 있으며, 자식들과의 관계를 모두 끊어 버렸다고 한다.

게다가 각종 연구들과 함께 이런 통계적인 수치들은 심각한 문제점을 안고 있다. 보고서에 사용된 기준들은 연구자들의 개인적인 성향에 따라 많은 차이를 보이고 있고, 합의된 표준 같은 것도 전혀 없다. 가령 한 달에 두 번 정도 함께 주말을 보내고 일 주일에 한 번씩 저녁식사를 갖는 이혼한 아버지와 자식의 만남이 어떤 연구에서는 '상당히 제한적'이라고 표현되는 반면, 어떤 연구에서는 '매우 잦은'이라고 표현된다.[170] 같은 사실을 놓고도 연구자의 견해에 따라 완전히 다른 해석이 내려지는 것이다. 하지만 정작 심각한 문제가 되는 것은 이런 '사실'이 아버지와 관련된 것이라는 점이고, 아버지에 대한 우리의 인식이 이데올로기라는 영역에 묶여 있다는 점이다. 실제적인 방식들 안에서 논의될 수 있는 실제적인 현실은 전혀 제시되지 않은 채 말이다.[171]

언제나 그랬던 것처럼, 앞의 자료들은 하나의 일관된 방법론으로 묶거나 분석하는 것이 불가능하다. 하지만 미셸 L. 램(Michael L. Lamb)이 집필한 엄청난 분량의 책들은 아동의 발달기와 관련된 미국 아버지들의 역할에 대해 거의 완벽한 연구를 보여준다는 점에서 주목할 만하다. 이 저서들에 따르면 첫 번째 저서(1976)와 비교해 볼 때 세 번째의 저서(1997)에서 내놓은 자료들은 자식들의 양육과 관련된 아버지들의 참여 비율이 아주 약간이긴 하지만 증가했다는 보고를 내놓고 있다. 여기서 특이한 점은 이런 긍정적인 추세가 아버지가 없는 가정들의 폭발적인 증가 추세와 동반되고 있다는 점이다.

램에 따르면 이런 모순적인 결과는 시대적인 것에서 기인하는 다양한 상황들 때문이다. 한 예로, 상류층과 중상류 계층에서 아버지의 부재는 결혼에 대한 불만족과 이혼이 커다란 비중을 차지한다. 이런 사회 계층에서는 이혼이 유행처럼 아주 빠르게 확산되었고, 심지어 이혼이 '양자택일이 가능한 소비'의 형태로까지 취급되었다. 그래서 이들에게 이혼은 자유로운 의사 표현의 한 방식이거나 자신의 권리로까지 여겨지곤 하는 경향이 나타난다. 이들에게 부성의 부재(non-fatherhood)는 부성의 결핍으로 이해되기보다 하나의 선택으로 취해진 것이다.

반면 가난한 계층의 상황은 이와 전혀 달랐다. 아버지의 부재는 자유로운 선택이나 권리 추구가 아닌, 가족이 형성되는 출발선상에서부터 필연적으로 예정된 형태였다. 저소득 계층에서 아버지가 결핍된 가정들은 특히 흑인 거주지역에 집중되어 있었는데, 이들 지역에서는 경제적인 자립을 할 수 없는 어린 청소년들이 아이들을 출산하는 경향이 높았다. 아주 드물게는 정식 혼인을 한 경우도 있었지만, 대부분의 경우 이들은 함께 생활할 수 있는 확률이 매우 낮았다. 그래서 이들의 자녀들은 주로 외가 쪽이나 어머니와 생활하는 경우가 많았다. 게다가 아버지가 결핍된 가정에서 자라난 이런 아이들은 성장한 후에도 부모가 보여준 부정적인 가정의 모습을 답습하는 비율이 높았다. 부성의 부재가 한 세대에서 다음 세대로 세습되는 것이다.

그 밖의 주목할 만한 연구로는 1965년에 모이니한(D. P. Moynihan)이 미국 정부의 위탁을 받아 작성한 『흑인 가정: 국정 활동을 위한 사례연구*The Negro Family: The Case for National Action*』[172]가 있다. 이 보고서에 따르면 미국은 두 번의 세계대전보다 남북전쟁에서 더 많은 피를 흘렸고, 흑인 노예들의 해방을 이루어 냄으로써 미국 역사에 새로운 발판을 마련했다. 하지만 100년이 흐른 이후까지도 미국이 치유하려 했던 노예제도의 상흔들은 아프리카계 미국인들의 가정에 어두운 그림자를 드리웠다. 연구가 진행된 당시까지만 해도 흑인 인구의 절반가량은 중류층 계급으로 진입하고 있었다. 그리고 이런 성과를 얻어내기 위해 흑인 아버지들은 전통적인 백인 가정이 요구하는 것보다 훨씬 더 큰 노력을 해야 했다. 그리고 이들의 성공은 미국 사회에서 특정한 인종 집단의 경제적 성장이 강력한 아버지의 이미지와 밀접한 관계가 있음을 보여주었다. 하지만 나머지 절반가량의 아프리카계 미국인들은 절망적으로 최하층 계층으로 추락했다. 이들 최하층 빈민들은 일자리를 얻기 위해 대거 도시로 이주해 갔고, 빈민굴을 형성하며 살았다. 그리고 경제적인 불안정 속에서 제대로 된 가정을 이루지 못하고 비합법적인 출산율을 증가시켰다. 그리고 이런 불리한 조건들과 함께 이들 지역에서는 높은 범죄율과 마약사범들이 빈번하게 발생했다. 인류학적인 연구자료들[173]을 참고하면서 모이니한은 흑인 빈민 거주지역에서 발생하는 문제의 근원이 아주 먼 과거의 역사로 거슬러 올라간다고 주장했다.[174]

오늘날 아버지들이 가정에서 맡고 있는 역할들은 대개가 이전 세대의 아버지들이 교육한 것이다. 이 책의 1장에서 논의했던 것처럼, 매드(Mead)는 문명의 시초에 남성이 처음으로 여성과 그녀의 자식들에게 음식을 제공했던 순간을 부성이 탄생한 최초의 순간이라고 보았다. 남자들의 이런 돌발적인 행동은 인간 종이 속해 있는 포유류에서는, 특히 수컷들은 거의 하지 않는 행동이었다. 하지만 남자들은 어느 순간 이런 역할을 선택했고, 이 역할을 지속하기 위한 의지를 드러냈으며, 그러고 나서는 습관으로 굳어져 자손들에게 전수되었다. 만약 이들이나 이들의 후손들이 이런 습관을 전통으로까지 발전시키려는 의지가 없었다면, 부성이라는 것은 얼마 가지 못하고 소멸되었을 것이다. 부성이라는 것은 어머니가 자식을 위해 젖을 물리는 것 같은 본능에 기반한 역할이 아니다. 그래서 남자들의 부성적인 행동은 사회적으로 확립된 규율 같은 것이고 세대를 통해 학습되어야 하는 것이다.

하지만 아프리카계 미국인들은 오랜 시간 갇혀온 노예제도로 인해 이런 규율을 습득할 수 없었다. 남녀 간이라 하더라도 노예들 사이의 결합은 단순히 사실혼이었으며, 정식 가족으로 인정받지 못했다. 그 결과 부성적인 책임감(pa-ternal, 여기에서 'pa-'는 음식물을 의미한다)은 남자들에게 교육될 수 없었다. 노예 아버지는 어머니처럼 같은 주인에게 소속되어 있었고, 이런 남자 노예들은 주인의 결정에 따라 아무 때나 다른 사람에게 팔려갈 수 있고 자식들과 헤어질 수 있었다. 이런 불안정한 상황이 수 세기 동안 진행되면서, 아프리카계 미국인들 중 남자들의 경우는 생물학적 아버지가 아니라 가족의 유대를 이끌어주는 진정한 아버지의 정체성을 확립하기가 어려웠다. 그리고 이런 가정에서 자식들에 대한 책임감은 전적으로 어머니에게 쏠림으로써 어머니와 자식들의 유대감은 더욱 강화되었다.

심리학적인 관점에서 볼 때, 노예제도로 인한 아프리카계 미국인들의 이런 상황은 일종의 동물적인 생활환경으로 퇴행할 수밖에 없는 것이었다. 노예 소유주들은 무의식적으로 이런 환경을 부추겼고 이것을 자신들의 우월성을 확립하는 지반으로 악용했다. 하지만 아이러니하게도 노예들과 주인들의 상호 배타적인 관계는 무의식적으로 이들을 서로 비슷해지게 만들었다. 백인 주인들은 자신의 여자 노예들과 무분별한 성관계를 맺기도 하고 임신을 시키기도 함으로써 남성 노예처럼 전(前)부성적인 상태로 퇴행해 갔다. 그리고 이들 사이에 일단 자식이 태어나면, 아버지는 노예와의 사이에서 낳은 아이를 자식으로 인정하지 않았고, 노예 어머니와 함께 다른 주인에게 팔기도 했다. 이런 과정 속에서 아이들은 전적으로 어머니에게 맡겨질 수밖에 없었다. 백인 주인이든 혹인 노예이든 한 세대의 모든 남자들이 동물의 상태로 퇴행해 버린 것이다.

모이니한의 연구는 부성의 결핍과 사회의 비주류화 사이의 인과관계를 가장 중요한 요인으로 가정하고 있기 때문에 많은 문제점들을 내포하고 있다. 실례로, 어떤 연구 결과들은 모이니한의 연구결과를 반박하면서 가정의 불안정한 상태가 사회경제적 빈곤을 가장 주요한 요인으로 한다고 주장하기도 한다.[175] 물론 현재 미국에서 관찰되는 현상들은 이 두 가지 요인들이 서로 직접적인 관계가 있다는 것을 보여준다. 아버지가 결핍된 가정들의 빈도는 그 집단의 비주류화 정도와 비례한다. 이는 모이니한의 보고서가 알려주는 결과들이 현실적인 결과라는 것을 알려준다.

게다가 모이니한의 보고서가 나온 이후, 뒤이은 몇 년 동안은 이런 가정 결손이 좀 더 심각해지는 추세를 보이고 있다.[176] 1987년에 시행된 통계조사에 따르면 20세 이전에 아버지가 된 흑인 남성들 중 85퍼센트는 자식들과 함께 거주하지 않았다. 반면 같은 나이대의 중류층 백인 남자들의 경우에는 가정을 이루지 못하는 경우가 23퍼센트에 불과했다.[177] 게다가 다른 한편으로, 마약 남용과 청소년 범죄가 점점 더 높은 비율로 확산되면서, 아버지 없이 자란 청소년들은 거의 대부분 범죄자의 성향이 있는 사람들이라는 인식이 생기기 시작했다. 실제로 미국 교도소에 수감 중인 남자들 중 85퍼센트의 사람들은 아버지가 없는 가정에서 성장했다.[178]

하지만 그럼에도 모이니한의 보고서는 지나치게 낙관적인 전망만을 내놓고 있다는 한계가 분명히 존재한다. 모이니한은 미국에 있었던 노예제도의 무자비함을 고발하면서도 이를 브라질의 노예제도와 비교하면서 문제를 회피하려는 경향을 보인다.[179] 브라질의 상황은 부성에 대한 역할과 인식이 점점 더 희박해져 간다는 점에서 물론 심각한 수준에 처해 있다. 하지만 이런 브라질의 상황이 단순히 노예제도라는 대대로 내려온 전통에 기인한다고 단정하기에는 약간의 어려움이 있다. 가령 미국의 빈민촌들과 가장 유사한 조건들을 가진 브라질 지역인 상 파울로는 최하층의 대부분을 아버지가 없는 흑인 가정들이 차지하고 있다. 그리고 똑같이 빈곤한 흑인 가정이라 하더라도 아버지와 함께 살고 있는 가정의 아이들은 학교에 다니는 빈도수가 높은 데 반해, 아버지가 없는 가정의 아이들은 가족의 생계를 도와야 하기 때문에 교육의 혜택을 누리기가 어렵다.[180] 아버지의 부재는 새롭게 자신만의 가정을 꾸릴 다음 세대에게 이렇게 영향을 미치기 때문에 악순환의 고리로 이어져 있다고 할 수 있다.

하지만 부성이 결핍된 이유가 경제적인 요인으로만 국한되지는 않는다. 한 가지 사례로 브라질의 북동쪽은 근대화 과정 없이 식민지 사회에서 현재의 빈민굴로 변화된 곳이다. 이 지역들 중에서 레시페 지역은 빈민 지역들 중 하나이지만 대부분의 가정들이 모계중심적인 가족 형태를 띠고 있다.[181] '모계중심'이라는 표현은 아버지가 함께 가정을 이루고 있지 않다는 의미가 아니라 어머니가 가정의 중심적인 역할을 맡고 있다는 의미이다. 이런 가정에서는 대부분 어머니와 딸의 관계가 긴밀하게 연결되어 있고 매우 강한 결속력을 지니는 반면, 아버지와 아들의 결속력은 미미한 편이다. 이런 가족들은 대부분 어머니를 중심으로 의사결정을 진행하며, 모든 중요한 결정은 여성들을 통해 내려진다.

레시페 지역의 모계중심적인 가정들에서 특징적인 것은 아버지의 역할이 거의 눈에 띄지 않는다는 점이다. 아버지는 가정 일에 참여하기보다는 바깥으로 떠도는 경우가 많았다. 그리고 가정에서 아버지의 역할은, 여자들의 능동적인 역할에 비해 수동적이었다. 그래서 소년들을 포함해 장년층과 노년층에 이르기까지 대부분 연령대의 남자들은 무리를 지어 술집을 떠돌거나 도박이나 마약에 빠져드는 경향을 보였다. 게다가 아내나 자식들의 노력으로 가족의 경제적인 여건이 개선되면, 이들은 가정에서 더 멀리 내쳐졌다.

아버지의 부재와 경제적 빈곤 사이의 관계는 여기서 새로운 관점을 보여주고 있다. 일반적으로 사람들은 아버지의 결핍이 가난 때문에 발생한 것이라고 생각한다. 하지만 가난에서 벗어났을 때에도 아버지들은 가정으로 돌아오지 않고 오히려 쓸모없는 존재로 내쳐지고 만다. 이들 모계중심적인 가정에서는 부성의 역할이 전혀 필요하지 않으며, 게다가 이 속에서 남자들은 아버지가 아니라 한 무리의 동물적인 남성들로 살아간다. 물론 이런 해석이 브라질의 특정한 지역에 국한된 빈곤층의 특수한 경우라고 할 수도 있을 것이다. 하지만 중요한 것은 부성의 출현과 소멸이 경제적인 여건에만 관계된 것이 아니라는 점이다. 남자들은 부성을 획득함으로써만 가족의 진정한 일원이 될 수 있다.

오디세우스는 무려 10년 동안의 방황을 통해 가족들에게 돌아왔고, 돌아와서는 가족들에게 기생하고 있던 부인의 구혼자들을 물리쳤다. 하지만 천여 년의 세월을 뛰어넘어 오디세우스가 다시 가정으로 돌아왔다면, 부인 페넬로페는 이미 아들 텔레마코스와 함께 구혼자들을 물리치고서 가정을 지키고 있을 것이다.

앞서 우리는 가족의 빈곤과 아버지의 부재 사이에 현실적인 상관성이 있음을 살펴보았다.[182] 이제는 앵글로색슨계의 북아메리카와 라틴아메리카를 비교적인 관점에서 살펴보도록 하자. 북아메리카에서 문제가 되는 가정들은 주로 전체 인구의 5~6퍼센트 정도를 차지하는 도시의 빈민들인 흑인 인구들이다. 미국에서 문제 있는 가정의 빈도수가 이렇게 낮은 수준을 유지하는 것은 미국인들이 전통적으로 개신교라고 할 수 있는 프로테스탄트교를 믿어왔기 때문이고, 프로테스탄트교가 도덕적 엄격함과 함께 아버지의 위상에 커다란 가치를 부여해 왔기 때문이다.

반면 라틴아메리카에서는 상황이 비극적이다. 이 지역들에서는 사회 경제적 혜택을 누리지 못한 사람들이 전체 인구의 대부분을 차지하고 있고, 게다가 이들은 소수의 중상류층과 날카롭게 구분되어 있다. 이런 조건들 때문에 라틴아메리카 가정의 아버지들은 이혼이나 자유로운 권리 때문에 가족을 버리는 경우가 거의 없다. 그가 부성을 포기하는 것은 '단지' 노예제도로부터 물려받은 유산 때문도 아니고 빈민층이기 때문도 아니다. 이런 부성의 포기는 훨씬 더 긴 역사 속에서 만들어진 것이다. 한 가지 현상으로 멕시코를 살펴본다면, 멕시코에서는 가장의 역할을 여성이 맡고 있는 가정들이 280만 가구에 이르고, 이런 여성들은 전체 인구의 17.1퍼센트를 차지한다. 하지만 이보다 가장 놀라운 사실은 여성이 이끌어가는 가정들의 평균 수입이 남성들이 이끄는 가정의 수입에 겨우 삼분의 일 정도라는 것이다.[183]

심리학적 관점에서 볼 때, 모계중심적인 가정에서 피난처를 구하는 라틴아메리카의 이러한 경향은 가톨릭교회에 의한 오랜 기간의 영향에 의한 것이라고 할 수 있다. 가톨릭교회는 프로테스탄트교나 유대교의 전통과 달리 아버지에게 가정의 책임이나 무게를 두지 않는다. 로마

가톨릭교는 아버지의 가치를 부정하지는 않지만 그럼에도 자식의 성장 모델로 아버지를 제시하지 않는다. 이런 문화적인 환경은 부성이 자연적으로 주어지는 것이 아니라 문화적인 제도라는 매드(Mead)의 견해에 따르면 결코 무시할 수 없는 중요한 요소이다.

이런 점에서 아버지에 대한 인식은 북아메리카와 라틴아메리카를 구분 짓는 경제적인 발전 수준과도 연관이 있다. 두 지역 사이의 경제적 간극은 정치적이고 종교적이고 문화적인 차이들로부터 나온 결과일 뿐만 아니라, 아버지에게 기대하는 역할들의 차이에서 나온 결과이기도 하다. 첨단기술의 개발이나 천연자원들의 소유 유무는 두 인접한 대륙의 경제적인 차이를 충분하게 설명해 낼 수 없다. 리오 그랑데라는 지역은 이런 점에서 부성의 역할을 인정함으로써 경제적인 안정을 마련한 대표적인 사례라고 할 수 있다. 리오 그랑데는 라틴아메리카 지역 중에서 미국적인 사회모델을 따르고 비슷한 환경을 추구하면서 강력한 아버지와 견고한 가족의 결속력을 통해 정신적인 안정과 경제적인 안정을 이룩한 곳이다. 이를 통해 우리는 강력한 아버지가 떠받치고 있는 강력한 중류층이 존재하지 않는 한, 어떤 나라나 인종 집단도 완전하게 근대적인 삶으로 진입할 수 없다[184]는 것을 알 수 있다. 성공적으로 자립한 라틴아메리카의 가정들이 주로 강력한 부성의 역할을 가진 데 반해, 빈곤층의 가정에서는 아버지들이 주로 술이나 도박에 빠져들고 있다.

북아메리카와 남아메리카 사이의 차이들이나 아프리카계 미국인들과 토착민 인디오들 사이의 차이들을 통해 우리는 수 세기 동안 진행된 유럽 이민자들의 문화가 이들로부터 부성을 빼앗아왔음을 알 수 있다.

강력한 부성의 역할을 소유하는 것이 사회적인 상승을 위한 전제조건이 되는 것이지만, 사회의 중류층과 상류층 자리는 주로 유럽인들에게 예약되어 있었기 때문에 흑인들과 인디오들은 상대적으로 아버지를 요구할 필요성이 없었다. 그리고 더 나아가 이 가정들에서 아버지의 부재는 젊은 세대들이 사회에서 빈민자로 전락하는 원인을 제공해 주었으며 사회질서에 반항하도록 만들었다. 유럽의 이민자들은 다른 인종 집단들을 지배하기 위해 몇 세기 동안 부계중심적인 가족 질서를 자신들만 독점해 왔다. 남자들의 신체는 특히 흑인들의 신체는 노동에만 이용되도록 관리되었고, 여성들의 신체는 특히 인디오들의 신체는 노동뿐만 아니라 성적인 요구에 이용되었다.

특히 스페인계와 포르투갈계의 미국인들에게 인디오 여성들에 대한 성적 착취는 상당한 기간 당연한 것으로 여겨졌다. 처음 유럽 이민자들이 이 지역에 들어왔을 때, 이들은 거의 남자들로만 구성되어 있었다. 16세기 페루에서는 스페인 사람들의 남녀 성비가 남자 7~8명당 여자 1명의 비율을 이루었다.[185] 이런 불균형적인 성비 때문에 인디오 여성들은 백인 남성들에게 없어서는 안 될 존재였다. 인디오 여성들은 백인 남성의 식사를 준비해 주면서 또한 성관계를 통해 자식을 낳아주기도 했다.[186] 물론 이들의 관계는 자발적인 관계가 아니었지만 식민지 지배자들은 원주민 여성들에게 원주민 남성들보다 더 많은 권리와 자유를 주었다. 반면 원주민 남성들은 자신의 반려자를 백인 남성들에게 빼앗기는 것뿐만 아니라 가정을 이끌 수 있는 권리나 경제적인 이익 추구도 제한되었다. 원주민 남성들은 이런 정치적인 거세를 수 세기 동안 당해야 했기 때문에 이 과정에서 가정을 책임지고 자식을 교육하는 부성의 역할들을 망각하게 되었다. 많은 수의 역사가들은 그래서 오늘날까지 여전히 지속되고 있는 하층민들 사이의 마초적(machismo) 성향과 폭력적인 경향이 유럽인들에게 '정복되었던' 쓰라린 역사적 경험으로부터 시작된 것이라고 해석한다.[187]

이런 식민지 상황에서, 남성들은 모두가 집단적인 패배자로 전락하고 부성을 박탈당하기 때문에 동물적인 남성성으로 퇴행하는 특징을 취하게 된다. 이와 함께 가정의 위계질서도 전에 없는 기이한 구조를 취하게 되는데, 가장 높은 상위층을 유럽 남성들이 차지하고, 그다음은 유럽 여성들, 다음으로는 흑인 여성들과 인디오 여성이 차지하게 된다. 반면 흑인 남성과 인디오 남성들은 위계 구조에서 최하위층을 차지하게 되는데,[188] 이는 이들이 가족의 가장이 되는 권한을 빼앗겼기 때문이다. 부성 제도의 몰락은 이렇게 심리학적으로도 사회학적으로도 그리고 심지어는 동물학적으로도 퇴행을 동반하게 된다.

그리고 시간이 흘러 식민지 지배가 종식된 후에도 이렇게 한 번 몰락한 아버지의 위상은 오늘날까지 쉽게 회복되지 않는 것으로 드러나고 있다. 원주민 여성들은 다시 예전처럼 원주민 남성들과 자유롭게 교제할 수 있는 기회를 얻게 되었지만, 이들이 만난 남자들은 이미 오래전에 동물성으로 퇴행한 남자들인 경우가 많았다. 때문에 예전처럼 다시 안정적인 가정을 재건하는 것이 쉽지는 않았고 모계중심적인 가정구조를 이루는 경우가 많았다. 원주민 남성들은 오랜 시간 부성에 대한 역할을 금지당했기 때문에 문명이 요구하는 역할보다는 본능에 이끌리는 경우가 많았고 가족의 생계를 책임질 만한 의지도 부족했다. 특히가장 낮은 사회계층으로 추락한 사람들에게는 식민지의 악마가 계속해서 활동하고 있어서 모계중심적으로 가정생활을 이끌어 갈 수밖에 없었다.

앞서 언급한 간략한 고찰들은 현대사회로 진입하면서 부성의 의미와 역할이 점점 더 희박해져 가는 상황을 보여주고 있다. 본격적인 자본주의 사회를 알리는 현대문명에서 이런 현상은 특정한 몇몇 나라들에만 국한된 것이 아니라 전 세계의 보편적인 현상이 되고 있다. 주목할 만한 것은 텔렌바흐(Tellenbach)가 이끄는 부성에 대한 컨퍼런스가 몇 해 동안 계속해서 독일에서 개최되어 오고 있다는 점이다.[189] 그가 언급한 바에 따르면, 부성의 결핍이 가장 심각한 계층은 사회의 맨 상위층과 하위층이라고 한다. 텔렌바흐는 이런 사례를 사회경제적으로 거의 혜택을 누리지 못한 환경에서 자라나 정신분열증의 초기 증상까지 겪고 있는 빈곤층들과, 또한 경제적으로 풍족한 중산층 가정에서 자라났지만 반사회적인 성향이 높은 1968년 학생운동의 지도자들에게서 발견하고 있다.[190] 텔렌바흐의 이런 조사는 우리가 미국의 두 극단적인 사회계층들에서 살펴본 것과 정확히 일치하는 것으로, 아버지의 부재가 심각한 사회 문제로까지 확산될 수 있는 것임을 증명해준다. 가령, 최하층 계급에서 우리는 불안정한 가정환경 때문에 범법자나 정신이상자가 현저하게 많이 발생하는 것을 확인할 수 있다. 또한 중산층 이상의 가정에서는 경제적인 풍족함에도 불구하고 아버지의 잦은 출장이나 외도 또는 이혼으로 인해 자식들이 심리적인 안정을 얻지 못하고 불안한 심리상태를 겪음으로써, 마찬가지로 높은 비율의 반사회적 행동자나 범법자를 배출하는 것을 알 수 있다.

특히 중산층 이상의 가정에서 보이는 아버지들의 복잡한 생활패턴과 불규칙한 작업시간은 점점 더 빠른 속도로 전 계층과 전 세계로 확산되고 있어서 미래의 전망을 어둡게 만들고 있다. 산업혁명이 시작되기 전까지만 해도 아버지들은 가족들과 함께 대부분의 시간을 보냈고, 집 근처에서 자신의 재산들을 돌볼 수 있었다. 하지만 현대사회에서 이런 아버지들의 생활패턴은, 가령 회사의 경영자이거나 전문직종이거나 혹은 은행가인 경우에는 보다 복잡한 구조를 가지고 있다. 이런 아버지들의 하루 일과는 정해진 노동시간도 없고, 대부분의 여가 시간마저 직업을 위해 바쳐지고 있다. 또한 세계화의 추세로 인해 빈번하게 외국으로 장기간의 출장을 가게 된다. 게다가 현대사회의 구조적인 변화는 중산층의 삶에 커다란 영향을 미침으로써 가족의 유대감이나 친밀감에도 커다란 영향을 발휘한다. 이런 사회계층에서 아버지들의 직업군은 10년 단위로, 혹은 몇 년 단위로 빠르게 변화된다. 때문에 아버지의 직업이 자식에게 전수되는 경우는 점점 희박해지고 이들이 소통할 수 있는 주제도 적어질 수밖에 없다. 게다가 오늘날의 아버지들은 자식들에게 자신이 가진 가치관이나 원칙들을 교육시킬 수도 없는데, 왜냐하면 이런 가치관이나 원칙들은 현대문명의 변화 속에서 언제든지 바뀌고 퇴화될 수 있는 것들이기 때문이다.

이제 정리해 보면, 아버지의 부재라는 현상은 대략 다음과 같은 확산추세를 보이고 있다. 미국에서부터 유럽으로 그다음에는 제3세계들로, 그리고 대도시에서부터 작은 소도시들과 시골 공동체들로, 그리고 마지막으로 상류계층에서부터 전 사회계층들로. 물론 여기서 분명하게 위기를 감지할 수 있는 사항들은 없다. 하지만 동물들의 멸종 과정을 생각해 본다면, 어떤 한 종이 처하게 된 위기는 항상 이미 늦어버린 때에야, 다시 말해 바로잡으려고 시도해 볼 시간조차 허락되지 않을 때에야 비로소 깨닫게 되는 일이 빈번하다. 부성의 몰락과 관련해서도 역시 우리는 이런 추세가 아주 먼 옛날부터 몇 세기 동안 진행되어 왔다는 것을 알고 있다. 하지만 그럼에도 대다수의 아버지들은 몰락이 완전한 파괴로 끝장날 때까지 주목하기를 회피한다. 물론 이런 부성의 몰락이라는 관점은 진보적인 역사관을 부정하는 것도 아니고 역사의 진로를 새로이 만들고자 하는 것도 아니다. 다만 우리는 역사 속에서 놓쳐왔던 기억들과 가치들을 우리의 후손들에게 전수해 주려는 것이다. 그리고 이 전수 속에서 후손들에게 부성의 진정한 의미와 이상을 접하게 해주려는 것이다. 자식을 향한 아버지의 응시는 자신을 전달하면서 동시에 자신의 기억을 전달하는 것이다. 아버지의 응시는 순간을 넘어 시간을 창조하는 것에 맞먹는 것으로, 미래의 계획과 과거에 대한 반성이 들어 있다.

19장
부성을 거부하는
동물적인 남성성

　이번에는 통계적인 수치들로 나타나지 않는 심리적인 요인들을 고찰해 보기로 하자. 실종된 부성은 집단적인 이미지들 속에서뿐만 아니라 개별적인 아버지들의 마음속에서도 심리학적 좌절을 야기했다. 그리고 이런 부성의 몰락은 부계질서를 뒤흔들면서 사람들이 방향상실을 경험하는 원인이 되기도 했다. 특이한 점은 이런 혼란 속에서도 아버지라는 사람은 가족을 책임지는 사람이라고 여겨져 왔다는 것이다. 집단적인 무의식 속에서 사람들은 아버지의 긍정적인 이미지를 강화시키려 하면서, 현실적인 아버지의 무능함을 비판적으로 바라보았다. 현실의 아버지들은 험난한 경제적 여건 속에서 위기에 처한 사업가처럼 여겨졌다. 미래의 모든 전망들이 부정적이고 누구도 좋은 소식을 알려주지 못할 때, 채권자들은 부채를 갚아달라며 사업가에게 몰려든다. 마찬가지로 부도가 난 아버지들은 채권자처럼 달려드는 자식들 앞에서 망연자실할 뿐이다.

　우리 같은 심리상담가들은 매일같이 이런 혼란을 겪으면서 자신의 역할을 포기하고 있는 아버지들을 만난다. 그리고 이런 아버지들이 부성을 포기하면서 동물적인 남성성으로 퇴행하고 있는 경우들도 종종 목격한다. 수컷 동물은 암컷과의 짝짓기만을 목적으로 하며, 그 이상의 어떤 정신적인 관계를 맺으려 하지 않는다. 마찬가지로 상담자들 대부분은 문명으로부터 도피해 원시적인 생활로 돌아가려 하며, 가족에 대한 책임감을 회피하려고 한다.

한 가지 예를 들어본다면, 우리는 부인이 임신을 하면 급격하게 성적인 욕구가 감소하는 남자들을 볼 수 있다. 부부에게 있어 아내의 임신 기간은 성생활에 예상치 못한 변화를 가져온다. 그리고 이 새로운 변화는 모든 부부들에게 동일한 반응을 일으키는 것이 아니어서 어떤 부부들에게는 성욕이 썰물처럼 사라지는 데 반해, 어떤 부부들에게는 오히려 증가한다. 여기서 우리의 관심을 끄는 것은 부부들에게 일어나는 심리적인 반응이다. 일단 임신이 되면 대부분의 경우 본능적인 성욕은 이전보다 덜 강렬한 성교를 추구한다. 왜냐하면 본능적인 에로스가 추구하는 주된 목적이 임신으로 인해 완료되었기 때문이다. 동물적인 본성 또는 인간에게 아직까지 남아 있는 동물적인 본능은 그래서 성적인 관심을 다른 곳으로 돌리게 된다. 가령 여자의 경우는 태아를 안전하게 보호하는 것에 관심이 쏠리고, 남자의 경우는 다른 여자를 임신시키는 것에 몰두한다. 하지만 남자들의 이런 동물적인 본능은 문명의 탄생과 함께 억압된 것으로, 사회적 질서는 남자들의 이런 본능에 제재를 가한다. 게다가 부부라는 관계는 모성적인 본능과 부성적인 문화에 뿌리를 두고 있는 것이기 때문에 남자들의 이런 동물적인 본능을 금기시한다.

우리는 인류학적인 연구에서 원시부족들이 남편들에게 '가짜 임신'을 하도록 함으로써 어떻게 동물적인 본능을 억압했는지를 살펴볼 수 있다. 원시문명 부족들 중 어느 부족은 부인이 산고를 치르는 동안 남편으로 하여금 가짜 분만을 하게끔 한다. 이 의식은 부족의 차원에서 두 가지 의미를 지니고 있는데, 하나는 남편들의 성적인 관심을 다른 쪽으로 돌려놓기 위함이고 다른 하나는 부인의 출산에 함께 참여함으로써 남편 역시 자식을 낳는다는 의식을 갖게 하기 위함이다. 가짜 임신과 가짜 분만의 의식을 통해 남편은 부인이 겪고 있는 불안과 고통, 그리고 그로 인해 일상생활의 단절들을 이해하게 된다. 하지만 이런 남성의 모성에 대한 참여는 부성을 모성과 동일한 수준으로 놓고 있는 것으로 진정한 부성에 대한 인식이라고는 할 수 없다. 원시부족들의 가짜 임신은 아버지를 정신적인 차원으로 이해하기보다는 신체적인 차원으로 끌어내림으로써 아버지의 정체성이 강화되어야 할 순간에 아버지를 어머니라는 파괴될 수 없는 힘 속에 함몰시키기 때문이다. 그럼에도 불구하고 자연과 밀접한 생활조건을 고려해 볼 때 이런 의식을 통해 동물적인 남성적 본능을 차단하는 것은 일부일처제의 사회질서를 강화시킬 수 있는 훌륭한 방법이었을 것이다.

물론 모든 역사적 문명 속에서 우리는 자손을 임신시키는 '의무'를 완수하는 즉시 성적인 관심을 다른 여성에게 돌리는 남성들을 찾아볼 수 있다. 가부장제로 인한 남성 권력과 여성 권력 사이의 불균형은 남성들에게 풍부한 자유를 허용해 주었고, 특히 가부장적 위계가 확고했던 고대 그리스에서는 남자의 성생활이 가족의 일상생활과는 별개의 문제로 취급되었다. 그리고 18세기에 최고 문명의 전성기를 맞았던 파리나 베니스에서는 부인들이 남편이 아닌 다른 남자들과 자유분방한 성적인 자유를 누릴 수 있었다. 하지만 이런 경우들은 사회의 집단적인 가치들이 허용하고 용인한 성적 자유이기 때문에 개인의 내면에 심한 갈등이나 죄책감을 느끼지 않았다. 또한 이들의 자유분방한 행동은 시대적인 문화에서 영향을 받은 것이기 때문에 부성이나 모성의 심리적인 가치관을 혼란스럽게 만들지도 않았다.

우리는 자식을 하늘로 높이 치켜드는 로마의 의식이 아이의 정신적인 탄생뿐만 아니라 아버지의 아버지로서의 정신적인 탄생을 의미한다고 언급한 바 있다. 하지만 현대의 남성들은 스스로 아버지가 되겠다는 선택을 하더라도 여전히 한편으로 본능에 사로잡혀 있고 또 한편으로는 부성이 사라져가는 문명 속에서 아버지가 된다. 낡고 벗겨진 초상화처럼 아버지라는 자격은 오늘날 더 이상 의미심장함을 담고 있지 않으며, 부성의 세례를 받을 수 있는 가능성도 없다. 남자들이 부성의 이미지를 간직하고 있지 않다거나 남편들이 부인에게 의존적인 현상은 그래서 우연에 의한 것이 아니다. 이들에게는 개인적인 가족을 포함해서 공적인 문화에 이르기까지 부성을 경험하고 일깨워 줄 수 있는 작용들이 전혀 없다. 그렇기 때문에 상담가들을 찾아오는 많은 수의 남성들이 자신들의 영혼의 퇴행을 이야기하는 것은 이상한 일이 아니다.

프로이트는 문명세계의 건설이 본능들을 억압함으로써 가능해진 것이라고 말한 바 있다.[191] 개인은 혼자서 문명을 건설할 수 없기 때문에 본능들의 억압은 집단적인 규칙과 상징적인 제의들을 필요로 한다. 남자들이 문명세계로 들어설 수 있었던 것은 바로 이런 본능의 억압과 정신적인 인내를 통해서이다. 한 남성이 아버지가 되는 것은 단순한 성행위의 결과로서가 아니라 상징적인 죽음과 부활을 필요로 한다. 원시부족의 '가짜 임신' 의식과 로마에서 자식을 추켜올리는 의식은 "나는 이 아이를 인정했으며 이 아이에게 책임을 다할 것이다"라는 것을 선언하는 동시에, 자신도 아버지로 다시 태어났다는 것을 공표하는 것이다. 아버지가 저녁 식탁에서 예배를 마치고 나서 빵을 쪼개어 가족들에게 나누어주는 것 역시 이런 의식의 축소된 형태라고 할 수 있다.

하지만 의식이나 제의들이 역사 속에서 사라진 것처럼 아버지들은 부성을 잃어갔고 동시에 자신들의 권위를 불량한 방식으로 변형시켰다. 그리고 부성을 잃고 동물적인 남성성만을 간직한 아버지들은 아내의 요청과 도움에도 불구하고 다시 예전의 아버지로 돌아오지 못하고 있다.

남성들의 이런 정신적인 퇴행과정은 여러 가지 사례들에서 확인할 수 있다. 그중 한 가지 사례를 검토해 보도록 하자. 이 주제는 숙명론으로 해석되곤 하지만 한 번도 진지하게 논의되어 본 적이 없는 것이다.

일반적으로 인간들은 나이가 들어감에 따라 점점 더 매력을 상실해 간다. 하지만 여성에 비해 남성들은 매력 감소의 경험이 느린 편이고, 어떤 경우에는 오히려 만년에 들어서면서 더욱 유혹적인 외모를 나타내기도 한다. 반면 여성들은 중년을 넘기면 대부분 남자를 유혹하는 매력을 상실한다. 이런 불균형 때문에 나이가 든 남성들 중에서도 특히 경제적인 능력과 지적인 학식을 갖춘 남성들 중에는 나이 차이가 많이 나는 젊은 배우자를 찾는 사람들이 있다. 그리고 빈번하게 자기 연배의 부인을 저버리고 보다 젊은 여성에게 다가가려 한다. 특이한 점은 중년 남성들에게는 이런 성향이 높은 데 반해, 중년 여성들에게는 거의 드문 일이라는 점이다.

남성과 여성의 이런 차이에는 여러 가지 이유들이 들어 있다. 우선 여기에는 가부장적 문화와 관련된 고대의 관습이 무의식적으로 녹아 있다. 고대의 관습에서 남자들은 여자들보다 훨씬 많은 권력을 가지고 있었다. 그리고 부족을 이끄는 권력자는 남자들 중 나이가 많은 연장자로 젊은이들보다 높은 권위를 가지고 있었다. 이런 나이 많은 권력자들은 대개 자신과 비슷한 나이의 부인을 두고 있으면서도 계속해서 젊은 여성들을 부인으로 취했는데, 이는 젊은 여성이 자식을 생산하기에 적합한 신체조건을 지니고 있기 때문이다. 또한 젊은 부인들을 많이 취하는 권력자는 젊은 남성들의 상대적인 빈곤함과 대조를 이루기 때문에 족장 중심의 강력한 체계를 외부적으로 가시화할 수 있었다.

또 다른 이유를 살펴보면, 여기에는 생물학적인 차이가 들어 있다. 생물학적으로 남자들은 반복해서 정자(spermatozoa)를 생산할 수 있으며, 나이가 들어 생산능력이 조금 떨어지더라도 죽기 전까지 정자를 만들 수 있다. 반면 여자들은 자연의 섭리를 거부하고 의학적인 도움을 받더라도 중년 이후가 되면 생식 능력을 완전히 상실하고 만다. 나이든 남성과 젊은 여성의 결합이 그 반대 경우보다 훨씬 많은 것은 한편으로는 여성에 대한 역사적인 억압의 결과이면서 또 한편으로는 불평등한 자연의 섭리 때문이라고 할 수 있다.

그렇다면 이번에는 나이 차이와 관련한 남성과 여성의 서로에 대한 호감과 관련한 상담 사례를 하나 살펴보기로 한다. 한 남성이 여러 차례의 전화 통화를 통해 한 번도 얼굴을 본 적이 없는 여성과 사귀게 되었다. 전화통화로 그는 그녀에게 아주 호감이 갔고 애정을 느끼게 되었다. 하지만 막상 여자를 만나게 되었을 때 남자는 그녀가 자신보다 나이가 훨씬 많다는 것을 알게 되었다. 호감은 여전히 있었지만 남자의 마음은 이내 예의바른 공손함 그리고 무뚝뚝함으로 변해버렸다. 남자의 환상 속에 자리 잡고 있던 여자의 젊은 신체가 사라지고 대신 친절함과 예의바름이 들어선 것이다. 남자는 상담가에게 그녀에 대한 마음을 털어놓았는데, 자신이 자연의 질서를 어지럽히고 있다는 죄책감으로 여자가 가진 모든 성적인 매력들을 강하게 부인했다.

어떤 학자들은 이런 남자의 태도를 어머니와의 근친상간적인 욕망 때문이라고 해석할 수도 있을 것이다. 하지만 근친상간이란 문화적인 금기이기 때문에 생물학적인 연령의 차이에만 근거하지는 않는다. 그리고 나이든 남자들이 아주 젊은 여자들에게 매력을 느끼는 심리에는 근친상간 욕망과 전혀 다르게 나이 차이로 인한 죄책감이 나타나지 않는다.

오히려 이 남성의 경우, 우리는 생물학적인 근거를 고려해 볼 수 있다. 자연의 본능에 충실한 생물학적 법칙은 자손의 번식을 요구하고 그렇기 때문에 출산 확률이 낮은 나이든 여성을 거부한다. 하지만 이런 생물학적인 근거가 꼭 모든 인간들에게 필연적으로 적용되는 것은 아니다. 왜냐하면 인간은 자연적인 존재이면서 동시에 문명적인 존재이기 때문이다. 그리고 생물학적인 필연성만을 고집할 경우, 우리는 고대 그리스에서부터 존재해 온 동성애의 가능성을 해석할 수 없다. 남녀 간의 결합과 달리 동성애는 자식을 출산하려는 목적에서 벗어난 인간 결합의 형태이다. 동성애가 기반을 두고 있는 사랑은 그래서 생물학적인 본능보다 복잡한 것으로 정신적이고 문화적인 배경을 가지고 있다. 그리고 부성의 문화 역시 본능을 억제함으로써 탄생한 정신적인 의지의 산물이기 때문에 생물학적인 욕망과는 다른 것이다.

하지만 불행하게도 가부장적인 관습의 출발선상에는 생물학적인 기반이 상당부분 포함되어 있는 것도 사실이다. 그래서 정신적인 의지가 무너지기 시작하면, 우리는 그 아래에 놓여 있던 생물학적인 욕망들이 다시 고개를 쳐드는 것을 볼 수 있다. 가령 문화적인 환경이 급속히 변화하거나 문명세계의 엄격한 기준들이 붕괴하기 시작하면, 부성의 질서에서는 윤리적인 법칙이 아니라 생물학적인 생존 법칙이 부활한다. 이런 퇴행을 막을 수 있는 것은 오직 정신적인 의지와 확신뿐이고, 역사 속에서 새로운 문명의 탄생은 이런 퇴행에 대한 거부에서 시작되었다.

아주 먼 과거의 남성들은 나이 차이가 많이 나는 어린 여성과 아무런 심리적 부담 없이 결혼할 수 있었다. 그리고 이런 결합을 통해 남성중심적이고 권력중심적인 사회의 위계질서를 분명하게 보여줄 수 있었다. 반면 오늘날의 사회는 남성과 여성의 평등함을 기본적인 권리로 인정한다. 그리고 비슷한 연배의 여성과 결혼을 하는 것이 일반적인 추세이고 심지어 자신보다 나이가 많은 여성과 결혼하는 비율도 높아지는 추세이다. 그렇다면 과거에 비해 평등이라는 문화 속에서 배우자를 선택하는 이런 남성들은 자신들의 생활에 전적으로 만족하고 있을까?

자기 연배의 부인과 성인이 다 된 자식들을 둔 한 남성의 경우를 한 번 살펴보자. 어느 날 갑자기 그는 젊은 여성에 대한 매력을 알게 되었고, 어떻게 자신에게 그런 감정들이 일어날 수 있는지 혼란스러워졌다.

과거 원시부족의 족장들은 어린 소녀들을 부인으로 맞이해 성관계를 갖는 것을 이상하게 여기지 않았지만, 현대를 사는 이 남자에게 불현듯 닥친 이 감정은 윤리에 어긋나는 당황스러운 것이었다. 남자는 실제적인 행동이나 사건을 일으킨 것이 아님에도 그런 감정이 들었다는 것 때문에 부인을 대면할 수가 없었고 커다란 죄책감에 사로잡혔다. 그리고 자신의 딸 또래의 여성들에 대해서는 남자를 유혹하는 저속한 여자들이라는 인상에 사로잡혔다. 또한 자신의 이런 감정을 혹시 자식들에게 들키지 않을까 두려워하기 시작했고, 자식들이 자신을 변태 노인으로 비판하지는 않을까 하는 두려움에 사로잡혔다.

남자는 자신에게 불현듯 다가온 이 유혹들을 벗어버리고 싶어했고, 이 감정들을 어떻게 통제할 수가 없어 엄청난 고통에 시달렸다. 결국 그는 나와 같은 심리상담가를 찾아왔고, 상담을 통해 자신의 이런 감정이 노화와 죽음을 받아들이지 않으려는 내면의 심리에서 나왔다는 것을 알게 되었다. 부성의 문화는 원시부족에서의 가부장제와 달리 자식의 성장과정과 함께 아버지의 생물학적인 욕망을 퇴화시킨다. 부성의 가장 중요한 핵심은 도덕적인 권위에 있는 것으로, 신체적인 강함이나 생물학적인 매력은 여기에 포함되지 않는다. 그래서 남자를 고통스럽게 만들었던 죄책감은 부인에 대한 신의를 지키지 못했기 때문에 일어난 것이기도 하지만, 동시에 부성이 구축되어 온 문명의 역사를 배신했기 때문에 나타난 것이기도 하다. 그는 자신이 생물학적으로 소멸되어 가는 것을 무의식적으로 거부했고 이런 거부가 도덕적인 권위를 확고히 세우려는 부성을 포기하는 것임을 깨닫지 못했다. 부성을 거부하면서 깨어난 동물적인 남성성은 그래서 그로 하여금 보다 젊고 생식력이 풍부한 여성에게 매료되도록 이끌었던 것이다. 이렇게 남성들은 부권을 다져온 수천 년의 세월 밑에서 얕은 잠을 자고 있으며, 잠이 깨면 언제든지 다시 문명 이전으로 돌아가 젊은 여성에게 시선을 던진다.

20세기를 마감하는 마지막 10년 동안 가장 많이 논의되었던 사회문제는 청소년이나 젊은이들로 구성된 폭력배들의 집단 범죄이다. 그리고 이들이 벌이는 범죄행위들 중 가장 빈번한 범죄는 집단 강간이다. 이 시대의 젊은 '구혼자들'은 강제로 페넬로페의 몸을 덮치고 있으며, 앞서 언급한 것처럼(10장 참조), 집단적인 강간의 결과물로 판(Pan)을 낳고 있다. 판이란 이런 집단적인 범죄 속에 들어 있는 타락의 상징으로, 오늘날의 포스트모더니즘 사상은 모든 엄격한 윤리적 기준을 부정하고 극단적인 자유를 추구함으로써 고대의 강간의 신[192]을 다시 부활시키고 있다. 그리고 사회 전반에 퍼져 있는 수평적인 법칙들은 이전의 아버지에게서 물려받은 수직적인 명령을 대체하고 있으며 아들들의 형제애를 해방시켰다.

물론 몇몇 학자들은 젊은이들이 벌이는 집단 강간이나 성폭력 사례들을 단순한 '비의도적인' 우발 행위로 분석하기도 한다. 하지만 오늘날 젊은이들의 이런 비행은 사회적이고 시민적인 책임으로부터 도피해 아무 여성들과 자유롭게 관계를 가지려는 매우 분명한 무의식적 의도에서 나온 것이다. 젊은이들의 이런 의도는 또한 남성적인 정체성에 대한 근본적인 위기에서 나온 것으로, 이들은 아버지가 되기보다는 동물적인 남성성으로 머물려고 한다. 집단 강간은 남성들의 정체성이 부성에서 남성성으로 역행하는 과정을 보여주는 대표적인 사건으로, 한 개인이 저지르는 범죄와는 질적으로 다른 것이다. 개인적으로 저지른 강간범죄는 자신에게 부여되는 죄책감을 피할 길이 없다. 하지만 집단이 저지르는 강간범죄는 죄책감을 분산시킴으로써 전혀 윤리적인 죄의식이 들지 않을 뿐만 아니라 오히려 집단에 속해 있다는 도취감에 빠져들게 만든다.

강간이라는 범죄가 역사 속에서 항상 저질러져 왔다는 변명은 충분한 것이 아니다. 역사적인 문제의 근원은 오히려 이런 범죄행위가 어쩌면 부계적이고 남성중심적인 문화에서 인정된 유사권리였을지도 모른다는 점이다. 하지만 오늘날 문제시되고 있는 강간이라는 범죄는 분명히 가부장적 제도 위에서 벌어지는 폭력들이 아니라 가부장제를 거부하는 젊은이들에게서 발견되는 폭력들이다. 그리고 이들의 범죄는 무책임하고 무의식적인 도취감에서 저질러진다는 점에서 희생자들의 고통이나 상처를 전혀 고려하지 않는다. 게다가 이런 젊은이들의 집단적인 폭력행위들은 단순한 사건 차원을 넘어서 사회적 차원으로까지 영향을 미치고 있다.

가령 지난 수 년간 유럽의 경제적인 강대국들은 유례 없이 독보적으로 전 세계에서 인종적인 강간범죄를 자행해왔다. 인종적인 강간이란 여성을 약탈품의 일부로 간주하는 과거 전쟁에서 나온 풍습인데, 이 범죄행위를 통해 승리국의 병사들은 패전국에다 자신들의 핏줄을 심어놓음으로써 패전국의 혈통을 고의적으로 흐려놓을 수 있었다. 따라서 과거 전쟁범죄의 하나였던 인종적인 강간의 주된 목적은 패전국 여성들을 임신시키는 것으로, 성적인 욕망을 채우는 것만은 아니었다. 여기에서 우리는 긍정적인 미래나 앞으로의 삶에 대한 기대를 가지지 못한 채, 아버지 없이 태어난 수많은 아이들에 대해 생각해 볼 수 있을 것이다. 인종적인 강간의 가장 큰 두려움은 범죄의 폭력성이나 잔인함에 놓여 있는 것이 아니다. 이 범죄의 진정한 두려움은 강간이라는 행위로 인해 우리 인간들이 수천 년의 문명과 부성의 관습들을 거슬러 원시적인 상태로 퇴보한다는 것이고, 이 퇴보 속에서 아무도 지켜줄 수 없는 이름 없는 후손들이 태어난다는 것이다. 이 후손들에게 아버지가 되어줄 어른들이 나타나지 않는다면, 이들은 부성을 알지 못하는 동물적인 남성성으로 자라날 것이고 악순환의 고리 속에서 세계는 점차 과거로 후퇴해 갈 것이다. 그러므로 죄책감을 회피하면서 집단적으로 저지른 이 범죄의 결과에 대해 세계는 집단적으로 죄책감을 받아들이고 책임을 다해야 한다.

20장
마리아를 닮아가는 남성들

    정신분석학이 처음으로 유럽에 등장하기 시작했을 때, 아버지들은 마치 든든한 자기편을 한 명 찾아낸 것처럼 이 학문을 반기고 받아들였다.[193]

    정신분석학의 창시자인 지그문트 프로이트는 어머니에게 매우 깊은 애착을 가진 사람이었고, 자신의 이런 감정 때문에 모든 어린 남자아이들도 비슷한 감정을 가졌을 것이라고 생각했다. 그리고 아버지에 대해서는 그 시대의 일반적인 남성들처럼 가정 내에서 최고의 권력과 위치를 가진 사람이라고 여겼다. 또한 사적으로 프로이트는 유대교 전통 속에 있었기 때문에 아버지가 자식을 사회적 어른으로 성장시켜주는 교사라고 생각했다. 이런 기본적인 감정의 구도 속에서 프로이트는 아동의 심리적인 성장과정을 정식화할 수 있었는데, 처음에는 어머니와 밀접하게 연결되어 있다가 어느 정도 시간이 지나면 아버지를 따르게 되고, 그 다음에는 개인적인 아버지보다 훌륭한 이상적인 아버지를 따르게 된다고 보았다.

하지만 프로이트의 정신분석학이 보여준 자식과 아버지의 동맹관계는 이후 프로이트의 제자들의 사상 속에서는 완전히 다른 방향으로 나아가게 된다.[194] 프로이트의 제자들은 아버지보다 어머니와의 관계에 좀 더 깊은 관심을 기울였고, 점차 아버지를 가족의 관계에서 제외시켜 나갔다. 한 개인의 아주 어릴 적 시기에 관심을 기울일 때조차 이들은 무의식 속에 들어 있는 동물적인 종의 생활방식으로 거슬러 올라갔고, 아이와 어머니의 관계에 몰두하면서 아버지와는 어떤 관계도 찾아볼 수 없는 것처럼 파악했다. 게다가 후기 프로이트 학파의 이론들 역시 유아기보다는 영아기에 더 많은 관심을 기울이면서 어머니와 자식의 공생관계에 가장 큰 관심을 기울였다. 이들 중 대표적인 학자인 멜라니 클라인(Melanie Klein)[195]은 심지어 아버지와의 관계에서 형성된다고 생각했던 초자아의 형성까지 어머니의 신체와 밀접하게 관계되는 시기로 거슬러 올라가 생명이 시작된 첫 해 동안에 이루어진다고 주장했다. 이런 주장을 따를 때 윤리의식과 사회생활의 교사 역할을 해온 아버지의 위치는 당연히 가족 밖으로 밀려나게 되고, 부성은 그 존재 근거가 모호한 것이 되어 버리고 만다. 그리고 부성의 역할이 부정되어 버리면 아버지를 통해 아이들이 배우게 되는 다양한 사회영역들, 가령 타인을 존중하는 의식이라든가 옳고 그름을 판단하는 가치관 등은 아이가 선천적으로 습득하고 태어나는 어떤 자질 또는 본능으로 해석될 수밖에 없게 된다.

오늘날 20세기를 대표하는 문학과 예술, 그리고 문화 전반은 정신분석학 없이는 이해 불가능한 것이 되어 버렸다. 하지만 프로이트 이후의 정신분석학이 보여주는 흐름은 앞서 언급한 것처럼 아버지를 폐기하고 어머니에게 모든 권한과 권리를 부여하고 있다. 또한 이런 경향 속에서 신체적인 경험은 정신적 경험의 토대로 여겨지게 되었고, 정신의 산물인 공동체의 경험과 종교적인 신앙 등은 사적인 생활에 비해 부차적인 것으로 밀려나게 되었다. 포스트모더니즘 문화가 보여주는 한 단면은 이런 개인주의와 사적인 자유에 대한 옹호로, 부성 대신에 모성에서 모든 인간 본질의 근거를 찾는 정신분석학에 근거한 것이다. 하지만 모든 개인의 경험들이 모성에서 부여받은 본능과 원초적인 경험 속에서만 이루어진 것이라면, 사회적 요구들을 수행하고 책임감을 발휘하는 정신의 역할은 해명되지 않는다.[196] 그리고 가족 내에서만 이루어지는 아동의 개인적인 발달만을 심리적인 성숙의 토대로 삼게 되면, 집단적인 무의식 속에서 드러나는 사회적인 현상이라든가 중요한 집단적 사건 등등에 대해서는 해석할 길이 없게 된다.

그래서 우리는 한 개인의 사적인 경험 외에도 문화적인 경험을 이끌어주는 집단적인 무의식들에도 관심을 기울여야 하고, 이런 보완을 통해 인간의 사회적인 차원을 이해할 필요가 있다. 한 개인과 그가 지닌 집단적인 무의식 사이의 관계에 관심을 가지는 대표적인 심리학자는 카를 구스타프 융(Carl Gustav Jung)이다.[197] 융 학파의 심리학이 갖는 또 한 가지의 특징은 상담자의 상처 입은 과거에 관심을 기울이기보다는 '지금 여기'에 관심을 기울인다는 점이다.[198]

융 학파의 기본적인 관점을 살펴보기 위해 신체적 관계가 주를 이루는 시기인 영아기와 그 이후의 시기인 유아기에 대한 이들의 관점을 한 번 언급해 보기로 하자. 융 학파의 심리학에 따르면 영아기의 단계에서 아동은 주로 한 명의 타인, 즉 어머니와 관계를 갖는다(양자관계). 반면 유아기의 단계에서는 이 양자관계가 집단이나 무리를 포섭하는 삼자관계, 즉 어머니-아이-아버지의 관계로 전환된다. 융 학파의 심리학은 이 삼자관계를 주요한 연구 대상으로 삼는데, 여기에는 몇 가지의 이유가 있다. 첫 번째는 이 단계가 도움을 절실히 필요로 하는 상담자의 '지금 여기'라는 상황을 가장 잘 반영하기 때문이다. 두 번째는 융 심리학이 신체적인 경험보다는 정신 그 자체를 훨씬 중요한 인격 형성의 요소로 보기 때문이다. 마지막으로 융 심리학은 개인의 정신 형성에 대해서뿐만 아니라 집단적인 정신의 형성에 대해서도 관심을 기울이기 때문에 사회성이 형성되는 유아기에 더 많은 관심을 갖는다.

프로이트 학파의 심리학이—그 중 특히 신프로이트 학파가—주로 생물정신학적 경험과 영아기에 관심을 갖는 데 반해, 융 학파의 심리학은 문화적인 경험과 유아기에 관심을 갖는다. 후기 프로이트 학파의 심리학은 개인주의에 기반을 두고 있고 인간의 본능과 사회성 형성 이전의 단계에 대해 관심을 기울이는 반면, 집단적인 차원에 영향을 주는 심적 요소들에는 거의 관심을 기울이지 않는다. 그와 달리 융 학파의 심리학이 가지고 있는 장점은 인간을 문화적인 존재로 인식하면서 역사 속에서 형성되어 온 사회성의 성격과 집단적인 무의식을 다룰 수 있다는 것이다.

하지만 개인주의와 숙명론이 팽배해 있는 오늘날에는 융 학파의 심리학보다 프로이트 학파의 정신분석학이 더 많은 관심과 조명을 받고 있는 것이 현실이다. 그리고 이런 관심의 결과로 신프로이트 학파의 이론들은 현재 도처에서 발견되는 부성의 몰락에 일정 부분 원인을 제공하고 있다. 몇 가지의 이미지들을 통해 이런 현상들을 한번 살펴보기로 하자.

　19세기에서 20세기 초반까지 출판되었던 아버지와 가족들에 대한 저서들의 도판들을 살펴보면, 우리는 이 이미지들 안에서 부성이 어떤 위치를 점하고 있는지 추론해 볼 수 있다. 도판의 이미지들에서 묘사되고 있는 아버지들은 대부분 가족들과 함께 등장하며, 이 가족의 중심에 위치하고 있다. 그리고 가족들이 함께 모여 있는 장소는 대부분 집의 중앙이라고 할 수 있는 거실들이다. 또한 당시의 이미지들 속에서 아버지들은 각자의 직업이나 사회적인 계층을 직접적으로 드러내고 있다. 특정적인 것은 모든 가족 초상화에서 아버지는 중심적인 역할과 함께 아주 정중한 분위기를 띠고 있으며 자신의 직업을 자랑스럽게 내보이고 있다는 점이다(도판 8). 노동자 아버지이건 농사를 짓는 아버지이건 그건 문제 되지 않는다(도판 9). 헥토르의 갑옷처럼 이 당시의 아버지들은 자신의 역할이 무엇이며 자신이 걸치고 있는 갑옷을 가족들이 어떻게 받아들이는지를 정확히 알고 있었다. 그리고 가족들은 아버지가 어떻게 직업생활을 하며, 사회적인 영역을 만들고 가족을 이끄는지를 이해하고 있었다. 가족 초상화의 중심에 위치한 아버지는 자녀들이 사회로 진입하기 위해 필수적으로 복종해야 할 엄격하고 자애로운 교사였던 것이다.

　하지만 20세기로 들어오면서 이런 가족의 초상화는 커다란 변화를 겪게 된다. 특히 아버지의 위상이나 역할은 이전과 비교할 수 없는 추락을 맞게 된다. 좀 더 구체적으로 말하자면, 20세기로 들어서면서 가족 초상화나 가족들 전체가 함께 등장하는 그림들은 거의 사라지고 만다. 그리고 이 속에서 아버지가 가족들과 맺고 있는 관계라든가 역할도

도판 8_ 월번 가족(시몬 마이스터)

점점 희미해져 간다. 이전에는 거실이 가족들을 모아들이는 중심이었다면 이제는 더 이상 가족들을 모아줄 수 있는 배경이 등장하지 않는다. 아버지가 드러내는 이미지 역시 예전에는 직업이나 사회적인 신분이었다면, 이제는 신체적인 외모와 표정 외에는 아무것도 자신에 대해 알려주지 않는다. 20세기에 나타난 이런 새로운 표현방식에 대해 우리는 새로운 부성상이라는 제목을 붙일 수 있을 것이다.

도판 9_ 독일 농부의 가족(잉게보르 베버 켈레르만(1976)가족. 프랑크푸르트 인셀 출판사)

　새로운 부성상에서 등장하는 아버지들은 모두 젊은이들이고 하나같
이 잘생긴 외모를 지니고 있으며 경우에 따라서는 웃옷을 걸치지 않은
반라(半裸) 상태로 등장하기도 한다. 또한 벌거벗은 상체 아래로는 모
두가 한결같이 청바지를 걸치고 있다. 전 세계의 모든 잡지사가 마치
하나의 비밀결사를 맹세한 것처럼 광고나 이미지들 속에 등장하는 아
버지들은 젊고 야성적이며 청바지를 입은 아버지들이다. 그리고 더 나
아가 이런 새로운 아버지의 이미지는 단순한 광고나 잡지의 표지에만
보이는 것이 아니라 정신과 내면을 표현하는 여러 종류의 글들에서도
발견된다(도판 10, 11, 12). 아이러니한 것은 웃옷을 벗어 던졌음에도 불

도판 10_ 아버지와 아들(프티 포맷 갤러리, 파스칼 로쉐)

도판 11_ 아버지와 아들(어반 앤 피셔 출판사)

도판 12_ 아버지와 아들(ⓒ 라이프지, 안 샤우덱, 프라하)

구하고, 야성적인 아버지가 취하고 있는 몸짓은 하늘 높이 자식을 추켜올리고 있는 헥토르의 몸짓이라는 점이다.

20세기의 부성 이미지를 통해 알 수 있는 것은 아버지라는 인물이 젊은 남성의 신체로 축소되고 있다는 점이다. 이런 아버지들은 자신을 충분하게 자식들에게 납득시켜주지 못한다. 19세기의 이미지들과 비교해 볼 때 아버지의 신체적인 건강함을 강조하는 것은 어머니가 베풀어주는 신체적인 보살핌에 대한 연장선상으로 아버지의 직업이나 사회적인 지위 등을 전혀 알려주지 않는다. 아버지의 이미지는 화려하고 생기가 넘치지만 자식들에게 이런 아버지들은 실제로는 자신들에게 아무것도 줄 것이 없는 위선적인 환상일 뿐이다.[199]

정말 심각하게 문제가 되는 것은 이런 이미지들을 싣고 있는 매체들이 전혀 아무런 자각이 없다는 것이다. 물론 이런 출판사나 광고대행사들은 부성과 관련된 학술 연구를 진행하는 것도 아니고 현재의 위기 상황을 극복하려는 것도 아니다. 하지만 이미지의 홍수 속에서 우리는 간접적으로 무엇인가를 습득하고 이렇게 습득된 관점을 개인의 구체적인 삶 속으로 끌어들인다. 새로운 아버지의 이미지가 우리에게 알려주는 것은 이런 변화된 부성의 역할로, 이제 아버지들은 가족을 이끄는 아버지가 아니라 어머니의 동반자로 등장한다. 헥토르의 갑옷을 벗어던지고 맨몸으로 자식을 끌어안고 있는 아버지는 더 이상 가족들의 양식을 구해주고 가족들을 보호해 주는 아버지가 아니다. 그는 어머니의 동반자이면서 어머니의 역할을 나누어 맡고 있는 또 다른 어머니인 것이다.

'좀 더 일차적인 것'을 추구하는 경향, 좀 더 초기적인 단계에서 인간 심리의 모든 것을 발견하려는 후기 프로이트 학파의 연구는 사회성이나 역사성을 전혀 고려하지 않는다는 점에서 우리 사회 전체의 혼란을 반영하는 것이다. 또한 이런 학문들의 유행은 우리를 사회적인 영역에서 분리시켜 개인주의와 주관성으로 매몰시키고 모든 인간관계를 사적인 관계로만 파악하게 만든다. 이런 흐름 속에서 자식들을 사회로 이끌어주는 교사라는 전통적인 아버지의 이미지는 점점 낡은 것이 되어 간다. 왜냐하면 이런 역할을 계속해 맡으려고 고집하는 아버지는 개인의 사적인 권리와 자유를 침해하는 독재자로 인식되기 때문이다. 앞서 언급한 것처럼 부성이라는 관념은 문화적인 구성물이다. 그래서 사회적인 인식이 변화되면 부성의 역할이나 지위도 변화될 수밖에 없다. 마찬가지로 현대사회 속에서 아버지의 역할은 가부장제의 정점에 서 있던 예전과 비교해 볼 때 모성을 닮아가고 있으며, 점점 스스로의 정체성을 상실해 가고 있다. [200)

대다수 남성들에게서 관찰되는 이런 경향은 일정부분 현대문명에서 기인한 것이지만, 또 한편으로는 20세기와 함께 부각되기 시작한 페미니즘이 부추긴 무의식적인 죄책감 때문이라고도 할 수 있다. 이런 사실은 부인의 역할을 나누어 맡으면서 자신의 역할을 다했다고 안도하는 많은 수의 아버지들을 통해 확인할 수 있다. 자식의 양육을 부인과 함께 분담하는 아버지들, 예를 들어 아이의 기저귀를 갈아주는 아버지들은 자신의 행동이 아버지로서의 도리를 다하는 것이며, 전혀 비난받지 않을 구실을 만들어줄 것이라고 생각한다. 하지만 아버지들의 이런 심리는 프로이트가 아버지들에게 위탁했던 교육자라는 역할을 외면하는 것으로, 진정한 부성의 역할에 눈을 감는 것이다. 그리고 친절한 아버지는 모든 사람들이 찬미하고 흠모하는 진부한 성모 마리아 상들처럼 따뜻하고 부드러운 이미지만을 보여줌으로써 엄격한 교육자라는 자신의 역할을 회피하는 것이다.

하지만 모성을 모방한 부성의 역할을 원치 않는 남성들도 여전히 존재한다. 이런 남성들은 엄격한 부성의 역할을 맡는 것이 자신을 '진짜 남자'로 만들어줄 것이라는 무의식적인 기대를 가지고 있다. 그리고 대다수의 여성들도 '결국에는' 남성들의 이런 행동을 호의적으로 바라보는데, 왜냐하면 가족을 이끌고 책임을 지는 이들의 행동이 오히려 가족을 보다 높은 성숙함과 경제적인 안정으로 이끌기 때문이다. 그럼에도 남성들의 행동이 구체적으로 언제부터 긍정적인 방향으로 선회하기 시작했는지는 정확하게 규정하기가 쉽지 않다. 어머니와 아버지를 구분하는 명확한 관념이 언제부터 발생했는지를 우리가 알 수 없는 것처럼[201] 우리는 아버지들의 이런 작은 변화들이 본능에서 발생한 것인지 또는 새로이 발생한 의무의 기대감에서 나온 것인지 분명하게 알수가 없다. 다만 지금으로서는 자식에 대한 본능적인 연결상태에 헌신하는 일차적인 아버지들이 보다 훌륭한 남성성을 획득하려는 문화적인 환상에서 나온 것이라는 점만큼은 사실이다.[202]

본능에 이끌려 자식들에게 애정을 기울이는 일차적인 아버지의 이미지는 부성의 몰락 속에서 탄생한 것이지만 그럼에도 부성의 역할에서 도피하지 않고 무엇인가 새로운 가능성을 찾으려 한다는 점에서 긍정적인 것이다. 구약성서에 등장하는 야훼의 이미지에서 보이는 것처럼, 수천 년 동안 이어진 아버지의 이미지는 선하면서도 동시에 두려운

자였다. 일차적인 보호자라는 새로운 부성의 정체성은 이런 모순적이고 갈등적인 부성의 이미지를 단순화시키고자 하는 바람을 간직한 것이다. 또한 앞서의 모순적인 남성 이미지는 여성을 괴롭히고 억압해 왔으며, 세상의 모든 권리와 가치기준을 남성을 중심으로 구성해 왔다. 그래서 야훼의 이미지는 나름대로 진실이었음직한 두려움과 권력, 억압과 금기를 내포하고 있다. 반면 모성을 대표하는 마리아의 이미지는 모순적이지 않은 일관성과 다정함을 간직하고 있다. 일차적인 아버지가 흉내 내고 있는 것은 이 후자의 것으로, 여성 친화적이고 일관적이며 부드럽고 자애로운 최근의 남성상은 여기에서 탄생한 것이다.

하지만 이런 일차적인 아버지의 부흥은 문제점도 안고 있다. 왜냐하면 이 새로운 이 아버지의 역할은 사회적인 관계를 포함하지 않기 때문이다. 고대의 이야기들 속에 등장하는 아버지들은 언제나 가족과 계급의식 그리고 직업적인 공동체의 일부분이었고 집단적인 세계의 한 부분이었다. 때문에 사적인 영역과 공적인 영역 사이에서 그는 항상 선택을 해야 했고, 가족이나 공동체를 위해서는 선한 일뿐만 아니라 악한 일들도 해야 했다. 하지만 일차적인 아버지의 환상 속에서 오늘날의 아버지들은 어떤 비난이나 오해도 피하려고 하며 자신의 손만을 언제나 깨끗하게 유지하려 한다.

그리고 과거의 시기들에서 보이는 아버지들은 자식과 단둘이서만 존재한 것이 아니라 항상 사회나 집단을 포함하고 있었다. 트로이 시민들이 보는 앞에서 아스카니우스의 손을 잡고 있는 아이네아스처럼, 그리고 야훼의 눈앞에서 이삭을 제물로 바치려는 아브라함처럼, 아버지와 자식은 사회와 집단에 함께 참석하고 있거나 정신적인 숭배에 참여하고 있었다. 반면 우리 시대의 새로운 아버지들은 사회가 부과한 역할과 철학 그리고 역사 등 자신의 모든 옷들을 자식 앞에서 벗겨낸다. 아버지와 자식의 관계는 바깥의 어떤 것도 깨뜨릴 수 없는 공생관계를 형성하고 있고 자유롭고 친밀한 관계를 향해 나아가고 있다. 헥토르가 아들을 놀라게 하지 않기 위해 스스로 갑옷을 벗었다면, 이제는 사회가 아버지들에게 갑옷을 벗도록 권유하는 것이다. 하지만 갑옷을 벗은 아버지의 운명은 어떻게 되는 것일까? 갑옷을 벗음으로써 아이는 아버지에 대해 두려움을 갖지 않겠지만, 갑옷 없는 아버지는 계속해서 생존할 수 있겠는가?

한편으로 볼 때, 헥토르가 갑옷을 벗는 것은 어머니와의 차별성을 제거하는 것이다. 이럴 때 부성은 모성과 유사한 것이 되고, 아버지는 불필요한 존재로 추락하게 된다. 또 다른 한편으로 갑옷을 걸친 아버지를 두려워하는 아들의 모습은 무장을 한 남성적인 인물을 멀리하려는 자식들의 심리를 반영한다. 이런 모순점들 때문에 아버지들은 부성을 간직하는 것에 대해 모순적인 감정을 품게 된다. 아들로 하여금 자신을 알아보게 하기 위해 갑옷을 벗어야만 한다. 하지만 갑옷을 먼저 입지 않고서는 자식을 지켜낼 수 없으며, 또한 자식 앞에서 벗을 기회조차 만들 수가 없다. 이런 모순들 때문에 인간들의 아버지라고 불리는 구약성서의 신은 공명정대하면서 동시에 공포의 이미지를 간직하고 있다.

부성의 정체성에 각인되어 있는 이런 모순적인 역할들은 우리가 앞서 언급한 '부성의 패러독스'를 다시 한 번 정식화시켜주는 것들이다. 부성의 패러독스는 아버지로서 살아야 하면서 동시에 전사로서 살아야 하는 복합적이고 모순적인 부성의 성격에 기인한다. 어머니와 달리 아버지는 이 두 가지의 것들 중 하나만을 선택할 수가 없다. 갑옷을 입은 아버지를 쳐다보는 자식은 그를 아버지로 알아볼 수 없을 것이다. 하지만 갑옷을 입고 있는 아버지를 한 번도 본 적이 없는 자식은 그를 아버지로 여기지 않을 것이다.

갑옷이 상징하는 것은 자신에 대한 방어와 외부 세계에 대한 공격이다. 인간이 문명을 구축해 온 역사에는 전쟁을 겪은 시간들이 상당부분을 차지한다. 이런 역사 속에서 아버지들은 가족을 지키기 위해 전쟁터로 달려 나갔고, 또 아이들은 아버지를 통해 싸움의 기술을 습득해 왔다. 부성의 역할에 깊숙이 배어 있는 싸움과 전투는 이런 과정 속에서 서서히 형성된 것으로, 이는 부성의 본질이 공격적이기 때문이 아니라 공격을 하는 역할들이 거의 대부분 남자들에게만 위임되어 왔기 때문이다. 남성의 역할과 여성의 역할 구분은 신체적인 능력에서 분리되기 보다는 문화적인 맥락에서 형성된 것이다. 신체적인 필요성을 만족시켜주는 일차적인 성장과 달리 문화적인 필요성을 채워주는 이차적인 성장은 이렇게 부권의 지휘 아래 이루어진 것으로, 대다수의 원시부족들 사이에서는, 그리고 서양 사람들에게는 남자들의 삶이 여성들의 삶보다 일정한 과정과 단계를 갖고 있었다. 사회적인 활동이나 정신적인 삶, 그리고 종교적인 영역에 접근하는 것이 여성들에게는 다소간 제한되어 있었고, 성인임을 확인받는 입문의식 같은 것도 대부분 남자들에게만 해당되었다.

20세기를 특징짓는 변화는 이런 여성과 남성의 구분, 어머니와 아버지의 역할 분리, 아들과 딸이 성취할 수 있는 역량의 차이를 소멸시켰다는 것이다. 동시에 아버지들과 아들들의 특권을 제거하려는 노력은

416

후기 프로이트 학파의 정신분석이 추구하는 방향과 동일한 방향으로 진행되어 오고 있다. 즉 이러한 노력은 성장발달의 이차적인 단계가 가지는 중요성을 축소시키면서 대신 일차적인 단계에 점점 더 많은 관심을 돌리고 있다. 여기서 문제가 되는 것은 이차적인 발달에 부과해온 시대착오적인 우월성들을 제거하기 위해 딸들에게도 아들과 동일한 입문의식을 치러주기보다는 오히려 입문의식 자체를 폐기시켰다는 것이다. 오늘날 페미니스트들과 후기 프로이트 학파들이 추구하는 방향은 성직자나 권력자 같은 남성중심적 인물들이 독점해 온 사회성 획득의 기회를 여성들과 어머니들에게도 나누어 주려는 것이 아니다. 이들이 주장하고 요구하는 것은 사회성을 획득해 가는 데 필요한 모든 교육과 가치관들을 폐기하는 것이다. 그리고 이와 함께 아버지들이 맡아 온 부성의 역할을 제거하는 것이다.

이들의 공격과 돌진은 오늘날 거의 완벽한 승리를 얻어낸 것처럼 보인다. 그리고 씁쓸하게도 남자들은 이런 상황을 유발시키고 촉진시킨 일등공신이다. 오늘날 우리의 정체성은 더 이상 확고해지는 것을 멈추었고, 고삐 풀린 소비사회는 일차적인 욕망들만을 반복적으로 만족시키고 있다. 교환의 필요성을 갖지 않는 이런 반복적인 모유 수유는 성장 발달의 일차적 단계에서는 필수 불가결한 것이다. 하지만 청소년이나 성인이 되어서도 편안함만을 추구하고 즉각적인 만족만을 얻으려는 풍조는 우리가 정신적인 젖먹이의 상태에 사로잡혀 있음을 알려준다.

이런 정신의 유아적인 수준에서 우리는 인간 존재의 유형(幼形)성숙이라는 극적인 현상을 마주하게 된다. 인간의 신체는 성장을 스스로 완성할 수 없다는 점에서 포유류의 신체와 닮아 있다.[203] 영혼과 관련해서는 더욱 유사한데, 아이들은 항상 어른이 되고 싶어 하고 어른이 누리는 모든 권리를 질투한다. 그런데 어른들의 마음 밑바닥에는 어린이를 질투하는 영혼이 들어 있어서 기회만 주어지면 어린이로 돌아가려 한다. 일차적인 성장은 어머니에게 할당된 것이고 이차적인 성장은 아버지에게 할당된 것이라는 구분이 사라지게 되면, 이제 마지막으로 남은 최종 목표는 일차성을 영구히 보존하려는 무의식적인 환상이다. 급격한 문명의 변화들과 함께 가족의 구조 역시 변화되면서 이 속에서 부모들의 역할은 빠른 속도로 이전의 역할들을 거부하고 있다. 하지만 어른들이 책임을 방기하고 자신의 유년기에만 매달린다면, 자라나는 자식들에게 우리는 어떤 어른이 될 것을 기대할 수 있겠는가?

21장
아버지의 축복을
바라지 않는 세상

그러고 나서 헥토르는 아들에게 입을 맞춘 뒤
제우스를 향해 추켜올리고서는 기원을 하였다.
『일리아스』

　18세기 말에서 20세기 초반 사이의 동안, 프랑스는 자신의 아이를 하늘로 치켜들고 있는 아버지의 이미지를 재발견했다.[204] 바로 몇 세기 전만 하더라도 이 이미지는 불경스러운 것으로 취급되었는데 왜냐하면 기독교의 전통적인 성체 거양식(the elevation of the host)에서 예수 그리스도만이 하늘로 올려질 수 있는 유일한 아이라고 여겨졌기 때문이다. 어찌 되었든 프랑스가 재발견한 이미지들은 로마적인 가정의 아버지가 지녔던 권위로 복귀하기 위한 의도에서 나온 것이 아니었다. 그보다는 오히려 진보라는 이름으로 인간적인 의지의 승리를 선언했던 혁명이 이 이미지를 찾아내었고 부활시켰다. 프랑스 혁명은 로마의 아버지들이 사람들 앞에서 공개적으로 자식을 수락하고 받아들이는 채택의 관념을 재발견했다.
　진정한 부성이 수용과 선택이라면 로마의 이런 거양 의례는 진정한 부성을 획득하고자 하는 의식이라고 할 수 있다. 하지만 프랑스 혁명이 발견한 이미지들은 더 이상 로마 시대의 것과 같은 것이 아니었고, 관련된 자료들은 이를 분명하게 보여주고 있다. 혁명의 시기 동안 유행한 많은 이미지들은 이따금씩 가식적이기도 하고 감상적이기도 했으며, 주요하게는 정치권력들이 일반 가정의 호응을 얻기 위한 선전 도구였다. 또한 부모들이 자식들에게 주어야 할 교육이나 보호 등과 같은 역할을 정부가 떠맡게 됨으로써 이전에 가정이 소유했던 기능들은 점점 소멸되어 갔다.

그래서 결론적으로 말하자면 프랑스 혁명이 발견한 부성적인 몸짓은 아버지와 자식의 관계를 다시 한 번 중요한 관심사항으로 만들었지만, 이 관심을 풀어가는 방법은 전혀 다른 것이었다. 우선 이 부성의 이미지는 성스러운 몸짓을 가지고 있었다. 하지만 성스러움이라는 단어가 원래 의미하는 것처럼 성스러움 속에는 신적인 것도 들어 있지만 악마적인 것도 들어 있다. 혁명의 와중에 발생한 문학과 기타 문화적 표현들은 아버지와 자식의 새로운 관계를 묘사하기 시작했고, 이들의 관계는 성스러운 관계이거나 또는 저주 받은 관계였다.

하늘을 향해 자식을 들어 올리는 아버지의 행동은 단순한 신체적인 행동이지만 자식에게는 일종의 축복이고 통과의례였다. 동시에 아버지에게 이 행동은 남성성에서 부성으로 도약하는 계기였으며, 신체적인 기증(정자의 기증) 이상의 의미를 지닌 정신적인 도약이었다. 부성이라는 의미가 시간 속에서 펼쳐지는 어떤 새로운 탄생과도 같은 것이라면, 자식을 들어 올리는 행위와 성인식은 아버지로서의 의미를 자식에게 펼쳐 놓는 것과 같은 정신적인 고양이라고 할 수 있다.

우리가 여러 저서들을 통해 알고 있는 것처럼 원시시대의 모든 제의들은 인간을 동물과 구별 지으려는 정신적인 의도에서 나온 것이다. 그리고 이런 제의들의 중심에는 항상 성인식이 존재했고, 우리는 이 성인식의 간소화된 형태를 아직까지도 간직하고 있다. 이와 함께 가톨릭 미사에서도 흔하게 접할 수 있는 것처럼, 모든 제의의 주관자는 아버지라고 불리는 사람들이었다. 그래서 일반 신부를 지칭하는 'padre'에서부터 교황을 지칭하는 'pope'에 이르기까지, 많은 종교의 성직자들은 아버지라는 의미를 지닌 이름을 가지고 있었다.

우리에게 부성의 죽음을 논하는 것이 어떤 의미를 지니고 있는 것이라면, 이 의미는 통계적인 수치로 표현할 수 없는 그 이상의 것이다. 그리고 이 문제의 한가운데에는 거양식이나 성인식 같은 통과의례의 소멸이라는 명백한 현상이 자리하고 있다. 특히 아이를 추켜올리는 거양식은 그리스의 헥토르에서부터 로마 가정의 아버지 그리고 프랑스 혁명기의 자코뱅적 아버지에 이르기까지 한 번도 깨져본 적이 없는 연속성을 가진 것이다. 하지만 최근에 로버트 블리(Robert Bly)가 미래주의자들에 대해 평가했던 것처럼, 20세기의 문화는 미래의 전망을 아버지가 아닌 남성들에게 위임하면서 '형제들의 사회'[205]를 추구하고 있다. 오늘날 젊은 남성들이 가장 중요하게 여기는 가치는 가정의 아버지나 영적인 아버지들로부터 전수된 것이 아니라 자신들과 동년배인 젊은 이들에게서 나온 것이다. 그들의 시선이 향하고 있는 것은 수직적인 방향으로 놓여 있는 아버지와 자식이 아니라 수평적인 선상에 놓여 있는 형제들이다.

부권에 대한 향수를 간직하고 있는 블리는 미래주의자들과 현대의 젊은이들을 비판하면서 이들이 수직적인 시선을 다시 가져야 한다고 주장한다. 블리에게서 수직적인 시선과 서열의 의미는 아스티아낙스를 들어 올리면서 자신보다 더 강한 사람이 되어줄 것을 신들에게 간청했던 헥토르의 것이며, 또한 한쪽 어깨에 아버지를 들쳐 업고 다른 한 손에는 아들의 손을 잡고 걸어갔던 아이네아스의 것이다. 아버지들의 이런 중단 없는 행렬은 원형적인 중요성을 가지고 있을 뿐만 아니라 시대적인 흐름도 간직하고 있는 것으로, 오늘날은 점점 상실해가는 가치들이 되고 있다.

불행하게도 우리 시대는 자기 충족적인 가치들을 가진 상징들이나 기도들 그리고 의식들과 상당한 거리를 두고 있다. 또한 단어들의 문자적이고 물질적인 내용에만 머물려고 하면서 부성이 의미하는 더 높은 차원의 바람들을 잃어버리고 있다. 직접적이고 질료적인 세계는 아버지의 존재를 충분히 해명할 수 없으며 이해할 수도 없다. 어머니는 먼 고대에서부터 물질과 친근한 관계를 가지고 있었고, 그렇기 때문에 '어머니mother'라는 단어와 '물질matter'이라는 단어는 mater와 materia라는 동일한 언어학적 뿌리를 가지고 있다. 하지만 아버지는 즉각적으로 해석되거나 규정할 수 없는 것으로 진정한 의미를 정신적인 영역에 두고 있다. 부성과 관련된 대부분의 사례들이 제의나 의식, 신화 등에 등장하는 것은 아버지의 역할이 정신적이고 영적인 것과 관련되어 있기 때문이다.

오늘날 남성들은 이런 부성의 상징성을 잃어버리면서 아버지의 의미를 상실해가고 있다. 오늘날의 아버지들 역시 자식들이 사회에서 '상승하기를' 즉 출세하기를 원하고, 자신보다 높고 편안한 지위로 올라서게 하기 위해 모든 노력을 기울인다. 하지만 이런 노력 속에서 아버지들이 자식들에게 실제로 건네주고 있는 것은 정신적인 힘이나 미래의 계획이 아니라 금전적인 자금이다.

대표적인 예로 2차 세계대전 이후 유럽의 아버지들과 미국의 아버지들은 자식들이 자신보다 '더 나은' 직업을 가질 수 있도록 온갖 노력을 기울이기 시작했다.[206] 하지만 불행하게도 이들의 노력과 소망은 자신들의 알량한 자존심을 드러내는 것이었고, 자식들이 가진 능력을 진정으로 이해하고 적합한 계획을 만들어준 것이 아니라 자신과 자식들 사이의 위화감을 확대시킨 것이다. 사회 계층의 대다수를 차지했던 노동자 아버지들은 자식들을 전문대학이나 대학에 보내기 위해 자신들의 입에서 빵조각을 덜어내는 고통을 마다하지 않았다. 하지만 아버지들이 치른 엄청난 희생의 대가는 자식들로부터 이해받지 못하고 버림받는 것이 대부분이었다. 게다가 아버지들의 희생을 통해 자식들의 세대는 풍부한 물질적 혜택을 누리게 되었지만, 그 이면에 정신적인 풍요를 찾기는 거의 불가능해졌다. 게다가 고등교육을 받은 자식들은 교양이나 학식이라고는 근처에도 가 본 적이 없는 노동자 계급의 아버지를 부끄럽게 여기기 시작했고, 아버지의 엉터리 문법과 사투리를 비난하기 시작했다.

이런 자식들을 불효자라거나 또는 배은망덕하다고 비난하는 것은 문제의 핵심을 놓치고 감정적으로만 반응하는 것이다. 중요한 것은 어떻게 어제는 감사해 하던 자식들이 오늘은 비난을 퍼붓는 사람으로 변하게 되었는가를 생각해 보는 것이다. 우리는 여기에서 하나의 구분을 해볼 수 있다. 오늘날의 젊은이들은 물질적인 조건에서 보자면 이전보다 많은 혜택을 부여받고 있다. 하지만 그들이 누리는 금전적인 이익은 이전의 거양식이나 아버지의 축사(祝辭) 그리고 성인 입문식을 대체한 것들이다. 통과의례로 묶을 수 있는 이전의 의식들은 부성의 상징적인 의미들을 담고 있는 정신적인 것으로 아버지만이 줄 수 있는 것이다. 하지만 오늘날 이것들을 대체하고 있는 돈은 은행에서 뽑아낸 종이에 불과한 것으로, 누구나 줄 수 있고 누구나 사용할 수 있는 물질일 뿐이다.

아버지의 축복에 대한 연구[207]는 그것이 자식들에게뿐만 아니라 아버지에게도 원형적인 필요성에서 나온 것이라는 점을 분명하게 드러내고 있다. 아버지의 축복은 그 자체가 스스로 정당화될 수 있는 의식(儀式)으로 자신의 삶에 책임을 지는 것이다. 비록 성경이 옳은 것과 그른 것에 대한 구분을 명확하게 가르치고 있지만, 그럼에도 성경에 등장하는 아버지의 축복은 이와 관련된 행동이나 의도가 선한 것이든 악한 것이든 상관없이 효력을 발휘한다. 아버지의 축복과 관련된 성경의 대표적인 예는 이삭의 이야기를 들 수 있다.

에서(Esau)는 이삭(Issac)의 맏아들로 아버지의 축복을 받을 권리를 가지고 있었다. 하지만 성경에서 에서는 아버지의 축복을 받지 못하는데, 이를 통해 성서는 에서가 혈통을 물려받기에는 적합하지 못한 사람이라는 것을, 즉 부성의 전통을 이어가기에는 부족한 사람이라는 것을 간접적으로 알려준다. 성서에서 에서는 비록 큰아들이지만 어떤 목적을 추구할 때 가장 먼저 즉각적인 만족을 줄 수 있는 것을 선호하는 사람으로 그려진다. 그리고 이런 그의 성격은 그가 한 그릇의 죽을 먹기 위해 동생에게 장자권을 파는 것에서 대표적으로 드러난다(창세기 25:

29-34). 에서의 자질이야 어떻든 아버지 이삭은 마지막 순간까지 자신의 축복을 큰아들 에서에게 건네주고 싶어한다. 하지만 고령의 나이에다 눈까지 보이지 않았기 때문에 이삭은 둘째 아들 야곱(Jacob)과 어머니의 속임수에 속아 넘어가 둘째에게 축복을 내려준다. 흥미로운 것은 속임수라는 사악한 방법을 통해 축복을 얻었음에도 이 축복의 효과가 전혀 반감되지 않는다는 것이다. 그래서 아버지의 축복을 받은 야곱은 아버지의 정신적인 유산을 물려받아 혈통과 영적인 아버지로 거듭나고, 장자인 에서는 이후 야곱의 하인이 된다(창세기 27장).

구약성경의 이 에피소드는 유대인들과 기독교인들에게 부성에 대한 다음과 같은 중요한 의미들을 알려준다.

• 아버지의 행동은 그의 의도와는 상관없이 자식들에게 객관적인 사실이 된다. 선한 의도만으로는 충분하지 못하다. 이것이 바로 '아버지의 패러독스'가 출현하는 근원이다.

• 축복이라는 의식(儀式) 또한 아버지의 의도와 상관이 없으며 독자적인 생명력을 가지고 있다. 의도라는 것은 사실상 주관적이고 우연적인 것이다. 하지만 의식은 절대적이며 영원하다.

• 의식은 절대적이고 무조건적이고 권위로 충만해 있는 것이기 때문에 아들에게뿐만 아니라 아버지의 정신적인 삶에도 반드시 필요한 것이다.

• 축복은 우연한 선물이 아니라 한 사람의 인생을 결정하는 중대한 것이기 때문에 인생을 두려운 것으로 또한 선한 것('축복'이라는 용어는 환원적이다)으로 만들 수 있다. 축복을 받지 못한 아들에게 이것은 두려운 것이며, 이것을 받은 아들에게는 엄청난 것이다. 그래서 아버지의 축복을 받은 야곱

은 한밤중에 나타난 어떤 인물에게 괴롭힘을 당하고 상처를 입고 동이 틀 때까지 그와 싸우게 된다. 그리고 아침이 되었을 때는 자신이 줄곧 신의 천사와 대면하고 있었다는 것을 알게 된다. 천사가 나타나 자신의 자질을 시험하고 축복을 허락해준 것이다. 하나님 아버지의 사자(使者)인 천사는 이렇게 야곱에게 상처를 주면서도 동시에 축복을 선사하는 인물이다. 축복과 상처는 구분되지 않는 것으로 부성 역시 그러하다. 아버지가 애정과 함께 공포의 원천이 되는 것은 이런 이유에서이며, 아버지의 축복은 기도라는 의식 속에서 서구 역사의 한 부분이 되어 왔다.

• 축복을 전해주는 의식은 개인적인 필요성에서 떨어져 나와 집단적인 무의식 속에서 전수되어 온 것으로, 아버지가 이를 전해줄 능력이나 의사가 없다 하더라도 모든 자식들은 아버지에게 축복을 전해 받기를 바란다. 심리학적 전문용어로 표현해 보자면, 아버지의 축복은 그래서 원형성을 가지고 있다. 만약 자식들에게 이런 요구가 충족되지 못한다면, 큐더(Kuder)가 '에서 콤플렉스'라고 부른 것 같은 정체성의 결핍감이 마음 한가운데 자리 잡게 된다.

에서 콤플렉스는 한 개인만의 국한된 문제로 볼 수 없는 중요한 의미를 지니고 있다. 오늘날의 아이들은 에서처럼 동생에게 축복을 빼앗길 위험성을 갖고 있지 않다. 대신 이들에게는 보다 중요한 위험이 도사리고 있는데, 이는 축복 자체라고 할 수 있는 통과의례의 소멸이다. 그래서 에서 콤플렉스가 의미하는 것은 축복을 전해줄 아버지가 존재하지 않을 때 자식이 겪어야 하는 결핍감과 상실이다. 특히 구약성경에서 목격할 수 있는 것처럼 가장 중요한 아버지의 축복이 내려졌을 때,

한 그릇의 죽을 얻기 위한 에서의 행동은 단순한 미성숙함을 보여주는 것이 아니라, 즉각적인 만족을 추구하는 것이 나중에는 인생 전반을 지배하는 가장 큰 가치를 그 대가로 내줄 수 있다는 것을 알려주는 것이다. 성경에 따르면 동생에게 아버지의 축복을 빼앗긴 에서는 분노를 참지 못하고 야곱을 죽이기 위해 찾아다닌다(창세기 27:41). 우리가 지난 100년간 보아왔던 것처럼 부성의 몰락은 형제들 사이의 분쟁을 일으키는 주요한 원인이 되었다.

또한 오늘날 방황하는 많은 청소년들은 자신이 에서처럼 아버지에게 축복을 받지 못했다는 의식에 사로잡혀 있다. 청소년들의 결핍감은 무의식적인 환상 속에서 뒤바뀌어 아버지들이 고의로 자신들에게 부성을 베풀어주지 않는다는 비난으로 확대되고 있다. 그리고 아버지를 향한 적개심은 '형제들'을 향한 동경으로 방향을 바꾸어 다른 어느 시대보다 강한 형제들의 권리를 추구한다. 세대들의 연결축을 뒤집는 이런 격변은 이전 세대에서는 전혀 예상하거나 대비할 수도 없었던 것으로 우리를 당혹스럽게 만들고 있다. 게다가 극단적인 경우에는 이런 세대 간의 불화는 사회적으로 이슈가 될 만한 끔찍한 범죄를 유발하기도 한다. 예를 들면, 이탈리아는 유럽의 다른 나라들에 비해 비교적 안정적인 가족관계를 가지고 있지만, 최근에는 작은 소유욕 때문에 부모를 살해하는 청소년 범죄가 심심치 않게 발생하곤 한다.

아버지가 통과의례와 상징들의 세계 속으로 이동하는 능력을 상실하면서 이제 단순한 경제적 기부자로 전락해 버렸다. 또한 축복이 담긴 성스러운 언어를 잃어버리면서 이제는 자식들의 비판을 받는 주요 대상이 되고 있다. 자식들에게 아버지는 후손에게 넘겨주어야 할 보물을 꽁꽁 숨기고 있는 사람으로 여겨지고 있으며, 받아야 할 보물을 받지 못했기 때문에 이제 자식들은 아버지를 처벌하고 보물을 몰수하려고 한다.

그렇다면 이번에는 극단적인 살인적 분노가 아닌 일상적인 생활의 예를 한번 살펴보도록 하자. 사적인 이미지가 아닌 어떤 정신적인 이미지로서의 아버지는 오늘날 찾아볼 수 없는 것이 되어 버렸다. 집에 없는 아버지 또는 아버지의 부재는 현대문명이 간직한 부성의 이미지이다. 하지만 오디세우스가 명예를 지키기 위해 집을 떠났던 것과 달리, 오늘날 아버지의 부재는 이 명예조차 거부하였기 때문에 자리를 비운 것이다. 이런 아버지의 부재는 높은 이혼율과 이혼가정 때문에 발생한 것이 아니다. 아버지의 부재는 자식들과 한 집에 함께 살고 있으면서도 경험하는 것이다.

그리고 또 한 가지의 특징이라면 오늘날의 아버지는 자신이 했던 행위 때문이 아니라 하지 않았던 행위 때문에 비판을 받고 있으며, 자신이 말했던 것보다 말하지 않았던 것 때문에 분노를 사고 있다. 무엇보다 아버지들은 자식들이 힘든 노력과 고통을 통해 성취한 업적을 인정하거나 칭찬하지 않는다는 비난을 받고 있다. 자식들의 성장에 대해 제의적인 축하를 해주지 못하는 아버지들의 이런 무능력은 20세기를 특징짓는 사적인 삶에서 가장 비참한 빈곤들 중 하나가 되었다. 오늘날의 아버지는 값비싼 선물들을 제공해줄 능력은 있으면서도, 아무 가격도 지불할 필요가 없는 기쁨이나 칭찬에 대해서는 어떻게 주어야 하는지 더 이상 알지 못한다. 그래서 우리는 에서 콤플렉스뿐만 아니라 '이삭 콤플렉스'로 고통 받고 있는 아버지들도 생각해 볼 필요가 있다. 문화적으로 너무 늙어버렸고 심리학적으로는 장님인 아버지들은 더 이상 축복을 전달하는 성스러운 주문을 기억해 어떤 순간에 이 주문을 외어야 하는지 알지 못한다.

하지만 자식들이 뜻하지 않은 순간에―제삼자나 우연한 상황에 의해―아버지가 집 밖에서 나누는 대부분의 대화가 자신들에 대한 것이고 또한 자신들에 대한 칭찬이라는 것을 알게 된다면, 자식들은 얼마나 놀라게 될까. 자식들은 얼마나 크게 동요할 것이며 이와 동시에 포기했다고 여겼던 부성에 대한 향수는 얼마나 크게 다가올까. 모든 신비가 그래왔던 것처럼 축복이라는 것은 이렇게 비밀리에 찾아온다.

자식들이 아버지의 이런 감정을 알게 되는 것은 대부분 그의 친구들이나 직장 동료들을 통해서이다. 이들은 아버지가 대학에 훌륭한 성적으로 합격한 딸에 대해 얼마나 자랑을 늘어놓는지를 딸 자신보다 더 잘 알고 있다. 게다가 때로는 오래된 상자 하나가 아버지가 몰래 수집해 놓은 신문들을 토해내기도 한다. 운동선수인 아들의 자랑스러운 사진들과 찬사가 실린 신문기사들을 아버지가 세심하게 수집해 놓았던 것이다. (왜 그는 이것들을 자물쇠까지 채워 간직해 두었던 것일까? 그리고 왜 그는 "넌 테니스에 너무 많은 시간을 허비하고 있어! 생각을 하려면 공부도 해야지!"라고 투덜거리기만 한 것일까?) 때로는 아들이 정말로 싫어하는 사람이, 또는 어머니와 이혼한 아버지가 선택한 다른 여자가 자신은 전혀 알지 못했던 사실들을 알려주기도 한다. 다시 결혼을 하는 중대한 결심을 한 이후 아버지는 남녀가 늦은 밤이면 해야 할 것들은 하지 않고 그녀를 옆에 뉘어 놓고는 전처와의 사이에 난 아들이 학교 경연대회에서 어떤 상을 탔으며 어떤 일들을 했었는지 몇 시간이고 이야기했다고 말이다.

이런 사소하지만 소중한 정보들이 때로는 자식들과 대화의 문을 여는 열쇠가 될 수 있다. 하지만 이 문을 여는 시간은 때로 너무 늦게 다가오기도 하는데, 왜냐하면 대부분의 진실이 밝혀지는 것은 대개 아버지의 장례식장이기 때문이다. 하지만 아버지의 침묵에도 불구하고 이야기를 꺼내 자식들의 마음을 다시 열어주는 것은 아버지가 남긴 오래되고 보잘것없는 유품들이기도 하다. 이 유품들은 아버지의 마음속에 항상 자식들이 들어 있었으며, 축복을 전해줄 입은 잠겨 있었지만 가슴에서만큼은 간절하게 그 시간을 기다리고 있었다는 이야기를 전해준다. 세속적인 문명사회는 제의나 통과의례를 모두 폐기하였지만, 아버지의 마음속에 들어 있는 소망과 기대만큼은 폐기하지 않았다. 이런 점에서 아버지의 침묵은 항상 잘못된 방식으로만 해석될 필요는 없다. 오히려 우리는 아버지들이 왜 입을 열 수 없었는지를 생각해 보아야 한다.

침묵하고 권위적인 아버지들의 전형적인 자기방어는 헥토르의 갑옷에 비유될 수 있다. 헥토르의 갑옷은 외부의 적들로부터 가족들을 보호하려는 목적을 지니고 있지만, 지나치게 강화되면 가족으로부터도 그를 방어하게 된다. 전통적으로 부계사회는 남성들의 경쟁을 통해 전쟁을 수행해 왔고, 전쟁을 치르기 위해 남성들은 과도한 폭력을 행사해야 했다. 폭력을 발휘하는 것은 남성들에게 두 가지의 의미를 지니고 있었다. 하나는 동물적인 남성성이 가진 잔인한 폭력성을 외부로 발산한다는 것이고, 다른 하나는 공동체와 가정으로 돌아와서는 폭력성을 숨기고 정신적인 의무에 몰두한다는 것이다. 하지만 다행스럽게도 폭력이 난무하는 전쟁은 더 이상 서구세계의 활동 무대에서 중심적인 위치를 차지하지 않게 되었고, 전쟁보다는 산업적이고 경제적인 경쟁이 새로운 전쟁의 무대가 되었다. 그럼에도 불구하고 새로운 전쟁의 후손이라고 할 수 있는 소비주의와 대중매체의 수단들은 역사상 비견할 수 없는 파렴치한 수준에 도달해 있다. 기업적 활동들이 여전히 아버지들의 수중에 있기는 하지만, 그럼에도 텔레비전과 언론은 보다 더 광범위하게 아버지들이 자신을 팔도록 요구하고 있으며, 세계적인 매춘부처럼 겸손과 자제심을 불명예와 부도덕함으로 바꾸라고 강요하고 있다.

어머니의 무의식은 현대문명이 지닌 이런 수많은 불합리한 특성들에 영향을 덜 받는 경향이 있다. 왜냐하면 여성들은 수 세기 동안 지나친 자제심을 강요받아왔기 때문에 내면에서는 자유를 갈망하고 어떤 외적 조건으로부터도 자신을 지키려는 강한 욕망을 지니고 있기 때문이다. 하지만 아버지들은 어머니들에 비해 상대적으로 이런 문화적인 현상들에 심각하게 휘말린다. 상업적인 세계에 몸을 담글 수밖에 없는 이들은 자신들의 책임감을 죄책감으로 전환시키면서 끊임없이 사회에서 떨어져 나가지 않기 위해 발버둥을 친다. 그리고 직장에서의 일상생활은 언제나 아버지들을 공적인 심판대에 올려놓고 판단을 내리기 때문에, 아버지들은 자신만의 사적인 생활에 대한 강렬한 환상을 가지게 된다. 게다가 여성들은 성욕을 자제하고 감추는 방법을 수 세기 동안 교육받아 왔지만, 남성들은 이런 자제심과 통제력을 습득할 수 없었다. 그래서 아버지들은 자신의 내면에서 분출되는 수많은 충동들을 어떻게 다루어야 하는지 그리고 어떻게 마음속에 들어 있는 감정들을 밖으로 끄집어내야 하는지를 알지 못한다.

부성에 대해 연구하는 학생들이 겪게 되는 고충들 중 한 가지는, 시대적인 관습과 문화의 영향과는 상관없는 고정된 부성의 심리적인 특징들을 정의하기가 어렵다는 것이다. 가령 어머니와의 관계에서 아버지가 차지하는 고유한 기능과 역할은 무엇인지를 한번 살펴본다면, 우리는 이 문제가 다양한 대답들을 가지고 있다는 것을 알게 된다. 한 예로 아버지는 자식에게 자전거 타는 방법을 가르치는 사람이라고 대답해 본다면, 이 대답은 유럽과 미국의 중산층 계급들에게만 주로 해당하는 사항이다. 그리고 이 대답은 자전거가 발명되지 않았던 시대나 장소에서는 유효한 것이 아니기 때문에 오직 현대에만 해당되는 대답이다. 이런 점에서 우리는 사무엘(Samuels)[208]의 견해에 동의하면서 부성에 대해 다음과 같이 말해 볼 수 있을 것이다. 아버지의 고유한 특징은 자식의 성장과정 전반과 행동양태 그리고 정신의 성숙도 같은 것들을 촉진시키는 것에 있다.

사무엘의 이 주장은 아버지라는 역할이 미래에 대한 설계를 공개적으로 표출하는 능력이라는 것을 말해준다. 여기에서 설계라는 것은 경제발전을 추구하는 물질적인 성장을 의미하는 것이 아니라, 다음 세대로 이어지는 인간적인 잠재력의 성장과 관계된다. 아버지를 통해 자식이 얻게 되는 충만하고 완전한 차별성은 그래서 선천적으로 인간 본성에 각인되어 있는 것이 아니라, 변화하는 다원적인 사회 속에서 다양하게 변화될 수 있는 것이다. 특히 오늘날 아버지들의 역할은 이전 시대에 비해 많은 어려움을 안고 있는데, 그것은 자식들을 곁에 두고 직접 교육을 시키기보다는 다른 우회적인 방법을 통해 자식들을 성장시켜야 하기 때문이다. 오늘날 아버지들에게 기대되는 가장 큰 역할은 자식들의 개성화(individualisation)로, 개성화란 자신만의 고유성을 획득함으로써 충만한 차별성을 계발하는 것이다.

하지만 자식들의 개성화를 계발시켜주어야 하는 이 작업은 결코 쉬운 일이 아니다. 종교적의 제의들이나 미신적인 통과의례들이 소멸되어 왔음에도 아버지가 자식들에게 제공하는 입문의식들은 아직도 미약한 형태로나마 최근까지 잔존하고 있다. 수공 장인들이나 농부들은 오랜 세월 동안 연마하고 습득한 자신만의 기술을 자식들에게 전수해 주려 한다. 그리고 이들이 가지고 있는 이런 기술들은 마찬가지로 앞선 아버지들의 세대로부터 물려받은 것이다. 하지만 세대를 통해 내려온 이런 유산과 유물들은 극소수의 한정된 직업들에서만 간간이 찾아볼 수 있을 뿐이고, 진보와 발전만을 최고의 가치로 존중하는 오늘날의 풍토 속에서는 얼마 가지 않아 사라질 운명을 안고 있다.

20세기가 추구하는 새로운 문명은 한 세대에서 다음 세대로 이어지는 계승의 정신을 구시대의 것으로 폄하한다. 그리고 오히려 이들 세대 간의 단절과 대립을 보다 중요한 시대적 요청으로 평가한다. 20세기에 등장한 정책들이 가정에 미친 영향을 한번 정리해 보면 대략 다음과 같다.

첫 번째로, 20세기로 들어서면서 가정이 담당하고 있던 자녀의 교육과 직업 훈련은 소위 학교라고 불리는 비개인적인 공적 영역들로 이전되었다.

두 번째로, 20세기의 가장 중요한 시대적 요청은 진보이기 때문에 아버지들은 더 이상 자식들이 자신의 직업을 이어가는 것을 원치 않게 되었다. 오늘날 아버지들은 자식들이 자신보다 더 나은 직업으로 '상승'할 것을 원한다.

마지막으로, 아버지의 직업이 가정 안에서 교육될 수 있는 것이고, 자녀들이 아버지의 가업을 이어가겠다는 의지를 가지고 있다 하더라도, 이 가족은 외부 공간의 변화와 일반적인 인식의 변화 때문에 자신들의 뜻을 펼칠 수 없다. 왜냐하면 기술의 진보는 구시대의 기술들을 시대에 뒤떨어진 것으로 도태시키기 때문에 경제적인 이윤을 산출할 수 없기 때문이다.

오늘날 아버지들은 이전처럼 자식을 교육시키고 직업의 기술을 전수해 주는 사람이 될 수 없다. 수천 년 동안 아버지들은 자식들에게 어떻게 말을 타야 하는지를 가르쳐 왔고, 또 몇 세대 동안은 어떻게 자전거를 타야 하는지를 가르쳐 왔다. 하지만 오늘날 아이들은 여가시간이 있어도 아버지와 함께 보내기보다는 또래 친구들이나 학교생활을 위해 사용한다. 그리고 집에 부모와 함께 있어도 자신들의 방에서 컴퓨터 게임을 하는 데 몰두한다. 슬픈 사실은 오늘날의 아버지들이 예전의 농사 기술처럼 자식들에게 컴퓨터 게임을 가르칠 수 없다는 것이다. 아버지의 공간과 시간은 이제 아이들의 공간이나 시간과 완전히 분리된 다른 세계이다.

세대 간의 거리를 벌려놓는 것은 비단 오락생활이나 여가생활의 단절만이 아니다. 오늘날 아이들의 공교육 기간은 이전에 비해 엄청난 기간을 요구하고 있으며, 그에 따라 부모의 품에 의지해야 하는 자식들의 의존기간도 늘어나고 있다. 또한 함께 한 집에 살면서도 부모와 자식의 세대 간의 문화적인 간극은 점점 더 벌어지고 있어서 세대차이로 인한 갈등이 증폭되고 있다. 젊은이들의 행동 패턴이 진행되는 속도 역시 기술의 속도보다 빠르게 바뀌고 있어서, 이제 청소년들은 앞선 세대들보다 동세대들에게서 더 많은 친밀감과 영향을 받고 있다. 청소년들은 피노키오의 루치뇰로처럼 이전보다 훨씬 빈번하게 아버지의 부성적 권위를 자신보다 약간 더 체격이 좋고 약간 더 힘이 세고 잘생긴 친구들에게서 찾고 있으며, 이들에게서 이상적인 인물상을 발견하려 하고 있다. 그리하여 이제 청소년들은 TV나 잡지들에서 볼 수 있는 다른 젊은 이들을 통해 미래의 전망을 학습하며, 유행하는 패션의 코드만 동일하다면 세계 어느 곳에서라도 그들을 찾아내고 있다.

여기서 문제는 청소년들에게만 국한되는 것이 아니다. 오늘날은 아버지들 또한 부성에 대한 자각을 결여하고 있으며, 자식들과의 관계를 더 깊이 발전시키려는 시도를 거의 하지 않는다. 심지어 극단적인 경우에는 자식들이 자신을 외면하고 무시하지는 않을까 하는 두려움에 자식들이 원하는 모든 경제적 요구를 기꺼이 받아들이는 아버지들도 심심치 않게 눈에 띈다. 또 어떤 경우에는 아버지 스스로가 이전의 수직적인 의사소통 체계를 버리고 청소년들의 수평적인 의사소통 속으로 들어가기도 한다. 이런 시도들의 대부분은, 다시 말해 아버지들이 자식과 소통하려는 시도들의 대부분은 TV 프로그램의 내용들을 분석하는 연구들에서 잘 알 수 있다.[209] 최근 몇십 년 사이에 TV 드라마에서 볼 수 있는 주목할 만한 변화는 아이들이 자신들의 아버지를 이름만으로 호칭하는 현상이다. '아버지' 혹은 '아빠'라는 호칭 대신 아버지의 이름을 부르는 최근의 추세는 부자 관계에 들어 있는 위계질서와 윗사람에 대한 존경과 믿음을 상실하고 있는 것인지도 모른다. 그럼에도 친구를 부르는 방식으로 자신들을 불러줄 때 더욱 높은 수준의 대화가 가능하다는 점에서 아버지들은 자신들이 지켜온 고유한 위치를 기꺼이 내려놓고 있다. 현대의 아버지들 역시 자식과 소통하고 대화할 수 있는 유일한 통로는 친구가 되는 것이라는 점을 알고 있다.

　오늘날은 이미 이런 현상이 너무나 보편적인 것으로 인식되기 때문에 그 안에 들어 있는 아버지들의 힘든 노력은 간과되는 경우가 빈번하다. 가령 바로 얼마 전까지만 해도 식사시간은 온 가족이 모여서 스스로 축복하는 가장 소중한 시간이었다. 아버지는 이 시간을 주재하는 사제로 가족들 모두에게 일종의 권위를 행사할 수 있었고, 식사 자리에서 자식들을 내쫓는 것만으로도 엄중한 체벌의 효과가 있었다. 하지만 오늘날 식사시간은 어린 자식들이 아버지를 비난하거나 아버지에게 보답하는 시간이 되고 있다. 아이들은 늦게까지도 집에 들어가지 않을 수 있는 구실들을 찾아냈고, 아버지와 함께 시간을 보내지 않을 수 있는 변명들도 잔뜩 가지고 있다. 이에 따라 아버지들은 자식들을 곁에 앉히기 위해 자식들이 원하는 선물들을 끊임없이 내놓고 있다. 이런 선물 공세는 식탁의 주인이 아버지가 아닌 아이들에게 돌아가는 역전된 상황을 만들었다. 심지어 자식들이 아버지의 생일날 같은 가족의 기념일에 모든 어린이들의 성스러운 신전이 되어버린 맥도날드로 달려가지 않고 집에 남아 있는 것은 그들이 가족에게 선사할 수 있는 가장 값진 선물이 되어버렸다.

22장
가족의 생계만 책임지는 사람

우리가 '법'이라고 말할 때는 국가의 법이나 윤리적인 법, 종교적인 법, 경제적인 법 등 서로 다르지만 연관성을 지니고 있는 수많은 규범들을 떠올리게 된다. 막스 베버(Max Weber)는 이런 연관성을 윤리적인 프로테스탄티즘 정신과 경제발전 사이에서 보았다. 그에 따르면 신을 향한 인간적인 행위와 자본주의적인 시장의 움직임은 밀접한 연관성이 있으며, 모두 인간의 희생이라는 열매를 낳았다. 미국이 전 세계의 경제발전을 주도할 수 있었던 것은 광대한 자원과 시장의 규모 때문만이 아니다. 드넓은 대지에 숨어 있는 자원들이 여전히 개발되지 않았을 때에도, 그리고 미국의 이민자들의 숫자가 아직 넘치도록 많지 않았을 때에도, 유럽은 이미 스스로를 위한 2차적인 숙명을 준비하면서 자신의 가장 엄격한 프로테스탄트 정신을 외부로 전수했던 것이다.

엄격한 정도는 다양하지만 가부장적 구조와 프로테스탄트의 윤리는 미국을 설립하는 데 서로 보조를 맞추었다.[210] 그리고 자식들과 관련한 아버지의 제일 중요한 역할은 가치를 교육시키는 것이었다. 이는 실제로 종교적인 직분이기도 했다. 종교적인 열정을 통해 아버지는 일터에서 많은 시간을 보내야 함에도 불구하고 자식을 교육시켜야 하는 역할을 맡고 있었다. 또한 부부가 별거를 하는 경우가 생기더라도 대부분의 자식들은 아버지에게 위임되었다.[211]

19세기는 엄청난 변화의 시기였다. 산업혁명은 이전에 비해 엄청나게 많은 수의 아버지들이 일자리를 찾기 위해 긴 시간 동안 가족들을 떠나 있도록 했다. 그리고 새로운 사고방식의 탄생과 함께 자아에 대한 확신과 부를 축적할 수 있는 기회들을 마련해 주었다. 게다가 프로테스탄트의 윤리와 미국 사회의 엄청난 유동성은 아버지들이 이 새로운 상황을 유럽에서보다 훨씬 높은 수준으로 이용할 수 있도록 해주었다. 하지만 20세기로 진입하면서 산업혁명이 가져온 변화는 예상치 못한 결과를 낳게 되었다. 무엇보다 가장 크게 변화된 것은 아버지의 제일 중요한 역할이 더 이상 자식들에게 가치를 가르치는 것이 아니라 가족들의 '생계를 책임지는' 것이 되었다는 것이다.[212]

지난 몇십 년간의 급속한 문화적인 변화들 속에서 이상적인 부성의 형태도 새로운 모습으로 바뀌었다.[213] 그 중 가장 쉽게 목격할 수 있는 현상은 어머니와 가사 일을 함께 분담하는 새로운 아버지의 출현이다. 여성이 전담하던 일들을 함께 나누어 분담하는 새로운 아버지는 물론 부부 사이의 공평함과 평등이라는 위대한 이상을 포함하고 있다. 하지만 우리는 이런 이상들이 현실과는 상당한 거리를 둔 여성화된 부성이라는 점을 앞서 살펴본 바 있다. 그래서 이 장에서는 이런 부분을 잠시 미뤄두고 현실적으로 마주치게 되는 측면들만을 우선 다뤄보기로 하자.

20세기에 이르러 아버지는 가족의 생계를 책임지는 사람이라는 생각이 유럽과 미국 모두에서 강화되었다. 서구사회에서 현재 가장 선호되는 아버지의 이미지는 이런 부양자의 이미지이며, 이 이미지는 저개발 국가들로까지 확산되고 있다.[214] 아버지의 이미지가 이렇게 변화된 것은 20세기의 특징인 자본주의 시장경제에 의한 것이다. 오늘날 대다수의 아버지들은 아주 적은 시간만을 자식들과 보내고 있지만, 그렇다고 해서 여기에 대해 죄책감을 느끼지는 않는다. 오히려 이들이 죄책감을 경험하는 것은 경제적인 능력을 발휘하지 못했을 때, 또는 자신의 능력이 경제적인 부를 창출하기에 부족할 때이다.

어떤 점에서 볼 때, 생계를 책임지는 사람이라는 20세기가 탄생시킨 아버지의 관념은 오래전 과거에서 이미 형성된 것이다. 수렵과 채집을 했던 최초의 인간사회에서 아버지들은 가족을 위해서 집을 떠나 들판이나 산으로 상당 기간 떠나 있어야 했고, 여행에서 가능한 한 많은 양의 짐승들을 잡아야만 편안한 마음으로 집에 돌아올 수 있었다. 현대의 아버지들이 생계를 책임진 사람으로 다시 등장하게 된 것은 이런 선사시대의 재발견이라고 할 수 있다. 하지만 오늘날 아버지들은 그때처럼 제의에 불을 붙이는 사람도 아니고 사냥꾼의 이미지를 불러일으키는 사람도 아니다. 집으로 귀가한 아버지들이 가져오는 것은 피로 물든 사슴이 아닌 때 묻은 빨랫감들이다. 그리고 자식들이 아버지를 평가하는 방식은 얼마나 많은 선물을 사들고 오는지와 같은 물질적인 풍족함이다. 오랜 시간 떨어져 있던 아버지가 돌아왔을 때 느꼈음직한 감동과 환희 같은 것은 오늘날 더 이상 경험할 수 없다.

우리는 여기서 초반부에 잠시 언급했던 '부성의 패러독스'를 떠올려 볼 수 있다. 부족사회에서 아버지는 자신의 힘을 과시하는 방식을 통해 자식들의 애정을 얻어내었다. 아버지는 어머니보다 훨씬 더 사회와 친근한 사람이고 부족과 정글의 법칙을 알고 있는 자라고 여겨졌다. 또한 아버지는 선하고 정의로운 자일 뿐만 아니라 사회와 정글의 법칙을 통솔할 수 있는 자라고 기대되었다. 그리고 자식들은 아버지가 경쟁하는 수컷 동물들의 우두머리이기 때문에 존경심을 품었다. 이와 유사한 기대들은 오늘날에도 변치 않고 발견된다. 자식들은 승리를 거둔 아버지를 원하며 아버지의 승리란 시장경제에서 부를 획득하는 것이다. 그리고 아버지 역시 경제적인 승자가 되는 것을 자신의 이상으로 삼는다.

하지만 우리는 고대에서는 전혀 아무런 저항 없이 받아들였던 것들이 현대에 와서는 일종의 '패러독스'가 되어버리는 것을 발견할 수 있다. 왜냐하면 부성은 문명을 통해 형성된 산물이지만 자식들이 아버지에게 원하는 것은 여전히 동물적인 행동모델에 고착되어 있기 때문이다. 한 예로 아버지의 주된 역할이 가치를 교육시키는 것이었던 시기에는 아버지가 자식에게 주었던 것이 정신적인 가치였다. 아버지들은 세속적인 권력을 추구하기보다는 신성한 원칙들을 가르치려 하였고 정의로운 삶을 알려주려 하였다. 하지만 사회의 가치관이 정신적인 원칙에서 경제적인 성공으로 변화하면서, 그의 내면에는 모순들이 발생하기 시작한다. 아버지들에게는 도덕적인 고결함보다 사회적인 성공이 훨씬 더 바람직한 것으로 평가되고, 생계를 책임지는 것이 가장 큰 역할이 되어버린다. 산업혁명과 함께 출현하게 된 불량한 아버지는 이런 부성의 패러독스를 단적으로 보여주는 것으로, 그의 실패는 윤리적인 실패가 아니라 경제적인 실패였다.

현대의 가족은 새로운 생활양식과 새로운 사고방식 속에서 이전에 볼 수 없던 새로운 관계를 형성하고 있다. 이전까지만 해도 어머니들의 지위는 아버지와 자식들의 중간에 위치하고 있었다. 어머니는 아버지를 심판할 권리를 갖고 있지 않았고, 혹 그런 경우가 있더라도 그녀가 요청할 수 있는 범위는 윤리적인 것이었다. 하지만 오늘날 대부분의 미국 가정에서는 어머니들 역시 경제생활에 뛰어들면서 아버지와 함께 생계를 책임진 자가 되고 있다. 유럽에서는 이런 현상이 미국만큼 광범위하지는 않은데, 이는 어머니들의 역할이 전통적인 가치관을 고수하기 때문이 아니라 사회적으로 높은 실업률 때문이다. 미국과 마찬가지로 유럽에서도 새로운 가치관으로의 전환은 이미 완결되었다.

이런 점에서 볼 때 우리가 주목할 것은 가정의 생계를 책임진 부모들에 대한 자식들의 평가이다. 오늘날은 부부가 모두 경제생활에 참여할 수 있기 때문에 가정의 생계가 어려워질 경우 자식들은 이 책임을 아버지와 어머니 모두에게 지울 수 있을 것이라 생각하는 것이 자연스러울 것이다. 하지만 어머니의 경제생활에 대한 실패는 특이하게도 자식들의 비난을 거의 받지 않는다. 어머니의 경제적 능력의 상실은 어머니에 대한 자식의 기대감과 거의 관련이 없다. 자식들이 어머니에게 기대하는 것은 모성적인 애정이며 어머니의 경제 활동은 부성적인 측면을 공유하는 것일 뿐이라고 여긴다. 그래서 가장의 역할을 맡고 있는 어머니는 아버지가 해주어야 할 역할을 맡고 있는 것일 뿐이며, 가정의 생계와 관련된 비난은 거의 받지 않는다.

반면 아버지에 대한 자식들의 기대감은 거의 전적으로 가족의 생계와 관련된 것들이다. 아버지의 경제적인 실패는 자식들의 애정을 받을 수 있는 자격을 상실하는 것과 동일하다. 세속화된 사회는 전통적인 윤리적 원칙들을 소멸시키면서 가정의 생계를 책임져야 하는 부양자의 임무는 강화시켰다. '부성의 패러독스'는 이런 세속화 과정에서 발생한 것으로 아버지에게 도덕적 원칙보다 시장의 경쟁원칙을 강요한다. 그리고 가족들 역시 아버지가 다른 사람들을 물리치고 무조건 승자가 될 것을 무의식적으로 기대한다. 아버지들은 이제 동물들의 무리처럼 경쟁사회에서 자신의 부성의 원칙을 찾게 된 것이다.

전통적인 가치들을 물려주는 것에서 부성의 역할을 찾았던 아버지들은 자식들의 존경을 잃어버린 적이 없었다. 아버지들은 오직 신에게만 대답할 책임을 가지고 있었고, 오직 신으로부터만 부성에 대한 존경심을 거부당할 수 있었다. 반면 오늘날의 아버지는 사회의 판단 기준에 대답할 책임을 가지고 있으며, 이는 자식들이 아버지에 대한 존경심을 거부할 수 있는 근거가 되고 있다. 매 순간마다 자식들에 의해 평가되고 심판되는 아버지의 지위는 역사가 한 번도 경험하지 못한 새로운 상황이다. 경제적인 법칙들로부터 파생된 이 새로운 '도덕'은 국가의 법률들이 아버지에게서 박탈할 수 있는 그 어떤 권리나 특권들보다 부성의 이미지에 커다란 영향을 미친다. 그래서 오늘날의 아버지들은 권력과 권위를 얻기 위해 경쟁을 하고, 다른 사람들의 이윤을 가로채면서까지 경제적인 부를 추구한다.

교육자에서 생계를 책임지는 자로 부성의 역할이 이동한 것은 단순히 하나의 기능에서 다른 기능으로 옮겨간 문제가 아니다. 부성의 변화된 역할은 사회적인 현상과 함께 가족을 묶어주는 정신적인 유대감까지 변화시킨다. 철학적 측면에서 볼 때, 이런 부성의 변화는 니체가 신의 죽음을 선언했던 19세기의 철학적 혁명과도 관련되어 있다. 혁명 이전에 아버지는 정신적인 중심축이었으며 형이상학적인 최고의 원리였다. 하지만 혁명의 촉발과 함께 아버지는 단순한 생물학적 사실로 추락했으며, 재정적인 자원을 제공해주는 사람이 되어버렸다. 자녀들에게 용돈을 지급해주는 부양자는 이런 변화된 부성에서 탄생한 새로운 아버지의 이름으로, 가족들에게 물질적인 만족을 제공하는 것만을 자신의 역할로 가지고 있는 '새로운 아버지'이다.

신의 죽음 이후 등장한 새로운 아버지는 더 이상 하나님 아버지의 대리자도 아니고, 지상의 삶을 천상의 삶으로 연결해주는 사다리의 구실을 해주는 자도 아니다. 새로운 아버지는 이제 지상을 무대로 다른 아버지들과 경쟁을 하면서 사냥감을 구해오는 부양자이다. 그래서 아버지가 집으로 가져오는 가치도 이제는 더 이상 '초월적'인 것이 아니라 경제적인 것이고 물질적인 것이다. 아버지의 이미지는 더 이상 엄숙하지 않으며, 세속적인 인간들이라면 모두가 지니고 있는 피와 살로 이루어진 물질적인 존재이다. 부성이 세속화되면서 아이들의 무의식 속에 들어 있던 부성의 이미지는 차차로 아버지가 사라진 이미지로 변형되고 있으며, 현실의 아버지는 부성을 상실한 채 가정에 융화되지 못하고 거리를 배회한다.

존재의 의미가 물질적인 것으로 변화되면서 아버지들은 자식들의 존경심을 잃어버리게 되었고, 가족 안에서 존경의 대상을 찾지 못한 자식들은 바깥의 동년배 무리에게 시선을 돌리게 되었다. 상류에서 물을 마시던 늑대가 하류에서 물장난을 치는 새끼 양을 꾸짖는 우화가 알려 주는 것처럼, 오늘날 아버지들은 자식들의 잘못을 비판할 수 없는 위치에 서 있다. 강물이 위에서 아래로 흐르는 것처럼 모든 문제의 출발은 부모들로부터 시작해 자식들에게로 내려간다. 마찬가지로 근대화의 흐름과 함께 경제 중심적인 사회를 만들고 동료들 간의 경쟁을 부추겼던 것은 바로 아버지들이었다. 이런 아버지들 간의 대립은 자식들끼리의 경쟁을 허용하였고 급기야는 아버지들과 자식들이 서로 경쟁하는 것까지 허용해 주었다. 이런 경쟁적인 구도에서 아버지에게 기대되는 부성은 성스러운 것도 아니고 탁월한 것도 아닌, 단지 임시적으로 소유하고 있다가 상황이 변화되면 손익분기점에 따라 바뀔 수 있는 것이 되었다. 아버지들의 이런 나약한 모습을 보면서 십대의 자녀들은 동년배들의 무리에 보다 쉽게 동화될 수 있었다. 청소년들은 한 여자를 놓고 연애를 하기 위한 경쟁을 벌이고, 동년배들과의 경쟁은 또 다른 경쟁으로 이어졌다.

여기서 더 나아가 최근 반 세기 동안 일어난 새로운 변화들은 보다 큰 복잡성을 띠게 된다.

세대적인 관점에서 볼 때 유럽과 미국 학생들의 봉기는 아들들 편에서 일어난 아버지의 권위에 대항하는 반란이었다. 하지만 폭동을 유발시킨 원인의 측면에서 보면, 젊은이들은 다른 무엇보다 경제적인 부를 최고의 가치로 선호하면서 경쟁을 부추기는 사회이념들을 전복시키고자 했다. 이들은 보다 상위의 질서 안으로 올라서려 하고 그 위치를 고수하기 위해 전쟁을 일삼는 권위적인 사람들을 거부하려 했다. 이들의 폭동은 그래서 정신적인 가치들에 뿌리를 두고 있던 사회에 대한 향수를 표현한 것으로, 아버지의 역할을 경쟁을 통한 부의 획득이라고 주장하는 사회에 맞선 것이다. 간혹 폭력성을 보이기도 했지만 그럼에도 불구하고 유럽과 미국의 젊은이들을 사로잡았던 것은 경쟁을 유발하는 수평적인 관계가 아니라 정신으로 이어진 수직적인 관계였다.

안타까운 현실은 이 젊은이들이 지난 몇십 년 동안 침묵을 지켜오고 있다는 점이다. 이들은 자신들이 거부했던 권위적인 아버지들의 나이가 되었지만 앞선 아버지들과 마찬가지로 도덕적인 원칙보다는 성공의 원칙을 가치관으로 삼으면서 사회의 일부분이 되어버렸다. 자신들이 거부했던 사회를 그대로 유지하면서 말이다. 이런 점에서 보면, 이들 새로운 세대들이 추구했던 것은 사실은 진정한 부성이 아니었을지도 모른다.

프로이트가 간파했던 것처럼 우리가 초자아라고 부르는 내면의 권위는 도덕성과 관련되어 있지만 동시에 승자의 법칙을 중시하려는 경향도 있다. 가령 나의 어떤 행동이 도덕적이지는 않지만 성공적이었다면 내면의 초자아는 나에게 거의 비난을 퍼붓지 않는다. 반면 내가 실패했다면, 그 행동들이 아무리 도덕적인 판단에 의한 것이라 할지라도 초자아는 나에게 죄책감과 절망감을 선사한다. 새로운 '부성'의 법칙은 이런 초자아의 작용처럼 객관적인 성공만을 확신의 토대로 삼고 있으며, 베를린 장벽이 붕괴되었을 때는 자신을 위한 역사적인 변론까지 찾게 되었다. 시장경제의 경쟁원리의 성공, 레이건(Reagan)과 대처(Thatcher)의 정치적 성공 그리고 공산주의의 붕괴는 정치적인 사건이면서 동시에 심리학적인 사건이기도 하다. 왜냐하면 경쟁을 중시하는 시장경제의 원칙은 아버지들의 사명을 생계를 책임지는 역할에 두고 있기 때문이다. 그리고 전 세계의 수많은 국가들은 아버지에게 보다 많은 경제적 책임과 임무를 부여함으로써 자신들의 체제를 견고히 하고 있다.

하지만 완전한 평등을 원칙으로 삼고 있는 오늘날의 포스트모더니즘 시대는 사실상 가장 오래된 고대의 범죄를 반복하고 있다. 이 고대적인 범죄는 형제간이었던 카인과 아벨의 싸움이 아니라 헥토르를 향한 아킬레우스의 훨씬 더 잔혹한 범죄이다. 왜냐하면 형제에 대한 살인은 다른 형제를 생존자로 남겨놓지만, 부성의 영웅인 헥토르를 살해하는 것은 경쟁만을 추구하는 반(反)부성적인 남성들만을 생존자로 남겨놓기 때문이다.

부성이 사라져가는 시대에 아버지라는 호칭은 이제 그가 집으로 가져오는 월급 때문에 붙여진 것이 되고 있다. 오늘날 아버지들은 자아의 성공보다는 자신의 경제적인 성공이 자식들에 의해 평가받는 기초가 된다는 것을 알고 있다. 이혼한 아버지들의 상황 역시 그다지 다르지 않는데, 자식을 직접 양육하지 않더라도 이들 역시 자식의 생계를 책임지는 사람이라는 것은 피할 수 없는 법적인 사실이다. 이혼한 아버지들이 자식들과 깊은 관계를 맺기 위해서 필요한 것은 여전히 자식들의 생계를 책임질 수 있는 경제적인 능력이다. 그리고 이런 경제적인 능력이 뒷받침되어야만 아버지들은 자식들의 존경심을 유지할 수 있다. 따라서 오늘날 부성이 부양자의 역할로 변화된 것은 이혼 여부와는 상관없는 것이며, 오늘날 아버지와 자식의 관계를 뒷받침해주는 것은 아버지의 경제적인 성공 능력이다.

여기서 더 나아가 이혼에 대한 연구들은 아버지와 자식의 관계가 끊어졌을 때, 그로 인해 초래되는 아이들의 정서적인 문제뿐만 아니라 아버지의 문제도 알려준다. 방대한 연구가 이루어진 것은 아니지만 적어도 연구자들은 자식들과 떨어져 홀로 생활하는 아버지들이 빈번하게 정신적인 고통을 호소한다고 주장하며, 이런 고통을 비자발적 자식부재 증후군(involuntary child absence syndrome)[215]이라 부른다. 이혼한 아버지들이 겪는 이런 증후군은 주로 우울증의 양상을 띠고 있는데, 본인 스스로도 우울한 감정의 원인이 자식과 관련되어 있다는 것을 모르는 경우가 대부분이다. 또한 우울증의 원인을 알고 있는 경우라 하더라도 자식들을 적극적으로 만나거나 관계를 개선하려는 시도를 할 수 없는 경우도 빈번하다. 여기서 우리는 오디세우스와 텔레마코스의 역전된 관계를 떠올려 볼 수 있을 것이다. 고대 그리스 시대에는 아들이 아버지를 찾기 위해 먼 곳으로 여행을 떠났다면, 오늘날은 아버지들이 자식들을 찾기 위해 여행을 떠나려 한다.

누구나 알고 있는 사실이지만 소중한 사람을 상실하는 사건은 언제나 고통의 원인이 된다. 하지만 보다 넓은 관점에서 보면, 아버지와 자식의 단절은 주변 세계의 환경과 밀접한 관련성이 있다. 현대사회의 지배적인 가치들은 온통 성공과 관련된 것들뿐이고, 자식들과 깊은 교감을 바라는 아버지들은 자신들의 경제적인 능력 부족 때문에 항상 죄책감을 경험한다. 대다수의 아버지들이 오늘날 자식들에 대해 죄책감을 느끼는 것은 사회의 지배적인 가치들을 무비판적으로 인정하면서 내면의 초자아로부터 비판을 받기 때문이다. 가령, "너는 자식들이 얼마나 소중한지 모르고 있어. 그러니 네가 그들을 잃게 된 거야" 같은 비판을 말이다. 그래서 자식을 상실한 아버지는 도덕적인 실수를 저질렀기 때문이 아니라—그런 것은 구원받을 수 있다—개인적인 무능함 때문에 벌을 받는다고 느낀다.

아버지의 내면을 가득 채우고 있는 스스로에 대한 비난은 부성에 대해 두 가지의 사실을 알려준다. 첫 번째는 신체적인 출산만으로는 부성을 충분하게 채울 수 없다는 것이다. 아버지의 책임감은 자식을 낳는 것뿐만 아니라 자식을 위해 사회로 뛰어들어 다른 사람들과 경쟁을 해야 한다는 것이다. 두 번째는 경쟁적인 문화가 선호하는 가치관처럼, 누구든 자식을 가질 자격은 있지만 능력을 보이지 못하면 자식을 잃을 수도 있다는 것이다. 이렇게 오늘날의 아버지들은 자신의 의무를 일차적인 재정적 후원에만 한정시키고 있으며, 부양자의 역할 속에서 깊은 굴욕감을 느끼고 있다.

이런 점에서 볼 때 선조들이 만들어 놓은 소중한 가치를 지키지 못한 것은 젊은이들만의 잘못이 아니다. 역사가 잘못된 길로 들어선 것은 직접적으로는 산업혁명을 통해서이고 간접적으로는 그보다 앞선 미국과 프랑스의 혁명을 통해서였다. 하지만 또한 역사의 이런 진로는 진보를 향한 내딛음이었기 때문에 우리는 가치관의 후퇴를 주장할 수도 없는 형편이다. 진보가 낳은 새로운 가치관은 모든 인간 존재가 평등하다는 것으로, 이제 신이자 왕이자 아버지인 인물들에게 종속되어 있던 권력들은 동등한 권리를 통해 모든 사람들에게 분배되었다. 특히 젊은이들의 세대는 이런 동등한 권리가 어떤 권위나 위계질서 없이 평등하게 공유되고 있는 것을 보여준다.

하지만 권위를 잃어버림으로써 젊은이들의 세대가 겪을 수밖에 없는 심리적인 문제점도 있다. 피노키오와 루치뇰로의 관계에서처럼, 아버지가 없는 두 아이들의 결탁은 필연적으로 실패할 수밖에 없다. 먼저 간략하게 줄거리를 설명하자면 동화책에서[216] 피노키오는 불완전한 아이로 태어난다. 먼저 그는 아버지에 의해서 만들어졌기 때문에 어머니가 없다. 요정이 그의 양어머니가 되는 것은 이야기의 후반부이고 그래서 중대한 의미를 지니지는 않는다. 그리고 다음으로 피노키오는 아버지도 없다. 물론 피노키오를 만든 할아버지 제페토는 피노키오가 자신의 아들이 되어주기를 바란다. 로마의 아버지들이 그랬던 것처럼 제페토는 피노키오의 아버지가 되겠다고 선언을 하지만, 경제적인 능력 부족으로 피노키오를 불안전한 나뭇조각으로 만들 수밖에 없다. 그리고 그의 경제적인 무능력은 피노키오의 존경심을 얻지 못하기 때문에 정신적인 부자 관계를 만들지 못한다.

아버지에 대한 존경심도 없고 아버지의 권위도 인정하지 않는 피노키오는 학교도 잘 가지 않고 아버지가 시키는 일도 게으름을 피우는 소년이 된다. 게다가 자신보다 약간 더 키가 크고 나이도 많고 반항적인 소년인 루치뇰로를 만나면서부터는 아버지에게서 발견하지 못한 권위와 존경을 이 친구에게서 찾아내려 한다. 하지만 예상했던 것처럼 루치뇰로는 전형적인 반항아로 스스로를 보호할 수 있는 지식이나 경험을 가지고 있지 않다. 그리고 내적 권위를 만들어주는 목표를 가지고 있지도 않기 때문에 배움을 중요하게 여기지 않는다. 때문에 피노키오와 루치뇰로는 아무런 계획도 없이 자신들의 힘이 가진 매력에 도취되어 신나는 모험들을 감행한다. 이들이 겪게 되는 모험은 청소년들이 겪곤 하는 방황을 나타내는 것으로, 이들을 성인으로 이끌어주기보다는 더 깊은 수렁으로 빠뜨린다. 한 예로 피오키오와 루치놀로는 동물로 변신하게 되는데, 이 동물은 자유롭게 풀밭을 뛰노는 동물이 아니라 인간에게 노동력을 착취당하는 당나귀이다.

피노키오의 이야기 외에도 우리는 페터 해르틀링(Peter Härtling)이라는 독일 작가를 통해 현대적인 판형의 비슷한 이야기를 들을 수 있다.[217] 페터 해르틀링은 어릴 적에 온화한 태도와 부드러운 말투를 가진 변호사 아버지를 부끄러워했다. 아버지의 나약함을 싫어했던 그는 그래서 히틀러가 만든 유소년단에 들어가 이 무리에 속해 있는 나이 많고 공격적인 소년들을 자신의 이상적 모델로 삼았다. 그리고 전쟁이 끝날 무렵에는 뜻하지 않은 비극이 그의 가족에게 닥쳤는데, 아버지가 적군에게 잡혀 다시는 돌아오지 못하게 된 것이다. 전쟁과 가족의 아픔 속에서 소년기를 보내고 난 후 해르틀링은 기억에서 멀어져가는 아버지를 붙잡기 위해 아버지가 했던 일들을 추적해보기 시작했다. 그리고 아버지의 의뢰인들이 대부분 유대인들이며 나치에 반대하는 사람들이었다는 것을 알게 되었다. 나약한 모습만을 가지고 있다고 생각했던 아버지가 자신의 목숨을 걸고 이들을 지켜주려 했던 것이다. 이 사실을 통해 해르틀링은 자신이 어린 시절 갈구했던 영웅이 바로 아버지였다는 것을 알게 되었다. 하지만 이 부드럽고 강인한 영웅은 이미 지상에서 사라져버린 후였다. 그리고 자신이 아버지의 대리자로 생각했던 나치즘과 파시즘은 부성적인 이데올로기에 대한 반작용으로 발생한 것으로, 진정한 영웅인 아버지들에게 반기를 들고 부성을 소멸시키려 했다는 것도 뒤늦게야 알게 되었다.[218]

23장
아버지를 찾아 떠나는
텔레마코스의 여행

이제는 아버지에 대한 우리의 연구가 진정한 부성을 부활시키려는 목적을 가지고 있다는 것을 밝혀보기로 하자. 이 글은 아버지와 자식들 모두에 관심을 가진 독자들을 대상으로 삼고 있다. 하지만 부성과 관련한 연구는 모성에 대한 연구만큼 명확성을 유지하기가 쉽지 않다. 왜냐하면 부성은 생물학적으로 주어진 사실이 아니라 문명 속에서 탄생한 정신적인 각성이기 때문이다. 또한 부성에 대한 연구는 아버지를 갈망하는 자식들에 대해서도 관심을 기울여야만 해답을 얻을 수 있는 것이다. 그래서 지금부터는 우리의 시선을 자식들의 시선으로 옮겨서 자식들이 아버지를 바라보는 시선을 한번 살펴보고자 한다.

아버지를 찾는 과정 속에서 자식들은 많은 것을 기대한다. 자식들은 외적으로 보이는 아버지의 모습 외에도 아버지가 품고 있는 내면의 세계도 알기를 원한다. 그리고 자신이 품고 있는 부성의 이미지와 '아버지'가 서로 친숙한 사이가 되기를 바란다. 결론적으로 말하면, 자식들은 이상적인 '아버지'의 모습을 통해 성숙한 어른이 되고 싶어한다.

미성숙한 아이들이 자신을 성인으로 이끌어줄 부성을 찾아내려는 과정은 대부분 여행이라는 상징성을 띠고 있다.

텔레마코스가 『오디세이아』의 첫 부분에 등장해 아버지 오디세우스를 찾아다니는 것처럼 자식들이 부성을 찾아가는 과정은 서구문학의 중심적인 주제가 되어왔다. 텔레마코스가 아버지를 찾으려는 이유는 두 가지인데, 하나는 국가를 빼앗으려는 어머니의 구혼자들을 물리치기 위해서이다. 그리고 또 하나는 자기 혼자의 힘만으로는 완전한 성인의 삶을 이룰 수 없기 때문이다. 어머니는 여기서 생물학적인 보호를 제공해주는 역할만을 맡고 있어서 국가적인 위기나 개인적인 위기를 타개할 수 있는 지혜를 제공해주지 못한다.

그리고 장면이 바뀌어 마침내 아버지와 아들이 만나게 되었을 때, 모든 문제들을 일시에 해결해주리라 기대했던 아버지는 자식에게 예상치 못한 모습을 보인다. 무례한 구혼자들이 아버지에게 욕을 하거나 폭력을 휘두르더라도 절대 나서지 말고 참고 있으라고 명령한 것이다. 일면 나약한 모습으로도 비칠 수 있는 오디세우스의 명령은 아들에게 큰 충격이지만, 아버지의 제안은 구혼자들을 물리치는 것 이상의 커다란 의미를 함축하고 있다. 오디세우스가 보여준 아버지의 제안은 거의 예언과도 같은 의미를 담고 있는데, 어쩌면 『오디세이아』가 오늘날까지 영향을 발휘하는 이유도 이것 때문일 수 있다.

그렇다면 과연 오디세우스가 아들에게 가르쳐준 것은 무엇일까? 그것은 바로 인내와 계획이다. 겸손(humility)—필요하다면 굴욕(humiliation)—은 아버지들이 자신의 권위를 정화시키기 위해 거쳐야만 하는 필수 경험이다. 오디세우스는 참을성을 통해 적절한 때를 기다릴 줄 알며, 또한 그때가 다가오면 어떻게 승리를 거머쥐어야 하는지에 대한 계획도 가지고 있다. 상황에 따라서는 '무명인'의 이름을 빌려 쓸 만큼 자신을 낮추면서 말이다. 아버지가 아들에게 주문하는 인내와 계획은 구혼자들의 참을성 없는 난폭함이나 방종과 대립되는 것으로, 이런 자질들은 궁극적으로 모든 남성적인 오만과 즉각적인 욕망추구로부터 자유로운 것이다. 『오디세이아』는 바로 부성의 가치관을 알려주는 예언서로 우리에게 남성성의 위험과 부성의 긍정적인 가능성을 전해준다.

다음으로 아버지를 찾아가는 자식들의 여행은 낯선 곳을 방문하는 지리학적인 여행만이 아니다. 자식들의 여행은 간혹 정신적인 바다에서 펼쳐지기도 하는데, 가령 이 상상의 여행은 아버지를 제자리로 옮겨주고 다시 정의의 왕관을 씌워주는 것일 수도 있다. 셰익스피어의 『햄릿Hamlet』은 이런 여행을 보여주는 대표적인 작품이다. 전 세계의 수많은 대학에서 이 책을 참고문헌으로 삼고 있는 이유는 20세기의 전형적인 특징인 부성을 상실한 학생들의 고뇌를 알려주는 것이기 때문이라고 할 수 있다.

『햄릿』의 대강의 줄거리를 살펴보면 주인공은 죽은 아버지 때문에 슬픔과 향수에 젖어 있는 아들이다. 이때 아버지 햄릿이 유령이 되어 아들에게 복수를 부탁하기 위해 나타난다. 햄릿은 아버지의 억울한 사연을 듣고 그의 부탁을 들어주고 싶어한다. 하지만 그의 요구를 들어주기 위해서는 무엇보다 먼저 아버지를 이해해야 하고, 또 그를 이해함으로써 스스로가 내면적으로 아버지가 되어야만 한다. 햄릿은 자유로운 사고를 가진 젊은이들의 집합소였던 비텐베르크 대학의 학생이었고 이 대학의 친구들과도 막역한 관계를 가지고 있다. 20세기 중반의 버클리나 소르본 대학의 학생들처럼 햄릿과 그의 친구들은 아버지를 갈망하고 찾고 싶어하지만 동시에 아버지로부터 벗어나기를 희망하고 있었다. 이들은 모두 외부세계에서 찾을 수 없는 권위와 진실을 몹시 열망하고 있었던 것이다.

자식들의 아버지에 대한 추구는 고전적이면서도 원형적인 주제로, 아버지를 찾아가는 과정은 쉽게 최종 목적지를 알 수 있는 것이 아니며 사회와 개인의 끊임없는 노력을 필요로 한다. 이런 점에서 아버지에 대한 연구는 계통 발생적인 기억의 무의식적인 잔여물을 포함하고 있고 언제나 불확실한 측면을 포함하고 있다. 그래서 부성과 관련한 이야기들은 서구사회 전체에 깊숙이 숨겨져 있는 불안을 안고 있는데, 이 불안은 부성이 자연적으로 주어진 것이 아니라 문화에 기반을 두고 있기 때문이다. 해르틀링의 자서전[219]에서 알려주는 것처럼 자식들의 부성에 대한 갈망은 우선 외부적으로 관찰되는 가시적인 세계에서 시작한다. 작가의 어린 시절 기억들 중 하나는 아버지가 매일 아침이면 사무실로 가기 위해 집을 나서고 그다음에는 자동차를 타는 것이었다. 네 살 정도의 나이였던 해르틀링은 어느 날 자신의 세발자전거를 타고 집을 나간 적이 있는데, 결국 어린 꼬마는 자동차들로 혼잡한 도심 한복판에서 발견된다. 짐작할 수 있는 것처럼 꼬마는 이때 아버지의 세계를 들여다보고 싶은 마음에 집을 떠나 도로로 나갔던 것이다.

알베르트 카뮈(Albert Camus)가 자동차 사고로 죽었을 때에도, 젊은 나이의 유망한 작가였던 카뮈의 차 안에서는 아버지의 흔적을 좇으며 기록한 144페이지의 원고가 발견되었다.[220] 카뮈의 아버지는 카뮈가 아주 어린 나이였을 때 돌아가셨는데, 성인이 된 작가는 아버지에 대한

향수를 떨쳐낼 수 없어서 아버지의 흔적이 남아 있는 여러 기록보관소들을 찾아다니고 있었던 것이다.[221]

이렇게 어린 시절에 아버지를 상실한 것에 대한 기억은 텔레마코스의 시대뿐만 아니라 우리 시대에도 흔히 찾아볼 수 있는 이야기이다. 우리는 이런 이야기를 고전 예술장르를 위태롭게 만들고 있는 새로운 장르인 영화에서도 찾아볼 수 있다. 대표적인 작품들로는 마르타 메스자로스(Marta Meszaros)의 삼부작 〈내 아이들을 위한 다이어리〉(헝가리, 1993)와 주세페 토르나토레(Guiseppe Tornatore)의 〈신 시네마 천국〉(이탈리아, 1988)을 들 수 있다. 〈밤비Bambi〉(1942)로 대성공을 거둔 월트 디즈니(Walt Disney, 미국) 역시 아버지를 찾는 소년의 성장기를 담은 〈라이온 킹Lion King〉(1994)을 제작한 바 있다. 알란 파커(Alan Parker)의 〈핑크 플로이드의 벽〉(영국, 1982)은 록 그룹의 노래를 영상형식으로 표현한 작품이지만, 부성의 상실로 혼란과 고통을 겪고 있는 청소년들의 절규를 담고 있다. 테오 안젤로풀로스(Theo Angelopoulos)는 〈안개 속의 풍경〉(그리스/프랑스, 1988)에서 부성이 사라져버린 현실을 침착하게 응시하고 있으며 이런 시선은 독일 감독인 빔 벤더스(Wim Wenders)의 〈도시의 앨리스〉(독일, 1973)[222]와 〈파리, 텍사스〉(미국, 1984)에서도 이어지고 있다. 또한 에드가 라이츠(Edgar Reitz)의 대작 시리즈인 〈고향〉(독일, 1984)과 〈두 번째 고향〉(독일, 1992)은 양차 세계대전에서 아버지를 잃어버린 독일의 두 세대들에게 헌사된 것이라고 할 수 있다. 물론 이런 주제를 담은 영화들이 모두 만족스러운 성공을 거둔 것은 아니다. 하지만 재정적인 한계나 관객들의 무관심에도 불구하고 부성과 관련된 영화는 계속적으로 발표되고 있는데, 이는 부성을 갈구하는 자식들의 갈망이 오늘날까지도 여전히 근원적인 힘을 간직하고 있기 때문이다. 게다가 상업성이 떨어지는 영화를 만들기가 어려운 형편에 있는 나라들에서도 아버지를 찾으려는 영화들은 꾸준하게 발표되는데, 월터 살레스(Walter Salles)의 〈중앙역〉(브라질, 1998), 이드라파 이드리사 우에드라고(Idriffa Idrissa Ou' edraogo)의 〈마음의 외침〉(부르키나파소, 1994), 라시드 부샤렙의 〈삶의 먼지〉(알레그리아/베트남, 1994) 등등이 있다. 이 중 루이스 브뉘엘(Luís Buñuel)의 〈버려진 아이들〉(멕시코, 1950)은 손꼽히는 최고의 수작이다.

이러한 방대한 현상들에 어떤 의미가 들어 있다면, 우리는 이와 관련해서 다음과 같은 확신을 할 수 있다. 즉 오늘날의 아버지는 자식들을 잊었을지 몰라도 자식들은 아직도 아버지를 잊지 않았다. 매드가 주목했던 것처럼, 만약 부성이 사라지지 않도록 다음 세대로 교육되는 것이라면, 아버지의 세대가 실패하더라도 다음 세대는 아버지를 가진 아들과 딸들을 스스로 키워낼 수 있다. 왜냐하면 현실상의 아버지가 존재하지 않더라도 자식들은 내면의 갈망 속에서 부성을 깨우칠 수 있으며 스스로에게 부성을 배울 수 있기 때문이다.

이런 예를 평범한 삶을 살고 있는 사람들에게서 찾아보기로 하자.

파올라(Paola)는 막 대학을 졸업한 젊은 여성이다. 그녀는 지적이면서도 활달한 성격을 가지고 있다. 그녀는 슬픈 일에 대해서도 감추지 않고 의사소통을 하는 편이지만, 이 슬픈 상황이 자신과는 관계가 전혀 없는 것처럼 지나치게 쾌활한 분위기로 말을 한다. 그녀의 가정배경은 라틴아메리카에서 흔히 볼 수 있는 모계중심적인 가정이었지만 사회적 지위는 상당히 높은 편이었다. 어머니는 고등교육을 받은 사람으로 긍정적이고 활동적인 사람이었고, 딸은 이런 어머니의 성품을 물려받았다. 반면 아버지는 고리타분하고 부유한 가정에서 태어났지만 자립심이라든가 독립심이 없었다. 불성실함이라고까지는 할 수 없는 아버지의 우유부단함은 결국 가정에 경제적인 파탄을 가져왔고 가족은 재산의 상당 부분을 잃게 된다.

파올라가 기억할 수 있는 한에서 아버지는 항상 술을 마시는 사람이었고, 취해 있을 때조차도 자신감이 없었다.

"언젠가 아버지가 상당히 술에 취해서는 제게 물은 적이 있어요. '얘야, 아빠를 사랑하니?'라고요. 아버지는 항상 저를 가장 사랑스러운 아이라고 말하곤 했어요. 저는 아버지와 무척 가까웠지만 도와드릴 생각은 전혀 해보지 못했어요. 도움을 준 것은 전적으로 어머니였지요. 사실상 한 번도 아버지가 보답을 한 적은 없지만, 어머니는 언제나 아버지를 도와드렸어요. 그런 어머니가 아버지를 떠나기로 결심한 것은 언니와 제가 이미 성인이 되었을 때였고요. 바로 몇 년 전 일이었어요."

파올라의 부모님은 이혼 후에도 서로 여전히 연락을 취했고, 그녀의 아버지는 여전히 어머니에게 의지하고 있었다. 그럼에도 아버지는 이전에 비해 훨씬 적극적인 성격으로 바뀌었는데, 이런 변화는 파올라가 아버지를 좀 더 깊이 이해할 수 있도록 해주었다. 다시 말해 파올라는 아버지가 항상 응석을 부리는 어린아이로만 남아 있도록 모든 것을 간섭했던 어머니에 대해 비판적인 시각을 가지게 되었다. 하지만 얼마 지나지 않아 아버지는 집 안의 모든 문과 창문을 꼼꼼하게 테이프로 막고서는 가스를 틀어놓고 수면제 한 병을 삼켰다. 다행히 그는 주변 사람에 의해 우연히 발견되었고 응급실로 실려 갔다. 병원에 장기간 머무는 동안 그는 매일같이 불평을 늘어놓았고 자신이 왜 입원을 하게 됐는지 전혀 기억하지 못했다.

"의사들과 경찰들은 아버지가 살아 있다는 것을 믿지 못했어요. 왜냐하면 너무나 치밀하게 모든 것을 준비했거든요. 저는 아버지의 의료 기록과 경찰 조사서를 모두 살펴보았어요. 사람들이 말하는 것을 몰래 엿듣기도 했죠. 아버지의 생명이 몇 분도 남지 않았다고 의사선생님이 말씀하실 때는, 정말이지 어떻게 이런 일이 일어날 수 있는지 이해하려고 온갖 애를 썼어요. 제가 배워야 할 모든 것을 배운 때가 바로 그때였던 것 같아요."

"아버지가 자살을 시도했다는 걸 받아들이는 건 어려운 게 아니에요. 혼자서 자살을 시도했다는 사실 때문에 제가 이곳을 찾은 것만은 아닌 것 같아요."

"어쩌면 진짜 아버지는 저에게 없었던 것 같아요. 단지 그것을 깨닫지 못하고 있었을 뿐이죠. 제가 그런 생각을 하지 못했던 것은, 아버지를 마치 제 아들인 것처럼 여기고 행동했기 때문인 것 같아요. 아버지는 자주 '너나 네 언니를 위해서가 아니었다면 나는 바로 포기했을 거다'라고 말하세요. 하지만 다행히도 우리가 아버지 곁에 있었죠."

"자살 시도는 아침에 벌어졌어요. 완벽할 정도로 일상적인 아침 시간에요. 저는 아버지가 막 아침식사를 끝낸 후에 일을 벌였다는 것을 알고 나서 너무나 충격을 받았어요. 저녁 시간이나 잠이 오지 않는 한밤중에 혹은 위스키 한 병 정도를 마시고 나서 자살을 시도했을 거라고 생각했지, 아침 시간에 커피까지 들고서 그랬다는 것은 정말 상상도 못했어요. 나중에 저는 아버지가 여러 곳에 전화를 걸었고 약속들을 취소하면서 그날을 준비했다는 것을 알게 되었죠. 그제야 평범한 아침도 목숨을 끊을 수 있는 시간이 될 수 있다는 걸 알게 되었어요. 하지만 뭔가 이해할 수 없는 것이 있어요."

"아버지는 우리를 위해서만 산다고 말씀하시곤 했는데, 왜 갑자기 우리를 떠나려고 했는지 모르겠어요. 적어도 저한테는 한 마디 작별인사라도 건네셨을 것 같은데… 아니면 편지나 녹음테이프, 적어도 메모라도, 아니 그 이상의 것이 있을 줄 알았어요. 아버지가 병원에 계시는 동안 저는 화장실이며 차고며, 집 안 구석구석을 모두 찾아봤어요. 아무것도 나오지 않았지만 믿을 수가 없었어요. 아마 아버지가 돌아가셨다면 지금까지도 찾고 있을지도 몰라요."

"이제는 포기할 수 없다는 게 분명해졌어요. 사랑하는 사람을 잃어버렸을 때 그 사람을 찾으려는 일을 포기하지 않는 것처럼. 심지어 그 사람이 더 이상 살아 있지 않다고 하더라도 말이에요. 아버지가 지금 신체적으로 살아 있고 그렇기 때문에 기뻐하는 것은 단지 본능적인 것일 뿐이에요. 아버지가 남긴 편지가 있지는 않을까 하고 집 안을 뒤져본 이후로, 저는 제가 뭔가를 간절히 바라고 있고 그것을 확인하지 못했기 때문에 포기하지 못한다는 것을 알게 됐어요. 그리고 그 뭔가가 마음속에 들어 있는 아버지라는 것도요. 그것을 찾아내지 못했기 때문에 저는 아버지 없이 살고 있다는 느낌을 갖게 된 것 같아요. 그리고 그것을 찾아내려고 상담실을 찾아왔다는 것도 이제는 알게 되었어요."

이탈리아의 헌법 제30조는 파시즘의 몰락과 함께 탄생한 것으로 다음과 같은 내용을 가지고 있다. "법률은 부권을 설정하는 규정과 한계들을 명시한다." 신화적인 주제로만 여겨졌던 부성이 현대 법률의 주제로 다뤄지고 있다는 사실은 놀라운 일이다. 물론 부성을 법적인 차원에서 다루기 시작한 것은 이때가 처음이 아니다. 이미 고대 로마에서부터 법률 제정자들은 부권을 보호하기 위해 노력을 기울여왔다. 하지만 법률적인 노력들에도 불구하고 대부분의 시대에 부모들로부터 버림받은 아이들은 항상 엄청난 숫자를 기록해 왔다.[223] 그리고 그중에서도 남자들은 전통적인 특권과 어머니에 비해 적은 관심, 그리고 근본적으로는 비시민적인 자질로 인해서 자식을 포기하거나 방관하는 빈도가 높았다. (우리는 의도적으로 이들을 '아버지'라고 지칭하려 하지 않는다.)

남자가 자식을 낳은 다음에 아버지로서의 책무를 방기하고 도피하는 사건은 모든 시대에서 발견되는 가장 빈번한 범죄이다. 남자들의 이런 범죄는 도둑질과는 차원이 다른 종류의 범죄이다. 가령 도둑질은 훔친 물건이나 그에 상응하는 보상을 해줌으로써 충분히 배상될 수 있지만, 아버지의 부재는 한 사람의 인생 전체와 심지어 그다음 세대에까지 상처를 입히기도 하기 때문이다. 현대의 과학기술은 이런 남자들의 도피에 대해 한 방울의 혈액이나 머리카락 한 올로 혈연관계를 밝혀내는 기술의 진보를 이루어 내었다. 이런 점에서 보면, 과학기술에 따른 진보는 오늘날 자식들을 버리는 남자들의 무책임한 범죄를 밝혀낼 수도 있고 처벌의 대상을 가려낼 수도 있다. 하지만 기술상의 진보는 단지 과학적인 사실로서 우리의 심리적인 변화와는 다른 시간을 가지고 있다.

부성이 형성된 문화적인 배경에서 살펴보면, 남자는 여자와 성관계를 가질지 어쩔지 신중함을 통해 언제나 선택할 권리를 가지고 있었다.

또한 여자가 임신을 한 경우라도 그녀가 품고 있는 자식을 자신의 아이로 인정할지 말지 선택할 권리를 가지고 있었다. 그래서 여성과 달리 남성은 성관계와 자식을 갖는다는 것을 두 개의 별개의 사건으로 여겼다. 부성의 형성과 부계적인 사회는 이런 남자의 선택과 책임에 기반을 둔 것으로, 자유로운 선택은 아버지만이 가진 고유한 권한이었다. 더 나아가 남자는 이 권한을 통해 어머니와 구별될 수 있었고, 자식과의 관계를 맺을 수 있었다. 물론 남자가 사회적으로 부여받은 자유로운 선택의 권한은 긍정적인 면과 부정적인 면을 모두 안고 있었다. 긍정적으로 발휘될 경우, 남자는 명목적인 아버지가 아니라 진정한 부성의 역할을 받아들이고 수행하는 아버지가 될 수 있었다. 반면 부정적으로 발휘된다면, 그는 어떤 자식도 가질 수 없고 아버지도 될 수 없으며 가족을 이루지 못하고 바깥을 떠돌아야 했다.

그러나 우리가 법률이나 정치제도 등을 통해 익숙해져 있는 것처럼, 현대에 들어서면서 아버지와 자식의 관계를 맺어주는 것은 전혀 다른 요소들이 되고 있다. 또한 이런 변화는 여성들에게서도 나타났는데 가장 특징적인 것은 역시 과학기술의 진보에 따른 '피임'과 '인공유산'이었다. 피임이나 인공유산은 여성들이 스스로 자식을 선택할 수 있는 권리를 부여해 주었다. 그리고 출산을 하더라도 어머니가 될 의향이 없으면 아이를 다른 사람에게 양자로 보낼 수 있게 되었다. 반면 남성에게는 과학기술의 진보가 오히려 빠져나갈 수 없는 방식으로 이끌었는데, DNA를 통한 친부확인이 그것이다. 오늘날 남자들은 성관계를 맺고 나면 언제든지 법적인 효력과 과학적인 확인에 의해 자동적으로 아버지가 될 수 있다. 또한 그가 자식을 방기했다면 아이는 언제든지 아버지라고 추측되는 사람을 법정으로 데리고 갈 수 있고 또한 재정적인 후원을 요구할 수 있다.

페미니즘이 등장하기 전부터 부성에 대한 비판과 문제제기가 상당 기간 전개되어 왔기 때문에 이런 새로운 친부확인 테스트나 법적인 소송 등은 남자들이 자식에 대한 책임감에서 벗어날 수 없도록 올가미를 씌워 놓을 수 있다. 하지만 새로운 과학기술은 그저 분명한 생물학적 사실만을 확인시켜줄 수 있을 뿐이다. 아버지가 진정한 아버지가 된다는 것은 생물학적인 혈연관계에 기반을 두는 것이 아니라, 부성을 습득하고 발휘하는 정신적인 각성과 의지에 기반을 둔다. 때문에 오늘날 생물학적인 아버지들은 많지만 진정한 부성을 보여주는 아버지들은 적은 이유가 여기에 있다.

부성을 찾으려는 노력은 전적으로 법률적이지도 통계적이지도, 그렇다고 경제적인 것도 아니다. 도망간 아버지를 찾았다고 해도 우리는 그에게 자식의 경제적인 후원을 제공하라고 강제할 수 있지만, 헥토르의 기도 같은 정신적인 세례를 내려달라고는 강제할 수 없다. 그리고 부성을 찾아내고 성장시키는 일은 단 한 사람이 떠맡을 수 있는 개인적인 문제가 아니다. 이것은 사회 전체가 벌여야 할 싸움이며 실패하게 되면 문명 자체가 붕괴될 수 있는 것이다. 하지만 안타깝게도 문명세계의 승리는 여전히 먼 과제로만 남아 있다고 말할 수 있을 뿐이다. 반면 무책임한 남성으로의 퇴행은 이전에는 경험해보지 못했던 수준까지 높아지고 있다.

그럼에도 부성을 찾으려는 자식들의 여행은 포기하거나 중단할 수 없는 중요한 여행이다. 생물학적 출산이 한 남성을 아버지로 만드는 데 충분하지 못한 것처럼, 자식들 역시 신체적인 생명을 부여받았다는 것만으로는 충만한 삶을 살아갈 수 없다. 자식들이 부성을 요구하고 찾으려 해야 하는 이유는 단순히 아버지가 집으로 돌아오지 않기 때문이 아니다. 아버지와 함께 살고 있더라도 자식들은 어떤 순간이 되면 아버지를 찾으려는 시도를 해야 한다. 왜냐하면 아버지의 부성을 요구하는 것이 이들에게는 정신적인 성숙과 성숙한 삶을 시작하기 위한 첫 단추이기 때문이다.

오늘날은 상황이 역전되어 아버지가 자식을 찾아 나서기보다는 자식들이 아버지를 찾아 나서는 시도들이 간간이 목격되고 있다. 이들은 스스로 아버지가 되기로 선택했고 아버지가 됨으로써 자식을 받아들이고 축복을 전해주려 하고 있다. 이들은 이미 아버지의 세대가 겪었던 불행을 통해 부성이라는 것이 생물학적인 사실만으로는 얻어질 수 없으며 적극적으로 찾아 나서야 한다는 것을 이해하고 있는 것이다. 물론 인류의 역사는 항상 부성의 부재를 겪어왔고 이런 사실은 우리 시대 역시 예외가 아니다. 하지만 작은 시도로나마 젊은이들의 부성을 찾으려는 시도는 부성의 부재보다 더욱 심각한 것이 부성을 찾으려는 노력의 부재라는 것을 일깨워준다.

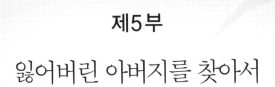

제5부

잃어버린 아버지를 찾아서

24장
부성,
출산의 산물인가 선택행위인가?

　지금까지 우리가 부성을 이해하고 접근한 방법은 문화적이면서도 심리학적인 것이었다. 심리상담가들에게는 이런 접근방법이 개별 환자들에게 조언을 제공할 때 좋은 사례가 되어줄 것이다. 그렇다면 사회 전체에는 어떤 도움을 줄 수 있을까? 융학파의 심리학자들은 이 질문에 대해 단호하게 표준적인 치료책 같은 것은 없다고 말한다. 이들은 정신적인 고통에 처해 있는 사람들은 무엇보다 개성화에 대한 요구를 가지고 있다고 본다. 다시 말해 상담자가 원하는 것은 자신의 내적인 갈등을 극복하고 개별적인 요구들을 이해하면서 가능한 한 완전하게 자기 스스로가 되는 것이다. 그래서 분석가들이 상담자들에게 제공해 줄 수 있는 것은 정해진 해결책이나 이상적인 해법이 아니라 함께 극복 방안을 찾아보는 것이다. 부성에 대해 이야기할 때에도 분석가는 상담자들에게 "아버지는 이러이러한 사람이어야 한다"고 말하지 않는다. 대신 "당신 자신 안에서든 외부세계에서든 관계없이 아버지를 한번 찾아보세요"라고 제안한다.

이런 점에서 부성적인 이미지는 쉽게 찾을 수 있거나 완성되어 있는 것이 아니라는 점을 우리는 먼저 알고 있어야 한다. 아버지를 원하는 사람들은 스스로 아버지를 찾아야 하고, 아버지가 되기를 바라는 사람들 또한 자신이 바라는 부성상을 찾아내야 한다. 개성화 과정이 자신의 진정한 모습을 발견하는 것이듯, 아버지를 찾는 여행 또한 스스로가 갈망하는 아버지를 찾아내야 하는 것이다. 그러기 위해서 우리는 우선 자신에 대해 솔직해져야 한다. 솔직함은 자신이 찾아낸 아버지가 진정으로 원했던 그런 아버지인지를 스스로에게 물어볼 수 있는 용기이다. 앞서 많은 사례들에서 살펴보았듯이, 때때로 우리는 문화적인 현상 속에서 다른 목적이 숨겨져 있는 아버지의 이미지를 자신이 원하는 이미지인 것으로 착각하는 경우들이 있다. 때문에 이런 거짓된 부성의 모습에 휩쓸리지 않기 위해서는 스스로에게 솔직해지는 노력이 반드시 필요하다.

솔직함을 발휘하지 못하면 자신이 선택한 부성에 대해서도 책임을 지려 하지 않는 것은 자연스러운 귀결이다. 부성의 부재라고 특징지을 수 있는 역사적인 순간들을 살펴보면, 당시 부성의 이미지들은 각 개인의 개성화 가능성을 억압하면서 이들을 외부적인 힘에 의탁시키려 했다. 개인적인 책임감에 대한 거부는 20세기를 전제정치의 요람으로 만들었던 심리적인 요인이라고도 할 수 있다. 제1차 세계대전이 종결되고 왕조들이 몰락한 이후, 유럽은 새로운 불확실성과 새로운 자유라는 두 가지의 가능성들을 모두 가지고 있었다. 하지만 우리가 이미 알고 있는 것처럼 역사는 파멸을 향한 방향을 택했고, 이는 대다수 사람들이 자유를 누리기보다는 불확실성을 어떻게든 해소하는 것이 훨씬 중요한 일이라고 생각했기 때문이다. 20세기의 독재정치는 순전히 정치적인 이유들 때문에 일어났던 것이 아니다. 그것은 대중들의 심리적인 정서를 반영하고 있는 것이다.[224) 왕조의 몰락과 함께 대중들 속으로 파고든 부성의 부재에 대한 불안감은 정치가를 새로운 아버지의 이미지로 삼음으로써 독재로 나아가는 길을 만들어 주었다. 이렇듯 부성이 부재했던 시기에서조차 사람들은 아버지에 대한 요구를 가지고 있었지만 안타깝게도 스스로를 통찰하면서 진정한 아버지를 찾아내지는 못했다.

이런 시대에 비해 오늘날은 아버지에 대한 갈망이 아주 다른 형태를 보이고 있다. 아버지에 대한 요구는 생물학적인 기술의 진보로 인해 더 이상 도피할 수 있는 행위가 아니다. 그리고 아버지에 대한 논의는 예전처럼 사회적 또는 정치적 영역 속에서 논의되는 것이 아니라 사적인 가족구조 속에서 논의되고 있다. 하지만 이런 외적인 형태의 변화와 달리, 무의식적인 측면에서는 아직도 이전 시대의 부정적인 측면이 남아 있는 것도 사실이다. 우리 시대 사람들은 독재정치의 길을 터주었던 앞선 세대들보다 자신들이 훨씬 지적이라고 생각한다. 하지만 이런 확신은 사실 독재자의 출현을 이끌었던 불확실성과 동일한 것이다.

그래서 우리는 끊임없이 우리 자신의 동기에 대해 의심을 품어야 한다. 부성을 추구하면서도 우리는 새로운 정치적 변화들에 대해, 특히 정치인들에 대해 날카로운 심리학적 감시를 진행해야 한다. 지금도 세계 곳곳에서 종교의 이름으로 또는 정의의 이름으로 폭력의 칼을 휘두르는 자가 누구인가를 살펴보아야 한다. 19세기에 등장해 20세기에 사멸한 '국가의 아버지'들이 남겨놓은 불씨가 아직도 꺼지지 않고 도처에 남아 있다는 것은 정말 씁쓸한 일이다.

다른 한편, 개인적인 측면으로는 아버지를 찾으려는 요구가 혹시 심리상담가나 정신분석가에게 지나치게 의존하고 있는 것은 아닌지도 우리는 살펴보아야 한다. 상담자가 계속해서 치료사나 분석가들에게 의존하게 되면, 상담자들은 스스로 문제를 찾아내 해결하지 못하고 다른 사람들의 감정을 자신의 것처럼 착각하는 경우가 발생한다. 그렇게 되면 부성을 찾으려는 노력은 모성적인 보호 속에 안주하게 되고 이런 사람들은 자신이 원하는 아버지를 찾는 데 실패하고 만다. 의존성과 관련한 이런 현상은 단순히 모성적인 측면 때문에 문제가 되는 것이 아니다. 집단적인 심리는 경제와 기술 등 모든 문화에도 영향을 주어 일상적인 모든 요소들을 '모성화' 시킨다. 현대의 소비중심적인 문화는 이런 모성화의 부정적인 측면으로, 즉각적인 구강기적 만족이라고 할 수 있다. 여기서 더욱 심각한 것은 부성을 찾으려는 노력이 치료적인 과정을 통해 오히려 부성에 대한 갈망을 망각시킬 수 있다는 점이다.

최근에 유럽을 휩쓸고 있는 정신분석학의 인기는 이런 부성의 망각을 이끄는 데 일조하고 있다는 점에서 특히 주목할 만하다. 정신분석학은 개인의 유년기에만 관심을 기울임으로써 어머니가 개인에게 끼친 영향만을 강조하는 경향이 있다. 하지만 정신분학의 창시자인 프로이트는 어머니가 아닌 아버지에게 관심을 두고 있었고, 아버지가 한 개인을 어떻게 사회로 통합시켜왔는지를 주목하였다. 따라서 이제부터라도 우리는 프로이트가 주목했던 아버지의 문제로 돌아가 아버지를 사회적이고 역사적인 산물로 다루어야 한다.

정신분석학이 방향을 전환해야 하는 시급한 이유가 또 하나 있다.

20세기가 독재자들의 세기 즉 무서운 아버지들의 세기였다면, 이는 또한 정신분석학의 세기이기도 했다. 프로이트와 융은 정신분석학과 심리학을 통해 서구세계를 이전과는 완전히 다른 방향으로 이끌었다. 게다가 정신분석학은 오늘날 문학과 예술 그리고 철학에 이르기까지 다양한 방면으로 영향을 미치고 있다. 정신분석학이 우리 시대를 좀 더 긍정적인 방향으로 나아가게 할지는 아직 알 수 없다. 그럼에도 그것이 이전 시대에서는 인식할 수 없었던 어떤 것들을 알게 해주었다는 것은 사실이다. 또한 그것이 가져온 인식의 변화로 인해 많은 사람들의 생활이 변화되었다는 것도 의심할 수 없는 사실이다. 하지만 아직까지 이로 인해 19세기에 소멸된 부성이 살아나고 있는 것은 아니며, 오히려 어머니가 이전에 누리지 못했던 많은 권리와 명예를 부여받고 있다.

이런 점에서 본다면 오늘날 부성의 부재는 한 가지의 확실성만을 간직하고 있다. 그것을 계속해서 논의하고 찾으려고 해야 하는 필요성이 그것이다. 물론 학문적인 논쟁이 부성을 제자리로 되돌려 놓지는 못하며, 지나치게 유행처럼 끓어오르는 담론들은 언젠가 지루한 것이 되기 마련이다. 하지만 가장 위험한 병은 문제와 싸우는 데서 발생하는 것이 아니라 회피하는 데서 발생한다. 마찬가지로 19세기에 사라져버린 부성이 20세기의 독재자들을 이끌어냈다면, 이제는 아버지의 부재를 대면함으로써 그 문제를 정면으로 마주보아야 한다.

그리스 시대의 서사시들을 통해 우리는 문학작품이 부성에 대한 포괄적인 분석을 제공하기보다는 아버지가 불러일으키는 향수의 범위를 보여주는 것을 보았다. 특이하게도 모성에 대한 탐구에서는 이와 비슷한 것이 관찰되지 않는데, 이는 부성이 감정적인 논법에 무의식적으로 저항하면서 스스로를 방어하려 하기 때문이다. 이런 점에서 부성에 대한 향수는 심리적인 딜레마를 가지고 있다. 우리가 부성을 다루는 작품들에서 사회적인 해결책보다는 미학적인 숭고만을 보게 되는 것은 이런 이유 때문이다. 그리고 아버지는 자신이 예전에 차지했던 사회의 위치를 다시 획득할 수 없는 것처럼 보인다.

그렇다면 우리는 그를 어떻게 재구성하고, 아버지의 애정을 그리워하는 아이들에게 어떻게 그를 돌려보내야 할까? 안타깝게도 아버지는 이미 아주 오래전부터, 기독교가 처음으로 자식들에게 모든 힘을 실어주던 시대에 사라지기 시작했다. 그래서 우리는 우리가 정말 솔직한 연구를 진행하고 있는지, 혹은 순간적으로 원하는 것만을 찾으려 하고 있는 것은 아닌지 의심 속에 싸여 있다. 게다가 수많은 문학들이 보여주고 있는 심리적인 위험에 빠져 있는 아버지들을 통해 부성을 탐구할 수도 없는 상황이다. 부성은 과거 속에서 스스로를 드러내는 그런 가치가 아니다. 아버지의 부성은 언젠가 펼쳐질 미래의 설계들과 관계된 것으로 순간적인 요구들을 물리칠 것을 요구하는 것이다.

부성이 사라진 오늘날의 현상은 페미니즘의 압력과 젊은이들의 반항심, 그리고 최근 몇 세대가 보이는 세대관의 차이에서 비롯된 영향 때문이다. 하지만 근본적으로 부성의 부재 현상은 천여 년의 세월 속에서 천천히 발생해 온 것으로 비단 오늘날만의 문제가 아니다. 자식들과 아내들이 현대 아버지들의 나약함을 비난하는 것은 역사적으로 부성이 몰락해 온 과정을 이해하지 못하기 때문이다. 오늘날 아버지들은 이전보다 더 스스로를 통제하지 못하며 여성적인 의존성에 사로잡혀 있고 아직도 사춘기적인 감정에 휩싸여 있다. 게다가 아버지들 스스로도 자신의 문제를 외부세계, 즉 경쟁자들과의 싸움에서 실패하는 것 같은 데에서 찾으려 한다.

여기에 덧붙이자면 오늘날 아버지들의 심리적인 분열은 이미 고대로부터 발생한 것이다. 심리적인 차별화, 즉 개성화를 제대로 성취할 수 없는 남성들은 언제나 여성들에게 이중적인 감정을 투사해 왔다. 한 가지는 모성을 간직한 어머니이고, 다른 한 가지는 요부의 성격을 가진 연인이다. 시간이 흐르면서 우리는 여성들에 대한 이런 분열된 태도가 근본적으로는 부성을 발견하거나 성취하지 못한 남성들의 문제라는 것을 알게 되었다. 다시 말해 여성에 대한 이런 이중적인 태도는 역사와 문명 속에서 본능을 제대로 통합시킬 수 없었던 남자들의 문제이다. 이런 이중적인 태도의 이면에는 그래서 한편으로는 아버지의 이미지가 숨겨져 있고, 또 다른 한편으로는 정자의 기증자일 뿐인 남성이 숨겨져 있다. 남성들이 두 가지의 상반되는 여성적인 원형들을 가지고 있는 것은 자신의 분열된 정체성을 통합시킬 수 있는 능력이 부족하기 때문이다. 그리고 자신의 오래된 문제를 반려자에게 투사함으로써 부성이라는 정체성을 떠맡을 능력이 부족하다는 것을 알리고 있는 것이다.

오늘날의 서구세계는 젊은이들의 무계획적인 정신이 계획을 추진하는 부성적인 관념보다 훨씬 지배적이다. 서구세계에서 부성의 역사는 계속해서 몰락의 길을 걸어왔고, 복귀를 꾀하는 계획들은 자기기만으로 폄하되거나 좌절되기 일쑤였다. 하지만 부계혈통의 사회가 사회 발전의 특정한 '진화적' 단계를 옮겨 놓은 것이라고 가정해 본다면, 아버지들은 적어도 가부장적인 형태들 안에서 문명을 창조해 왔던 것으로 여겨질 수도 있다. 그리고 아버지들이 절대왕권 같은 형태로 앞선 문명의 진보를 방해하기는 하였으나 또한 일정 부분에서는 르네상스나 프랑스 혁명 같은 새로운 출발의 도화선을 그었다고도 할 수 있다.

부성에 대한 이중적인 시선은 대문자로 쓰인 하나님 아버지에게서도 동일하다. 오늘날은 인간 존재로 육화된 하나님 아버지를 다시 찾는 것이 불가능한 것으로 여겨진다. 하지만 그럼에도 아버지로서의 하나님은 영원불변하는 영적인 이미지로, 그리고 질서와 기획, 즉각적인 만족을 지연시킬 수 있는 능력을 요구하는 심리학적 원칙으로 계속해서 살아남고 있다. 이전과의 차이라면 우리가 그의 목소리에 응답하는 방식에 있을 뿐이다. 오늘날은 더 이상 외부로부터 전달되는 질문이나 명령은 존재하지 않는다. 대신 우리는 내면적인 목소리에서 나오는 질문들을 듣고 있으며 이에 대해 심리적으로 대답을 하려 한다. 그리고 내면의 목소리에 대한 응답은 현대의 역사를 구성하는 요소들 중 하나이다. 역사는 물질적인 겉모습도 아니고 위대한 이상들로 채워진 철학적인 것도 아니다. 역사는 때로는 구체화되고 또 때로는 완전히 소멸되고 마는 상징들로 이루어진 것이며, 이런 상징들의 흔적을 통해 앞으로의 길을 가르쳐주는 것이다. 부성은 역사를 채우고 있는 이런 상징들 중의 하나로서 이를 구하려 하고 또한 받아들이려는 자에게, 심지어 어머니들에게도 삶의 방향을 가르쳐주는 것이다.

오늘날 어머니들의 특징은 점차로 다양한 부성적인 면모들을 보여주기 시작했다는 것이다. 이는 사회 전체가 부성의 부재를 느끼고 어머니들이 그 공백을 채우려 하기 때문이 아니다. 오히려 어머니들이 부성적인 면모를 갖추기 시작하는 것은 아버지들이 어머니의 심리적 태도를 떠맡게 되는 것보다 어머니들이 아버지의 심리적인 태도를 취하는 것이 훨씬 쉽기 때문이다. 아버지는 어쨌든 간에 결국 문화적인 구성물이고 사회의 산물이다. 사회는 그래서 매우 느린 속도이긴 하지만 부성을 변화시키거나 부성의 역할을 바꿔 놓을 수 있다. 오늘날의 어머니는 이런 점에서 일정 정도 문명에 기반을 둔 역할을 맡고 있다. 하지만 또한 그녀는 생물학적 토대에도 바탕을 두고 있다.

그래서 어머니들이 부성의 역할을 인수하는 데에는 아버지와 달리 한계를 가지고 있다. 핵가족 내에서는 그리고 자식이 청소년기로 들어서기 전까지는 이런 한계가 잘 관찰되지 않는다. 한 명의 부모—거의 대부분이 어머니이다—만을 가졌다고 해서 위기가 발생하는 것은 아니다.[225] 경제적인 재원이 조금 한정되어 있다거나 주변 사람들의 곱지 않은 시선 정도가 어려움으로 닥칠 뿐이다. 하지만 자식들이 청소년기로 들어서면, 아직 사회조직에 깊이 개입하는 시기는 아니지만 아이들은 동년배들과 어울리기 시작하면서 부성을 찾기 시작한다. 부성적인 역할을 거의 완벽하게 해내고 있다고 자부하는 어머니들조차 부성을 갈망하는 자식들의 요구를 완벽하게 채워주지는 못한다. 비행청소년들의 대부분은 사실상 이런 부성의 부재로 인한 심리적인 방황을 겪고 있다.

비행청소년들이 외부로 투사하는 행동은 대개 아버지에게 도전하는 것이지만, 이런 행동의 이면에는 진정한 부성을 찾고 싶어하고 그것이 이끌어주는 성숙한 삶 속으로 입문하고 싶어하는 갈망이 들어 있다. 오늘날은 이런 젊은이들의 갈망을 때때로 성직자 신부들이 베풀어주기도 해서, 이탈리아의 몇몇 지역에서는 젊은이들이 폭력집단에 빠져드는 것을 막아주는 최후의 방벽이 되기도 한다. 어찌 되었든 비행청소년들이 처하게 되는 심리적인 문제는 부성의 부재를 다른 방식으로 채우려 한다는 것이다. 청소년들은 미숙한 사고방식을 통해 무리 중에 힘이 센 남자아이를 새로운 부성의 형상으로 받아들이거나 아니면 서로간의 힘 대결을 통해 경쟁적인 남성성을 강화시킨다.

흥미로운 점은 이런 청소년들의 집단이 가족에 비해 규칙은 덜 엄격하지만 생활은 훨씬 더 집단적이라는 점이다. 이런 집단적인 생활은 그래서 개인의 성숙한 개성화를 이끌어내기보다는 책임감이나 기타 정신적인 수준을 저하시키고 고정관념에 쉽게 포로가 되게 만든다. 여성들은 남성에 비해 이런 청소년들을 제어하기가 훨씬 어려운데, 왜냐하면 여성들은 청소년들이 빠져든 시대의 새로운 상황들과 집단적인 가치들을 파악하는 것이 항상 한 발 늦기 때문이다. 홀로 자식을 키우는 어머니는 자식이 집을 주무대로 생활하는 시기에는 아무 문제를 발견하지 못할 수도 있다. 하지만 청소년들이 서로 갈등하고 몰려다니는 시기가 오면, 자식의 심리적인 상태는 성숙한 삶의 모델을 찾으려 하고, 모델이 부재할 때에는 동물적인 남성성으로 쉽게 퇴행하는 경향이 있다.

이제라도 심리학이 진지하게 부성을 논의하고자 한다면, 우선적으로 살펴보아야 할 것은 부성이 발생하기 이전의 상태로 자꾸만 후퇴하는 오늘날의 집단적인 정신병리학(psychopathology)이다. 시대 전체를 놓고 볼 때, 이런 후퇴는 문명으로부터의 후퇴를 의미하는 것이기도 하다.

불연속적인 전개와 인간관계에 대한 단절에도 불구하고, 서구사회는 상호적인 권리들과 책임감을 점차적으로 확대해 왔다. 그리고 이런 특징은 그 원천을 가족과 아버지들의 역할에 두고 있었다. 하지만 오늘날 아버지들의 책임감은 순전히 경제적인 관심으로만 기울어지는 경향을 보이고 있으며, 아버지들의 심리상태도 단순한 동물적인 남성성으로 위축되는 경향을 보이고 있다. 이런 부성의 퇴보는 20세기의 무서운 아버지들이 일으킨 위기를 초래할 만한 것은 아니다. 하지만 그럼에도 부성의 몰락은 아직까지 그 끝을 보이지 않고 진행 중이며, 남성들에게 닥친 불행은 사회 전체에 깊은 혼란을 주게 될 것이다.

　이런 부성의 퇴보는 주로 두 가지의 차원에서 발생하고 있다. 첫 번째는 실제적인 것으로, 아버지들의 숫자가 현저하게 감소하고 있다. 두 번째는 상징적인 것으로, 자식을 하늘로 추켜올린다든가 축복해주는 것 같은 부성의 제의적인 역할이 더 이상 이루어지지 않는다. 오늘날 부성의 역할을 대신 맡고 있는 어머니들은 어떻게든 첫 번째 공백을 채워줄 수 있을 것이다. 하지만 두 번째 공백은 채워줄 수 없는 것으로, 이것은 오직 문화 속에서 스스로를 지켜왔던 아버지들만이 줄 수 있는 것이다.

　어머니가 아버지의 역할을 대리한다고 하더라도 이 능력은 완전한 것이 아니다. 예전부터 어머니들은 아버지들이 전쟁이나 여행을 위해 장기간 출타 중일 때 이런 역할을 맡아왔다. 하지만 오디세우스가 나무 몸통을 잘라내고 뿌리 위에 침대를 마련했던 것처럼, 아버지들은 가족의 가장 중요한 중심에다 자신의 분신을 심어 놓음으로써 정신적인 기둥을 가정에 세울 수 있었다. 반면 오늘날은 소비사회가 승리를 거두는 시대로 삶의 단위가 하루하루로 나눠지고 있으며 계획이나 인내 같은 가치들이 진부한 것으로 취급되고 있다. 아버지들 역시 이런 문명 속에서 부성적인 가치를 잃어가고 있으며, 부성을 대리하고 있는 어머니들 역시 진정한 부성을 복권시키기보다는 경제적인 뒷받침을 하는 것이 부성의 역할이라고 여기고 있다. 따라서 오늘날 부성의 소멸은 가부장적인 사회에 대한 반발 때문이라기보다는 현대문명의 폐단에서 필연적으로 발생할 수밖에 없는 것이라고 할 수 있다. 한 예로 실제적인 차원에서 아버지들의 수적 감소는 이혼이나 부부 간의 별거로 인해 발생한 것인데, 이는 현대문명이 최고로 치부하는 개인의 자유에 기인하는 것이다.

이제 어느덧 명확한 구체적인 제안을 제시하지도 못한 채 우리의 연구를 끝마칠 때가 되었다. 그럼에도 이 연구가 한 가지 의미를 지닌다면, 과거의 모든 부성에 대한 흔적들이 전혀 쓸모없는 것만은 아니라는 점이다. 우리는 오늘날뿐만 아니라 아주 오래전부터 고아가 될 위기를 겪어왔으며, 아버지들의 부성 또한 비극적인 몰락을 여러 번 겪어 왔다. 하지만 부성을 포기하는 것은 시대를 극복할 수 있는 가능성을 포기하는 것으로, 우리의 가장 소중한 바람은 누군가가 계속해서 부성을 발휘해 주기를 바라는 것이다. 오늘은 어머니가 맡고 있지만 내일은 아이들이, 그리고 그다음 날에는 또 누군가가 말이다. 우리는 이들을 포기해서는 안 되며, 이들에게 더욱 더 힘을 실어주어야 한다.

우리들 자신은 바로 우리의 역사이며, 우리가 이런 역사를 알지 못한다면 이는 자신에 대한 이해를 포기하는 것과 같다. 만약 우리가 부성에 대해 전혀 알지 못하는 아버지들이라면, 아버지로서의 우리 정체성은 시대가 우리에게 준비해 놓은 고난보다 더욱 험난한 위기를 다음 세대에게 물려줄 것이다. 그래서 과거의 아버지를 알지 못하는 아버지들은 미국 원주민들이나 조지 워싱턴에 대해 무지한 미국인과 같으며, 나폴레옹을 모르는 프랑스인과도 같다. 물론 아무것도 모르고 아무것에도 관심이 없는 이런 삶도 가능하다. 하지만 자신이 왜 이 시대에 다른 곳도 아닌 바로 이 공동체에 사는지를 알지 못하는 아버지들은 삶의 의미와 가치를 알지 못하는 사람들이다. 이런 아버지들은 자식들을 안전하게 성숙한 삶으로 이끌어주는 진정한 아버지가 될 수 없으며, 설사 생물학적으로 아버지의 일원이 되었다 하더라도 부성을 발휘할 수 있는 아버지가 될 수 없다. 앞서 언급했던 것처럼 역사는 전쟁이나 법률 조항들과는 무관하며, 오히려 특정한 풍습이나 상징들과 관계되어 있다. 마찬가지로 부성 역시 이론적인 것을 넘어서는 지식이며, 역사가 아버지들에게 위임한 역할이다. 따라서 아버지들은 스스로에게 다음과 같은 질문을 던질 수 있어야 한다. "이 아이는 내 자식이다. 하지만 이는 단순한 출산행위의 결과인가, 아니면 내가 아이를 선택했기 때문인가?"

역자 후기

이 책이 세상에 얼굴을 내밀게 되기까지 오랜 기다림과 후퇴의 시간이 있었다. 출판이 되기까지의 우여곡절이야 일일이 다 설명할 필요도 없지만, 적어도 출판이 늦어진 가장 큰 이유는 따로 있다. 오늘날 사람들이 심리학 또는 정신분석학이라는 분야에서 기대하는 것은 프로이트에게서 파생된 이론들과 문화비평들이다. 자크 라캉을 비롯해 슬라보예 지젝과 알렌카 주판치치 등은 그들의 날카로운 분석방법과 시대에 대한 통찰로 인해 우리나라에서는 최고의 전성기를 구가하고 있다. 이런 지적 풍토에서 프로이트와 결별하고 프로이트가 마련한 정신분석학의 기본토대를 비판하는 융학파의 저서들은 무관심과 냉대를 받을 수밖에 없다.

그렇다면 융학파가 전달하고자 하는 내용은 이론적으로 불완전하거나 시의적으로 뒤떨어진 것일까? 대학원 시절부터 프로이트의 저서들을 탐독하고 라캉과 지젝에게 열광했던 본인의 경험을 되돌아본다면 대답은 '아니오'이다. 성급하게 말하자면, 프로이트 자신을 포함해 소위 프로이트의 이론을 계승하고 변주하는 이론가들의 글들 속에는 활자에는 보이지 않는 분노와 집착, 반항이 녹아 있다. 크리스테바나 이리가라이 같은 프랑스의 페미니스트들이 프로이트의 이론을 남성중심적인 사고라고 맹렬하게 비난하면서도 결코 자신들의 시야에서 프로이트를 떼어내지 못했던 것은 이런 이유라고 할 수 있다. 설명을 조금 덧붙이자면 프로이트의 이론에는 새로운 사고를 갈망하는 학자들을 매료시키는 몰입과 편파성이 있다. 그래서 옹호의 견해를 취하든 비판의 견해를 취하든 이들은 모두 프로이트에게서 자신들의 쟁점을 찾아내고 그것을 자신의 것으로 만들기 위해 다시 프로이트에게 의지한다.

하지만 만약 페미니스트들이 프로이트가 아니라 융에게 관심을 기울였다면 어떻게 되었을까? 아마도 이들은 남성성을 상징하는 아니무스(animus)와 여성성을 상징하는 아니마(anima)가 한 사람의 인격 속에 공존한다는 융의 이론 앞에서 자신들의 쟁점을 찾아낼 수 없었을 것이다. 융은 인간의 심리구조가 자아(ego)에만 의존하는 것이 아니라 마음의 전체성, 즉 자기(I itself)로부터 발생되어 나온다고 말한다. 그리고 이 자기를 이해하기 위해서는 우리 마음속에 들어있는 여성적인 힘 즉 아니마와 남성적인 힘 즉 아니무스의 조화관계 또는 갈등관계를 주목해야 한다고 주장한다. 간략하게 언급하면 융의 이론이 주장하는 것은 갈등을 넘어 조화를 추구해야 한다는 것, 그리고 자신의 고유한 본질과 세계 속에 공유하는 전체성을 동시에 이해해야 한다는 것이다. 그렇기 때문에 서구의 오랜 역사 속에서 억압받고 소외되어온 여성들의 목소리를 대변하려는 페미니스트들에게서 융학파의 이론은 철저하게 외면당할 수밖에 없다.

안타까운 현실이지만 오늘날 학문들은 자신들의 목소리를 드높이기 위해 목소리의 반대편에 세워 놓을 타자를 필요로 한다. 프로이트의 이론이 높은 관심을 받고 있는 것은 그 반대편 목소리로 설정하기에 충분한 일면성과 흥분하기 쉬운 분노가 들어 있기 때문이라고 할 수 있다. 반면 융에게서 우리가 발견할 수 있는 것은 고요함과 침묵, 자기 내면에 대한 성찰이다. 프로이트에게 개인은 심리구조가 완결된 상태이고 외부세계와의 연결이 가족으로 최소화되지만, 융에게서 개인은 끊임없이 변화하고 유동적이며 외부세계의 모든 존재자들과 이어져 있다. 때문에 최신 이론가들에게 융의 이론은 항상 반대편이 되기에는 너무 넘치고 자기편으로 만들기에는 너무 모호하고 다층적이다.

그렇다고 융학파의 이론들이 지나치게 추상적이거나 이도저도 아닌 불분명한 주장을 하고 있는 것은 아니다. 융학파의 기본 생각은 나 자신을 이해하고 동시에 세계를 감싸안는 것이다. 우리는 모두 홀로 존재할 수 있는 완성된 자아들이 아니다. 우리의 깊은 내면을 들여다보면 이 속에는 먼 과거의 기억에서부터 형성되어 온 흔적들이 존재하고, 지금의 나를 형성시켜준 부모님과 친구들, 스쳐지나간 이름 모를 수많은 사람들과 세상 전체가 존재한다. 그래서 의식하든 아니든 한 개인의 자아 속에는 거미줄처럼 얽힌 세상과의 조우가 있으며, 온 우주가 우리 인간들에게 요청하는 인간으로서의 삶이 있다. 융의 이론이 개인의 개성화 과정을 주목하면서도 이런 개인들이 살아가는 사회와 국가, 더 나아가 인류 전체의 역사를 끊임없이 주목하는 것은 이런 이유에서이다.

『아버지란 무엇인가』라는 이 책이 오늘날 우리에게 절실히 필요한 이유가 있다면 그것은 아버지라는 인물을 통해 개인과 사회의 부조화를 어떻게 조화롭게 재구성할 수 있을까라는 우리 시대의 절실하고도 중요한 문제의식을 담고 있기 때문이다. 어느 유명 연예인의 안타까운 죽음과 함께 사회적으로 큰 이슈가 되고 있는 양육권과 친권 논란은 아이러니하게도 우리 사회가 아직까지도 '아버지'에 대해 진지한 고민을 해보지 못했음을 알려준다. 오랜 세월 엄격한 유교 전통을 답습해온 우리 사회는 아버지의 권위를 절대적인 것으로 상정하면서 혈통을 중시하는 문화적 풍토 때문에, 아버지를 언제나 자신을 낳아준 사람으로만 생각해 왔다. 하지만 이 책의 저자가 밝히고 있는 것처럼 '아버지'는 자식을 낳았기 때문에 얻을 수 있는 단순한 호칭이 아니다. 인류가 오랜 세월의 진화과정을 통해 가족을 형성하고 사회를 형성할 수 있었던 힘은 단순히 생물학적인 생존경쟁에서 살아남았기 때문이 아니라 정신적인 결속력을 가질 수 있었기 때문이다. '아버지'라는 호칭은 이런 인류의 정신적인 노력과 역사의 발전과정을 담고 있는 것으로 가족에 대해서뿐만 아니라 사회에 대해서도 일정한 역할을 부여받고 있기 때문에 탄생한 것이다.

하지만 우리나라의 법조항들이 보여주는 것처럼, 오늘날 '아버지'의 자격은 오직 혈통관계 안에서만 파악되고 있을 뿐 아버지가 상징하는 문화적인 역할을 담고 있지 못하다. 현대법률의 토대를 마련해준 로마 시대만 하더라도, 초대 황제로 등극했던 아우구스투스의 아버지는 자신을 잉태시킨 사람이 아니라 정신적으로 이끌어준 사람인 카이사르였다. 아버지와 자식의 관계는 이 책이 여러 번 강조하고 반복하는 것처럼 어떤 행동의 필연적인 결과가 아니라 서로가 서로를 받아들이고 인정하는 '승인'의 관계였다. 그런데 이런 정신적인 결속의 관계가 육체적인 결속의 관계로 뒤바뀌면서 현대사회는 외적인 물질적 풍요함에도 불구하고 내면의 정신적인 결핍감에 시달리고 있다. 고등교육이 보편화되고 세계의 모든 지식을 컴퓨터 하나로 접할 수 있게 되었는데도 정신적인 공허함과 마음의 불안을 채워줄 수 있는 지식은 찾아보기 힘들다. 도처에서 정보가 넘쳐나지만 정작 우리에게 필요한 정보, 즉 나는 누구인지 아버지는 어떤 존재인지, 가족이란 무엇이며 사회는 나와 어떤 관련을 맺고 있는지에 대한 정보는 없다. 양육의 권리를 놓고 현대법률이 생물학적인 혈통을 문제 삼고 있다는 것은 우리의 정신적인 사회수준이 동물적인 집단생활 수준에 있다는 것을 말해준다.

그렇다고 이 책이 '아버지'를 어떤 성스럽고 완벽한 인물로 드높이고 있는 것은 아니라는 점을 마지막으로 덧붙이고 싶다. 융학파의 이론가답게 저자는 어떤 인간도 완벽한 영웅이나 신이 될 수는 없다고 말한다. 우리 인간들은 모두 역사의 길목에 있을 뿐이기 때문에 아주 먼 미래에 역사가 종결되지 않는 한 스스로의 불완전함을 인정해야 한다. 이 책이 지면의 많은 부분을 현실을 살아가는 불완전한 아버지들의 고통과 고독감 그리고 소외에 할애하고 있는 이유가 바로 이것이다. 오늘날 아버지들은 자신들의 노력에도 불구하고 시대적인 한계 때문에, 그리고 가족들과의 단절 때문에 상처받고 있으며 방황하고 있다. 부인과 자식들이 아버지에게 요구하는 것은 정신적인 애정이나 보살핌이 아니라 금전적인 경제능력이다. 사회가 아버지들을 바라보는 시선은 가족의 생계에 발목이 잡힌 사슬 없는 노동자이거나 여성과 어린이를 가부장적 권위로 지배하고 있는 가정의 독재자이다. 가정에서나 사회에서나 아버지들은 자신들을 이해하고 진심으로 감싸 안아줄 따뜻한 시선을 찾지 못하고 있다. 그래서 매스컴을 통해 만나게 되는 수많은 가정 범죄나 자살 사건 등은 오늘날 아버지들이 스스로 자신의 정체성과 소중한 역할을 상실한 채 극단적인 자기 파괴의 본능에 휩싸여 있음을 알려준다.

따라서 이제라도 우리 사회가 아버지에 대해 관심을 기울이고자 한다면 이에 대한 연구는 반드시 아버지를 둘러싸고 있는 사람들과 사회의 관계 속에서 이루어져야 한다. 가족과 사회가 바라는 아버지, 인류가 오랜 역사 속에서 찾아 헤맨 진정한 아버지는 남자들만의 몫이 아니다. 우리들의 삶에서 아직도 아버지라는 인물이 필요하다면 아버지라는 인물을 간절히 바란다면, 이제는 비판과 해체를 넘어 새로운 긍정과 건설이 필요하다. 그리고 그것은 그들과 함께 이 세상을 살고 있는 여성들과 인류의 자식들 그리고 현대의 사회가 함께 노력해야 할 과제이다.

2008년 12월 역자 씀

본문의 주

1) Freud, S. (1900) *The Interpretation of Dream.* In Standard Edition, Vol. IV (지 그문트 프로이트, 『꿈의 해석』, 김인순 옮김, 전집 4권, 열린책들, 2003); Jones, E. (1953-7) *Sigmund Freud. Life and Work.* London; Roazen, P. (1975) *Freud and His Followers.* New York: Knopf, II, 2; Krüll, M. (1992/1979) *Freud und sein Vater. Die Entstehung der Psychoanalyse und Freuds ungelöste Vaterbindung.* Frankfurt: Fischer.

2) 프로이트, 『꿈의 해석 II』, 프로이트 전집 6권, 열린책들, 1999, p.746. (역자주)

3) Collodi, C. (1981/1883) *Pinocchio.* Turin: Einaudi. (카를로 콜로디, 『피노키 오』, 권혁 옮김, 돋을새김, 2004)

4) Lamb, M. E. (ed.) (1976, 1981, 1997) *The Role of the Father in Child Development.* New York: Wiley (마이클 램 편저, 『아버지 역할과 아동발달』, 김광웅, 박성연 옮김, 이화여자대학교 출판부, 1995); Blos, P. (1985) *Son and Father.*

5) Pleck, J. H. "Paternal involvement: levels, sources and consequences" in Lamb (1997).

6) Ibid. 또한 다음을 참조. Hite, S. (1994) *The Hite Report on the Family.*

7) Samuels, A. (1993) *The Political Psyche.* London: Routledge; Samuels, A. (1995), "The good-enough father of whatever sex", *Feminism and Psychology,* 5(4): 511-30.

8) Mead, M. (1949) *Male and Female.* New York: William Morrow.

9) Handke, P. (1981) *Kindergeschichte.* Frankfurt: Surhkamp.

10) Wickler W. and Seibt, U. (1983) *Männlich weiblich. Der gross Unterschied und seine Folgen.* Munich: Piper, Chapter 8을 보라. Dawkins, R.(1976) *The Selfish Gene.* Oxford: Oxford University Press (리처드 도킨스, 『이기적 유전 자』, 홍영남 옮김, 을유문화사, 2002년), Chapter 9를 보라.

11) Wickler and Seibt (1983), Chapter 9; Wickler W. and Seibt, U. (1977) *Das Prinzip Eigennutz*. Munich: Piper, IX, 2; Hediger, H. (1984), in Schultz, H. (ed.), *Vatersein*. Munich:DTV; Dawkins (1976), Chapter 11.

12) Eibl-Eibesfeldt, I .(1987/1967) *Grundrisse der vergleichenden Verhaltensforschung* München: Piper, 18, 7, 2; Eibl-Eibesfeldt (1986) *Die Biologie des menschlichen Verhaltens. Grundrisse der Humanethologie* (1984). Munich: Piper, 4, 7; Fthenakis, W. E. (1985) *Vater*, 2Bd. Munich: Urban & Schwarzenberg, 3, 3, 1.

13) Dunbar, R. I. M. (1988) *Primate Social Systems*. London and Sydney: Croom Helm, 1장과 9장.

14) Wickler and Seibt (1977); Morin, E. (1977) *Le paradigme perdu: la nature humaine*. Paris: Seuil, Chapter 3.

15) Goodhall, J. (1986) *The Chimpanzees of Gombe. Patterns of Behavior.* Cambridge MA and London: Belkanp, Harvard University Press, 19; Vogel, C., Voland, E. and Winter, M. (1979) "Geschlechttypische Verhaltensentwicklung bei nicht Menschlichen Primaten", in Degenhardt, A. and Trautner, H. M. (eds), *Geschlechtstypisches Verhalten*. Munich: Beck.

16) Kawai, M. (1967) "Newly acquired pre-cultural behaviour of the natural troup of japanese monkeys in Koshima Island", *Primates*, 1: 1-30.

17) Hediger (1984), in Schultz (ed.), *Vatersein*; Fthenakis (1985).

18) Morris, D. (1984) *The Naked Ape* (1986). New York: Bantam Doubleday Dell (데즈먼드 모리스, 『털 없는 원숭이』, 김석희 옮김, 영언, 2001년), Chapter 1; Eibl-Eibesfeldt (1986) 4, 3, 7; Fthenakis (1985), 3, 3, 2.

19) Goodhall (1986), 11; Fisher, H. E. (1982) *The Sex Contract. The Evolution of Human Behavior.* New York: William Morrow, IV.

20) Wickler, W. (1969) *Sind wir Sünder? Naturgesetze der Ehe*. Munich and Zurich: Droemer Knaur, III, 2와 4; Wickler and Seibt (1983), III, 3; Lévi-Strauss, C. (1956) "The Family", in Shapiro H. L. (ed.), *Man, Culture and Society*. Oxford: Oxford University Press.

21) Bischof, N. (1985) *Das Rätsel Oedipus. Die biologishchen Wurzeln des Urkonfliktes von Intimität und Autonomie*. Munich: Piper, 17

22) Fisher (1982), VIII; Goodhall (1986), 15.

23) De Waal, F. and Lanting, F. (1997) *Bonobo. The Forgotten Ape.* Berkeley,

Los Angeles and London: University of California Press.

24) Dunbar (1988), Chapter 8.

25) Ibid.; Eibl-Eibesfeldt (1987), 15. 3. 2. 6.

26) Ibid., 18, 7, 1.

27) Fisher (1982), I .

28) Goodhall (1986), Chapter 16; Fossey, D. (1986) *Gorillas in the Mist.* Boston: Houghton Mifflin, Chapter 4; Fisher, H. E. (1992) *Anatomy of Love. The Natural History of Monogamy, Adultery and Divorce,* X X X X X Chapter 6.

29) De Waal and Lanting (1997), Chapter 4.

30) Leroi-Gourhan, A. (1964a) *Le geste et la parole. Technique et langage.* Paris: Albin Michel; Leori-Gourhan, A. (1983) *Le fil du temp. Ethnologie et prehistoire.* Paris: Fayard.

31) Wickler (1969), III, 2.

32) Ibid., III, 4 와 IV, 7; ibid., II, 5; Wright, P. C. (1993) "Variations in male female dominance and offspring care in non-human primates", in Miller, B. D. (ed.), *Sex and Gender Hierarchies.* Cambridge: Cambridge University Press; Katz, M. M. 과 Konner, M. J. (1981) "The role of the father. An anthropological perspective", in Lamb (ed.), *The Role of the Father in Child Development.*

33) Freud, S. (1912-13) *Totem und Tabu. Einige übereinstimmungen im Seelenleben der Wilden und der Neurotiker, in Standard Edition,* Vol. X III. (프로이트, 「토템과 타부 : 야만인들과 노이로제 환자들의 정신생활에 나타나는 몇 가지 일치점들」, 『종교의 기원』, 이윤기 옮김, 프로이트 전집 13권, 열린책들, 2004.)

34) Lévi-Strauss, C. (1949) *Les structure élémentaires de la parenté.* Paris: PUF; Lévi-Strauss, C. (1983) *Le regard éloigné.* Paris: Plon, Chapter III; Zonabend, F. (1986) "La famiglia. Sguardo etnologico sulla parentela e la famiglia", in Burguière, A. et al. (eds.), *Histoire de la famille,* Paris: Armand Colin.

35) Morris (1984); Eibl-Eibesfeldt (1986); (1987); Fisher (1982); (1992); Wickler (1969); Leroi-Gourhan (1964a); Wickler 와 Seibt (1977); (1983); Masset, C. (1986) "Preistoria della famiglia", in Burguière et al. (eds.), *Histoire de la Famille;* Badinter, E. (1986) *L'un est l'autre.* Paris: Odile Jacob.(엘리자베트 바댕테르, 『남과 여』, 최석 옮김, 문학동네, 2002)

36) Block, L. (1926) *Das Problem der Menschwerdung.* Jena: Gustar Fisher, Eibl-Eibesfeldt (1986)과 Lorenz (1965)에서 인용함.

37) Montagu, A. (1989) *Growing Young.* Westport and London: Bergin & Garvey.

38) Goodhall (1986), Chapter 11과 17.

39) Cohen, M. N. 과 Bennet, S. (1993) "Skeletal evidence for sex roles and gender hierarchies in prehistory", in Miller (ed.), *Sex and Gender Hierarchies.*

40) Stevens, A. 와 Price, J. (1996) *Evolutionary Psychiatry: A New Beginning.* London: Routledge; Hogenson, G. B. (1998) "Response to Pietikinen and Stevens", *Journal of Analytical Psychology,* 43: 357-72.

41) Hua, C. (1997) *Une société sans père ni mari. Les Na de Chine.* Paris: PUF. 나 부족은 중국 대륙 중앙의 고립된 지역에 거주하는 수천 명의 사람들로 구성된 종족이다. 나 부족 남자들은 밤중에 여성을 찾아가는 것을 금지하고 있으며 여성들과도 전혀 동거하지 않는다.

42) Wickler (1969), II; Fisher (1982); (1992)

43) 보노보는 인간과 다른 성성이과 동물들의 중간쯤 되는 성행동을 보이는 종이며, 잦은 동성애적 접촉을 한다는 점에서 후자와는 다르다. de Waal과 Lanting (1997).

44) Lévi-Strauss (1983), Chapter I ; Cavalli-Sforza, L. L. (2001) *Genes People and Languages,* Berkeley: University of California Press.

45) Lorenz, K. (1967/1965) *Ueber tierisches und menschliches Verhalten.* Berlin: Deutsche Buch Gemeinschaft, Bd. II; Tinbergen, N. (1989/1951) *The Study of Instinct.* Oxford: Oxford University Press, Chapter VIII; Eibl-Eibesfeldt, I. (1976/1970) *Liebe und Hass.* Munich: Piper, Chapter 2.

46) Lorenz, K. (1984/1963) *Das sogenannte Böse. Zur Naturgeschichte der Aggression.* (콘라트 로렌츠, 『공격성에 대하여』, 송준만 옮김, 이화여자대학교 출판부, 1986) Munich: Piper.

47) Wickler 와 Seibt (1983), Chapter 7.

48) Wickler 와 Seibt (1977), III, 3.

49) Silk, J. B. (1993) "Primatological perspectives on gender hierarchies", in Miller (ed.), *Sex and Gender Hierarchies;* American Museum of Natural History (1993) *The First Humans.* San Francisco: Harper, I . 4와 II .

50) Zihlman, A. L. (1993) "Sex differences and gender hierarchies among primates: an evolutionary perspective", in Miller (ed.) *Sex and Gender Hierarchies.*

51) Mead (1949), Part Ⅲ, Chapter Ⅱ.

52) Lévi-Strauss (1956); Müller-Karpe, H. (1974) *Geschichte der Steinzeit.* Munich: Oskar Beck, Ⅰ; Badinter (1986), Part Ⅰ, Chapter Ⅰ; Masset (1986).

53) Eibl-Eibesfeldt (1986), 4. 7.

54) Müller-Karpe (1974), Chapter Ⅳ.

55) Neumann, E. (1949) *Ursprungsgeschichte des Bewusstseins.* Zurich: Rascher, Part Ⅰ.

56) Burkert, W. (1972) *Homo Necans.* Berlin: de Gruyter; Giegerich, W. (1994) *Tötungen.* Frankfurt a. M.: Peter Lang.

57) Mead (1949), Part Ⅲ, Chapter Ⅲ.

58) Morris (1984), Chapter 3; Fisher (1982), Chapter Ⅰ; Eibl-Eibesfeldt (1986), 4. 4; Eibl-Eibesfeldt (1987), 18. 7. 2.

59) Fisher (1992), Chapter 1; Eibl-Eibesfeldt (1986), 4. 7.

60) Eibl-Eibesfeldt (1986), 4. 7.

61) Lévi-Strauss (1949); Fox, R. (1967) *Kinship and Marriage. An Anthropological Perspective.* Cambridge: Cambridge University Press, 2; Lo Russo, G. (1995) *Uomini e padri. L'oscura questione maschile.* Roma: Borla.

62) Eibl-Eibesfeldt (1986), 4. 4. 6.

63) Bischof (1985), 3.

64) Fossey (1986), Chapter Ⅰ.

65) Wickler 와 Seibt (1977), Chapter Ⅷ.

66) Goodhall (1986), 16; Eibl-Eibesfeldt (1987), 15. 3. 2. 5; Eibl-Eibesfeldt (1986), 4. 6; Fisher (1982), Chapter 8; Fisher (1992), Chapter 13.

67) Goodhall (1986), Chapter 16, p.469.

68) Eibl-Eibesfeldt (1987), 15. 3. 2. 5; Eibl-Eibesfeldt (1986), 4. 6.

69) Bachofen, J. J. (1861) *Das Mutterrecht*; Morgan, H. L. (1851) *The League of Iroquis*; (1871) *Ancient Society* (루이스 헨리 모건, 『고대사회: 인류 역사 연구의 고전』, 최달곤 · 정동호 옮김, 문화문고, 2000); Engels, F. (1884) *Der Ursprung der Familie, des Privateigentums und des Staats* (프리드리히 엥겔스, 『가족 사유재산과 국가의 기원』, 김대웅 옮김, 아침, 1987); Neumann, E.

(1974) *Die Grosse Mutter*. Olten: Walter; Gimbutas, M. (1989) *The Language of the Goddess*. New York: Harper & Row.

70) Meier-Seethaler, C. (1988) *Ursprünge und Befreiungen. Eine dissidente Kulturtheorie*. Zurich: Arche.

71) De Beauvoir, S. (1976) *Le deuxième sexe*. Paris: Gallimard, Vol. I , Part II, Chapter II. (시몬느 드 보봐르, 『제2의 성』, 강명희 옮김, 하서출판사, 2000)

72) Badinter (1986).

73) Magli, I. (1978) *Matriarcato e potere delle donne*. Milano: Feltrinelli.

74) Lo Russo (1995).

75) Bloom-Feshbach, J. (1981) "Historical perspectives in the father's role", in Lamb (ed.), *The Role of the Father in Child Development*.

76) Burguière et al. (1986), *Storia Universale della Famiglia*. Paris: Colin.

77) Ibid., 그리고 특히 Evans-Pritchard, E. E. (1965) *The Position of Women in Primitive Societies and Other Essays in Social Anthropology*. London: Faber & Faber.

78) Benveniste, E. (1966) *Problèmes de linguistique générale*, Vol. I . Paris: Gallimard. (에밀 뱅베니스트, 『일반 언어학의 제문제』, 황경자 옮김, 민음사, 1992) Benveniste, E. (1969) *Le vocabulaire des institutions indo-européennes*, Vol. I 과 II. Paris: Les Editions des Minuit.(에밀 뱅베니스트, 『인도, 유럽사회의 제도 문화 어휘 연구』, 김현권 옮김, 아르케, 1999)

79) Leroi-Gourhan, A. (1964b) *Les religions de la préhistoire. Paleolithique*. Paris: PUF; Eliade, M. (1975) *Histoire des croyances et des idées religieuses*, 4 vols. Paris: Payot, Vol. I , Chapter I , 6; Müller-Karpe (1974), IV, V, VI.

80) Eliade (1975), Vol. I , Chapter II; Badinter (1986), I , 2; Gimbutas (1989).

81) Dupuis, J. (1987) *Au nom du père. Une histoire de la paternité*. Paris: Le Rocher.

82) Müller-Karpe (1974), VI.

83) Kewlett, B. S. (1991) *Intimate Fathers: The Nature and Context of Aka Pigmy Paternal Infant Care*. Ann Arbor: University of Michigan Press.

84) Gimbutas (1989).

85) Hillman, J. (1972b) *The Myth of Analysis. Three Essays in Archetypal Psychology*. Evanston IL: Northwestern University Press, III, 2, p.221.

86) Zoja, L. (1995) *Growth and Guilt*. London: Routledge.

87) Hartland, E. S. (1894) *The Legend of Perseus*, 3 vols.,; Hartland, E. S. (1909) *Primitive Paternity*, 2 vols.; Malinowski, B. (1929) *The Sexual Life of Savages in North-Western Melanesia*. London: Routledge & Kegan Paul; Lo Russo (1995).

88) Gadamer, H. G. (1976) "Das Vaterbild im griechischen Denken" in Tellenbach, H. (ed.), *Das Vaterbild im Mythos und Geschichte*. Stuttgart: Kohlhammer.

89) 심리학적 관점으로는 Hillman, J. (1972a) *An Essay on Pan*. New York and Zurich: Spring. 을 참조. 그리고 조형 예술에 대해서는 Georgoudi, S. and Vernant, J.-P. (1996) *Mythes grecs au figuré*. Paris: Gallimard.

90) Bernal, M. (1987) *Black Athena*. London: Free Association Books.

91) Kerényi, K. (1976) *Dionysos*. A. Langen & G. Müller Verlag; Lekatsas, P. (1971) *Dionysos*. Athens: Idryma Moraiti; Eliade (1975), pp.122-5; Dodds, E. R. (1951) *The Greeks and The Irrational*. Berkeley: University of California Press (에릭 R. 도즈, 『그리스인들과 비이성적인 것』, 주은영 · 양호영 옮김, 까치, 2002); Burkert (1987); Detienne, (1986).

92) Lekatsas (1971), p.50.

93) 헥토르에게서 보이는 것처럼 오늘날까지도 아버지들은 어머니와는 다른 방식으로 어린 자식들을 끌어안는다. 광범위한 표본조사를 통한 미국의 심리학적 연구들 중 하나는 아버지들의 전형적인 몸짓이 다음과 같은 형태를 취하고 있다고 설명해 놓았다. "아이를 공중으로 들어올린다. 가슴에 대고 아이를 안는다." 그리고 자식과 얼굴을 마주보는 몸짓으로는 다음과 같은 것들이 있다. "아이를 머리 위로 들어올리고 팔을 쭉 뻗으면서 눈을 마주본다." 이런 점에서 본다면 현 시대 교육들은 호메로스가 이미 우리에게 알려주었던 것을 계속해서 반복하고 있다. 또한 모든 시대들에서 통하는 부성적인 원형이라는 것은 이렇게 존재한다. Popenoe, D. (1996) *Life Without Father*. New York: The Free Press, Chapter 5; Shapiro, J. L. (1994) "Letting dads be dads", *Parents*, 69: 168.을 참조.

94) De Romilly, J. (1997) *Hector*. Paris: Fallois, I .

95) 다니엘서 2장 33절에 나오는 소재이다. "왕이시여, 대왕께서는 사람 모양의 거대한 신상을 보셨습니다. 그 신상은 크고 번쩍번쩍 광채가 나며 그 모양이 무섭게 생겼는데 그 머리는 순금이고 가슴과 팔은 은이며 배와 넓적다리는 놋이요 다리는 철이었습니다. 그리고 그 발은 일부분이 철이며 일부분은 진흙으로 되어 있었습니다." (역자 주)

96) 예로 Zoja (1995), II, 4.를 보라.

97) 라틴어로는 '우티스'라고 말하고 있다. (역자 주)

98) 한 예로 보들레르의 다음 시 구절을 보라. "오 내 '고통'이여, 얌전히, 좀 더 조용히 있거라", 「명상 Recueillement」, 『악의 꽃 Nouvelles Fleurs du Mal』, X III. (보들레르, 『악의 꽃』, 윤영애 옮김, 문학과지성사, 2003, p.385)

99) 몇천 년 후에 이것은 그리스를 노래한 고대시인 콘스탄티노스 카바피스 (Constantitnos Kavafis)에 의해 확인되고 있다.

100) Lévi-Strauss C. (1948) "La vie Familiale et social des Indiens Nambikwara", in Journal de la Société des américanistes, X X X Ⅶ.

101) Hillman (1972 b), Part Ⅲ; Darmon, P. (1979) Le mythe de la procréation à l'âge baroque. Paris: Seuil; Pinto-correia, C. (1997) The Ovary of Eve. Egg and Sperm and Preformation. Chicago and London: University of Chicago Press; Delaisi de Perceval, G. (1981) La part du père. Paris: Seuil, Chapter Ⅰ.

102) Zoja (1995)를 참조.

103) Mossé, C. (1983) La femme dans la Grèce antique. Paris: Albin Michel, Ⅰ, Chapter 2a.

104) Lévi-Strauss C. (1973) "Race et Histoire", in Antropologie structurale deux. Paris: Plon.

105) Hillman (1972b), Ⅲ, p.243.

106) Lemke, W. (1978) "Das Vaterbild in der Dichtung Griechenlands", in Tellenbach (ed.), Das Vaterbild im Abendland.

107) Republic, 572. 또한 Jäger, W. (1944) Paideia. Die Formung des griechischen Menschen. Berlin and Leipzig: de Gruyter, Book Ⅲ, Ⅹ.을 참조.

108) Gadamer (1976).

109) Hillman (1972b).

110) 베누스는 원래 로마신화에 나오는 채소밭의 여신이었으나 그 특성이 그리스 신화의 아프로디테와 유사해서 아프로디테와 동일시되었다. (역자 주)

111) Zoja (1995)

112) 로마에서 베스타라고 불리는 수줍음 많은 처녀여신은 그리스에서 헤스티아 (Hestia)라고 불리는 여신으로 모든 이들에게 존경을 받았다. (역자 주)

113) Hegel, G. W. F. (1821) Grundlinien der Philosophie des Rechts, §§163, 166, 173, 257.

114) Derick Williams, R. (1982) *"The Aeneid"*, in Kenney, E. J 와 Clausen, W. V. (eds), *Cambridge History of Classical Literature*, Vol. II, Book 3, Cambridge, New York and Melbourne: Cambridge University Press, p.39: "아우구스투스 시대의 가치들은 아이네아스가 영웅적인 트로이 세계를 떠나서 미래에 대한 계획과 의무, 책임감(pietas)이라는 로마적인 세계를 향해 맹렬히 뛰어들고 열어 놓은 데에서 그 전조를 이미 드러내고 있다."

115) Roscher, W. H. (1884-1937) *Ausfürhliches Lexikon der griechischen und römischen Mythologie* 를 참조. Hildesheim: Olms, 1978 에서 재출간되었으며 p.184-186에는 주요 장면들에 대한 간략한 리스트가 들어 있다.

116) Ibid., p.164.

117) ibid., pp.184, 67.

118) Catullus, 61.

119) Mulliez, J. (1990) "La désignation du père ", in Delumeau and Roche (eds), *Histoire des pères et de la paternité*, I , Chapter I ; Lenzen, D. (1991) *Vaterschaft. Vom Patriarchat zur Alimentation.* Reinbeck bei Hamburg: Rowohlt, Chapter 6.

120) Lenzen, ibid.

121) Delumeau and Roche (eds) (1990); Ariès, Ph. (1960) *L'enfant et la vie familiale sous l'ancien régime.* Paris: Plon.

122) Lenzen (1991), Chapters 8 ff.

123) Schindler, A. (1978) "Geistliche Väter und Hausvater in der christlichen Antike", in Tellenbach (ed.), *Das Vaterbild im Abendland*, I .

124) Badinter, E. (1980) *L'armour en plus.* Paris: Flammarion. 이 책은 1780년에 파리에서 태어난 21,000명의 아이들 중 단지 1,000명의 아이들만이 자신들의 어머니에 의해 양육되었으며, 다른 1,000명의 아이들은 가족과 함께 거주하는 유모들의 보살핌을 받고 자라났다는 정보를 소개하고 있다. 그 밖의 나머지 아이들은 멀리 떨어진 곳에 사는 유모에게 맡겨져 위탁되었다.

125) Bonnet, J. C. (1990) "De la famille à la patrie", in Delumeau and Roche (eds), *Histoire des pères et de la paternité*, IX.

126) Greven, Ph. (1977) *The Protestant Temperament: Patterns of Child-Rearing, Religious Experience, and the Self in Early America.* Chicago: University of Chicago Press, VIII; Gottlieb, B. (1925) *The Family in the Western World. From the Black Death to the Industrial Age.* New York and Oxford: Oxford

University Press, Chapter 11.

127) De Mause, L. (ed.) (1991), *The History of Childhood. The Untold Story of Child Abuse*. London: Bellow, 1991; Lenzen (1991), Chapter 10.

128) "이것이 형제간의 협력에 관한 이야기의 결과이다. 이것은 진보가 아니라 고 양이다. ···" Derrida, J. (1994) *Politiques de l' amitié*. Paris: Galilée, Chapter 10. 이 글은 형제애적인 협력관계에 대한 철학적인 비판을 내용으로 하고 있 다.

129) 불행히도, 이것이 개인의 삶과 부성의 역할에 미친 영향들은 알려진 것이 많 지 않다. 역사 분석가들은 이러한 주제를 간접적으로만 언급하고 있다. 다음 을 참조하라. Griswold, R. L. (1983) *Fatherhood in America: A History*. New York: Basic Books; Griswold, R. L. (1998) "The history and politics of fatherlessness" in Daniels, C. R. (ed.), *Lost Fathers. The Politics of Fatherlessness in America*. New York: St. Martin' s Press.

130) Thompson, E. P. (1963) *The Making of the English Working Class*. New York: Random House, Chapter IX. 1834년도에 영국의 방직공장은 모두 191,671명의 성인을 고용하였으며, 이 중 102,812명이 여성들이었다(자료 출 처는 앞의 책 pp.308-9에서 인용). 미성년 노동에 관해서는 같은 책의 Chapter X을 참조.

131) Janssens, A. (ed.) (1998) *The Rise and Decline of the Male Breadwinner Family?* International Review of Social History Supplements. Cambridge: Cambridge University Press.

132) Mitscherlich, A. (1963) *Auf den Weg zur Vaterlosen Gesellschaft. Ideen zur Sozialpsychologie*. Munich: Piper, Chapter VII.

133) 가족을 멀리 떨어진 시골에 남겨놓고 도시로 이주해 간 가장들의 상황은 최근 까지도 이탈리아 농부들에게서 광범위하게 진행되던 상황이다. 특히 남부 지 역의 농부들은 1950년대와 60년대에 대거 북유럽의 공장들로 일자리를 얻으 러 갔었다. (지금은 동유럽의 이민 노동자들로 대체되고 있다.) 매우 열악한 조건이었지만 그럼에도 아버지의 항구성이라는 기획과 맞물리면서 이런 상황 은 최종적으로는 승리를 얻어내고 있다. 한 예로, 상담자들 중 한 명은 교양 있는 대도시의 교수였는데 수년간을 자신의 아버지에 대한 꿈들을 분석하는 데 몰두했었다. 교수의 아버지는 그가 어렸던 시절에 아주 짧은 기간 동안만 집으로 돌아와 선물들과 약간의 금전을 주었었고, 훗날에는 모아놓은 돈으로 약간의 땅을 사 모으게 된 사람이었다. (아버지의 귀환은 항상 "아버지의 날"

을 축하하는 행사와 같았다.) 아버지는 가난하고 과묵하며 거의 특별한 게 없는 영세농민이었지만 아들은 이 아버지를 불굴의 인물로 기억하고 있었다. 오디세우스의 아들 텔레마코스처럼 상담자는 이 알 수 없는 아버지를 긍정적으로 받아들임으로써 안전하게 성인기로 들어설 수 있었다. 물론 아버지는 가족을 잊지 않고 있다가 항상 돌아와 경제적인 책임감을 다하는 존경받을 만한 사람이었다. 아버지 역시 힘들게 번 저축금을 써버리고 싶은 유혹도 있었을 것이고, 가족의 품으로 돌아왔을 때는 낯선 사람처럼 여기는 자식들에게 자신이 둘러싸여 있다는 것도 알았을 것이다.

134) 프랑스의 경우는 Delumeau and Roche (eds) (1990) *Histoire des pères et de la paternité*. Paris: Larouse, XIV.를 참조. 독일의 경우는 Lenzen, D. (1991) *Vaterschaft. Von Patriarchat zur Alimentation*. Reinbek bei Hamburg: Rowohlt, Chapter 12.를 참조.

135) Delumeau and Roche (1990).

136) Leed, E. J. (1979) *No Man's Land. Combat and Identity in World War I*. Cambridge: Cambridge University Press, Chapter II, "The community of August and the escape from modernity": Ferguson, N. (1999) *The Pity of War*. New York: Basic Books, VII.

137) Fussel, P. (1975) *The Great War and Modern Memory*. Oxford: Oxford University Press, Chapter II.

138) 교황 베네딕트 15세가 1917년 8월 1일 국가수반에게 했던 언급.

139) 520만 명의 이탈리아 군인들이 복무하고 있던 전쟁 말기에 군사재판은 폭동에서 단순한 불복종에 이르기까지 군사범죄를 저질렀던 약 87만 명의 군인들을 기소하였다. 보다 자세한 사항은 다음 저서를 참조. Forcella, E. 와 Monticone, A. (1998) *Plotone di esecuzione. I processi della prima guerra mondiale*. Bari: Laterza.

140) 이 수치는 이탈리아 군대만을 언급한 것이다. 프랑스 진영에서는 1917년 5월과 6월 두 달 동안에만 약 수만 명의 군인들이 탈영한 것으로 증언되고 있다. 그리고 러시아는 혁명이 전개되면서 일대 폭동이 군대를 휩쓸고 있었다. 다음을 참조. Gilbert, M. (1994) *First World War*. Chapters XVII-XIX.

141) 군사법정은 작은 빵조각이나 담배를 주고받는 것과 같은 사소한 교환행위에 대해서도 5년에서 20년의 구금형을 선고하였다.

142) Ferguson (1999), XIII.

143) Leed (1979), VI.

144) Bloch, M. (1979) *Apologie pour l'histoire ou métier d'historien.* Paris: Armand Colin, Ⅲ, 2; Fussel (1975), Ⅳ; Leed (1979), Ⅳ.

145) 독일 파시즘과 관련한 영웅적 이미지에 대한 방대한 연구는 다음을 참조. Theweleit, K. (1980) *Männerphantasien,* Ⅱ Bd. Reinbeck bei Hamburg: Rowohlt.

146) 여전히 국가주의적 수사학에 사로잡혀 오스트리아를 격세유전의 적으로 여기는 학파들이 있는 프리울리(Friuli) 지역에서는 8월 17일에 황제 프란츠 요제프(Franz Joseph)의 생일을 기리기 위해 전체 중앙유럽의 대표자들이 참석하는 엄숙한 축하행사를 볼 수 있다. 그리고 이탈리아에서는 다시금 옛 오스트리아 제국에 대한 수필들과 이야기들이 쏟아지고 엄청난 환대를 받는 출판계의 가장 놀라운 현상들 중의 하나가 벌어지고 있다. 또한 다른 나라들에서도 역시 가장 가부장적인 제국주의에 대한 재평가 작업이 가장 엄격한 역사적 규율들 속에 몸담고 있는 학자들을 통해 끊임없이 전개되고 있다. 예로 다음을 참조. Kann, R. A. (1974) *A History of the Habsburg Empire, 1526-1918.* Berkeley, Los Angeles and London: University of California Press; Michel, B. (1991) *La Chute de l'Empire Austro-Hongrois. 1916-1918.* Paris: Laffont; Michel, B. (1995) *Nations et nationalismes en Europe Centrale. XIX-XX siècle.* Paris: Aubier.

147) Messina, F. (1998) *Mussolini Latin Lover.* Fiumendinisi: Associazione Culturale "Carmelo Parisi". 이 책에는 무솔리니의 자식들이 최소한 7명이라고 기술하고 있다. 무솔리니가 자식들에게 경제적인 도움을 준 것도 아주 드문 경우였다. 그는 자식들에게 거의 개인적인 관심을 두지 않았다. 1913년에 태어난 베니토 알비노(Benito Albino)는 무솔리니가 인정한 단 한 명의 자식으로, 판사의 명령에 따라 정기적인 금전을 받은 유일한 사람이었다. 정권을 잡은 직후 독재자는 이 소년의 어머니를 정신병원에 감금했고, 거기에서 그녀는 몇 달 후에 사망했다. 그리고 어머니와 헤어진 소년은 익명의 기숙학교에 보내졌다. 몇 년이 지난 후에 무솔리니는 소년에게서 자신의 성을 박탈했다. 베니토 알비노는 독재자 아버지에게 맞서 전쟁기간에 해군으로 복무하다 사망하였다.

148) Neumann, E. (1949) *Ursprungsgeschichte des Bewusstseins.* Zurich: Rascher, Chapter 3; Stein, M. (1973) "The devouring father." In Hillman, J. et al., *Fathers and Mothers.* Zurich: Spring.

149) 연합군이 이탈리아 국토에 막 상륙했던 1943년 여름에 무솔리니는 이미 파시

즘대평의회의 의원들과 길거리에서 갈채를 보내는 대중들에 의해 물러나고
있었다.

150) 이 장의 앞 머리에 인용한 노이만의 글을 참조.

151) 한때 권력을 장악했던 사람의 신체를 거꾸로 매다는 것은 일종의 원형적인 상
징이라고 할 수 있다. 성 베드로(Siant Peter)는 자신을 십자가에 거꾸로 매달
아 달라고 요청한 사람으로 자주 언급되곤 하는데, 이는 그가 스스로에 대해
그리스도가 죽었던 것과 똑같은 모습으로 죽을 만한 가치가 없다고 생각했기
때문이다.
그리고 이런 원형적 이미지와 관련해 또 하나 언급할 것은 1944년 9월에 로마
에서 벌어진 하나의 사건이다. 파시스트들로부터 막 자유를 되찾게 되자 로마
거리는 곳곳에서 밀려나온 사람들로 넘쳐났다. 이때 흥분한 몇몇 폭도들이 나
치 시절 시립교도소의 소장이었던 도나토 카레타(Donato Carretta)를 붙잡아
구타해 죽인 다음 그의 사체를 교도소 문 앞에 서 있는 자세로 묶어놓았다. 하
지만 카레타는 성실한 공무원이었고, 자신의 지위를 이용해 은밀하게 반파시
스트 단체들을 도와주고 있었다. 역사가들은 이 사건에 대한 정치적인 해석을
자제하고 있지만 다만 다음 해에 밀라노에서 처형된 무솔리니 시체를 거꾸로
매단 것과 비교해서 일종의 전도된 '의식'이라고 해석하기도 한다. Ranzato,
G. (1997) *Il linciaggio di Carretta*. Milan: Saggiatore, Chapter 5.를 참조.

152) 도둑들 사이에 매달린 예수 그리스도처럼, '신의 인간'은 살해당한 다른 파시
스트들과 함께 나란히 시민들에게 전시되었다. "십자가에서 내려와 봐라"라고
욕설을 퍼부으며 조롱을 해대는 폭도들(마태복음 27: 40; 마가복음 15: 29-32)
처럼 무솔리니의 사체 주변에 몰려든 군중들도 "연설을 해봐라!"라고 소리를
질러댔다. Luzzatto, S. (1998) *Il corpo del Duce*. Turin: Einaudi, II, 2. 참조.

153) Huizinga, J. (1935) *In de schaduwen van morgan, een diagnose van het
geestelijk lijden van onzen tijd*. Haarlem: H. T. Tjeenk Willink & Zoon,
Chapter X Ⅴ.

154) Mendel, G. (1968) *La révolte contre le père. Une introduction à la
sociopsychanalyse*. Paris: Payot.

155) Toynbee, A. (1976) *Mankind and Mother Earth*. Oxford: Oxford University
Press.

156) Guggenbühl, A. (1992) *Vom Guten des Bösen. über das Paradoxe in der
Psychologie*. Zurich: Schweizer Spiegel, Chapter 3.

157) Abramovich, H. (1994) "Pigmy giants", *San Francisco Jung Institute*

498

Library Journal, 13(3): 43-7. 출처는 언급되지 않음. 프랑스의 아버지들 역시 하루에 단 몇 분 동안만을 자식들과 함께 지낸다고 보고되었다. 다음을 참조. Delumeau and Roche (eds) (1990), X V.

158) Pleck, J. H. (1997) "Paternal involvement: levels, sources and consequences," in Lamb (ed.), *The Role of the Father in Child Development.*

다나 마크(Dana Mack, *The Assault on Parenthood,* New York: Simon & Schuster, 1997, Chapter 9)는 1987년에서 1991년 사이에 아버지의 참여가 5퍼센트 가량 증가했다는 지적을 하고 있다. 하지만 주어진 출발수준에서 볼 때, 이런 미국 아버지들의 참여는 아직까지 현저하게 낮은 수준에 머물고 있다. 유럽 전체와 스칸디나비아의 여러 나라들도 비슷한 상황이라고 말할 수 있다.

159) Keniston, K. (1977) *All Our Children: the American Family under Pressure.* New York: Harcourt Brace Jovanovich. Bloom-Feshbach, J. (1981) "Historical perspectives in the father's role", in Lamb (ed.), *The Role of the Father in Child Development.*에 인용되어 있음.

1895년의 기록들은 40,000쌍의 이혼과 620,000쌍의 결혼을 보여주고 있다. 1980년의 통계치는 2,413,000쌍의 결혼과 1,182,000쌍의 이혼을 기록하고 있다. 결혼 대비 이혼의 비율이 6.5퍼센트에서 50퍼센트로 변화한 것을 볼 수 있다. (자료출처: National Center for Health Statistics)

160) Dafoe Whitehead, B. (1997) *The Divorce Culture.* New York: Knopf, Introduction과 Chapter 1.

161) Coontz, S. (1997) *The Way We Really Are. Coming to Terms with America's Changing Families.* New York: Basic Books, Chapter 2. Popenoe, D. (1996) *Life Without Father.* New York and London: The Free Press, Chapter 1.

162) 이러한 변화에 대한 상당히 완성도 있는 고찰은 다음의 저서에서 볼 수 있다. Blankenhorn, D. (1995) *Fatherless America. Confronting Our Most Urgent Social Problem.* New York: Harper Perennial, Chapter 1.

163) Hofferth, S. L. (1985) "Updating children's life course", *Journal of Marriage and the Family,* 93-115, 97.

164) Lamb (ed.) (1997) *The Role of the Father in Child Development.* 중에서 Lamb의 글.

165) Popenoe (1996), Chapter 7.

166) 자료출처: Eurostat, *Newsweek,* CX X IV, 3, 20 January, 1997.

167) Furstenberg, F. et al. (1983) "The life course of children of divorce: marital

disruption and parental contact", *American Sociological Review*, 48: 656-68. Huntington, D. S. (1986) "Fathers: the forgotten figures of divorce", in Jacobs, J. W. (ed.), *Divorce and Fatherhood: The Struggle for Parental Identity*. Washington: American Psychiatric Press.에 인용되어 있음.

168) Osherson, S. (1986) *Finding Our Fathers: The Unfinished Business of Manhood*. New York: Free Press. Gordon, B. (1990) "Being a father", in Meth, R. L. and Pasick, R. S., *Men in Therapy*. New York and London: The Guildford Press.에 인용되어 있음.

169) Furstenberg et al. (1983); Rosenthal, K. M. and Keshet, H. F. (1981) *Fathers without Partners: A Study of Fathers and the Family after Marital Separation*. Totowa NJ: Rowman and Littlefield. Huntington (1986); Blankenhorn (1996), Chapter 7에 인용되어 있음.

170) Fares, V. (1996) *Fathers and Developmental Psychology*. New York: John Wiley & Sons, I, 1.

171) 미국 가정의 문제점들에 대한 5가지의 글들이 다음에 소개되어 있다. *The New York Review of Books*, XLIV, 19 December, 1997, 이들 중 두 가지는 제목에 "실제로 really"라는 단어를 사용하고 있다. 현실에 대한 관념과 결부시 켜줄 것을 요청하는 이러한 용어의 사용은 역으로 현실적인 접촉을 상실하지 않을까 하는 두려움이 상징화되어 나타난 것이라고 보일 수 있다.

172) Greenwood Press, Westport CN에서 발간된 1981년도 워싱턴 D. C. 미국 노 동부의 정책 개발과 연구 보고서.

173) Mead (1949).

174) Moynihan, D. P. (1965) *The Negro Family. The Case for National Action*. Washington DC: Office of Policy Planning and Research, US Department of Labor. 또한 Varenne, H. (1986) "Love and liberty, the contemporary American family," in Burguière et al. (eds), *Histoire de la famille*, Vol. II. 에서 재구성된 것을 참조.

175) 이런 다양한 관점들에 대한 최근의 매우 포괄적인 요약은 다음의 저서에서 볼 수 있다. Daniels, C. R. (ed.) (1998) *Lost Fathers. The Politics of Fatherlessness in America*. New York: St. Martin's Press.

176) Biller, H. B. (1981) "The father and sex role development", in Lamb (ed.), *The Role of the Father in Child Development;* Marsiglio, W. and Cohan, M. (1997) "Young fathers and child development", in Lamb (ed.), *The Role of*

the Father in Child Development. 1960년에서 1990년 사이에 어머니하고만 거주하는 흑인 아동들의 전체 비율은 19.9퍼센트에서 51.2퍼센트로 증가하였다. (2.5배 이상의 증가를 보여주고 있다.) 자료출처: 인구조사국.

177) Marsiglio, W. (1987) "Adolescent fathers in the United States: their initial living arrangements, marital experience and educational outcomes", *Family Planning Perspectives*, 19:240-51. Marsiglio and Cohan (1997) "Young fathers and child development", in Lamb (ed.), *The Role of the Father in child Development*에 인용되어 있음.

178) Bly, R. (1996) *The Sibling Society.* Reading MA: Addison Wesley, Chapter 7. 출처는 밝혀져 있지 않음.

179) Moynihan (1965), III.

180) *Familias Chefiadas por Mulheres*, SEADE (Sistema Estadual de Anàlise de Dados), São Paulo 1994.

181) Scott, R. P., (1990) "O homem na matrifocalidade", in *Cadernos de Pesquisa*, 73: 38-47, São Paulo, May; Smith, R. T. (1973) "The matrifocal family", in Goody, J. (ed.), *The Character of Kinship.* Cambridge: Cambridge University Press.

182) 북아메리카와 남아메리카, 그리고 유럽의 일부분에서 이를 볼 수 있다. 스칸디나비아의 나라들에서 아버지의 부재는 매우 일반적인 현상이며, 심지어 빈곤과 관련성이 없는 경우도 있다. Coontz (1997), Chapter 8을 참조. 반면 대다수의 아랍 국가들은 명목상으로나마 강한 아버지를 가지고 있는 가정과 빈곤이 함께 공존하는 상황을 특징적으로 보여준다.

183) *Los hogares en Mexico*, INEGI (Instituto Nacional de Estadistica Geografia e Informatica), Aguascalientes, August 1997. 당연히 이러한 문제는 대도시들 바깥에서 더 적게 나타나고 있으며, 근대화로 진입해 가면서 일반적으로 그 심각성도 점차 약화되고 있다. 하지만 몇몇의 유의미한 통계조사들은 에콰도르 같은 좀 더 전통적인 국가들에서 가장의 역할을 맡고 있는 여성들이 극빈층에서 가장 많은 비율을 차지하는 반면, 부유층에서는 가장 적은 비율을 차지하고 있다고 알려주고 있다. *Hogares y pobreza*, INEC, Quito 1994.를 참조.

184) 유일하게 스칸디나비아 국가들만이 예외적인 경우들이다. 높은 수준의 번영과 사회복지의 확대는 오늘날 미혼모들이 주변화되는 것을 막아주고 있다. 하지만 근대화가 실현되었는데도 아버지들은 여전히 스칸디나비아인들의 일상 생활방식에서 보이는 신뢰와 합리성, 그리고 능력이라는 프로테스탄트적 전

통의 연장선상에 위치하고 있다.

185) Bernand, C. and Gruzinski, S. (1986) "I figli dell'apocalisse: la famiglia in Meso-America e nelle Ande", in Burguière et al. (des), *Histoire de la famille*, Vol. II.

186) 토착민들과 이민자들 사이를 이어주고 오늘날 라틴아메리카를 '건설한 어머니들' 인 그녀들의 역할은 그러나 지금까지도 논의된 적이 많지 않으며 무의식 속으로 추방되었다. 예외적인 경우로 이에 대한 연구를 다음 저서에서 볼 수 있다. Gambini, R. (1988) *O espello índio. Os jesuitas e la destruçâo da alma indígena.* São Paulo: Editora Espaço e Tempo.

187) Paz, O. (1950/1986) *El laberinto de la soledad.* Mexico DF: Fondo de Cultura Economica, IV; Mirandé, A. (1997) *Hombres y Macho.* Boulder CO: Westview Press, 2.

188) 이런 심리학적 고찰들은 경제적인 활동에서 그에 상응하는 혼적들을 찾아낼 수 있다. 노예제의 역사에서 여자노예들은 출산 능력과 성적 이용성 때문에 남자노예들보다 훨씬 비싼 값에 팔려나갔다. Deveau, J.-M. (1998) *Femmes esclaves. D'hier à aujourd'hui.* Paris: France Empire.

189) Tellenbach, H. (1976/1978) "Suchen nach dem verlorenen Vater", in Tellenbach, H. (ed.), *Das Vaterbild in Mythos und Geschichte.* Stuttgart: Kohlhammer, I, II.

190) Tellenbach, H., in Tellenbach (ed.) (1976). 특정한 연구들은 자살을 이끄는 요인들 중에서 어머니의 결핍보다는 아버지의 결핍이 보다 큰 영향을 미칠 수 있다는 가능성을 제시하고 있기도 하다. 게다가 베를린 장벽이 무너지기 이전의 동독과 서독 양쪽에서도 이러한 결과들이 도출되고 있다. 이는 다음을 참조. "Die Bedeutung von Elternverlusten in der Kindheit bei depressiven und suizidalen Patienten", *Praxis Kinderpsychologie und Kinderpsychiatrie,* November 1991, 40(9): 322-7; "Eltern-Mutter- oder Vaterverlust in der Kindheit und suizidales Verhalten im Erwachsenenalter", *Psychiatrie Neurologie Medizinische Psychologie* (Leipzig) April 1989, 41(4): 218-23. 다른 서구 나라들에서의 이와 유사한 지표들은 다음을 참조. "Suicidal attempts and ideations among adolescents and young adults: the contribution of the father's and mother's care", *Social Psychiatry and Psychiatric Epidemiology,* October 1993, 28(5): 256-61 (Quebec); "Experience of parental loss and later suicide", *Acta Psychiatrica Scandinavica* May 1989,

79(5): 450-2 (Denmark); "Les facteurs suicidogènes chez l'enfant et chez l'
adolescent", *Synapse. Journal de Psychiatrie et Système Nerveux Central*,
September 1997, 138: 79-82 (France).

191) Freud, S. (1929) (*Das Unbehagen in der Kultur*. English translation:
Civilization and Its Discontents). Standard Edition, Vol. XXI. (S. 프로이트,
『문명 속의 불만』, 김석희 옮김, 열린책들, 전집 12권, 2003)

192) Hillman (1972a).

193) Krüll (1979), 4.

194) Blos (1985), 1; Fthenakis (1985), I ,2.2; Samuels (1993), 6.

195) Klein, M. (1975) *The Writings of Melanie Klein*, Vol. I : *Love, Guilt and
Reparation and Other Works*. London: The Hogarth Press.

196) Freud, S. (1929) (*Das Unbehangen in der Kultur*). *Civilization and Its
Discontents*, Standard Edition, Vol. I . (S. 프로이트, 『문명 속의 불만』, 김석
희 옮김, 열린책들, 전집 12권, 2003)

197) 예로 다음을 참조. Jung, C. G. (1943) *Ueber die Psychologie des
Unbewussten*, in *Collected Works*, Vol. XXI.

198) 예로 다음을 참조. (자신의 사상에 대한 아직은 일관적이지 않은 단초들로 쓰
인 저서인) *Some Aspects of Modern Psychotherapy* (1930) in *Collected
Works*, Vol. XVI.

199) pleck (1997), in Lamb (ed.), *The Role of the Father in Child Development*.
도판 12는 다음에서 볼 수 있다. Gaunt, D. and Gaunt, L., "The Scandinavian
model", in Burguière et al. (1986), Vol.II. 이 글은 스웨덴에서 아버지들이 자
식들과 보내는 시간이 어머니들과 보내는 시간의 4분의 1도 되지 않는다고 보
고하고 있다. 그리고 스웨덴은 전 세계적으로 아버지의 자식에 대한 배려가
가장 높은 나라이다. (또한 Popenoe (1996), Chapter 6을 참조.)

200) 크레메리우스(Cremerius)는 날카로운 관찰을 통해 부성의 모성화
(maternizaiton)가 후기 프로이트 정신분석의 이론과 실천에도 영향을 미쳤다
는 것을 다음과 같이 강조하였다.

위니콧(Winnicott), 말러(Mahler), 그리고 누구보다도 코후트(Kohut) 같
은 저술가들이 독일에 알려지기 시작하자마자, 많은 동료 연구자들은 욕
망이 선하고 관대하며, 전(前)오이디푸스적인 어머니에게 속한 것이라고
자신들의 작업 방식을 급작스럽게 변경하였다. 그들이 자신들의 임상 활
동들을 새로운 개념들의 탐구로 전환시킬 수 있었던 방식은 매우 놀라웠

다. 토론 초반부터 그들은 상상적인 어머니-자식 간의 세계를 마치 상호이
해의 지반처럼 제시했으며, 이들의 태도나 대화, 그리고 환자가 이런 차원
으로 후퇴하도록 이끄는 전체적인 징후를 함축하고 있는 단어들이나 이
미지들의 선택에 대해서는 주목하지 않았던 것이다. 동료들이 교수에게
가져왔고, 또 내가 이 토론의 일부분을 듣기도 했던 녹음테이프들의 경우
이를 보다 더 분명하게 파악할 수 있었다. 그들이 논의하고 있는 개념들은
새롭게 바뀌었으며, 심지어는 말하는 억양조차도 변화되어 있었다. … 나
는 그들이 가진 몸의 형태조차도 어머니의 것으로 변화하고 있는 것이 아
닌가 하는 인상을 종종 받곤 하였다.

Cremerius, J. (1981) "Ueber die Schwierigkeiten, Natur und Funktion von
Phantasie und Abwehrmechanismen psychoanalytisch zu erforschen und
zu definieren", in *Vom Handwerk des Psychoanalytikers: Das Werkzeug
der psychoanalytischen Technik.* Stuttgart: Frommann-Holzboog, 1990,
Band II, 11.

201) Lamb (1997)의 다양한 글들을 참조.

202) 18장을 참조.

203) 4장을 참조.

204) Delumeau and Roche (1990), X III.

205) Bly, R. (1996) *The Sibling Society.* Reading, MA: Addison Wesley.

206) Mitscherlich (1963), VII; Wurzbacher, G. (1954) *Leitbilder gegenwärtigen
deutschen Familienlebens.* Stuttgart.

207) Kuder, M. (1994) *Das Ringen des Sohnes um den Segen des Vaters.* 취리히
의 융 연구소(C. G. Jung Institute)에 제출된 논문.

208) Samuels (1993), 6.

209) Hosley, C. H. and Montemayor, R. (1997) "Fathers of children with special
needs", in Lamb (ed.), *The Role of the Father in Child Development;* Hite
(1994), III.

210) Greven, Ph. (1977) *The Protestant Temperament: Patterns of Child-rearing,
Religious Experience and the Self in Early America.* Chicago: University of
Chicago Press.

211) Pleck, E. II. and Pleck, J. H. (1997) "Fatherhood ideals in the United
States: historical dimentions," in Lamb (ed.), *The Role of the Father in Child
Development.*

212) Ibid.; Griswold, R. (1993) *Fatherhood in America: A History*. New York: Basic Books.

213) Pleck and Pleck (1997).

214) 14장을 참조.

215) Jacobs (1986). 또한 다음 저서들을 참조. Delumeau and Roche (1990), X V; Feldman, L. B. (1990) "Fathers and fathering", in Meth, R. L. and Pasick, R. S., *Men in Therapy. The Challenge of Change*. New York: The Guilford Press; Fthenakis (1985), 10. 다른 연구들은 부부가 이혼을 하지 않은 경우들에도 결혼생활의 파탄이 어머니보다는 아버지들에게 보다 더 큰 정신적 고통을 유발한다는 것을 보여주고 있다. Cummings, E. M. and O'Reilly, A. W. (1997) "Fathers in family context: effects of marital quality on child adjustment," in Lamb (ed.), *The Role of the Father in Child Development*.

216) 서론을 참조.

217) Härtling, P. (1995) *Nachgetragene Liebe*. Köln: Verlag Kiepenheur & Witsch.

218) 16장과 도판 6을 참조.

219) Härtling (1995). 22장을 참조.

220) Todd, O. (1996) *Albert Camus. Une vie*. Paris: Gallimard, Chapter 50.

221) Camus, A. (1994) *Le Premier Homme*. Paris: Gallimard.

222) 한 남자와 한 여자의 우연한 만남으로부터 시작하는 이 영화에서 감독은 남자와 여자의 딸 사이에 벌어지는 관계에 초점을 맞추고 있으며, 자식이 없는 '아버지'와 아버지가 없는 딸의 불안감을 보여주고 있다. 남자는 자신이 자식을 원하고 있다는 것을 깨닫지 못하고 있는 반면, 소녀는 존경심을 품을 수 있고 사람들이 누구의 딸이라고 불러줄 만한 그런 아버지를 원하고 있다는 것을 아주 잘 알고 있다.

223) 과거 몇 세기 전에는 이와 유사한 많은 기관들처럼 베니스에도 여자아이들을 위한 고아원이 있어서 버려진 아이들을 수용해왔다. 이 건물 바로 옆에는 피에타 성당이 지금까지 서 있다. 베니스 대운하를 따라 거닐다가 이 성당에 주의가 끌리는 관광객들이 있다면 잠깐만이라도 건물의 오른쪽으로 나있는 좁은 피에타 거리 골목으로 들어서 보기 바란다. 몇 걸음만 앞으로 걸어 들어가면 성당의 벽면에 다음과 같은 글귀가 씌어 있는 것을 볼 수 있을 것이다.

　　위대하신 하나님은 그 아이가 적손이든 서출이든, 자신이 그들에게 보내신 아들과 딸들을 양육할 능력과 재산이 있는데도 이곳 고아원으로 가게

만든 자들에게 이 아이들이 입었던 모든 아픔과 대가를 치르도록 하실 것
이며, 이것을 갚지 않고서는 죄로부터 사면되지 않을 것이라고 교황 바오
로 Ⅲ세의 교서에서 분명하게 드러내셨습니다.

주님의 해로부터 1548년 11월 12일에

224) Fromm, E. (1941) *Escape from Freedom*. New York: Holt, Rinehart and
Winston. (에리히 프롬, 『자유로부터의 도피』, 지경자 옮김, 홍신문화사,
2002)
225) Lamb (1997); Samuels (1995).

도판 출처

다음과 같은 저작권 소장처에서 작품의 사용을 승인하였습니다.

브레라 미술관(밀라노)

문화부, 예술과 역사 담당국(로마)

프러시아 문화재 예술사 박물관(베를린)

산 도나토 성당(제노바)

루브르 국립 박물관 협회(파리)

대영제국 전쟁 박물관(런던)

카를 한저 출판사(뮌헨)

올림피아 출판사(밀라노와 로마)

발라프-리하르츠 미술관(쾰른)

미술 및 사진 저작권 협회(본)

프티 포맷 갤러리(파리)

어반 앤 피셔 출판사(뮌헨)

얀 샤우덱(사진작가, 프라하)

아버지란 무엇인가
The Father: Historical, Psychological and Cultural Perspectives

초판 1쇄 발행 2009년 4월 17일
초판 3쇄 발행 2015년 10월 23일

펴낸이 박종암
펴낸곳 도서출판 르네상스
출판등록 제313-2010-270호
주소 121-842 서울시 마포구 동교로 17안길 11 2층
전화 02-334-2751
팩스 02-338-2672
전자우편 rene411@naver.com

ISBN 978-89-90828-52-1 03180